2014

北大清华人大
社会学硕士论文选编

郑也夫 沈原 郭星华 编

中国社会科学出版社

OGICAL MASTER DEGREE PAPERS FROM THREE UNIVERSITIES

图书在版编目（CIP）数据

北大清华人大社会学硕士论文选编. 2014 / 郑也夫，沈原，郭星华编. — 北京：中国社会科学出版社，2014.11
ISBN 978-7-5161-4978-2

Ⅰ.①北… Ⅱ.①郑… ②沈… ③郭… Ⅲ.①社会学－文集
Ⅳ.①C91-53

中国版本图书馆CIP数据核字（2014）第244875号

出 版 人	赵剑英
责任编辑	王　斌
责任校对	姚　颖
责任印制	李寡寡

出版发行	中国社会科学出版社
社　　址	北京鼓楼西大街甲158号（邮编 100720）
网　　址	http://www.csspw.cn
	中文域名：中国社科网　　010—64070619
发 行 部	010—84083685
门 市 部	010—84029450
经　　销	新华书店及其他书店

印刷装订	三河市君旺印装厂
版　　次	2014年11月第1版
印　　次	2014年11月第1次印刷

开　　本	880×1230　1 / 32
印　　张	12.75
字　　数	405千字
定　　价	45.00元

目 录

前 言

这是本论文集第12卷。

做这本书，三位主编没有分毫的报酬，费心、费力、还要贴点钱。我常常想，这样的事情能够坚持下来，一定是当事人觉得有意思，值得，为此着迷。而如果不能掺和进一两件痴迷其中，乃至愿意赔钱费心的事情，除了赚钱还是赚钱，生活似乎缺了点内容，差了点意思。这番感悟愿与同学们分享。

2012年，本书编到第10卷时，三个主编中的两人即将退休，我对沈、潘二位说：这本书寿终正寝好了。沈先生坚决不同意，甚至接下了一直属于我的出资和销售的任务。

今年躬逢本书出版第12卷之大年，它将继续活下去。其长存势必意味着编委们的新陈代谢。这不吗，与沈原先生和我合作了十年的老伙伴潘绥铭先生已经退出，加入的是郭星华先生。想到散人也不久卸下此任，便欣然提笔，或许这是最后一次与同学们说及如何才能写好论文。

能写好论文的第一要素是你有这份强烈的愿望。如果没有，下文不必读下去。因为我们很难帮助你。

第二，是时间的保证。有写好论文的强烈愿望，焉能舍不得时间？但是没面临过毕业的同学们有个始料不及的问题，就是毕业前的半年中要为谋职付出巨量的时间。蜡烛两头着是不可能的，最终写论文的时间让位于找工作。我的劝告是，毕业前一年半，就要定下论文题目。两年制的学生入学半年后就要定题目。如此你其实只有不到一年的写论文时间，因为半年的时间要留给找工作。一年的时间写论文——调查、发酵、思考、写作、修改，不多不少。好的论文是在从容不迫而非赶火车，几度修改而非一挥而就中成就的。

第三，本书鼓励经验性研究。我讨厌叫实证研究，实证是自然科学的东西，说社科实证研究有傍大款之嫌，我们和人家差别太大，其实是高攀不上的，硬学人家的风格将使文章变得寡趣。本书鼓励经验研究，不提倡乃至基本不接受从文献到文献的论文。我们以为学术不是复制性生产，追求的是有所发现。"发现"存于两端：理论与事实。押宝在前项风险太大，立足后者则多有斩获。有了事实发现的基础，再图理论建树，即便无建树也不会满盘皆输。一名杰出的理论物理学家是一打实验物理学家不能望其项背的，但大多数物理学家都甘于选择实验物理，原因在于对一无所获的恐惧。且我们鼓励同学们做经验研究，也是推动你走进社会生活，从中发展你的观察能力，提升你的调查本领。

第四，好的选题是论文成功的一半。好的题目从哪里来？我力主从家乡的生存环境和父辈艰辛的生涯中寻找。我指导过的学生半数论文题目是从中产生的。这样的题材还未做调查已经知晓一半，再经调查必翔实入微，且调查的门槛较低。潘光旦先生说每个农村籍学生都有为家乡作志立传的义务，我深以为然，且以为认识家乡常常是认识社会的起点。

第五，就是论文要修改、修改、再修改。好论文是改出来的，甚至有时要稍放一放再修改，以期跳出此前的窠臼。这都需要时间的保证。

有动力，有时间，有好的选题，又经再三修改，四美具，论文成功几近必然。

没有不散的筵席，就此作别，愿你我相忘于江海。

郑也夫
2014年7月20日

重庆地票制度的研究

曹亚鹏　北京大学社会学系2011级

指导教师　周飞舟

分税制改革实施以后，预算外收入，尤其是土地出让金成为地方政府财政收入的重要来源，城市化成为地方政府经济新的增长点。（周飞舟，2006，2013）在财政包干体制下形成的"经营企业"的地方经济发展模式转变为以"经营城市"为核心，土地、财政、金融三位一体的发展模式。地方政府低价从农民手中征收土地，平整开发以后再高价卖出，从中获取巨额的土地出让收入并以土地为抵押物从银行抵押融资获取城市建设资金。依靠这种发展模式，地方政府预算外的财政收入迅速增加，城市面貌日新月异，地方经济也得以迅猛发展。与常规的以产业带动人口集聚的城市化模式不同，三位一体的城市化模式并不依赖于产业发展和人口集聚，是一个封闭的循环机制。（周飞舟，2010，2012，2014）土地、财政、金融三位一体的发展模式本质上是一种"以地谋发展"的发展方式，这种模式持续运转的关键是充足的土地供应。（刘守英、周飞舟、邵挺，2012）因此，如何最大可能地获得土地成为地方经济发展，地方财政收入增加的关键。

地方政府获得土地受到中央政府的严格约束。一方面，我国建立了一套全国、省、市、县乡镇的五级土地利用总体规划体系，每一级政府编制的土地总体规划中的建设用地总量不得多于上一级土地总体规划所确定的建设用地指标，耕地保有总量不得低于上一级土地总体规划所确定的指标。另一方面，地方政府每年土地征用量受到中央下达的新增建设用地指标的控制。换言之，城市向外扩张占用农用地

（或未利用地）不得超过中央下达的新增建设用地指标。所谓新增建设用地就是在规划期内由农用地和未利用地转变成的建设用地。新增建设用地量受到中央下达的新增建设用地指标的限制。根据2006年《土地利用年度计划管理办法》的规定，新增建设用地计划指标被列入年度计划，实现指令性管理。所以，地方政府要获得土地首先要能够获得充足的新增建设用地指标。

目前，新增建设用地指标采用层层下拨的方式。即每年由国土部下拨给各省，各省再下拨到下辖的市（县）。这种指标管理造成的结果是由于1998年以后各地的发展速度都大大超过中央的预期，中央政府每年下达的新增建设用地指标跟各地的发展需求不匹配。因此各省在下拨的过程中会优先满足省内重点城市（比如省会城市）的使用，然后再分拨给各个市县。"各省会城市基本上用了每年的建设用地指标的三分之一左右，接着就是地一级城市又用去了三分之一，那么到了县和县一级以下只能分得剩余的三分之一。一般来讲每个县一年只有三五百亩指标而已，多的就是500亩左右，少的就是一两百亩。"（刘守英，2013）这样导致的后果是各区县获得新增建设用地指标远不能满足本地经济发展需求。

为了保障粮食安全，我国还施行严格的耕地"占补平衡"制度，即按照"占多少，垦多少"的原则，建设单位必须补充相应的耕地，以保证耕地不减少。而且中央政府明确划定了18亿亩的耕地保护红线。也就是说无论建设用地如何增减最低耕地面积的红线不得突破。但是在"三位一体"的发展模式下，城市化速度大大加快，城市扩张需要占用大量耕地。而一些地区的后备耕地资源极为有限，不足以满足"占补平衡"的需求。因此，对于地方政府而言，"占补平衡"成为困难重重的政治任务（谭明智，2013）。

在新增建设用地指标匮乏，"占补平衡"任务日渐繁重的双重压力下，地方政府不断尝试突破中央政府的政策约束，积极探索获得建设用地指标的新方法。从1998年到现在，地方政府先后有两轮突破中央政府约束的尝试。第一轮尝试是以"土地整理"的形式出现。"土地整理"最早出现在浙江省。其做法的核心是地方政府通过土地整理获得的新增耕地面积可以折抵为新增建设用地指标。一般的折抵比例为60%左右。通过土地整理获取的折抵指标远远超过国家每年下达的新增建设用地指标成为地方政府获得建设用地指标的重要途径。这一轮地方政府的突破努力造成了两个后果，一是新增耕地质量难以保证，而且对地方生态带来较大的负面影响；二是中央指标控制的手段迅速失效。这一轮地方实践开始于1998年左右，到2007年被中央政府严厉禁止。第二轮尝试起始于2008年。为了应对2008年金融危机，中央政府出台了"四万亿"的经济刺激计划，并由此带动了地方政府十几万亿的投资。这些投资大部分要通过银行贷款获得。在"三位一体"模式下，银行贷款需要有土地作为抵押。因此，数十万亿的投资计划大大刺激了地方政府对土地的需求。在此背景下，地方政府开始了第二轮突破中央政府指标控制的尝试。第二轮的突破以"增减挂钩"为主要手段。（周飞舟，2014）城乡建设用地增减挂钩是指城市建设用地面积增加要与农村建设用地面积减少相挂钩。具体来说就是将拟复垦为耕地的农村建设用地地块（拆旧区）和拟用于城镇建设的地块（建新区）等面积共同组成建新拆旧项目区，通过土地复垦确保在耕地面积不变的条件下，为城市扩张提供建设用地指标。"增减挂钩"的政策逻辑是通过农村建设用地面积减少与城市建设用地面积同等增加，以实现在不触碰18亿亩耕地红线的前提下，为城市扩张提供建设用地指标。增减挂钩政策为地方政府开辟一个独立于年度新增建设用地指标体系的新的指标来源，为城市扩张提供了"计划外"的指标。（谭明智，2013）

  "增减挂钩"政策有两个约束条件：其一，项目区规划由国土部批准，而且项目区被严格限制在县域范围内；其二，增减挂钩周转指标[①]由国土部下达。但是，随着激进的经济刺激计划的实施，地方政府对于建设用地的需求也空前增加，增减挂钩的进度也迅速加快。（周飞舟，2014）

---

  ① 增减挂钩周转指标城镇建设用地增加与农村建设用地减少相挂钩的周转指标，是指国家和省为了控制挂钩规模和周期，批准并下达给有关区（市）、县一定时期内的一定数量的用地规模。挂钩周转指标专项用于控制项目区内建新地块的规模，同时作为拆旧地块整理复垦耕地面积的标准。不得作为年度新增建设用地计划指标使用。挂钩周转指标应在规定时间内用拆旧地块整理复垦的耕地面积归还，面积不得少于下达的挂钩周转指标。

在"增减挂钩"政策释放出来的巨大政策"能量"的刺激下，地方政府则迫切希望"增减挂钩"项目能够突破县域范围的限制在更大范围内推行，实现土地指标跨县域流转，甚至跨省域流转。重庆统筹城乡综合改革实验中的"地票"交易制度即在此背景下开展的一项地方性制度实验①。重庆"地票"制度影响范围广泛，引起了学术界和政策研究界的热烈讨论，也为全国其他地区纷纷仿效。本文借助在重庆实地调研的经验材料，对重庆"地票"制度内在的运作机制进行分析，并对该制度对国家与农民的关系、政府间的关系以及未来的城市化模式产生的影响作一初步的讨论。

第一章　研究对象与相关背景问题的文献回顾

一、研究对象

"地票"制度可以说是重庆市政府以土地制度创新为名义建立的重庆版"增减挂钩"。2007年重庆市获批为国家级统筹城乡综合实验改革试验区。随后，国务院出台《关于支持和促进重庆市统筹城乡改革和发展的意见》（国务院3号文件）文件提出"稳步开展城乡建设用地增减挂钩试点。设立重庆农村土地交易所，开展土地实物交易和指标交易试验，逐步建立城乡统一的建设用地市场"。同年11月17日，重庆市政府第22次常务会议通过了《重庆市农村土地交易所管理暂行办法》。12月4日，重庆市委书记薄熙来为重庆农村土地交易所挂牌，当天举行了首场"地票"交易会。"地票"制度正式开始运行。

"地票"制度由时任重庆市副市长黄奇帆牵头设计，"地票"这一名词也由黄奇帆亲自拟定。那么该如何理解"地票"这一概念呢？根据重庆官方的解释，所谓"地票"就是指"包括农村宅基地及其附

---

　　① 与重庆"地票"制度相类似的土地制度改革还有成都市统筹城乡综合改革试验中的土地指标交易制度和河南省新乡市开展的"人地"挂钩制度等。

属设施用地①（以下统称宅基地）、乡镇企业用地、农村公共设施和农村公益事业用地等农村集体建设用地，经过复垦并经土地管理部门严格验收后产生的指标"。所以，从这个角度来讲，"地票"是从农村获得的建设用地指标。

"地票"的叫法首先会让我们想到的是20世纪50年代我国流通的"粮票"、"布票"等各种票据。这些票据是当时人们购买商品使用的资格凭证。与"粮票"、"布票"的作用相似，"地票"是用地单位购买土地的一种资格凭证。换言之，"地票"是用地单位进入土地"招拍挂"的资格凭证，没有"地票"就没有资格参加经营性用地的"招拍挂"。上文我们提到，我国施行新增建设用地指标管理制度，而且我国城市经营性用地施行"招拍挂"制度。能够进入"招拍挂"的土地既要在城市规划的允许建设范围内（这是对地块位置的限定），同时"招拍挂"土地的总量不能超过当年的新增建设用地指标量（这从数量上限定了地块的规模）。换句话讲，"招拍挂"的土地既是一块有形的地，同时还附带着无形的指标。而"地票"则是将无形的指标与地块剥离开来。用地企业首先要通过"地票"交易获得"地票"（用地指标）然后才能进入到土地"招拍挂"的环节。总言之，所谓"地票"就是指从农村获取的建设用地指标，是用地单位参加土地"招拍挂"的一种资格凭证。

用地企业要获得"地票"需要在"地票"交易平台上，通过"地票"交易的方式获得。"地票"交易就是将从农村集体建设用地复垦整理出来的建设用地指标在公开的交易平台上出售。整套"地票"制度就是以"地票"交易为核心，涉及"地票"生产、"地票"交易、"地票"落地或抵押和"地票"收益分配四个环节的运行机制。

二、相关背景问题的研究综述

1. "地票"制度的相关讨论

成渝地区的农村建设用地指标交易制度实验一经出现就引起了广

---

① 重庆是将宅基地附属设施用地的范围界定为宅基地周围的院坝、牲畜圈舍、林盘等建设用地。

泛关注。学术界内部的争论也相当激烈。

　　周其仁最早关注成渝地区的指标交易实验，并发表了一系列文章表达自己的看法。周其仁从产权经济学的角度对这种制度实验给予解释，并表达了自己对成渝地区指标交易制度的强烈支持。周其仁认为，农民收入增加有三个主要来源：一是出售农产品的收入、打工的收入以及分享地租上涨的收入。经过三十多年的改革开放，中国农民已经得到了农产品买卖和打工的权利。但是绝大多数农民还是很少分享城市化带来的地租收益。原因在于我国现行的城乡二元的土地制度造成了农村建设用地不能自由入市，因此农民享受地租收益缺少制度路径。也就是说，市场化的不足导致了农民无法获得宅基地和房屋带来的财产性收入。解决这一问题的途径有两个：一是对于城市近郊区的农民可以建立统一的城乡建设用地市场，实现"同地、同权、同价"；二是对于远郊区的农民则可以通过买卖建设用地指标实现这一目标。而成渝地区的土地指标交易制度借助"增减挂钩"的土地政策为"级差土地收入"的实现提供了制度通道和平台。城市建设用地指标管理的制度下，随着城市化的快速推进，城市建设对用地指标的需求大大增加。因此，农民可以通过指标的买卖分享城市化带来的土地收益。（周其仁，2007）而成渝地区的指标交易制度恰恰为这种增收方式提供了制度支撑。

　　按照周其仁的构想"凡符合规定的进场条件、接受交易所资格审查和交易行为监管的集体和农户，都可以称为土地交易所得权利出让方（卖方）"。"试验区内城市建设用地的使用者，具备交易所章程规定的资质条件，愿意接受交易所资格审查和交易行为监管的，可以称为土地交易所的买方。"[①]（周其仁，2007）

　　周其仁认为，通过这种公开的土地指标交易，可以收到三个方面的良好效果：第一，城乡空间资源得到更合理地配置，即国土整治增加的农地和农村建设用地指标，经由"占补平衡"和"增减挂钩"配置到城市，促进土地资源的集约利用；第二，通过土地的级差收益，

---

　　① 引文来源于周其仁，试办"土地交易所"的构想——对成都、重庆城乡综合配套改革试验区的一个建议，南方周末，2007年10月11日。该文收入作者2013年出版的《改革的逻辑》一书。

为农村国土整治提供资本，给城乡统筹提供坚实的资金基础和工作平台；第三，实现城市资本与农村闲散土地资源的良性互动，为城市扩张提供土地资源，同时农民分享城市化红利。上述观点成立的前提主要有两个：其一，把农民看作理性人："我们再不能把农民看作被监护对象，要承认农民和城里人一样，同样关注自己的利益，也能对环境的机会和风险做出理性反应"；其二，"明晰产权"："确权"是土地流转的前提和基础。（周其仁，2007，2009，2010，2013）

归纳起来，周其仁对成渝地区指标交易制度的解释是从产权理论的角度出发，其解释逻辑可以归纳为：在产权明晰的前提下，只要为农民和村集体提供指标交易的制度平台，让农民和村集体与指标使用人能够自由交换，农民的土地财产权利就能得以实现，也能分享到城市化红利，并增收入。

贺雪峰则旗帜鲜明地对周其仁的观点和成渝地区的指标交易试验提出了尖锐的批评。贺雪峰认为土地价值的影响因素有两个：其一是区位因素，其二是现行国家土地制度，比如土地用途管制制度、建设用地指标的管理制度等。"建设用地的级差收益其实来自两个相当不同的方面：一是土地特定位置的级差收益，二是国家土地用途管制所导致建设用地稀缺所产生的增值收益。"（贺雪峰，2010）而且土地最显著的属性是不可移动性。因为区位因素的影响，城市近郊区的农民可以利用宅基地获得财产性收入，享受到城市化的红利。而远郊区的农民即便放开了城市到农村购房的限制，他们的新房屋的价值仍然无法得到变现。因为没有人会愿意到那里买房子。所以，"农村宅基地这个'沉睡的资源'变资产，除政策限制因素外，与是否参加农村土地综合整治，是否由城市向农村输入利益没有关系，而只与其区位有关系"。（贺雪峰，2010）换言之，简单的市场化并不能给农民增加财产性收入。其次，建设用地的价值之所以高昂是因为国家设置的土地用途管制和建设用地指标管理形成的稀缺效应的结果。取消用途管制或者通过各种途径增加建设用地供应反而会导致建设用地贬值。再次，重庆市的"指标"在落地时一方面受到国家征地指标的限制，另一方面受到自身吸纳能力的限制。因此，重庆市的"地票"市场无论是价格还是供应

都受到行政力量的强有力控制。(贺雪峰,2010,2013)

与周其仁从产权角度出发的理解不同,贺雪峰将解释的出发点放在了土地本身的特殊属性上。土地特殊属性的约束使得简单的市场化并不能给农民带来所谓的财产性收入。而且建设用地的价值正是在现行的土地制度框架下才得以显现。现行的土地制度有其合理性而不能轻言改变。

华生认为土地增减挂钩制度实质上是"在建设用地总量平衡下土地开发权的转移的一种形式",成渝地区的土地指标交易实验并不是"土地交易市场化的自然产物,而是建设用地指标行政性管理产生的'指标交易'"。"地票"制度是增减挂钩制度的衍生品,是对土地开发权的货币化。"地票"制度一方面让非城郊农民分享到了土地增值收益但是也存在着六大致命缺陷。一是"地票"供给来源限制,即"地票"供给是行政组织实施而不是成渝的农民农户普遍拥有的自主选择的权利和市场行为;二是"地票"需求的行政附属因素;三是"地票"价值与"地票"类别的依存制约;四是"地票"市场价值的区域专用性;五是区域性与全国性"地票"市场的二律背反;六是"地票"或宅基地与农民进城落户挂钩的歧视性。(华生,2013)

个人认为,华生对成渝地区的指标交易试验的上述批评有一定的合理之处,对两地现存的指标交易试验所存在的问题也有非常敏锐的观察。但是华生的研究中缺少对两地交易制度运作机制的详细介绍,所以其判断虽然有让人耳目一新之感但难以让人信服。

制度经济学着重于对"地票"制度的制度设计架构和合理性以及"地票"制度的经济绩效进行分析。研究者们通过调研和对"地票"政策文件的梳理,基本上都描绘出"地票"的产生、交易和落地使用的流程和制度框架。(张传华、钟克强、张广纳,2013;张芬、吴涌泉、牛德利,2013)这种研究方式虽然给我们一目了然地呈现出地票交易的图景,而鲜活的行动主体以及行动主体之间的利益冲突和协调方式也就此被掩盖起来。换言之,仅仅是对"地票"制度进行框架描绘是远远不够的,还需要深入到制度运作的各个环节,透视各个环节的行动主体是如何互动的。这样才能对"地票"制度的运作逻辑、实际运作方式以及运作过程中存在的问题有比较深入的了解。

与以上研究不同，北京大学社会学系课题组近年来持续关注成渝地区的城镇化现象。课题组从国家、农民和企业三者的结构关系的角度观察和理解成渝地区的城镇化和城乡统筹现象。他们认为成渝地区的城乡统筹模式是现今的土地、财政与金融"三位一体"的发展模式的结果。"农民上楼"、"资本下乡"与农村建设用地指标交易之间存在着密切关联。城市资本通过"集中居住"、"农民上楼"等方式对农村集体建设用地复垦整理，并将节余的建设用地指标卖出并从中获得丰厚的利润。而农民则以低廉的宅基地支持了城市的扩张。"农民上楼"增加了农民生活成本、改变了农民的生活方式也给村庄治理带来了新的挑战。（周飞舟，2014；徐聪颖，2011；潘晓泉，2013）课题组的研究从地方政府行为出发，着重从政府间和国家农民之间的关系角度理解成渝地区指标交易的运作逻辑和经济社会影响，其视角和观点独树一帜，对本研究颇有启发。

"地票"制度是重庆市地方政府"顶层设计"的产物，"地票"制度的运作的各个环节都由各级政府配合完成。换言之，地方政府行为和政府间的关系对"地票"制度的形成和运作影响深远。因此，有必要对地方政府行为和政府间关系作一讨论。

2.关于"地方政府行为与政府间关系"的讨论

"中央——地方"关系是目前研究政府间关系、理解地方政府行为的基本关系框架。王绍光从中央政府的角度出发，认为经过近十年的放权改革以后，地方政府的实力大增，并对中央政府的控制能力构成了严重挑战，中国的"国家能力"严重减弱，甚至有形成"诸侯割据"的危险。（王绍光，1997）经济学研究则认为由分权形成了地方政府之间竞争关系恰恰是中国经济高速增长的动力之源。（钱颖一，1997）黄佩华则认为分税制改革虽然加强了中央政府财力，但是给地方政府带来了沉重的财政压力。这迫使地方政府试图通过预算外手段获得额外的收入，这些额外收入并不受中央政府控制。地方政府从预算外获得财政收入的行为给企业和农民带来了沉重的负担。（黄佩华，2001）政治学与经济学的研究从更为宏观的视野去理解"中央——地方"关系，更多地关注现成的"中央——地方"关系所产生的经济社会后果，而较少去关注"中央——地方"关系形成的机制。

社会学学者则更多地关注"中央——地方"之间的互动关系。李芝兰、吴理财认为中央政府与地方政府围绕农村税费改革展开了一场"倒逼"与"反倒逼"的博弈。中央政府试图通过农村税费改革"倒逼"基层政府对自身进行改革，而基层政府为了维护自身利益则利用种种"弱者的武器"展开了"反倒逼"的行动。基层政府对中央政府的反抗导致了农村社会新的治理危机的出现，从而迫使中央政府重新将资源向农村倾斜。（李芝兰、吴理财，2005）张闫龙的研究更关注省以下政府间的关系。他通过对市级财政文献的研究发现，1980年代的财政包干改革使得政府间的财政关系逐渐分化，各级政府以及同级政府的各部门之间围绕财政收入展开了激烈的竞争。自身利益最大化是地方政府决策首要关心的问题。市政府与上一级的省政府和下一级的县政府之间存在着复杂的博弈关系。（张闫龙，2006）周飞舟对中央与地方之间的财政关系演变进行了系统的梳理，尤其关注了分税制改革对"中央——地方"关系和地方政府行为产生的深刻影响。周认为分税制改革带来的集权效应引起了地方政府行为的一系列变化。地方政府积极从预算外，尤其是土地征收中获取财政收入。"土地财政"成为分税制改革的意外后果。（周飞舟，2006）近年来以项目为核心的治理模式逐渐取代了"单位制"和"双轨制"成为新的国家治理模式。所谓项目制是"一种能够将整体社会结构及机制统合起来的制度或体制"，"不单指某种项目的运行过程，也不是指项目管理的各类制度，二更是一种能够将国家内部从中央到地方各层级关系以及社会各领域统合起来的治理模式。项目制不仅是一种体制，也是一种能够使体制积极运转起来的机制，同时，它更是一种项目思维，决定着国家、社会集团乃至具体的个人如何构建决策和行动的战略和策略"。（渠敬东，2012）"项目治国"成为我们考察政府间关系新的结构性背景。

与政治学和经济学不同，社会学是在"关系"结构中去理解地方政府行为，而且尤其关注各级政府之间的互动和政府间关系形成的机制。而与政治学和经济学研究一致的是，既有的社会学研究也多着重于政府间的财政关系。财政和人事的确是各级政府之间联系的核心纽带。但是随着土地、财政、金融"三位一体"发展模式的行政，土地要素重要性的凸显，政府之间、国家与农民之间也形成了一种以"地"为核心的关系纽带。（谭明智，2013）换言之，除了从财政制度的角度理解政府间关系和地方政府行为以外，土地制度也是一个很好的切入点。政府间关系是本文关注的问题之一。在考察"地票"制度中各级政府之间的关系时，本文仍然着重在关系结构的框架下去理解地方政府行为，并从各级政府互动中考察这种关系结构形成的机制。"结构分析与机制分析相结合"（渠敬东，2012）是本文考察在考察政府行为和政府间关系时所要坚持的基本分析方法。同时，也尝试在项目制这一结构性背景下，从"地票"这一土地制度中去理解各级政府之间围绕土地形成的新的关系特点。

以上对成渝地区的指标交易实验的研究中各有自己关心的问题，也都有研究者观察制度时特定的视角因而得出的结论也大相径庭。但是实际的制度运作情况是怎样的呢？真实的交易市场中是否如周其仁所构想那样的理想呢？农民确实从交易中获得了与交易之前相比更多的财产收入，但是农民从中获得的财产收入与政府和资本从中获得收入相比又占有多大比例呢？这些问题会直接影响到我们对成渝指标交易制度的最终判断。换言之，在对成渝地区的指标交易制度做出评价之前，要深入细致地考察其内部的运作机制，而且要将其放在特定的结构关系中去考察。

第二章 "地票"生产

"地票"生产是整个"地票"制度的起始环节，没有"地票"也就谈不上"地票"交易，更谈不上"地票"落地使用。"地票"是指农村集体建设用地复垦整理为耕地后减去建新占地以后节余出来的可以用于交易的建设用地指标。因此，仅就理论层面来讲，"地票"生产的过程就是农村集体建设用地复垦为耕地，农村集体建设用地面积减少的过程。

农村集体建设用地包括宅基地及其附属设施用地、乡镇企业用地和公益性用地。与中西部其他地区一样，重庆农村地区的集体建设用地中，宅基地所占比例最大。"2007年年底，重庆市农村村民住宅用地面积579.52万亩，是城镇建设用地104.01万亩的5.57倍，占全市农村集体建设用地比重分别为75.15%、65.95%。"（张益伟、张宏丽、熊萍，2009）换言之，重庆地区农村集体建设用地复垦的大头就是农民宅基地复垦。所以，"地票"生产大多数情况下是通过对农村宅基地复垦完成的。农村集体建设用地复垦主要由国土部门负责完成，尤以区县国土管理部门和国土整治机构为主要责任单位。"地票"生产由政府主导下完成。政府和参与土地复垦的公司构成了一个相对封闭的"地票"生产系统，农民基本被排斥在生产过程之外。

一、农村建设用地复垦任务层层"分包"

"地票"生产规模由"地票"交易需求量决定，但是受到重庆市政府调控。重庆市政府根据年度新增建设用地指标、挂钩周转指标规模和经营性用地需求等情况确定当年的"地票"交易量。[①]然后，再根据"地票"交易量、年度新增建设用地计划和增减挂钩项目规模确定本年度的农村建设用地复垦任务量。农村建设用地复垦任务由市政府层层向下分包，落实到各个区县和乡镇。

2011年，重庆市政府提出本年度重庆市的农村建设用地复垦任务为10万亩（渝国土房管发[2011]192号）。这10万亩复垦任务分包给

---

① "地票"制度建立以后，重庆市的建设用地指标就会有三个来源：其一，年度新增建设用地指标；其二，增减挂钩周转指标；其三，"地票"。如上文所述，前两个指标都受到中央的严格控制。而"地票"则由重庆市掌握。所以，在重庆经营性用地可以通过上面三个渠道来获得指标。而"地票"量大致等于预估的当年经营性建设用地量减去当年新增建设用地指标量和增减挂钩周转指标量以后的数量。重庆市重新界定了这三类指标的用途。增减挂钩项目明确限定在县域范围内，而且增减挂钩项目的建新区重点布局在中心镇和一般乡镇，在区县政府所在中心城区布局建新地块应是非经营性用地，经营性用地不再布局作为挂钩项目的建新地块。

各个区县，2011年，涪陵区土地复垦的任务量是6000亩，而涪陵区政府则要求在年底确保完成6000亩、力争完成8000亩、工作推进要突破10000亩。①涪陵区政府将复垦任务进一步分解，明确到各个乡镇。涪陵区2013年②农村建设用地复垦面积535公顷（8025亩），除涪陵新城区没有复垦任务外，其余各乡镇均有多少不等的农村建设用地复垦任务。最多者为新妙镇（60公顷），最少者荔枝街道（3公顷），平均每个乡镇均有22.3公顷的土地复垦任务，并主要以偏远乡镇为主（详见表1）。

表1 涪陵区2013年度耕地保护责任目标分解

乡镇	农村建设用地复垦（公顷）	乡镇（街道）	农村建设用地复垦（公顷）
涪陵新城区	0	珍溪	25
荔枝	3	百胜	10
江东	20	南沱	33
江北	25	焦石	15
龙桥	20	义和	5
李渡	20	石沱	25
白涛	20	青羊	40
蔺市	30	增福	5
马武	40	大顺	40
新妙	60	罗云	5
龙潭	50	大木	5
清溪	20	武陵山	5
同乐	20	合计	535

资料来源：表中数据来于涪陵区政府网站。

---

① 资料来源：http://fl.wm121.com/p/st_news_items_i_25b763f2f18e4355ac15a3647cc496c6。
② 因为在调研中未搜集到涪陵区当年的任务分配表，这里就用2013年的涪陵区各乡镇土地复垦任务表对此做一说明，向读者展示任务分配的基本做法。由于相同原因，青羊镇的案例使用的也是2010年的数据。

任务"分包"并未到此结束，在乡镇层面上又一次将复垦任务进行分解，细化到村。青羊镇是涪陵区所辖镇之一，青羊镇2010年建设用地复垦任务是1050亩，共涉及1453户，分解到下辖11个村。青羊镇规定原则上一个村（居）一个项目。其中平一村复垦任务量最大为130亩，涉及184户村民。其余各村的任务量分别为：山大村100亩（涉及114户）；工农村145亩（涉及142户）；三合村90亩（涉及120户）；安政村95亩（涉及140户）；吴家村80亩（139户）；群英70亩（涉及137户）；兴元村100亩（142户）；兴安80亩（涉及81户）；青羊90亩（涉及164户）；迎龙70亩（涉及90户）。（详见表2）

表2 青羊镇2010年建设用地复垦任务"分包"

社别	二调建设用地实有面积（亩）	涉及农户（户）	复垦计划（亩）	社别	二调建设用地实有面积（亩）	涉及农户（户）	复垦计划（亩）
山大	532.95	114	100	群英	712.65	137	70
工农	454.05	142	145	兴元	871.2	142	100
平一	811.05	184	130	兴安	403.65	81	80
三合	523.65	120	90	青羊	559.35	164	90
安政	589.05	140	95	迎龙	184.35	90	70
吴家	388.65	139	80	合计	6030.6	1453	1050

资料来源：青羊镇政府网站。

通过层层"分包"，原本十分庞大的土地复垦任务逐一落实到每个区县、乡镇、村。这种层层分包的做法是政府内部常见的工作方式，学界的讨论也非常丰富。这种做法实质上是一种目标责任制的逻辑，工作考核[①]以最终是否完成目标任务或者任务完成的多少为最终标准。同时这种做法还体现出从市到乡镇的各级政府之间的一种"行政发包关系"。（周黎安，2008）作为重庆市统筹城乡综合实验改革的重点内容，"地票"制度顺利运转成为重庆各级政府的政治任务之一；而提供充足的"地票"满足重庆建设用地市场需求也是区县政府重要

---

① 农村建设用地复垦工作中的工作考核和监督奖励机制将会在第五章作一详细讨论。

的经济任务。总言之，完成农村建设用地复垦任务，保证充足的"地票"供应在区县政府各类工作目标中占据着首要位置。上下级政府之间的"行政发包"的关系让区县政府在农村建设用地复垦中有更大的自主操作的空间。

农村建设用地复垦在实施过程中涉及到两个问题：第一，如何让农民退出宅基地；第二，土地复垦具体如何实施。

二、以地换房，集中居住：以重庆市江津区Y村为例

"以地换房，集中居住"是鼓励农民退出宅基地参加农村建设用地复垦的主要方式。所谓"以地换房，集中居住"，即农户退出宅基地并在新建的集中居住的社区内购房安家。而旧宅基地交由政府实施复垦，复垦以后获得建设用地指标再扣除新建社区用地指标以后，节余的指标在重庆市农村土地交易所（"地票"交易平台）上交易。我们以重庆市江津区Y新村为例介绍"以地换房，集中居住"的基本做法以及这种做法对农村宅基地退出的作用。

1. "以地换房，集中居住"的基本做法

江津区Y村地处重庆市江津区龙华镇、白沙镇、油溪镇、慈云镇的结合部，距龙华镇政府驻地20公里、幅员面积14.7平方公里。辖6个经济合作社（村民小组），总户2142户，总人口6437人。农村居民点用地2459.19亩，占全村土地面积14.7%，平均每户的宅基地面积是1.1亩左右。一部分农户已经进入小城镇居住，却不愿放弃农村住宅。控制房屋占6.3%。农村居民点大多是3—4户人家聚集在一起，还有相当一部分是单户分布。①

2008年重庆市被国务院确定为国家统筹城乡综合实验改革试验区，并建立"地票"交易制度。从2010年开始Y新村开始着手建设，集中居住点选址在目前的Y村村中心白龙场。Y新村规划占地245亩新建居民住宅608套。目前，实际建设居民住宅348套，占地81.3亩。其

---

① 文中基本数据资料参考吕国玮、蔡玉梅等，基于文化单元的参与式村级农民居民点调整方法——以重庆市Y村为例，中国土地科学，2012年第1期。

中住宅面积71.25亩，公建面积10.5亩。①

　　新社区建设需要解决"建设用地指标"和"资金"两个问题。首先，建设用地指标采用"增减挂钩"的方式解决。也就是说宅基地复垦以后优先保证新村81.3亩的建设用地指标。其余节余指标则用来交易。

　　建设资金的来源主要有三个：一是新村建设则采用BT建设模式。先期由新村承建单位阜泰建设集团有限公司先行垫付，后期再通过入驻村民的购房款回笼这笔垫付资金。另外，项目规划区内30%土地交由新村承建公司进行商业开发，其收益用以冲抵部分建设资金。二是各类涉农项目资金以及土地复垦中村集体获得的"地票"收益。其中，整合生态移民、危房改造、风貌整治、道路建设及供水、沼气、改厕等新农村建设资金2776万元；社会事业项目补助资金约600万元；农户宅基地复垦中，集体收益的800万元。各项资金合计4176万元。

　　入驻新村与宅基地复垦紧密挂钩。换言之，只有复垦宅基地的本村村民才有在新村买房置屋的资格。根据Y村分房入住的新村的政策规定，入驻新村的村民必须符合三个条件：一是2010年12月31日前户口在本村的；二是以2008年12月31日前的产权户为单位，自愿退出宅基地并符合宅基地复垦条件，与龙华镇政府签订放弃协议，且交出房地产权证原件的；三是按要求时限足额缴纳应补款项的。而且龙华镇政府再三强调："现已建成的巴渝新居分房，不是对村民的普惠政策，而是针对宅基地复垦对象的安置措施。所以，凡未申请宅基地复垦且不符合宅基地复垦的村民，均不具备分房条件。"②

　　2. "以地换房，集中居住"中政府、农民和企业的收益

　　对于入住新村的农民而言，用无偿分得的宅基地和旧房屋再加上几万元的积蓄换得一套崭新的楼房是一个相当划算的交易。至于未来

　　① 数据来源于全国农村经济动态监测点重庆市江津区发展改革委稿件和笔者的实地调研所得数据。

　　② 重庆市江津区龙华镇，"关于宅基地复垦分房条件的补充通知"。

可能出现的诸如房屋维修等问题就交给政府去考虑了。①"我想我们共产党与外国不同,要是这里出了事情,政府不会不管我们的。"②

对于区县政府而言,此举更是一举三得:第一,农民"自觉、自愿"地从自家的宅基地中退出并交由政府复垦为耕地,这样就保证了土地复垦任务顺利完成,为"地票"交易提供了充足的供应;第二,新村建成本身也完成了社会主义新农村建设的政治要求,也是一项极好的政绩工程;第三,入住新社区的村民也选择了转户,增加了城镇人口,顺带地也完成了户籍制度改革的任务。③

而对于集中社区建新的公司而言,最大的收益是从复垦的建设用地指标中获得的可以用来商业运作的30%建设用地指标。这30%的建设用地指标对公司而言意味着什么呢?项目区规划占地245亩,那么新区建设公司能够拿到73.5亩的建设用地用于商业开发。以目前已经建成的新区来看,73.5亩大约能开发建设350套住宅。建新区内房子的成本价约为900元/平方米,市场价约为1600元/平方米。一套房子的成本价平均为13万元/套,市场价则为23.11万/套。那么承建公司用30%的建设用地指标可以获得的纯收益约为3538.5万元。

基于以上种种考虑,农民、政府、公司三方各取所得,"以地换房,集中居住"也顺利开展。农户向乡镇政府提交"农村建设用地复垦申请表",与乡镇政府签订"农村建设用地复垦协议书"并交出"农村建设用地土地使用权证"。④这样土地复垦工作的第一步也顺利完成。

"以地换房,集中居住"对于鼓励农民退出宅基地,节余农村建设用地的指标而言,成效颇为显著。以Y新村为例,2012年12月,新村第一批分房入住共76户。这76户村民复垦宅基地面积51702.62平方米,新房占地面积共3831.83平米,节余建设用地指标也即可供交易"地票"面积为47977.57平方米(71.97亩)。平均每户都能结余出

---

① 在"地票"交易收益分配一节会对农民从"地票"交易中获得的收益有更详细的分析。

② 新村村民访谈。

③ 户籍制度改革是重庆市统筹城乡综合实验改革中另外一项重要的制度改革试验。

④ 由于青壮年劳动力外出,留在村里的都是文化程度不高的老年人。所以,在实际签订协议的时候多数都是由村干部代签的。这也成为了农村建设用地复垦工作中信访事件的重要原因。

0.95亩左右的建设用地指标。

三、拆旧复垦的融资与成本问题

农民退出宅基地以后，区县政府便着手开始拆除旧房屋，并将宅基地复垦为耕地。通常来讲拆旧复垦包括：（1）拆除工程即"包括房屋拆除、院坝和地板拆除以及楼板拆除"；（2）土地平整工程，即"附着物清除、土地翻耕、石坎砌筑和土方移动四项工程"；（3）农田水利工程主要配套排水沟、沉沙涵和农涵；（4）田间道路工程主要配套生产路。[1]农村集体建设用地复垦工作在实施过程中采用"项目管理制"。复垦工作的实施以区县国土部门为核心，其中国土资源管理部门负责本行政区内的农村建设用地复垦管理。土地复垦项目的承担单位（项目业主）根据复垦项目的级别不同而有所差别。一般来讲项目的承担单位是乡镇政府，区县国土整治机构[2]则承担复垦项目融资、复垦业务指导等事务。如果复垦项目属于区县级复垦项目则由区县土地复垦机构作为项目的承担单位。

一般而言重庆农村建设用地复垦项目都必须经过项目申报、项目施工、项目验收三个环节。其中项目申报又包含有项目"拼装"（即乡镇政府按照项目要求将多个同意退出的农户宅基地"拼装"成一个项目）、项目测绘和申报等工作环节。项目测绘、施工方案编制以及项目施工均有区县国土整治部门委托专业的招投标公司代理招标，选择专业的公司完成上述工作。

拆旧复垦项目融资由区县国土整治部门负责。这种项目资金实质上是一种周转金，所谓周转金就是在项目启动前用于退出宅基地的农户的部分补偿金和工程启动资金，在节余的建设用地指标交易以后获得的"地票"收益需要归还这一部分资金。重庆市拆旧复垦周转金

---

[1] 资料来源：涪陵区增福乡勇宁社区等两个村农村建设用地复垦项目实施方案，http://www.doc88.com/p-747820632247.html。

[2] 各个区县的国土整治机构稍有不同。大多数是区县国土房管局下属的事业单位，名称一般为"××区（县）土地整治中心"，部分区县则成立专门的公司作为土地整治机构。比如江津区就成立惠农公司作为土地整治机构。为了突出土地整治工作的重要性，重庆市的国土整治机构都是高配，要比同级机构的行政级别高半级。

的融资渠道主要有三个：一是土地整理专项资金，通常这部分资金并不能满足复垦成本需求；二是区县国土整治部门通过商业银行融资。这种融资方式是指"农村土地整治机构可凭市土地行政主管部门农村建设用地复垦项目备案入库手续向有关金融机构申请贷款"。"农村宅基地及建（构）筑物退出后复垦钱，农村土地整治机构或国有土地储备机构可向区县（自治县）土地、房屋权属登记机构申办房地产权证，并通过抵押、出租、临时利用等方式筹集退出宅基地及建（构）筑物周转资金"。（渝国土房管发[2011]61号）这两种融资手段实质上分别是以农村建设用地复垦以后的获得的预期"地票"收益和农村房屋为抵押物进行抵押融资。三是从重庆市市级农村土地补偿周转金借用。为了保障农村建设用地复垦工作的顺利实施，重庆市建立了市级农村土地补偿周转资金，专项用于重庆市区域内土地利用总体规划确定的城镇建设用地扩展边界范围外能够复垦形成"地票"的宅基地退出补偿。市级农村土地补偿周转金20%来源财政资金，80%则由市农村土地整治中心通过银行融资筹集。银行融资的具体方式与上述区县政府从银行融资的方式相同，只是由市农村土地整治中心代理。土地复垦以后，区县政府需要用"地票"收益归还借用的周转金。而且重庆市规定，凡是借用周转金的复垦项目节余的建设用地指标必须用于"地票"交易。重庆市政府对社会垫资实施农村建设用地复垦的行为有严格限制。

"原则上不采取社会垫资实施项目。""垫资利润应执行垫资协议但不得超过县级审计行政部门核实垫资项目成本的10%。凡超过10%的应协商修改垫资协议。区县国土管理部门和农村土地整治机构，严禁为社会垫资人出具银行融资担保证明书。"

——《重庆市国土房管局关于进一步规范农村建设用地复垦管理工作的通知》

那么一个拆旧复垦项目的成本大概是多少呢？我们以涪陵区增福乡2011年的一个拆旧复垦项目为例，来分析这一问题（见表3）。

涪陵区增福乡永宁社区农村建设用地复垦项目规模是123.78亩，预算总投资477.73万元，平均每亩农村建设用地复垦投资是3.86万元。工程施工费（包括拆除工程费、平整工程费、农田水利工程费和田间道路工程费）合计88.82万元，占到总投资额的18.59%，平均每亩投资0.718万元。其他费用中，前期工作费为27.23万元、工程监理费为3.71万元、竣工验收费为7.43万元、业主管理费3.71万元，这四项合计亩均投资约为0.3万元。在所有费用中拆迁补偿费为337.46万元，占了投资总额的大部分（70%），亩均补偿2.7万元。也就是说复垦拆建的农户获得了2.7元/亩的拆迁补偿费。

表3 涪陵区增福乡永宁社区等两个村农村建设用地复垦项目实施方案

	工程项	金额（万元）	亩均投资（万元）	占总投资比例（%）
工程施工费	拆除工程费	42.56	0.343836	8.91
	平整工程费	8.59	0.069397	1.80
	农田水利工程费	8.17	0.066004	1.71
	田间道路工程费	29.50	0.238326	6.17
	小计	88.82	0.717563	18.59
其他费用	前期工作费	27.23	0.219987	5.7
	工程监理费	3.71	0.029973	0.78
	竣工验收费	7.43	0.060026	1.55
	业主管理费	3.71	0.029973	0.78
	拆迁补偿费	337.46	2.726289	70.64
	小计	379.54	3.066247	79.45
不可预见费	不可预见费	9.37	0.075699	1.96
	小计	9.37	0.075699	1.96
预算总投资		477.73	3.859509	

资料来源：根据公开资料整理。

重庆市农村建设用地复垦项目的工程施工费用平均为0.9588万元/亩，少则为0.72万元/亩，多则为1.23万元/亩（见表4）。

表4 重庆市拆旧复垦项目投资情况

项目	项目规模（亩）	项目总投资（万元）	亩均投资（万元/亩）
涪陵区增福乡永宁社区2个村农村建设用地复垦项目	123.78	88.82	0.72
忠县任家镇新开村等10个县级投资农村建设用地复垦项目	2267.388	2200	0.97
云阳县南溪镇富家村等10个村7个农村建设用地复垦项目	631.803	605.281436	0.958
大足区2013年农村建设用地复垦项目	300	370	1.23
涪陵区同乐乡等14个农村建设用地复垦项目	630.4905	577.76	0.916

资料来源：笔者根据公开资料整理。

第三章 "地票"交易与使用

"地票"生产完成以后便进入交易环节。"地票"交易是"地票"制度的核心环节，一方面"地票"交易量直接决定了农村建设用地复垦的规模（"以交易需求定生产"），"地票"交易的价格也会对农户决定是否退出宅基地参加建设用地复垦有间接的影响；另一方面，"地票"交易是用地单位获得"地票"的唯一途径。用地单位拍下"地票"以后方能进入到土地"招拍挂"的环节。"地票"交易以重庆市土地交易中心为平台，采用"招拍挂"的方式实施。

一、"地票"交易

"地票"交易必须在重庆市农村土地交易所[①]中进行。重庆市农村土地交易所是"地票"交易的组织机构，而且是"地票"交易的唯

---

① 重庆市农村土地交易所由重庆市政府注资5000万元，是重庆市国土房管局直属的副局级事业单位。《重庆市农村土地交易所管理条例》规定："凡城乡建设用地挂钩指标交易，必须在农村土地交易所进行。"该所的交易品种包括实物交易和指标交易，其中实物交易是指农村集体土地使用权或承包经营权交易，指标交易是指建设用地挂钩指标交易，即"地票"交易。

一合法平台。"地票"交易需要经过两个过程：第一，"地票"出让和购买双方提出交易申请；第二，拍卖交易。

1. 申请交易

整理出来的"地票"要上市交易需要由申让方提出申让申请。"申让方持土地指标凭证（《重庆市农村建设用地复垦合格证》，笔者注）向农村土地交易所提出交易申请，也可以委托代理机构代理申请。"[①]这里的"申让方"指的被复垦的农村建设用地原来的所有者和使用人，即村集体和农户。农户在与乡镇政府签订复垦协议时便放弃了对已经退出的宅基地的处置权利。而且，作为土地指标凭证的《重庆市农村建设用地复垦合格证》也保留在区县国土管理部门手中。所以，提出申让申请的只能是区县国土部门。内部的关系是农户委托乡镇政府实施复垦并处置，乡镇政府则转而委托区县国土部门进行交易。区县国土部门定期将《农村建设用地复垦合格证》连同申请委托代理书以及其他文件交由重庆市土地交易所进行审核，审核通过后则进入到土地交易所的信息库中。农村土地交易所则根据当年土地市场情况适时开展"地票"交易。所以，从这个角度讲，农村土地交易所本身又带有"地票"储备机构的功能。

每场交易会开始之前重庆市土地交易所会公布本次交易的地票价格、面积等信息。用地单位参加"地票"交易需要提出申购申请，并缴纳3万元/亩的保证金。就制度规定而言，"地票"的买方范围相当宽泛。"一切农村集体经济组织、法人或其他组织以及具有独立民事能力的自然人，均可在农村土地交易所公开竞购指标。"[②]为了能够做大"地票"市场规模，重庆市借中央规范"增减挂钩"项目之机，出台政策对区县政府利用增减挂钩获取建设用地指标的行为进一步进行限制。"城乡建设用地增减挂钩试点编制挂钩项目区规划的建新地块，应按市委、市政府的要求重点布局在中心镇和一般乡镇，在区县政府所在中心城区布局建新地块应是非经营性用地，区县政府所在中心城区的经营性用地不再布局作为挂钩项目的建新地块"（渝国土房

---

① 《重庆市农村土地交易所管理条例》。

② 《重庆市农村土地交易所管理条例》。

管发（2011）127号）这一规定实质上堵死了区县政府借助"增减挂钩"项目获得建设用地指标这一通道，而不得不通过农村土地交易中心购买"地票"。这一规定引起了区县政府尤其是远郊区县政府的强烈不满。由于"地票"生产环节由区县政府主导，重庆市政府需要取得区县政府的合作。最后，重庆市政府做出让步。重庆市土地交易中心与区县政府达成协议。区县政府购买"地票"的价格按照市场价打折以后出售。

"你比如说重庆市的房价一般是7000多吧，它们（巫山县）恐怕最高的只有4000，一般只有3000多。那我们就给他们打个折嘛。一亩经营性用地……巫溪县，我们就跟他们的县长商量，那你这个就是60%。再给你配点儿指标嘛。这个我们'地票'有个价格，房地产的价格是不一样的嘛。"①

2. 拍卖

指标交易采用拍卖的方式，推出的"地票"由竞价高者获得。在"地票"交易的前期阶段，重庆市土地交易所将各区县申请交易的"地票"并非"原样"推出交易。所谓"原样"就是按照区县国土部门按照项目申请交易的"地票"大小原封不动进行交易。而是又重新对区县国土部门申请交易的"地票"进行"打包"。首场"地票"交易中，城口县东安乡等乡镇集体建设用地复垦项目和铜梁县侣俸镇石河村文曲砖厂废弃地复垦项目就被整合在一起被包装成为第一宗"地票"。第三场"地票"交易则整合包装了100亩、200亩、300亩、500亩4宗"地票"。交易之前对"地票"重新整合，在第四场"交易会"中表现得更为明显。与之前的分成规模大小不同的若干份不一样，第四场交易会将1100亩"地票"拆成11等份推出拍卖。

"地票"的特殊属性使得这种在交易前重新"打包"成为可能。这是因为，土地的区位对最后的地价有显著的影响。区位优的地段，地价更高。而在地票交易中，"地票"来源地的区位因素不被考虑。所以，土地交易所可以进行"组装"和"拆分"。但是这种交易前再"打包"产生了两个问题：其一，有能力拍下大块面积的"地票"的

---

① 重庆市农村土地交易所总裁访谈。

企业只有"财大气粗"的大型国有企业。正如我们在案例中看到的那样，每一场交易中规模较大的"地票"都由重庆市大型国有投资公司竞得。换句话说，"地票"面积大小本身就成为一道门槛，无形中限制了中小企业参与竞价；其二，由于"地票"面积大小形成的"门槛"效应，参与大"地票"竞价的企业数量少，有时候可能只有一家。而参与小"地票"竞价的企业数量相对较多。结果是，大"地票"由于竞价不充分而价格上涨的空间小，有时候甚至是以协议价出让。而小"地票"由于竞价充分而价格相对较高。因此，哪些项目会被"打包"成大"地票"，哪些项目会被"打包"成小"地票"便成为问题，而背后操纵者则是农村土地交易所。换言之，在"地票"交易中农村土地交易所存在操纵指标价格的嫌疑。最重要的是，同一批交易的"指标"因为"打包"方式的不同而产生的收益也不相同引起了区县政府和项目区内农民的不满。因此，这种交易前"打包""地票"交易开展了一段时间以后便不再使用，之后仍然采用了按照项目为单位进行"地票"交易。

二、"落地"与抵押："地票"的使用方式

用地单位在"地票"交易中竞得"地票"以后，重庆市国土管理部门会下发"地票"凭证。那么用地单位又是如何使用竞得的"地票"呢？一般而言，企业使用"地票"的方式有两种：一是"落地"使用。二是将"地票"作为抵押物抵押融资。

1. "地票"落地

"地票"只是一张建设用地指标的凭证，即"地票"对于企业而言是新增建设用地指标的一个合法性来源。所以企业在地票交易会上拍得"地票"以后，并不意味着企业获得了土地的使用权。因此，企业在获得建设用地使用指标（"地票"）以后应在"地票"两年有效使用期内，寻找并通过合法途径最终获得开发地块。用地单位获得"地票"以后，需要在符合城市规划和土地利用规划的范围内，寻找尚未被国家征收又符合其市场开发需求的地块，如果在"地票"有效期内没有找到合适地块，那么"地票"将会被重庆市农村土地交易中

心回购。寻找到地块以后可以向政府提出征地建议。也就是说，获得"地票"即获得了合法的建设用地指标同时也获得了地块选择权。这种先期选择权对用地单位在土地"招拍挂"中竞拍土地留足了更多的准备。

持有"地票"的企业虽然有地块"选择权"，但是"意向地块的征收转用、前期开发和土地供应均由政府主导实施，在地票有效期内完成，与持票人无关"。（覃莉、雷爱先，2012）政府对该地块征用以后，作为经营性用地进行"招拍挂"。此时拿到"地票"的开发商和其他企业成为平等的竞争者。在"落地"时，用地单位可以对获得的"地票"分拆使用。如下边案例的重庆市晋榆地产（集团）购得的"地票"面积为100亩，实际落地面积是80多亩，其余20多亩可以用于别处。如果持有"地票"的开发商顺利获得"招拍挂"地块的使用权，那么地票价款计入到地块价格中，冲抵新增建设用地使用费和耕地开垦费。但是，如果"招拍挂"的地块被其他企业竞得的话，政府将从地块拍卖价中扣除地票价格，返还给持有"地票"的企业。所以，对于持有"地票"的企业而言，其优势在于能够自主选择地块，对地块的价格、市场潜力进行先期评估。其风险则是持有"地票"的企业如果是利用银行贷款支付"地票"价款的话，该企业就要负担贷款利息。

事实上，由于"地票"与地块分离，政府掌握供地权，用地单位特别是企业获得"地票"以后"落地"使用并不顺利。"截止到2010年7月底，共计进行102宗交易，23720亩地票，成交总价26.45亿元，但是实现落地的只有2350亩土地，约为交易面积的1/10。"（陈悦、刘栋子，2010）

重庆市晋榆地产（集团）"地票"落地[①]

重庆晋榆地产（集团）股份有限公司于2009年6月23日，在重庆农村土地交易所以950万元购买了1宗地票，面积为100亩。当年9月1日，重庆市政府批准该"地票"落地在大渡口区八桥镇，"地票"使用面积为80余亩。批准使用的80余亩地块分为两宗国有建设用地进行

---

① 重庆市农村土地交易所总裁访谈。

"招拍挂"。2009年9月25日,晋榆公司获得了这两宗国有建设用地的使用权,用于房地产开发。两宗地的地票价款在总出让价款中所占比例分别为3.7%、3.8%。

那么这笔"地票"价款对竞买"地票"的企业而言意味着什么呢?根据重庆市的规定,持有"地票"的企业在土地"招拍挂"中成功竞拍到了土地,那么"地票"价款可以充抵原来土地竞拍费中的新增建设用地使用费和土地开垦费。2009年重庆市主城六区的新增建设用地使用费和土地开垦费约为7.33万元/亩[①],而当时重庆市的"地票"成交价格平均为9.3—9.5万元/亩。这就意味着倘若用地单位最后选择落地在重庆主城六区的话,与直接参加土地"招拍挂"相比每亩土地还需要多缴纳2万元左右(图1)。所以,对于用地单位而言,相当于用2万元的价格购买了地块的选择权。对于用地单位而言,在"地票"落地时会尽量选择主城区落地,这样充抵的新增建设用地有偿使用费和耕地开垦费相比其他区县而言会更多。

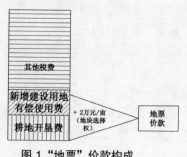

图1 "地票"价款构成

2. 抵押融资

除了"落地"使用之外,"地票"还可以作为抵押物进行抵押贷款。"地票"交易以后,"地票"本身成为了一种具有价值的有价证券。重庆市农村土地交易所与中信银行和招商银行签订"地票"抵押融资协议。中信和招商两行接受重庆"地票"为融资抵押品。

---

① 这个数据来源于王守军、杨明洪,农村宅基地使用权"地票"交易分析,财经科学,2009年第4期。

在"地票"交易中竞得"地票"的公司，在"地票"落地截至日期以前可以将"地票"当作抵押物到银行抵押贷款。截至2011年年底，重庆市共有16宗，共计3100亩"地票"抵押贷款，贷款金额 4.1亿元。[1]

岭尚农业有限公司"地票"抵押贷款[2]

2010年岭尚农业有限公司在第十一场"地票"交易会上以4270万元的价格竞得300亩"地票"，随后又在另一场"地票"交易会上竞得100亩"地票"。岭尚公司将这4宗400亩"地票"中的100亩向重庆市九龙坡区国土局申请落地。其余300亩"地票"则与中信银行重庆分行签订抵押贷款协议，获得3000万抵押贷款。

第四章 "地票"交易收益的分配与拨付方式

"地票"交易收益就是参加"地票"交易的企业在竞得"地票"以后缴纳的"地票"价款。这笔"地票"价款是如何在利益相关的各方进行分配的呢？

一、"地票"价款的分配

"地票"制度建立之初，各方对"地票"的认识还处于一种非常模糊的阶段。区县政府认为"地票"交易跟政府土地出让本质上是相同的，唯一的不同是把地拿到重庆市出让，获得的收益更高而已。所以通过"地票"交易获得收益应该统统收归政府，并在政府内部进行分配。

而重庆市政府持有不同意见。在重庆市政府看来，"地票"收

---

① "地票"抵押贷款数字转引自孙芬、郑财贵等，"关于开放地票交易二级市场的思考"，《重庆统筹城乡土地管理制度改革研究文集——地票制度篇》，2013年。

② 该案例资料来源于徐红燕、谢必如，"历史的选择——走近重庆农村土地交易所"，中国国土资源报，2010年9月6日。

益的分配要以"地票"本身的产权结构为依据进行分配。"地票"来源于农村集体建设用地，特别是农村的宅基地。而在城乡二元的土地制度框架下，农村宅基地的所有人是村集体，使用权人则是农民。在这种产权结构中并没有政府的位置。区县、乡镇政府只是参与了"地票"生产的环节，支付了"地票"生产的相关成本而已。所以，重庆市政府认为"地票"交易获得的收益应该区分为复垦成本与净收益两部分。

重庆市农村土地交易所经理："在研究这个地票收益的时候呢，费了很多周折，费了很多时间。2008年底第一次交易地票。实际上我们真正形成收益归农制度是在2010年。2010年才确定下来。在这个过程中我们有很多争论。最开始乡政府、区县政府都想要分一点。"

重庆市农村土地交易所总裁："他们（区县、乡镇政府）认为出让金全部都是他们的。"

重庆市农村土地交易所经理："惯性思维嘛，一看到有钱了嘛。哈哈。都想分一点。然后，'落地儿'地区当时也考虑，哎哟，'落地儿'地区是不是也考虑一点。当时都有这么一些动议。最后我们（土地交易所）通过分析：第一，权利人是谁，权利人是我们农户和集体经济组织。他们才是真正的权利人。他们复垦以后让渡了他们的权利。所以，最后就是全部归他们。那么我们在扣了我们的复垦成本之外，所有的收益都归农户和农村集体经济组织。"①

复垦成本用来支付市、区县、乡镇政府土地复垦的成本。复垦项目成本每亩平均3.7万元，包括工程成本、管理成本和融资成本三部分。工程成本每亩为1.5万元。工程成本费由各区县政府包干使用，如果实际工程成本低于1.5万元/亩，节余的部分可以转为区县、乡镇及村社项目管理成本。其中工程施工费1.2万元/亩，用于支付给复垦项目的施工单位（即土地复垦公司）。本文第二章提到，在重庆地区目前土地复垦的施工费平均为0.95万元/亩，最多的地区是1.2万元/亩，少的也有0.7万元/亩。这样算下来的话，正常情况下工程施工费会节

---

① 重庆市农村土地交易所负责人访谈。

余0.25万元/亩。

前期工作费、竣工验收费、工程监理费、安全配套费合计0.3万元/亩，这部分费用用于支付土地复垦中村、乡镇、区县等在前期工作、竣工验收和监理等环节的劳务支出。项目的融资成本有1.1万，用于支付土地复垦中抵押贷款的利息。剩余1.1万元则作为项目管理费在市国土部门和区县、乡镇之间分配①。市国土部门每亩会分得0.1万元。而区县、乡镇一起分的1万元，这一部分资金也是区县、乡镇的土地复垦工作经费的主要来源。总体来讲，政府以工作经费的形式从"地票"价款中抽取了3.7万元/亩的收益。

扣除以上复垦费用之后，剩余的"地票"净价款则在农村建设用地的相关权利人之间分配。具体而言，如果复垦的是宅基地，那么"地票"价款在作为土地使用权人的农户和作为土地所有权人的村集体（这里的村集体并不是行政村概念的村集体而是拥有宅基地所有权的村民小组）之间进行分成。分成比例为85：15。这个分成比例的确定参照了农业税改革之前村集体"三提五统"②在农业税中所占的比重。

"我们首次把宅基地的使用权和村集体的所有权在分配比例上我们划了一个比例，就是85：15。那么复垦农户分85%，集体分15%。这个数据呢，也是我们调研、分析的一个结果。这个15%是我们重庆地区农业税取消之前，集体有一个三提留，五统筹。那个数据我们分析了，占了14.7%—14.8%左右。最后我们确定这个15%。"③

这样算下来，农户作为宅基地的使用权人分得的"地票"价款不得少于12万元/亩；村集体作为宅基地的所有权人分得的"地票"价款不得少于2.1万元/亩。如果是被复垦的土地是农村公共设施、公益事业用地或者使用权没有归属的土地，村集体将获得全部"地票"价款；如果被复垦土地是乡镇企业用地，那么"地票"价款由使用权人

---

① 区县与乡镇之间的分配方式详见下一节。

② "三提五统"是指公积金、公益金和管理费三项村提留和用于乡村两级办学（即农村教育事业费附加）、计划生育、优抚、民兵训练、修建乡村道路等民办公助事业的乡统筹。

③ 重庆市农村土地交易所负责人访谈。

和村集体协商分配，但是村集体所得价款不得低于2.1万元/亩。

以重庆市国土房管局网站最近的一次直拨公示（石柱县鱼池镇白江村等20个农村地票价款直拨公示）中的南宾镇黄鹤村双河组为例，分析农户和集体在"地票"交易中的收益情况。双河组共有6户宅基地被复垦。复垦总面积为3372平方米（5.058亩），农户共获得"地票"价款707134.70元，亩均收益为139805元/亩。而双河组集体作为使用权人获得了从中获取的所有权收益是24535.81元（使用面积117平方米）。作为所有权人获得的收益是129118.47元，平均每亩获得收益是24671.533元/亩。

综上所述，双河组的农户从每亩"地票"中获得的收益是139805元/亩，在全部"地票"价款中所占的比例是69.39%；集体从中获得的收益是24671.533元/亩，占到"地票"价款的13.14%；复垦成本费为3.7万元/亩，占到"地票"价款的18.36%。

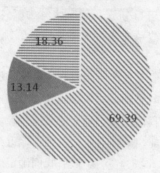

图 2 农户、集体和复垦成本在"地票"价款中的分成比例

如我们在第二章表2中所看到的，2010年涪陵区青羊镇平均一个村复垦的农村建设用地面积约为100亩左右，那么村集体从农村建设用地中获得的地票价款多达200万元。这对于农业税取消以后的村集体而言是一笔相当可观的资产。

表5 "地票"价款分配构成

类别			金额	备注
农村建设用地复垦项目成本（3.7万元/亩）	工程成本	工程施工费	1.2	实际工程成本低于1.5万元/亩的节余部分可转为区县（自治县）、乡镇及村社项目管理成本
		前期工作费	0.3	
		竣工验收费		
		工程监理费		
		安全配套费		
	管理成本（1.1万元/亩）	市农村土地整治中心项目管理成本	0.1	
		区县（自治县）、乡镇及村社项目管理成本	1	
	融资成本（1.1万元/亩）		1.1	实际融资成本低于1.1万元/亩的节余部分可转为区县（自治县）、乡镇及村社项目管理成本
农村建设用地使用权人和所有权人所得净价款（不低于14.1万元/亩）	宅基地及其附属设施用地	农户所得价款	12	
		农村及其经济组织所得价款	2.1	
	农村公共设施、公益事业用地及经公示确认无具体农村建设用地使用权人的用地	农村集体经济组织所得价款	14.1	
	乡镇企业用地	使用权人所得价款		由使用权人和所有权人协议明确分配比例
		农村集体经济组织所得价款	14.1	扣除使用权人所得价款，剩余价款全部归农村集体经济组织，其所得价款不低于2.1万元/亩

资料来源：《重庆市国土房管局关于调整地票价款分配及拨付标准的通知》（渝国土房管发[2011]170号）。

如此清晰明确的价款分成规定，产生的问题是对于区县政府而言，农村建设用地复垦工作的激励不足。以涪陵区为例，2011年土地复垦规模为6000亩，区县、乡镇和村的工作经费为6000万。而且绝大部分要作为劳务费分发给参与土地复垦的乡镇和村干部。所以，对于区县政府而言，这笔工作经费并不足以区县政府积极开展农村建设用地复垦工作的动力。事实上，对于区县政府而言，最缺的并不是钱而是用地指标。重庆市政府也深知区县政府的难处。因此，重庆市政府为了维持区县政府复垦的积极性，采用了"以地补钱"的办法。"我局将按区县完成地票交易量的30%回馈区县，支持区县按项目、依时序统筹安排新增建设用地计划指标用于该区县申报城镇建设项目和基础设施项目所需新增建设用地，促进区县经济社会协调发展"。（渝国土房管发[2011]192号）需要注意的是这里回馈的并不是"地票"而是新增建设用地指标。比如，一个区县提供了1000亩"地票"交易，那么该区县将获得300亩的新增建设用地指标。也就是说重庆市用计划内的新增建设用地指标去激励区县政府提供计划外的"地票"用于交易。对于重庆市政府而言，计划内指标减少300亩，但是可以从计划外多拿到700亩的"地票"。"以地补钱"的措施起到了"雪中送炭"的作用，极大地提高了区县政府组织农村建设用地复垦的积极性。

"最近，黄奇帆市长、凌月明副市长及市国土房管局领导都明确表示，为提高区县积极性，凡是提供地票交易的给予三分之一的建设用地指标奖励。当前，全区用地指标十分紧张，因此，复垦工作做好了，获得用地指标奖励，犹如雪中送炭；做得不好，就成了雪上加霜。"[1]

二、"层层下拨"与"价款直拨"："地票"价款的拨付方式

"地票"制度建立之初，"地票"交易的收益采用的是层层下拨的方式。"最早我们就是一层一层。这个，按照我们的操作方法就是，以前哈，惯性的操作方法就是我们交易所，就是市拨到区，区拨到乡镇，乡镇再（村和农民手中）。最后发现麻烦了。这个，到不到位。然后，我们感觉有问题。最后就通过直拨。"[2]土地交易所负责人所说的层层下拨的"问题"主要是区县政府不把农户获得的"地票"价款拨付给农户，而是直接转付给集中居住社区的承建公司。这种行

① 重庆市江津区副区长张晓江在"2011年集体建设用地复垦推进会上的讲话"。
② 重庆市农村土地交易所负责人访谈。

为引起了媒体和农民的广泛质疑，认为"地票"收益分配又成为一个"黑箱子"，农民的合法收益被区县政府挪用。

"复垦拆旧建新项目的，以拆旧区复垦后产生的新增耕地面积与建新区所占耕地面积相抵后剩余面积计算补偿。建新启动后，按拟交易地票面积（即剩余面积）的30%预付土地权利人或其委托建新的代办机构（下同）；建新竣工后，原旧房拆除复垦时再拨付50%；复垦验收合格产生地票交易后一次性拨付余款和溢价款。"

——《重庆市南川区人民政府办公室关于印发南川区农村建设用地复垦项目专项资金发放办法的通知》

在舆论压力下，重庆市政府对"地票"价款划拨做出调整。从原来的"层层下拨"转变为"地票价款直拨"。2011年重庆市下达文件出台了"价款直拨"的措施，即申请复垦的农户在提交复垦申请的时候还需要提交银行账号。"地票"交易完成以后，土地交易所通过银行将价款直接拨付到农户账户上，并在土地交易所网站上发布价款直拨公示。

三、农户与村集体"地票"收益的去向

一般而言，农户拿到"地票"价款以后用来支付在建新社区或者是在乡镇、县城或者市区购房费用。以江津区Y新村第一批入住的76户村民为例，76户入住村民中原宅基及其附属设施用地复垦为耕地的有73户，共获得"地票"价款8400292元，平均每户获得"地票"价款115072元。亩均"地票"收益为12.5万元。其中有33户村民使用所得"地票"价款支付新房房款以后还会有所剩余，其余40家所获得的"地票"价款不能完全覆盖新房价款，需要投入部分积蓄。总体而言，复垦农户在新村买一套房子除了将复垦获得的"地票"价款投入其中外，平均还需要投入1.7万元。换言之，对于入驻Y新村的村民而言，是用原有的宅基地再加上2万元左右的积蓄换得新村的一套新房。

在目前村财乡管的体制下，村集体获得的"地票"价款则由银行拨付给乡镇财政所的银行账户上。尽管村集体名义上拥有"地票"价款的所有权，但经常还是被上级政府以各种名义统筹使用。我们在第

二章提到的重庆市江津区龙华镇Y新村的"地票"收益便与财政拨付的其他涉农项目资金"打捆"投入到新村篮球场和村委办公楼等公共设施的建设中。

四、兼谈农村建设用地复垦中政府间的监督与激励机制

从以上章节的分析中我们看到在"地票"生产以区县政府为主导，乡镇政府和村干部承担了大量具体事物。那么区县政府、乡镇政府和村干部缘何会如此积极地投入到如此繁重的工作中呢？

以上几节的分析中我们已经看到，重庆市政府激励区县政府的具体办法主要有两个：其一，建设用地指标奖励，即"对完成2011年农村建设用地复垦任务并提供地票交易的区县，我局将按区县完成地票交易量的30%回馈区县，支持区县按项目、依时序统筹安排新增建设用地计划指标用于该区县申报城镇建设项目和基础设施项目所需新增建设用地，促进区县经济社会协调发展"（渝国土房管发[2011]192号）；其二，给予区县政府在购买"地票"时价格上的优惠。事实上，区县政府更明白"地票"制度改革本身的政治含义，以及农村建设用地复垦这项工作所蕴含的政治压力。重庆市江津区的领导在全区集体建设用地复垦工作推进会上就用解放战争时期林彪克服困难，服从中央命令率领四野入关的故事教育区国土部门和全区的乡镇干部要树立大局观念，完成农村建设用地复垦的任务。

"这项工作，注定不再是一项单纯的业务工作，而是党中央、国务院交办给重庆的一项重要政治任务。重庆只有把地票做好，才不辜负党中央和国务院的重托，没有价钱可讲，没有退路可退。中国第一张'地票'诞生在江津，全国闻名，重庆市委、市政府对江津寄予厚望。继续做好这项工作，为我市增光添彩，皆大欢喜；若有闪失，大家都承担不起如此重大的责任，因此此项工作只能做好，不允许有任何懈怠……我们要树立大局理念，局部都应服从大局。革命历史书籍《枪杆子》中提到解放战争期间林彪、罗荣桓率领的东北野战军团完成了对东北的解放后，人员疲乏、粮草紧缺，部队原计划休整半年再南下，但为了加快全国解放进程，中央军委四封电报催促林彪率部在

短短时间内入关，这对四野和林彪本人都是极大的考验。就这件事情而言，我们应该学习林彪那种全局观念和大局意识，当面对解放全中国这个大局，他没有拖延、没有懈怠、坚决服从，在规定时间内率领军队入关解放了平津，建立了彪炳史册的伟大功勋。"①

区县政府对乡镇政府的激励措施大致也是"钱"和"地"两项。重庆市政府明确规定，区县、乡镇政府和村干部从"地票"价款中分得1万元/亩的工作经费由区县政府"包干"使用，具体分配方法则由区县政府自主决定。区县政府设置了一套包括项目测绘、项目施工等工作环节，涵盖安全、目标任务完成情况、信访、工作制度等多个方面的考核制度并与工作经费挂钩和"地票"奖励挂钩。考核方式既有乡镇自行组织的自查、自评，还有区县政府组织的集中考评。同时，区县政府也仿效市政府的做法，也将"地票"作为一项重要的激励措施。"区里也一样，对复垦工作完成好的镇街，区里奖励建设用地指标，做得不好的，一亩指标也不会给。"②另外，区县政府进一步将复垦工作与人事考核挂钩，作为更为严厉的监督手段。

"一是要执行一把手负责制和责任追究制，没按要求按时完成任务的要实行一把手约谈制。今天会后，从下周一开始请区监察局会同区国土房管局组成督查组进行督查，分镇街进行督查通报，争取在10月20日前形成督查综合报告。督查工作要作为这次干部换届考察的参考因素，请务必抓落实。区国土房管局要对进度不理想的镇街提出工作建议，我和晓江区长对其党政主要领导进行约谈，并请组织部和纪委的同志参加。二是要实行三挂钩。一是与工作经费挂钩，这项工作要有专门的考核，考核中工作经费实行动态，超额完成任务要奖励。二是实行贡献奖励，与财政转移支付挂钩。三是与党政领导班子、领导干部个人年度考核挂钩。四是要实行通报制度。坚持十天一个进度，区国土部门十天发一次通报，从10月20日起开始报进度，11月底前至少报4次。大家要按照这样的总要求来做好相关工作，区国土

① 重庆市江津区副区长张晓江在全区集体建设用地复垦工作推进会上的讲话。
② 重庆市江津区副区长张晓江在全区集体建设用地复垦工作推进会上的讲话。

房管局要妥善安排好人力、物力并对镇街工作尤其是工程整治中的问题及时加强指导，确保一次性验收合格。"

"按照区政府与各乡镇、街道签订的《涪陵区国土资源管理目标责任书》和《涪陵区耕地保护目标责任书》，以各乡镇、街道完成的农村建设用地复垦建设规模、新增耕地面积的数量为依据，采取平时检查与年度考核相结合，自查与检查相结合的办法进行考核。（一）乡镇、街道自查自评：各乡镇、街道根据本办法逐项进行自查自评，形成总结材料，在考核前报区农村建设用地复垦领导小组办公室（具体时间另行通知）。（二）集中检查考核：依据本考核办法，由区复垦办牵头，组织相关部门，根据年初区政府下达的年度建设用地复垦目标任务，结合平时检查情况进行集中考核，提出初步考核意见。

考核奖励：（一）根据乡镇、街道复垦目标任务的完成情况，按以奖代补方式给予工作经费奖励。（二）以乡镇、街道为单位，按年度复垦目标计算，完成目标任务的按新增耕地指标的20%、超额完成目标任务的按超额完成新增耕地指标的30%，优先安排该乡镇、街道使用。当年暂不使用指标的由区政府统筹调度安排，可第二年使用。"

——《重庆市涪陵区农村建设用地复垦工作目标考核办法的通知》（涪府办发[2011]243号）

乡镇政府对镇辖各职能部门和村干部的考核方式则更为细密。涪陵区马武镇镇政府根据各职能部门和村干部（包括驻村干部）在复垦工作中发挥的不同作用建立了富有针对性的考核方法。以村干部和驻村干部为例，考核内容包括了矛盾纠纷协调处置、复垦面积、安置工作、资金监管、土地管理利用和其他工作6个方面。小项考核共计11项。总的考核分数以100分为满分，各项分数根据内容各有不同。其中"矛盾纠纷协调处置"和"复垦面积"两项所占的比重分别为40%和30%。考核得分直接与工作经费挂钩。乡镇政府的考核激励手段只有工作经费一项，所以，涉及了更复杂严密的考核方式。涪陵区马武镇给每个村划拨1500元/亩的工作经费。将工作考核得分、复垦面积与工作经费挂钩。"考核得分×亩数×1500元/亩÷100"根据涪陵区的情况，平均一个村的复垦面积为100亩，照此计算，一个村每年的工作经费约为15万元。这15万元的复垦工作经费，需要在参与复垦的村干部、社长、村复垦质量监督小组、本村大学生村官、工作的有功人员中进行分配，这样算下来每人每年应有5000—7000元左右的工作经费收入。

"为推动马武镇2012年农村建设用地复垦工作的开展，经镇党委政府决定对各村按照1500元/亩划拨工作经费。为了使建设用地复垦工作经费能合理合规地使用，特对工作经费的使用做如下指导意见：

一、享受对象：参与复垦的村干部、社长、村复垦质量监督小组、本村大学生村官、工作的有功人员（必须为本村人员）。

二、资金来源：以马武镇2012年农村建设用地复垦工作考核办法为依据。资金计算方法：按实际考核得分×亩数×1500元/亩÷100。

三、分配比例：（一）用于务工补助的经费不得低于总经费的40%，个人不得高于50元/天，按照实际天数，据实支付。（二）因工作发生的协调费、通信费、差旅费、生活费及日常办公费不得高于总经费的30%。（三）其他30%作为奖励。奖励以年初各村制定的考核方案报镇复垦办审核同意为准。"

——《重庆市涪陵区马武镇2012年农村建设用地复垦村级工作经费的指导意见》

第五章　总结与讨论

一、"地票"制度再讨论

1.行政主导下的指标漂移

重庆"地票"制度由生产、交易和落地使用三个关键环节组成。首先，政府架设"户改退地"和"以地换房"两条制度通道实现了用交换的方式让农民"自觉、自愿"地退出宅基地并交由政府复垦而且放弃了退出以后对宅基地的处置权。然后，通过农民上楼，集中居住，农村建设用地复垦，区县政府将生产出来的"地票"交由农村土地的交易所上市交易。最后，用地单位拿到"地票"以后就可以在城市规划区内寻找合适的地块落地使用。从而实现了在保证耕地面积不变的前提下，农村建设用地指标向城市的转移。并且解决了城市扩张最为紧缺的用地指标问题。总言之，所谓"地票"生产就是农村宅基地复垦，农村建设用地面积减少的过程。所谓"地票"交易实质上是节余出来的农村建设用地指标由农村向城市有偿转移的过程。所谓"地票"落地实质上就是城市建设用地指标增加，城市规模扩张的过程（见图3）。

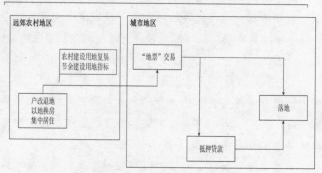

图3 "地票"制度运行机制（一）

按照产权经济学家的设想，"地票"交易制度应当是一个充分市场化的指标交易制度。但是，梳理重庆"地票"交易制度的各个环节以后，我们会发现"地票"交易制度深受行政力量的影响。首先，"地票"生产环节由区县国土部门掌控，农民只要交出宅基地即可。作为宅基地使用权人的农户被完全排斥在生产环节之外。作为宅基地所有权人的村集体也只是在其中起着微弱的协调作用。"地票"交易由市国土部门下辖的交易平台管控。农户和村集体更是无法参与到交易环节。所以，农民在与乡镇政府签订复垦协议的同时也就意味着放弃了此后对宅基地的"处置权"和"交易权"。而在落地使用的环节，用地企业也只是拥有地块选择权，真正落地的时候仍然需要通过政府征收土地的过程。所谓市场化的"地票"交易是农民与政府交易，政府与企业之间的交易。可以说整套制度建立在各个利益相关方，尤其是各级政府之间利益协调的基础之上。换言之，所谓"地票"交易市场是在各方力量博弈以后，利益格局大致定型后才建立的。而非相反的过程，即通过自由交易的市场行为形成各方认可的利益格局。这样形成的市场也只是形式上的市场化交换。

2. 以解决城市化过程中的建设用地指标约束为根本目的

"地票"制度是典型的"顶层设计"的产物，在地方政府突破中央土地政策约束的第二波浪潮的背景下诞生，它具有十分明确的目的——突破既有的土地政策障碍，解决城市化过程中的建设用地指标约束。

产权经济学家在理解"地票"制度的时候，往往将农民增收作为逻辑起点，认为现行的土地制度阻碍了农民凭借宅基地获取财产性收入，从而限制了农民收入水平进一步提高。而"地票"制度沟通了城市资本和农村土地两个要素，为农民财产性收入的实现开辟了制度通道。但是，考察"地票"收益的来源和分配，（图5）我们会发现，"地票"收益主要来源于用地单位在土地"招拍挂"中所要缴纳的新增建设用地使用费和耕地复垦费。"地票"交易只是将这两个费的缴纳时间提前到了土地"招拍挂"之前。换言之，就是将先占后补"占补平衡"的"补地"逻辑转变为先补后占的"找地"逻辑。（谭明智，

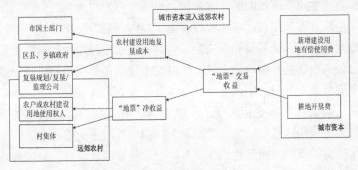

图4 "地票"制度运行机制（二）

2013）"地票"收益在政府、村集体和农民三方之间分配。虽然，农民获得了收益中70%的份额，但是"地票"落地以后获得增值部分并未享受到。所以，从本质上来讲，所谓"地票"交易实质上是政府低价从农民手中收购建设用地指标用于城市建设。农民从中获得收益只是政府借助"地票"制度，解决建设用地指标问题时一个后果而非直接原因。

3. 升级版的"增减挂钩"

重庆"地票"制度地方政府以"增减挂钩"的形式第二轮突破中央土地约束的背景下出现。其核心的制度逻辑仍然是在保证耕地面积不减少的情况下，通过农村建设用地指标减少，实现城市建设用地指标增加。但是，重庆"地票"制度在两个面向上实现了"增减挂钩"的突破：一是突破了"增减挂钩"县域范围的限制，实现了在全市范围内的挂钩；二是数量规模上突破了中央的限制，"地票"交易数量完全由重庆市根据当年的建设用地需求、新增建设用地指标和增减挂钩周转指标的情况，自行确定当年的"地票"交易量。所以说，"地票"制度是"增减挂钩"的升级版。

二、 "地票"制度下各级政府的角色以及政府间关系的新变化

"地票"制度影响广泛，牵涉到多个行动主体。"地票"生产任务已经超出重庆市国土系统成为全市工作的重中之重。区县政府是"地票"生产过程的主导者，主导着"地票"生产的全过程。同时还承担着"地票"落地时的供地责任。乡镇政府是"地票"生产工作的实际组织者和承担者。重庆市政府则掌控着"地票"交易的环节，对"地票"价格和交易量有着决定性的影响。正是因为"地票"生产与交易分别由区县和市政府主导，所以，"地票"制度顺利运转依赖于各个层级政府之间的密切合作。合作有赖于上一级政府对下一级政府严密的监督考核，更依赖于上下级政府之间在利益上达成的妥协一致。为了鼓励区县政府生产"地票"的积极性，重庆市政府既要给予工作经费的支持，而且将工作经费完全分包给区县政府，由区县政府自主决定发放方式，又要在"地票"价格上给区县政府以价格上的优

惠，还要用计划内的新增建设用地指标作为奖励激励区县政府生产计划外的"地票"。区县政府对乡镇政府的激励措施也不外乎是工作经费和建设用地指标两项（图5）。

所以，在"地票"制度框架下，我们既能看到农村建设用地复垦任务指标层层下达所表现出来的"行政发包"的关系，以及以此为基础建立起来的监督考核关系，又能看到上下级政府之间围绕建设用地指标和工作经费形成的激励关系。既能感受到统筹城乡改革试验区给各级政府带来的政治压力，又能看到区县政府借用农村建设用地复垦"倒逼"市政府在"地票"购买价格和建设用地指标回馈上达成妥协。这种种复杂的关系既包含有以完成目标任务为核心的"目标责任制"的管理逻辑，又包含有项目制下的力图实现全过程监督管理的努力。但是，正如文中所看到的那样，利益激励的功效远超过监督考核的作用，上下级政府之间围绕"地票"收益和建设用地指标形成的妥协为"地票"制度的顺利运转奠定了基础。同时，由于农村社会种种复杂的状况导致项目管理的意外后果不断，过程管理只能是上级政府美好期望而无法真正实现。目标责任制的管理逻辑仍然占据着最重要的位置。

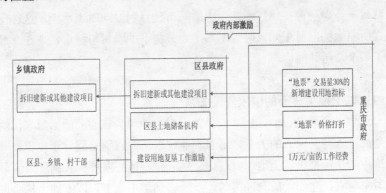

图5 "地票"制度运行机制（三）

三、"地票"制度下的城乡关系的走向

农村土地归集体所有；城市土地归国家所有的城乡二元的土地

制度造成的后果是，城市扩张必须经由国家征收。同时，农村的宅基地和房屋只能在村集体内部转让。城市人到农村买房置地受到国家法律的严格限制。而建设用地指标管理体系，又导致城市的扩张受到国家每年下达的新增建设用地指标的限制。两种制度结合在一起的结果就是农村的土地要素无法自由进入到市场之中。"地票"制度通过将农村集体建设用地复垦为耕地，将农村土地资源用一种虚拟化的方式引入市场，通过"地票"交易平台，将节余的建设用地指标转移到城市。同时，城市资本经由"地票"交易平台与虚拟的农村建设用地资源发生交换关系，并借由这项制度通道进入到农村。尽管"地票"制度本身带有浓厚的行政色彩，但是它确实起到了沟通农村土地要素与城市资本要素的作用（如图4、图5所示）。

另外，大部分"地票"选择在重庆主城区落地，因此越是远郊区县，"地票"实现的收益越是明显，这些区县开展土地复垦，生产"地票"的动力越大。"地票"制度实现了建设用地指标在全市范围内大跨度转移，同时也将农村尤其是远郊区县的农村地区的发展与重庆主城的城市化紧密挂钩，使得城市化的影响力不仅仅局限于城郊的农村地区而波及全市范围内的农村。广大的农村既分享到了"土地—财政—金融三位一体"模式带来的城市化红利，同时也承担了这种模式所蕴藏的巨量未知风险。原本二元分割下的农村与城市，现在变成了一个命运共同体。

四、以土地为核心的国家农民关系

农业税取消以前，国家农民关系以农业税为核心。国家与农民就是征税人与交税人的关系。随着农业税取消，特别是随着工业化、城镇化的快速推进，土地、财政、金融三位一体的发展模式确立以后，国家与农民之间矛盾与冲突的焦点转移到了土地上。以土地为核心形成了新的国家农民关系维度。

传统的征地制度模式下，国家以低价补偿的方式从城市近郊的农民手中征收土地用于城市建设和工业发展。在这种模式下，国家农民之间的土地关系确切地说是国家与城市近郊区农民之间围绕土地征收发生的种种利益冲突。但是，在"地票"制度模式下，国家农民之间以土地为核心的关系从国家与城市近郊农民的关系拓展到了远郊农村地区。国家与城市近郊区农民之间的关系仍然围绕土地征收，而国家与远郊区农民之间的关系却是以虚拟的建设用地指标的形式呈现。但是，无论是城市近郊的土地征收也好，还是远郊区农村的建设用地指标交易也好，实质上仍然是农民低价向国家提供土地资源，用以城市扩张，保障三位一体发展模式持续运转。在"地票"制度框架下，远郊区农民虽然从城市扩张中获得了以前无法获得的财产性收益，但是这种关系仍然是一组不平等的关系。

参考文献

北京大学社会学系，2013，《湖北省恩施州城镇化模式与路径》，课题研究报告

北京大学社会学系，2012，《重庆市涪陵区城镇化路径与模式》，课题研究报告

北京大学国家发展研究院综合课题组，2010，《还权赋能：奠定长期发展的可靠基础——成都土地制度改革实践调查报告》，北京：北京大学出版社

陈悦、刘栋子，2010，解决"地票"落地相关问题的对策建议，《决策建议》（重庆市政府发展研究中心内部刊物）

华生，2013，城市化转型与土地陷阱，北京：东方出版社

贺雪峰，2010，《地权的逻辑——中国农村土地制度向何处去》，北京：中国政法大学出版社

贺雪峰，2013，《地权的逻辑——地权变革的真相与谬误》，北京：东方出版社

刘守英、周飞舟、邵挺，2012，《土地制度改革与转变发展方式》，北京：中国发展出版社

刘守英，2013，十八届三中全会《决定》中土地制度内容的解读，刘守英2013年12月2日在北京大学的讲课录音整理稿（未刊稿）

李芝兰、吴理财，2005，"倒逼"还是"反倒逼"：农村税费改革前后中央

与地方政府的互动，《社会学研究》第4期

吕国玮、蔡玉梅等，2012，基于文化单元的参与式村级农民居民点调整方法——以重庆市Y村为例，《中国土地科学》第1期

潘晓泉，2013，《统筹城乡背景下城镇资本下乡研究——以重庆金科农业园为例》，北京大学社会学系硕士论文

渠敬东，2007，坚持结构分析和机制分析相结合的学科视角：处理现代中国社会转型中的大问题，《社会学研究》第2期

渠敬东，2012，项目制：一种新的国家治理体制，《中国社会科学》第5期

清华大学社会学系课题组，2010，《成都市青白江区农民上楼调查报告》，未刊稿

孙芬、郑财贵等，2013，"关于开放地票交易二级市场的思考"，《重庆统筹城乡土地管理制度改革研究文集——地票制度篇》，重庆：西南师范大学出版社

孙秀林、周飞舟，2013，土地财政与分税制：一个实证解释，《中国社会科学》第4期

谭明智，2013，《反哺的转向——一项关于农村土地增减挂钩政策的研究》，北京大学社会学系硕士论文

王绍光，1997，《分权的底限》，北京：中国计划出版社

王守军、杨明洪，2009，农村宅基地使用权地票交易分析，《财经科学》第4期

汪晖、陶然，论土地发展权转移与交易的"浙江模式"——制度起源、操作模式及其重要含义，管理世界，2009年08期

徐聪颖，2011，《"农民上楼"过程中的家庭财产关系研究》，北京大学社会学系硕士论文

周飞舟，2006，分税制十年：制度及其影响，《中国社会科学》第6期

周飞舟，2010，大兴土木：土地财政与地方政府行为，《经济社会体制比较》第3期

周飞舟，2012，《以利为利：财政关系与地方政府行为》，上海：上海三联书店

周飞舟、王绍琛，2014，"农民上楼"和"资本下乡"：城镇化与城乡统筹的社会学解释，未刊稿

周黎安，2008，《转型中的地方政府：官员激励与治理》，上海：格致出版社和上海人民出版社

周其仁，2007，农村建设用地转让制度试验正当其时，《农村工作通讯》

第11期

周其仁，2007，农村建设用地的转让，《2007年秋季CCER中国经济观察》总
　　第11期

周其仁，2009，确权是土地流转的前提与基础，《农村工作通讯》第14期

周其仁，2009，土地确权维护农民权益，《资源与人居环境》第13期

周其仁，2009，增加中国农民家庭的财产性收入，《农村金融研究》第11期

周其仁，2013，《改革的逻辑》，北京：中信出版社

周其仁，2013，《城乡中国》，北京：中信出版社

张闫龙，2006，财政分权与省以下政府间关系的演变——对20世纪80年代A
　　省财政体制改革中政府间关系变迁的个案研究，《社会学研究》第3期

张益伟、张宏丽、熊萍，2009，城乡统筹视角下农民集中居住探析——以重
　　庆市江北区农民集中居住为例，《第二届中国综合配套改革试验区论坛
　　暨纪念建国六十周年高层经济论坛论文集》

张传华、钟克强、张广纳，2013，基于县级农村宅基地复垦调查的"地票"
　　绩效评价，《重庆统筹城乡土地管理制度改革研究文集——地票制度
　　篇》，重庆：西南师范大学出版社

张芬、吴涌泉、牛德利，2013，地票对宅基地管理制度改革的启示探讨，
　　《重庆统筹城乡土地管理制度改革研究文集——地票制度篇》，重庆：
　　西南师范大学出版社

相关文件资料

国务院关于严格规范城乡建设用地增减挂钩试点切实做好农村土地整治工作
　　的通知（国发[2010]47号）

《关于支持和促进重庆市统筹城乡改革和发展的意见》（国务院3号文件）

《重庆市农村土地整治中心关于农村土地整治工作存在问题及下一步思路梳
　　理征求意见的通知》

"关于区县在重庆市农村土地整治暨地票改革工作会议上提出有关问题的回
　　复"，重庆市农村土地整治中心发展研究处，2013年3月18日

《重庆市人民政府关于统筹城乡户籍制度改革的意见》（渝府发[2010]78号）

《重庆市江津区龙华镇关于宅基地复垦分房条件的补充通知》

重庆市农村土地整治中心建用地复垦处，"农村建设用地复垦工作有关问
　　题"，2012.11.15

《重庆市南川区人民政府办公室关于印发南川区农村建设用地复垦项目专项

資金发放办法的通知》

《重庆市农村土地交易所管理条例》

《重庆市涪陵区马武镇2012年农村建设用地复垦村级工作经费的指导意见》

《重庆市户籍制度改革转户居民农村宅基地处置与利用管理实施暂行办法》

《重庆市户籍制度改革市级农村土地补偿周转金申请和拨付管理实施细则
（试行）》

《重庆市国土房管局关于切实做好今年农村建设用地复垦工作的通知》（渝
国土房管发[2011]192号）

《重庆市国土房管局关于进一步规范农村建设用地复垦管理工作的通知》
（渝国土房管发[2011]55号）

知青返城个案研究

褚文璐　北京大学社会学系2011级

指导教师　郑也夫

第一章　导论

一、问题的提出

1968年，伴随着领袖毛泽东发出"知识青年到农村去，接受贫下中农的再教育很有必要"的最强音，中国掀起了涉及1700多万城镇青年从城市流向农村的大规模政策性人口流动——中国知识青年上山下乡运动。直至1979年后，这场举世震惊的运动才在各地国营农场知青的罢工返城风暴和国家随后的政策调整中落幕。

研究社会主义中国的学者们很早就认识到中国国家政策的变化经常戏剧性地打断和改变个体的生命历程。（周雪光、侯立仁，1999，2003）怀默霆由此立场出发，发现在不同历史阶段，国家政策的变化常会创造出独特的机会结构，而显著影响到不同同期群的生活机会。（Whyte，1985）对知青一代来说，"返城"在20世纪70年代后就成为了他们渴望争取到的重要生活机会。从70年代初开始，由地方政府到中央政策，陆续向符合条件的小部分知青开了回城的口子，通路包括了招工、工农兵学员、征兵、病退、独生子女、身边无人、顶职等。返城名目虽多，但标准均高，绝非人人都可以轻易实现返城，真正够得上硬性返城条件的知青只是千万知青中的少数。可政策性口子和"返城先行者"的出现却撩动了人心，众多知青及其家庭开始各显神通，挤入争取返城的队伍中，重塑起了一套新的机会结构。

　　本文希望研究的就是知青的返城，力图弄清知青及其家庭的返城心理、策略与过程，并重点关注国家家庭知青的互动线索：国家如何实现对家庭知青的操作？知青的顺从是如何渐变的？家庭又是如何借助单位、人情等社会资源重塑与国家的互动规则？

　　在研究的操作上，本文将"返城"机会视为待分配的稀缺资源，以黑龙江生产建设兵团的一个连队的北京知青群为样本。将分三章探讨以下问题：首先，在尚有"走"与"留"的选择余地时，知青及其家庭为何做出了"下乡"的决定？将知青两次流动时所处的情境作对比以求清晰分辨返城原因和再流动条件；其次，知青群体为什么要争取返城？大部分知青们是带着理想、希望或至少是真诚来到"广阔天地"的，那后来为什么离开的动力如此之大？下乡期间心态的变化直接关系到知青的回城启动和付诸实践；最后，知青及其家庭是如何完成举家合谋的返城大事的？回城并非一人之力可完成的事，父母单位、人情关系等社会力量又是如何参与其中并发挥庇护作用的？知青家庭与政策间的返城博弈也是本文重点论述的篇章。在理论与经验、政策文本与实践行动、应然的意识形态与实际的运动走向之间，存在着巨大的分析空间。

二、文献综述与理论视角（从略）

　　1. 知青返城研究

　　2. 社会学家的相关著述

　　3. 人口迁移中的"国家与社会"

　　4. 全国知青和北京知青的返城数字

三、研究方法

　　本文以黑龙江生产建设兵团[①]下的L连队的所有北京知青为研究对象，主要采用两种研究方法：一是访谈，二是文本分析。

---

　　① 1968年6月，沈阳军区党委据中共中央"六、一八"批示成立沈阳军区黑龙江生产建设兵团；1976年2月兵团撤销，改编为黑龙江省国营农场总局（百度百科，2014）。

1. 样本情况

L队是整个黑龙江建设兵团上千个连队中土地面积第二大的连队，仅次于北大荒著名的友谊农场下的某连队。主要由三部分人组成，转业老铁道兵、山东移民和135位来自北京、天津、哈尔滨、上海、杭州五个城市的知识青年。知识青年群体中以北京知青人数最多，最早抵达。

L队北京知青结构：北京知青一共44人，男女生各22人。男生来自北京B中，是当年北京的重点中学，女生来自北京L中，军干子弟云集，校长级别高于北京市教育局局长。这44位北京知青都属于"老三届"①知青（1966届初、高中毕业生），包括5个女高三、2个男高三、1个男高二和36个1950年左右出生的初三毕业生。家庭出身分布上，有24人出身职员，13人出身革干，3人来自工人家庭，2人小业主出身，城市贫民和民族资产阶级出身各1人。

之所以取样一个下乡初始形成的群体有以下几点考虑：（1）作为来自相同学校的下乡初分配形成的小群体，有效控制了教育经历、面临的下乡政策和政治环境等背景变量；（2）可相互印证叙述的共同经验历史，矫正个人记忆偏差，由于彼此都是同学，还可补充样本中无法对话到的知青的家庭和返城情况。（3）取样一开始形成的团体，其之后的流动都是自然发展的，使样本情况更有随机性、偶然性和多样性，而从流动后的组织单位取样不仅要交代不同的来源，而且由于面对的返城处境相似可能回城方式会很有同质性。（4）若分散寻找研究对象，样本数量难把握，还可能错失未知类型，并且下乡长短和返城类型不具有可比意义，而所有研究对象都出自同一整群，且样本容量超过30个，可统计性和对比性强。（5）有利于考察同辈群体压力和群体生态变化对个体的影响作用，知青并非一个个孤体。

此样本的不足之处则在于整个样本的家庭社会地位偏高，革干占

---

① "老三届"专指文化大革命开始时1966年、1967年、1968年三届初中、高中在校生，他们大多出生于新中国建立前后的1947到1952年间。1966年"文革"爆发时，他们的年龄都在14—19岁左右。当时全国城乡的在校中学生约有1250万人，其中高中生137万人，初中生1113万人（刘小萌，2009）。

29.5%，小业主和资本家仅占6.8%，"职员"成分中还包含较多普通干部和高级知识分子出身。

2. 访谈

本文使用深度访谈的方法收集知青的口述历史资料。通过理解作为见证人的幸存者的回忆，可以扩展对时间的历史性的理解。个体记忆与社会记忆的关系，确定了普通人的个人日常生活与宏观社会历史过程的有机联系。（郭于华，2009）在目前文献档案资料还较封闭的情况下，口述方法给"知青"研究开拓了新领域、扩大了新视野、补充了新资料。（刘小萌，2003）

访谈范围和方式：共与33人（16女17男）取得直接联系，其中深度访谈28人（12女16男，其中5人在国外或京外，以电脑语音和电话访谈，其余都是面谈），通过电话、邮件短暂结构式对话5人（4女1男）。整理出50多万字的口述历史材料。由于L队有1人已去世，另有一对兄弟情况相似在处理数据时按1人计算，所以访谈人数占总共42人的78.6%。并通过联系到的知青基本补全了剩下9位知青的家庭出身、返城时间、返城方式、在北大荒岗位等情况（只有一位革干出身女初三返城时间不确定）。

访谈提纲基本按下乡前—中—返城的顺序设计：

（1）基本人口学信息（年龄、工作）、被访者家庭出身（父母职位和成分）、学校情况和同学家庭组成背景；

（2）下乡前。下乡时间、去的态度和心情（量表选择：非常积极、积极、随大流、早晚要走兵团较好）、行为表现、周围同学情况（下乡留城比例）；

（3）在兵团的工作经历、生活情况、最难忘的事情。涉及中间调整流动情况、社会关系（群众关系、与领导关系）、职务。关注知青的社会流动：知青点不同工作、工种的分等、有没有大家都希望挤进去的地方？为什么？如何流动的？其中的主动选择和被动调整；

（4）在兵团期间思想变化过程（对正统意识形态，对领袖的教导，对"扎根边疆"）；

（5）返城。是否想过回城、何时产生了谋求返城的念头、为什么、中间争取返城的努力、返城办理过程和结果、家庭对回城的态度；

（6）回忆当时生产队其他人回城的情况；

（7）后知青时代的工作、教育等。

本文的家庭出身记录以被访者当年填写的、官方为每个家庭贴定的阶级成分标签为准。在1979年正式废除家庭出身之前，个人在申请入学、招工、提干的时候，按照规定，都需要汇报自己的家庭出身。在毛泽东时代，家庭出身构成了鉴定政治身份时最重要的根据。但周雪光等人的研究也提示相比于"文革"运动期间广泛划定的阶级成分，父辈的政治地位（干部地位）对子女返城有更直接的影响。（周雪光、侯立仁，1999，2003）也就是说需要特别注意职员之中高级知识分子、普通干部的政治资本，所以在访谈时特别询问了父母职业以辅助后文分析。

3. 文本分析

文本分析的主要内容是知青政策文件、相关领导讲话、重要媒体社论等史料。

第一手史料文件（从略）来源于香港中文大学"中国文化大革命"文库，其全文在大陆的档案馆尚未公开，在国内知青文献中有显示部分内容。在查找知青文件过程中，笔者发现大量文化大革命期间知青史料和档案被束之高阁，无法为普通研究者直接获得，如北京市档案馆中的重要文献选编恰好止步于"文革"；据了解上海档案馆对上海社科院开放了当时的知青档案，但其中涉及返城方式的资料以知青简单的病退登记表为主，鲜有别的返城形式的记录。

目前北京市档案馆新中国成立后数据库中公开的知青文件档案约40个，其中近10个是1966年之前的知青安置工作计划或各项报告。文化大革命期间的档案内容主要包括市知青办的各项请示（涉及上山下乡知青物资问题、召开知青活学活用毛主席著作积极分子代表会、组织学习慰问团到外省区慰问北京上山下乡知青）、1974年和1975年北京市教育局从兵团战士和农村知青中招收教师、1977年北京市劳动局关于知青学徒期规定等内容。

为获得更丰富的全国和地方知青政策，保证政策资料结构的完整性，本文更多地依靠了权威知青著作中提供的二手史料。

第二章　离家，看似轻易的决定

1968年7月动身下乡的这批北京初、高中毕业生在"离家"时其实还处于"四个面向"分配方针时期，并未被强制要求下乡。因此，本章将着眼于分析这批北京青年在下乡政策变革前夕所面临的处境和抉择时的心态，以期理解在尚存"走"与"留"的选择余地下知青的"下乡"决心。

一、大局既定

在"一二·二二"[①]最高指示发布前，毕业生的分配主要依据"四个面向"原则。1968年4月4日，中央转发《黑龙江省革命委员会关于大专院校毕业生分配工作的报告》并批语说，毛主席指出："毕业生分配是个普遍问题，不仅有大学，且有中小学。"希望各方按照毛主席这一指示，面向农村，面向边疆，面向工矿，面向基层，对大、中、小学一切学龄已到毕业期限的学生，一律及时地做出适当安排，做好分配工作。（顾洪章等，2009）

但对这些待分配的中学生来说，"四个面向"的大门并不是每一扇都对他们敞开的。由于文化大革命开始后招生考试制度被废除，当时的学校已经积压了大量66、67、68届初、高中毕业生（"老三届"），而厂矿企业在"文革"以来正常的生产和工作秩序久经破坏，许多地方武斗不止，企业人浮于事，不可能再大量增加新职工。（顾洪章等，2009）

---

① 1968年12月22日《人民日报》在编者按语中发表了毛泽东的指示（又称"一二·二二"指示）："知识青年到农村去，接受贫下中农的再教育，很有必要。要说服城里干部和其他人，把自己初中、高中、大学毕业的子女，送到乡下去，来一个动员。各地农村的同志应当欢迎他们去。"

从男B中和女L中当时的整体就业分配情况来看，参军、留北京和去三线工厂的人数都不多。"兵团当时是我们就业的第三选择，第一选择就是当兵去，当兵是很个别的人，我们班只有两三个去当兵的，第二选择就是留北京或去三线工厂，也不出四五个人。去兵团，我记得我们去了十几个人，一个班也就四十几个人。"（景K）女L中的就业结构与男B中基本相似，留京和去三线工厂的比例也很小，但有的班级参军人数甚多。"女L中我们这个班48个女生，文化大革命刚刚一年，大家正在所谓还不知道自己今后怎么样，就是想上高中，高中也不办了，就是特别乱的时候，48个女生在1967年一年里，居然走了19个参军了，一个北京市一年也才招十几个女兵，我们一个班就走了19个女兵。为什么呢，因为女L中本身很特别，女L中对外就是一所普通的女中，但实际上这个学校就是一个军干子弟寄宿制的一所中学，它的干部子女特别多，当时我们学校的校长是WZ的夫人，当时在北京市中学里是唯一的一个中央级的校长，中央级最低级是12级，可北京市的教育局长是14级，因为它只是市级的，就是说它的职务是北京市再上面一级的，所以我们这个学校很独立，几乎受不到人家管什么。"（柯X）

的确，参军是当时最好的出路，但这需要有严格的家庭出身审查或者家庭有军队职务或强关系之便。女L中作为军干子弟集中的学校，有较多人可以走通这条路。不过据到兵团后才自行参军的L队艾Y说，下乡前对"后门兵"控制还较严格，一般需要有部队在编的直系亲属，尚未对转业老兵子弟开放。男B中的北京青年相较于女L中参军的比例小得多，L队革干出身的男生李JT就因父母问题未解决而参军未成，"那会儿都愿意当兵，体检我也合格了，当时据说还是甲等身体，上舰的，结果贴出榜来，没有我，我的比较好的几个同学都参加了海军。1968年2月，当兵我就没有当成，原因是什么呢，就是当时父母被打倒了，然后商业部是军管，军代表办公室，开的证明，叫该同学父母，群众运动中受审查，尚未做结论"。（李JT）

留京工作的机会在当年也非常难得。留京指标少，视家庭出身，也会照顾一些家庭特别困难、独生子女、身体有病的人。留京的岗位通常都是在基层服务业，所以许多北京青年在当时甚至不愿报名，"不愿意去，就是觉得，那个时候好像对当售票员这些不是特别想去，就觉得为人民服务做的贡献太少，就觉得好像是应该做更大的贡献，这个贡献小，就觉得这个太没有抱负了吧"。（何FZ）"留在北京的也有，当时大家都觉得很可笑，说在北京那里修理自行车，小作坊似的，我们大伙原来都开玩笑，居然同学混到修车铺了。"（蒋S）

　　另有一些人得到了珍贵的三线工厂分配机会。这除了看家庭出身，还要与驻学校有工作分配权的军干部关系好。L队职员出身的男生吴BL和革干出身的女生曹L在选择去北大荒前也曾报名去三线工厂，都未得逞。"有一个去陕西宝鸡工厂，我当时申请了一下，但是没有批准。"（吴BL）"连长指导员比较重视我，因为我那时候在学校里挺活跃的，比如写个稿啊，上台发个言啊什么的，他们给我报的什么保密工厂，什么三线工厂，那时候都不错的，然后没去成，因为我父亲坐牛棚了。"（曹L）

　　毕业班中也并非剩下的人都下乡了，也存在抵制不去的案例。虽然很多知青觉得当时别无出路，但留下的可能性还是存在的，只是家庭要承受很大的政治和社会压力。女L中的艾Y说自己是顶替不愿意下乡的同学去兵团的。

　　情况很明显，所谓的"四个面向"对大部分毕业生来说主要是面向农村。其中面向边疆，主要是面向边疆的农村；面向基层也主要是面向农村的基层，即参加农业生产。各地在贯彻落实"四个面向"的分配原则时，也无不把重点放在农村。（顾洪章等，2009）

　　1968年4月21日，北京市革委会发出的《关于分配中学毕业生的通知》，其实就是动员"三届"毕业生上山下乡的。通知引用毛主席在《社会主义高潮》一书中的按语："一切可以到农村中去工作的这样的知识分子，应当高兴地到那里去。农村是一个广阔的天地，在那里是可以大有作为的。"号召知识青年"自觉地报名上山下乡，服从国家的分配，到祖国最需要最艰苦的地方去"。通知说，对于城市居民户口的毕业生，凡农村有直系亲属的，应动员他们回乡；原籍在农村而有其他亲属的，也应积极动员他们回原籍插队落户。凡农村没有亲属的毕业生，各区县都应有计划地、分期分批地组织他们下乡、上山、下厂、下矿或参加边疆的工农业建设。到10月中旬，据16个省、市、自治区统计，已经下去70.1万人。（顾洪章等，2009）

青年学生上山下乡成为最大的毕业去向。主要有三种下乡形式：一是知青个别插队落户，其中大部分是家居农村的回乡青年，城镇青年则分散住在当地社员家里，或者自盖房舍居住。二是知青组成集体户。每户人员组成采取自愿和学校安排相结合的方式。三是以学校为单位将知青安置在各大生产建设兵团。（关海庭，1995）对于北京青年来说真正可选的只剩下"先走"还是"后走"。

去兵团对L队北京知青来说是第一拨大规模的下乡分配。当时各学校对口的下乡地点并不是一齐发布的，而是分批下达的。并非可以摊开来选择，下一拨是无法预测的。但决策前，两个中学里的部分北京知青或从驻校军代表或从同学那里听闻到了下一拨分配是去插队的非正式消息，"当时东北来的人我们见到了，宣传说你上一天班回来，有人给你做饭吃，热腾腾的白面馒头等着你吃，每个月保证有你32块钱的生活费，旱涝保收，插队就不一样啊，插队的结果是有的干了一年还分不到钱，跟家里边要钱，你再买粮食。但是说实话，心里面还想着能不能有更好一点的侥幸心理，因为那毕竟远。就到处去问，结果没希望，打听出来的消息是你这拨要是不走，下拨就是山西插队，山西插队你要是再不走，内蒙，更惨了……当时学校实行军管制，军代表讲的都是实话，上级就这么传达的，一步一步就是这么安排的，所以干脆就走吧。"（裴DQ）

理性来看，北大荒国营农场虽然地点较偏远，但不仅有工资，而且将要转制为生产建设兵团，还是军队序列。L队的女L中北京青年选择去兵团时，其实已经有一拨更革命的人等不及分配计划就先去了内蒙古插队。选择下乡兵团的北京青年在政治热情之外也是经过理性考虑的，他们普遍认为"去兵团"是当时被动大局之下的最优选择。"我觉得比上不足，比下有余，比下农村插队，农村没有工资，我们还给十几块钱，还给一个军大衣。"（吴BL）"我想去的一点是因为到了北大荒能吃饱饭。当时黑龙江去我们学校宣传，就听说了这个。

就这一代人，连续10年挨饿，所说的三年自然灾害一直到1968年都没缓过来，所以我始终是半饥半饱，这是肯定的，发那点定量的粮食根本就不够我吃，北大荒大馒头随便吃。去我们学校宣传的那个人他不忽悠，吃、住这些基本的东西都说实话，所以我们到了北大荒的时候，我们脑子里想的跟实际的反差并不大。"（付W）

部分知青回忆当时不需要报名，班级就公布了下乡名单，部分知青则表示是自己主动报名的。但无论是否要报名，去兵团都需要经过家庭出身的筛选才能成行。"一开始我们是98个人，男B中也是98个，但是我们同班的一个同学，她的父亲是房山那块大灰厂的党支部书记，但他爷爷那辈的出身不好，后来就一直归到黑五类，一直到了我们快要走的前一个星期，她爷爷的事可以平反了，我们那时候去黑龙江兵团都要做过审查，就是都因为出身好，所以在这种情况下，我们那增添了一个名额，男B中也增添了一个，我们就是99个人一起去的。"（柯X）但是兵团的家庭出身筛选远不如参军严格，父母问题悬而未决和可以教育好的子女[①]也被宽容通过。"兵团第一批公布名单的时候没有我，我就找的连长指导员，我就坚决要求去，我父亲这样也不会分配多好，这个去兵团有解放军性质，是我的向往，后来连长指导员就把这个话透露了，说有什么呀，不就是父亲有点问题吗，说本人表现得挺好的，后来连长指导员就说你去吧，我等着你回来看你的好消息。"（曹L）"我虽然出身是资本家，民族资产阶级，但我个人在学校表现得还可以，走中间路线，对政治一律装傻，以可教子女的名义被批准去了。"（潘CY）

政治威势、严格的户籍制度、粮油副食品等计划供应制度和升学制度等的限制，使上山下乡成为青年学生无可奈何的现实选择。（姜义华，2004）在上山下乡不可避免的大局之下，北大荒成为了最佳选项。1968年6月10日，黑龙江省革命委员会同意北京、上海、天津3市安置知识青年3.5万名，其中北京1.5万名，上海1万名，天津1万名，

---

① "文革"运动中一批批干部、知识分子以及形形色色的社会成员被强加上"叛徒"、"走资本主义道路当权派"、"现行反革命"等罪名，这些政治贱民的子女被统称为"可以教育好的子女"（刘小萌，1997）。

全部安置到生产建设兵团所属单位。(黑龙江文史资料，2005) 1966—1976年中，北京知识青年约有10.4万人迁往黑龙江，其中农场10万人。(沈益民、童乘珠，1992)

二、下乡心态种种

在既定的被动大局下，决心下乡的L队知青们都认为早晚要走，还是兵团较好。但对很多人来说，去兵团并非完全是被动之举，北京青年怀抱的下乡心态也并非仅"早晚要走"一种。以五级态度量表来扩展具体选项，"抵制下乡"和"非常积极"应该是态度的两级，随着积极性递增，依次建立"早晚要走兵团较好"、"随大流"、"积极"三项态度。以此态度量表为指导，被访的33位L队北京知青对自己的下乡心态做了选择和阐释。其中有5位徘徊于"积极"和"随大流"之间、有3位踌躇于"随大流"和"早晚要走"之间，这恰说明了知青当年抉择时的复杂心理。

为了计算下乡态度得分，需要根据知青对自己下乡心态的具体阐释对重复两次计数的8位知青的心态做再编码。首先笔者对态度量表进行了抽象化处理，由1分到4分分别为"较不积极、一般、比较积极、非常积极"，而后再将徘徊于"积极"和"随大流"之间、有"积极"倾向的知青归为比较积极，将处于"随大流"和"早晚要走"之间、有"不积极"倾向的知青归为较不积极，即把"随大流"改为"一般"这一无态度倾向的选项，由此从中可分解出8位知青的双重态度。再编码后的态度分布为，非常积极12人，占37%、比较积极11人，占33%、一般5人，占15%、较不积极5人，占15%。

如表2-1，33位受访知青的下乡态度平均分是2.91，接近比较积极，大家都是带着真诚和理想下乡的。革干家庭出身知青的下乡态度平均值最高，为3.5，处于非常积极与比较积极之间，下乡态度与其家庭政治地位的一致性强；"红五类"之一的工人家庭出身的平均态度值紧随其后，3分，属于比较积极下乡；职员出身的下乡态度平均分2.68，介于积极与一般之间。

表2-1 家庭出身与下乡态度平均值

家庭出身	下乡态度平均值	人数	标准差
革干	3.5	10	0.707107
工人	3	2	0
民族资本	3	1	.
职员	2.684211	19	1.15723
城市贫民	1	1	.
合计	2.909091	33	1.07132

下乡态度非常积极的知青是带着愉快的心情和昂扬的革命斗志"离家"的。

"我记得在学校开家长会，我就捅我母亲，我妈就起来站着表示支持我下乡，连长指导员还挺感动的，说你妈真行……上火车前我还嘱咐我妈说你别送了，你要送你就哭，你哭影响不好，雄赳赳、气昂昂地就去了，我妹妹，远远地看着就得了，不让她们送，一送一哭好像影响我的革命斗志……然后到了兵团，一下火车记得写了篇稿子代表全列车的人向北大荒的领导致辞，呵！慷慨激昂的！"（曹L）

"我们这几个是积极响应的，临走的时候不跟爹娘再见，到天安门去宣誓，宣誓完了，这一拨人就一起上了火车，根本爸妈连送都没送……我还在我们学校发过言呢，表示积极拥护国家号召上山下乡，其实我这人挺胆小的，但我挺有决心的，因为这真的是我的出路。我爸妈在年轻的时候为革命、为国家积极向上，我觉得我这年轻时候也应该为国家、为革命积极向上。"（金YT）

而下乡态度消极无奈的知青则怀以完全相反的"离家"情绪。

"非常犹豫的情况下报了名，报了名以后就被批准了，批准后就是迁户口，这一天我在家里头大哭了一场，因为那时候一直是革命时代，老讲阶级斗争，人很冷酷，我不记得我中学三年掉过一滴眼泪，那时候是撕心裂肺的大哭，至今家里人都记得这一幕，我母亲就说，户口本在抽屉里头，我不给你，我不递到你手里头，如果你要是想定了要去，你就去拿，你要说不办了，咱们就不办，以后爱怎么着走着

瞧。但是最后哭定了以后，我是说我还得办，因为从理性来说，下面的情况还不是挺好，还是办吧。"（周XZ）

虽说大部分北京青年都有主动下乡的一面，但除了非常积极的知青，大多数知青的心态中又都夹杂着不愿意的情绪。其顾虑原因如伯恩斯坦所言，是新旧价值取向冲突引起的。一贯的旧价值观念是上大学或去工厂比下乡做农民更好更有价值，而宣传的新价值则相反。许多知青的疑惑来自：既然新价值为真，那为什么许多家庭出身好的子弟却要参军或可安排在城里工作？在涉及诸向上流动、家庭延续或者城市生活与农村生活等问题时，官方的价值观和倾向性与社会的价值观和倾向性之间的差距是清晰可见的。（伯恩斯坦，1977/1993）其实即便已经选择了下乡，这些旧价值观念也是潜在心中的。

北京青年下乡的动力是多重叠合的。一方面，从前的中小学教育实践已积累下了深厚的革命意识形态力量。一部分北京青年正是出于政治信仰而响应号召积极下乡的，消灭"三大差别"提供了一个"奋斗神话"（伯恩斯坦，1977/1993），塑造了一种愿为革命理想献身的新人。对另一部分知青来说，虽然有着无法继续升学的无奈，但都认为自己的下乡选择是具有合法性的，希望可以为自己和家庭挣得政治上的荣誉。在知青下乡前，北大荒农垦局曾去北京各中学宣讲，当地宣传队描述给知青们的并非是一幅美好的生活图景，却吸引了很多知青报名。黑龙江生产建设兵团的边疆地理位置和正在进行的军队改制都赋予了青年去兵团积极的政治意义，如"保家卫国"、"屯垦戍边"，一部分当时的学生还认为"越艰苦越革命"。多年的政治教育之下，国家实现了对青年的思想控制。

"觉得反正也是号召去的地方，听起来也不错，将来成立兵团又跟当兵差不多，反正比农村当农民要强，也是什么支援边疆，建设边疆啊，好像面子上还比较好过得去。但是也是一种无奈，前面好几批工作没报名，我们还等着后来是不是有上高中的机会，我还想继续上学，因为觉得挺小的那个时候，17、18岁，觉得就工作了走向社会了没这准备，不想……我们走的时候大家心里边还是心气比较高，觉得到边疆也算是一个比较好的归宿，觉得既然离开北京，就越远越好，

越远这样对自己锻炼越大，也抱着一种幻想，年轻嘛。"（艾Y）

另一方面，以学校、班级为宣传和安置单位，对青年来说是最有效的组织手段。对于一部分学生来说，自然服从了学校权威的分配，有的班级直接就发布了下乡名单，名单里的学生也基本没有提出异议。这种组织形式还直接造成了许多青年觉得"去兵团"是"暑假下乡劳动"的错觉，那个时代的中学生每年麦收时都要到京郊农村劳动半个月。

当时的北京青年正值青春期，渴望独立、走出家庭，去兵团正成为了脱离父母家庭的理由和正当途径，青春期心理得到了独特的满足机会。由于又是学校集体行动，也遂了一部分人希望继续与同学在一起的愿望。很多青年为了自我延缓从学校到社会的过渡，就跟随了下乡大流。

此外，去兵团是当时有限选择下的"上策"，家庭出身筛选和名额控制也让这种下乡机会变得宝贵起来。

三、家庭各有难题

知青家长在当时也是心态种种，情绪复杂。在当时的政治气氛下一部分家庭父母自己陷入困局，一部分家庭父母并不敢破坏下乡合法性，都是即使有心也无力，即使做过争取也以失败告终。家庭庇护暂时失效，子女只能被裹挟进下乡潮流。

"后来我听我妈说我走那天，我爸爸就坐在阳台上一句话不说，一天一句话没说，直掉眼泪。她说可能觉得自己干了那么长时间革命，连儿子的命运都掌握不了，很愧疚。"（革干出身的周HJ）

"家里不敢反对，因为当时我提出来，我跟我妈说，北大荒那报名了，我说我想报名。我妈一听，当时眼泪就下来了，我在家里不是受大人喜欢的孩子，吃得多，又淘气，但是她也这样，但她不敢反对，这是毛主席号召，反对还是不得了。"（知识分子职员出身的付W）

"家里当然不希望去了，后来我才知道我妈妈还去学校找过那个解放军的排长希望能把我留下来，但是也没用。"（普通干部职员出

身的刘XC）

家庭有限的帮助是提供一些对下乡形势的意见和生活经验。

"我一个同学问我，说我们就准备几个人上太湖去插队，你去不去？我说我回家问问吧。我就问我妈，我妈说去哪儿都差不多的，但是你跟学校组织去，还有可能回来，你要自己去那个地方就回不来了，说不定这个形势也不是说一辈子就把你们送走了，你们还可能回来，我妈妈这么说的。后来，到那天，7月4号，我一看，原来他们几个准备自己下乡的都在，都放弃了。"（周HJ）

"我父亲他去过苏联，知道那边是苦的。我记得我听完北大荒的报告，回家跟我爸爸说，我说那边夏天天很长，我爸爸马上就告诉我，冬天天很短。他去过苏联，所以他知道那边很冷。"（陈FC）

有的家长由于自身也是浸淫于多年的革命意识形态宣传之下，对子女去兵团是持支持态度的。"我父亲是支持的，1964年已经开始上山下乡了，我哥那时候就报名了，我们家为什么都积极，因为我父母都是党员，而且都算是老革命吧，我爸妈整天在家里叨叨，毛主席说这知识分子应该向工农学习。"（金YT）也有家庭给出了反对下乡的信号，只是青年并未听从。不过在L队北京知青中没有发生由下乡引起的家庭内部冲突。"我记得我去的时候我哥哥那会儿还反对，他是1964年北航毕业的，他毕业以后就被分到成都，他有离家的经历，所以我当时要走之前他特意从成都赶回来劝我就不要去了，但当时上山下乡觉得就是响应毛主席号召，我还是自愿报名去了。"（张F）

家庭在此时反而成了有的青年离开城市的推力。密集激烈的阶级斗争导致整个城市紧张动荡。稳定的家庭结构被人为拆散，许多父母遭到政治冲击，家庭生活秩序混乱，要直接面对亲人被批斗，青年精神压力可想而知。

"当时也不愿意在家里待了，因为家里的环境很不好，父母挨批斗，家里也没人做饭，有时候食堂里凑合点，反正生活很没有规律，很不像样子。有时候看到一些所谓造反派，包括一些所谓革命领导干部的子女，他们对我们态度都不好，就是歧视，觉得你家有问题了，你挨批斗了，你就是黑帮，你就立刻比我们矮了一头，哪怕前几

天还在一块儿聊天，所以不愿意受这种歧视，当时决心很大，有点破釜沉舟了，换个样，不在这儿受这个窝囊气了。"（李JT）

由于是大变革前夜下乡，还无法想象未来返城的可能性。而从1964年开始，中国城乡分割的户籍管理制度就已经收紧了，凡"向上"的迁移均加以限制，包括从农村迁往集镇，从村、镇迁往城市等。（蔡昉等，2001）但这并不妨碍青年们的决定。许多人说在那个年纪还根本没有想过以后，不过向成人过渡的青年都希望能独立，不要成为家里的经济和政治负担，顺应潮流下乡比赖在城里好一些，不希望给已经疲于应付斗争的父母再增添麻烦和压力。

"不去也行，就是家里顶住压力，那时候给你制造各种压力。但那时候我要不去，我妈在学校肯定就是罪加一等。"（付W）

"我母亲因为我父亲的问题，也被隔离审查，家里就我一个小孩，一个月也没有多少生活费，我妈妈每月回来给我15块钱，然后又回去了，那时候得算着，说一天要吃多少钱的饭，否则没到月底就没钱了……我们到那儿呢，其实要说起来待遇还不错，一去就每个月有32块钱的这个工资，其实在北京学徒，当时每个月可能才16块5的工资。"（景K）

父母经营多年的社会地位和政治资本并没能使特权阶层的年轻人免于被下放到农村。（伯恩斯坦，1977/1993）在家庭庇护功能暂时失效的情况下，这次"离家"的决定就像作为"成人"的青年与命运的第一次大博弈。

第三章　兵团生活的考验

本章将重点考察L队北京知青在北大荒的生活以及萌生归心"走向背叛"的原因。

初来北大荒时，知青们不怕苦累卖力干活，竞争上拖拉机并以此为荣。这种认真经营前途的态度却恰恰反映了知青对技术类工种的偏好和对个人向上流动的追求。对城乡、工农、脑体差别和向上流动的传统认知与新社会的价值观起初就是并存于心的。扎根模范也正是在这种双轨的价值框架下诞生的。

累积的下乡岁月让知青们渐渐改变了自己的顺从。新旧价值观本就是对立的，最终难于共存。知青因"三大差别"而来，又因"三大差别"而走。"时间之痒"终于重塑了整场运动的走向。

一、干革命与争岗位

L队北京知青初至北大荒，面临的第一件大事是分配工作。北大荒的工种在大多知青眼中分化为"三线"，最好的一线工种是编入机务排开拖拉机；二线工种包括教师、会计、卫生员等文化岗和木工、电工等技术岗。三线工种则是以劳力为主的农工排、畜牧排、基建排和后勤排的工作。

首次分配主要参考的是家庭出身、前三个月未分配时的劳动表现和初下乡时带队学生干部的意见。接受调查的知青都表示了自己对技术工作的偏好，尤其希望成为拖拉机手，甚至被选为教师的知青也说自己更青睐机务工作。首批被选中开拖拉机的女知青有4人，男知青有8人。没有资格上拖拉机的知青还倍感失落。

"我是第一批上机务排的，跟陈C、艾Y是一个车组的。当时拖拉机分两种，'东方红54'和'东方红75'，75比54马力大一点，从车型来讲更好一点。我们分到这个75，好像要被高看一眼似的。"（吴BL）

"我最愿意去机务排，我们那时候感觉机务排离现代化近，知青都想上机务排，都表示要去他就得挑啊，干活好的，身体壮的，出身好的，这样挑，结果那个时候说我身体不壮，说你再锻炼锻炼，就没让我上去，我是几个月以后让上的机务排。"（艾Y）

"开拖拉机"作为当时的热门工种，自然引发了知青间的第一项集中竞争。

"我听说上海知青中有两个女生给领导送了点东西，还打了点小报告，领导认为挺贴心的，后来就让她们开拖拉机了。它是一批

一批的，第一批上机务排就没有什么（手段），后来就有这种上去的。"（石L）

"当时L队北京女生里有两个小圈子，一个是革干子弟，还有一个是石L她们，分别想找书记上拖拉机，一上拖拉机就比别人高了一头似的，他们就不断地找指导员，后来都上了拖拉机了。"（柯X）

机务岗位名额有限，不够条件的知青就暗自筹谋挤入二线岗位，在未分配时就选择到竞争不激烈的工作组帮忙，并积极表现争取留下。"大家都喜欢去开拖拉机，年轻人驾驶一个拖拉机嘎嘎嘎嘎，奔驰在一望无际的田野，让人崇敬。我当时填的成分是城市平民，没有优势，我也认识到自己才不压众、貌不惊人，也不是什么团员、积极分子，也不愿意跟领导拍马屁，我就想我不去竞争这个了，我到二线找好一点的差事。大多数的人最后是留在农业田里边干活的，一身泥，一身水，一身汗，我主要想逃避这个。也碰巧我有点优势是什么呢，我在家动手能力比较强，从小学就是航模组的，我父亲从小就锻炼我们，我去的时候就带了几样工具，锤子啊、老虎钳子啊。比那些干部子弟、知识分子家庭的动手能力要强一些，这能显出我的优势来。我就找连里边领导要求去了，说我愿意去做木工。而且在我们刚来的那些天，我和连里那几个木工有接触，我在那干活，做个小板凳什么的，他们也看到我了，说这个孩子还行，在同学中算是动手能力比较强的，木工班长就悄悄问我，你想不想干木工，我说我想干啊，他也找连里去了，他们想找一个接班人培养培养。连里本来没有这个安排，所以就把原计划打乱，破例地收了我一个。"（裴DQ）

每年3月份，生产队会重新调整新一年的工作分配，填补知青外调、上调的空位，吸收当地的年轻青年，协调年纪大或身体不好的人的工作等。许多知青都会提早准备，趁此机会向好的岗位流动，并且不惜一切代价保全自己的好工作。

"当时有个上海青年是连队的电工，他1973年推荐上大学了。我的电工技术也挺好的，我自己做过一个万能表、一个收音机，他走了自然我就成了他理所当然的接班人了。我也有去跟连长要求过，去连长家坐着聊天，说我想干这个工作。后来我就到了机务排当电工，但我没有培训过，有一次特别危险，我记得特清楚，我从营里回来，那时天都黑了，刚一进连队，连长说你赶紧吧，全体都等着你呢，没有电脱不了玉米，食堂也做不了饭，大家看不见，你赶紧吧。我一看那高压保险脱落了，可能负荷太重就跌落了，得把这高压保险那拉杆给推上去。当时我自学过，说推高压保险杆，第一，穿绝缘靴，第二，戴绝缘手套，第三拿那个高压拉杆才能把它推上去。当时我推的时候既没有绝缘靴，也没有绝缘手套。后来说你站着拖拉机顶上吧，它拖拉机有四个大胶皮轱辘，我就站在那个顶上了，但当时是冬季啊，都有霜啊，我当时就在想，哎哟，就那一下子我就完蛋了，说白了电工挺清闲的，但这会儿也该你出力了，我心想我把这个推完之后我就是功臣，以后就更没人管我了。我当时一咬牙，三个都推上去了，一推第一个没事，第二个没事，第三推上去了。我分析那四个大冰胶皮轱辘起作用了，那胶皮绝缘。如果当时踩在一个铁上就完了，多危险，就那一次，我后来想就这一次得了因公牺牲了。那时按规程都不能推，因为当时下着小雪，可是那会儿你必须得推，你不推你那些工作都得停，你推了你就是功臣，以后你想干什么就干，比如说到食堂都给你吃的新馒头给人拿旧馒头，到菜主那买香瓜人家都花钱买，我呢，那个菜主老头都给我拿一麻袋，抬我宿舍去。"（翁JZ）

争取找个好些的工作成为下乡中后期的主旋律，多数知识青年不再干苦力而成为小学老师。据粗略统计，L队前后共有15名知青在北大荒实现了"开拖拉机"梦，在当地当过教师的有15人，有会计、卫生员、宣传队等其他文化岗位经历的共计5人。

多数北京知青都认真地经营着自己在农场的前途，积极向更好的岗位流动。但对技术、文化岗位这些具有现代性特征的职位的向往和向上流动的进取心也注定了这些知青之后的逃离。

知青对城乡、工农、脑体差别和个人向上流动都保持着传统的认知和价值观，却同时又吸收了"再教育"的革命意识形态，如理想主义的"一不怕苦二不怕死"。知青都评价自己在当地干活不怕苦、不惜力，甚至认为北大荒的身体之苦是可忍受，完全不同于"搭便车"的状态。

每年冬天知青都要去排水工地劳动，这是北大荒最辛苦的几种活之一，知青们第一年去时却把它干成了田径比赛。"第一年冬天上水利工地，大家还跟比赛似的。水利工地就是挖土，那么一甩，有两米多高，我们觉得跟体育锻炼似的，就比赛甩锹，干活非常卖力，看谁下去多少层。虽说大冬天的劳动很艰苦，吃得也挺次的，但是我们还是做得跟体育比赛似的，你甩了多少锹，挖了多少土。结果他们好几个都受伤了，付W、景K、安H等，后来都扭了，腰、肩都受伤了。当时治疗挺吓人的，那老乡拿那酒点火，北大荒的酒度数挺高的，60多度，一点火就能着，拿饭盆先搁炉子上热一热，然后拿火柴一点，就给付W背上拍火。"（蒋S）

虽说许多知青在工作岗位上挑肥拣瘦，但最后不论被分到什么岗位，知青在干活上都是不遗余力的。"干活真没得说，那时候真是挺相信所谓人的精神。当时要通高压线，就让我们去开一个50米宽的林哨，把这片50米宽的树林全都给砍掉，然后再挖坑把电线杆子栽下去。我们是负责清道的，除了伐树，还要把树底下那些灌木都要砍掉，要用镰刀去割很细的树条子。因为我们不太会磨镰刀，所以砍着砍着镰刀就钝了，最后就变成不是割了，是跟砍刀似的砍。我有一次砍着砍着一下就砍到这个鞋了，我一脱鞋，那里头血就往外冒，当时在山里头你也找不着别人，只好把鞋又穿上，穿上以后觉得不行，这血还在流，就觉着袜子鞋底都湿了，走几步以后觉着这脚下就有点麻，就像咱们下雨天在雨地里走这鞋全湿透了，然后就无非到卫生员那儿去包了包，接着又去干活了。"（景K）许多知青们最初都愿意去感受和靠近所宣传的新价值。

二、前途与后门

上山下乡不断引起个人意愿和国家利益的之间的矛盾。随着下乡时日的增加，L队知青们也渐渐感受到了这种张力，由此按耐不住对自己和国家命运的思考并产生了一系列负面情绪，归心萌生。

知青内心最大的波动在于对自己前途的担忧。农村可见的未来并非是这些由城市降落而来的青年们所愿意接受的。北京知青的集中安置是嵌于农场原有的社会结构之中的，眼见身边一起生活的老乡，许多知青不由得联想起自己的未来而暗自神伤。

"到了北大荒以后，新鲜劲有两三个月吧，开始就不对了。那有什么新鲜的呀，一个连队几百号人住在这儿，周围都是大旷野，蓝天白云天天看，这都不对了，各种各样的问题就冒出来了。我不认为说北大荒多艰苦，无非就是干活累点，累能到哪去，累也没把几个累咋的，冷那也是人居住的地方。当时就差一句话，就是他告诉我，什么时候我可以回来，如果有这句话，那这就是一个超级旅游策划，太棒了，10年都行，10年你让我离开这儿就行。说到底不是对那块地方不能忍耐，是前途。当时想两个前途，一个国家到底会怎么样，按照毛主席说的，把走资派都打倒，国家就好了。那你是信还是不信，还是将信将疑。再一个就是自己的前途，你才20多岁，你今后这辈子干什么呢？这肯定是人人要想的事，扎根边疆，那就是那么说，把你们弄到这儿来了，你也不敢说不扎根边疆，那会儿那是大逆不道的，但谁也没那么想，绝不会那么想，那你不扎根你干啥去，你能回去吗？我们经常私下里谈，比如说咱俩晚饭后那边转转，我说以后大学还办不办了，还得办吧，就是这种不着边际的话题，但实际上都和未来自己的命运联系着。当时高中生还谈以后，说自己的志向，有的愿意学医，有愿意当兵当军事家的，有的愿意当外交家的，反正各种各样，他们高中生谈，我们就听着。"（付W）

"我其实去的时候还不错的，但是在那儿待了一个星期，就觉得不行，我记得很清楚的就是我在那个砖窑，是比较累的活，头几天干还行，干一个星期我就觉得有点承受不住那劲，所以情绪上不稳定了，觉得比较灰暗了。还不在于苦累，苦累好像还能忍，因为毕竟年轻，但是觉得前景没有了。因为当时带着我们的那个农民，他那时候也就40岁不到，就显得挺老的，还有一些老一点的五十来岁的，我一想，就这么干下去，那再过几十年，我就是他，眼前在那儿摆的，我想到要在这儿干一辈子最后我就是他，一下心就感觉到凉了。"（韩ZX）

知青的"安心边疆"首先为先行返城的高干子弟所打破。

"我们下乡之前在学校全都有派别，但是到北大荒以后都不分派，我们把'文革'的派都放弃了。其实我们在北京还是红五类呢，到那不算，他们那就重新给我们分了，要查三代，当地人他并不把我当成出身好，他们贫下中农开会不让我们参加，说你们革干没准黑干呢，你父母是黑帮吧，革干出身的戴D父母家是地主，她变成地主出身。他们还爱派小学生监视我们，说没说反动话，就感到我们知青好像地位很低，政治上没有出路，老说接班人接班人，体现不出来，我们接什么班，他给你造成压抑，你本来挺高兴的觉得自己是红五类了，文化大革命挺风光的，再怎么革命革不到你头上来，你是革命的，但是他这么一分等于你不是革命的，差点给你归反革命那边，那你心里头能痛快吗，这些政治身份当时很重要啊。我参军也是承认我是红五类，我跳出去何乐不为。那个时候毛主席号召全国人民学习解放军，我也是往积极方面走的，我想的也是参军，我也没说反对革命。"（艾Y）

　　随着"老三届"知青步入结婚的年纪，家庭方面也开始推动知青返城，发起动员。虽然当初下乡时，家庭没有强烈阻拦，有的还持支持态度，但父母心里对子女下乡的时间限定从不是"一辈子"。父母获得解放后，重新拥有了保护能力，所以都希望家庭完整，游子回归，正统的革命家庭更是率先付诸了行动。

　　即使是工农出身为上的年代，真正能左右资源和机会分配的阶层也还是政治精英。知青群体的稳定性被先走的干部子弟返城者打破，引起了广大知青强烈的相对剥夺感。尤其是后来政策性机会出现，同阶层小圈子的同伴离开，给留下的知青触动更大。经济动力以外，社会动力也成就了知青"走向背叛"。

　　"我周围的同学中，军干子弟非常多，就开始陆续返城。什么名义都有，有说参军的，有说家里需要照顾的，有的不知不觉的，今天和你在一块儿明天就走了，就是以各种各样的名义可以走，所以我当时就感觉强烈的不公平，从1971年的时候，这种想法就开始萌动了。我虽然不是特别出众的，但是我能够在初中入团，学习成绩各方面来讲，不说名列前茅，应该也是很可以的，可是我觉得到了1971年的时候，你既没有地方去讲什么道理，也没有地方可以去申诉什么，那时候强烈的一种感觉，就好像你无形地被玩弄了，被支配了，被别人给操纵了。我开始有了种种的不满意，这里还有牵扯到，我在女L中有一个非常要好的同学，叫徐XT，我们俩是一块儿到了珍宝岛那个地方。她父亲、母亲都是一机部的，都去了五七干校，然后她去了黑龙江兵团，他弟弟去延安插队，妹妹也都在那插队，就是在文化大革命最乱的那个时候。但随着她父母回北京，他们的命运立刻改变，先后都走了。我记得1971年的不久，突然徐XT跟我说，第二天她也要走，这件事应该来说对我的伤害挺大的。她的父亲因为官职还不够大，虽然已经是一个一机部司长了，但是比中央的那些人还要小，所以她就是曲线救国，户口转到吉林的工厂，人就到了洛阳。就是要走了，能离开黑龙江就是一件好事。我这个时候开始长大了，我觉得好多人嘴上说的是一套，心里想的是一套，站在台上的时候他们喊知识青年一定要下乡，一定要到农村去，但是他们绝不让他们的孩子去，他们会想任何一个办法把自己的孩子弄到一个工作好的地方，我觉得这个道理太明白了，不用谁跟我讲，可是我在下乡的时候连这个道理都没看明白，我就觉得这个社会已经不是我想的那么简单，也不像我想的那么纯真。"（柯X）

"我也没有像那些人革干出身，想也白想，所以我也不看，不是那个阶层的，但是呢，如果是党K他们回城就不一样了。"（陈FC）

当林彪事件传到各地后，许多知青陷入了茫然、困惑。一些L队北京青年在听闻林彪事件和其他"小道消息"后启动了对国家命运的独立思考，乃至引发对下乡运动合法性的思考。

"林彪事件后，我就开始想这到底是怎么回事，虽然没完全明白，但有一个结论，就是我得先离开这儿。"（李H）

"我觉得还有一个很重要的事情让我转变了，就是1971年'九一三'，林彪事件出现了，这是咱们国家的一个事，里面的内幕我们也没有公布，但是我周围的人都是高干子女，他们会有很多的小道消息，会有很多的有关林彪事件的内部消息，所以应该说我当时就有点冲击，回去反思整个文化大革命到底是一场什么革命。那个时期大家经常讲一些，哪哪个城市的后门，哪哪个城市革委会主任有多不光彩的历史，有什么卑鄙的手段打倒别人，就是这些小道的消息特别多，这种东西传出去很多。这就会干涉到每一个人，社会能都这么乱吗，能总这么乱吗，那要不这么乱的时候应该什么样。"（柯X）

三、模范扎根与消极怠工

"扎根"与"返城"本是上山下乡运动中两种相互冲突的思潮，那如何理解"扎根模范"返城的分裂行为？

官方在运动中推出了不少"知青典型"，他们往往都是扎根农村的榜样，知识青年和当地群众对所谓的"扎根"行为早已烂熟于心，所以不约而同地提前把有"扎根"表现即在生产队卖力干活、争取入党和提干、与老乡联系紧密的知青视为"扎根模范"，特别是大家普遍认为"在当地入党就离被树为典型"不远了。但随着部分扎根模范"拔根"返城，知青对政治职务积极反应的"扎根"表现一度被认为是在为优先返城打基础。

潘鸣啸（2004/2010）指出这种分裂行为存在制度激励。能够在当地得到提升对真心向往农村安家落户的知青来说是一种鼓励，不过表现好获得的奖励却是一个返城名额或大学名额。

据知青办公室发布的资料，知青中党员的比例是在1%—1.5%之间，进入领导班子的在2%—4%之间[①]。（刘小萌，2009）L队北京青年中曾在北大荒担任过重要领导职务，如副指导员、副连长、妇女队长等，并且在兵团期间入党的知青共计7人，从1974起陆续回城，顺序依次是金YT和柯X（1974年）、李JT（1975年）、邵SY（1976年）、吴BL[②]（1977年）、谢XF（1978年）、周W（1979年）。其中李JT离开L队后，吴BL接替了他的位置，吴BL走后则由周W接替。

L队后三位干部入党、提干时，扎根风已不盛行而返城风渐长。

[①] 国务院知识青年办公室，《全国城镇知识青年上山下乡统计资料》，56—57页，转引自刘小萌，2009，《中国知青史：大潮（1966—1980年）》，当代中国出版社，第2版。

[②] 吴BL在兵团未入党，但曾有入党机会，后因与同队女知青谢XF的恋爱纠纷而失去了此次机会。由于他曾担任过L队副连长且离开前近乎要解决入党问题，这里纳入计数。

但由于中国一直实行干部工人区分的档案制度，所以知青依然追求干部职务，为自己增加政治资本，而连队为了稳定未走知青的情绪，调动他们的积极性，也愿意给以重用。"李JT走了底下有议论啊，怎么入了党就回北京了。赵TZ就说我们是为中国培养党员，不是为L队。但后来对吴BL的要求就高了，想入党走没门……B中人都比较务实，我先把我眼前的事干好不妨碍我以后回城。当地如果提成干部，回来就是干部身份了。不然回城提干还要费好大劲。有的人晚回来，当地也安慰安慰，给他干部身份走了。"（翁JZ）

前四位返城的干部都接受了访谈。他们对自己政治前途的认真经营既建立在对革命意识形态的认同之上，也与传统的追逐个人向上流动的价值观相契合。这种双轨的价值框架让他们带有了政治积极性高、劳动表现好的"扎根"特点。他们虽也把"返城机会"视为奖励，但其行为不是以获得返城奖励为最大目标。他们的"扎根"表现更多是建立在现实的成就动力之上，并不与"扎根"或"返城机会"直接关联。作为大家眼中的"扎根模范"，他们叙述了自己的心理过程。

"女高三"的金YT因工作表现突出，成为L队入党的第一人（1973年），她对返城心动的原因除了结婚的现实困难外，还包括当时政治气候的微调。

1972年在兵团入党的柯X说自己努力工作从不意味着要"扎根"，而是从学校起就有保持"先进"的习惯。但由于第一次工农兵学员招生时自己因不满意分下来的学校所以没有报名，却被大家误认为是"扎根模范"。

L队因离开北大荒而引起知青和当地群众议论和不解最多的是李JT。因为他在L队是有名的"扎根模范"，劳动表现一直非常突出，1974年上半年在L队入党，是L队最受重用的知青干部，和当地老乡打成一片，在外界看来还曾主动放弃过工农兵学员推荐机会[1]。而李JT说自己拼命苦干、用心经营政治生命是因为从"红五类"革干子弟落入"可教子女"所以一直有想证明自己的情结；又因为听从领袖教导而

---

[1] 详细情况可参见下一章"竞争工农兵学员"一节。

与群众联系频繁；只喊过擦边的"扎根话语"，未曾想借助"扎根"入党提干、换取"返城"机会。与李JT关系甚好的L队指导员虽提前知道程早晚要离开，但仍愿意让其入党，为了不让人心波动，还要求其不露口风，不违背上级"造典型"的思路。

L队第四位返城干部邵SY是"老高三"，下乡初就是L队男班长，也是本队最早提干到团部的知青，并于1972年在团部入党。但他因自己的骨干身份而先后错失工农兵学员推荐和北京抽调教师的返城机会。同为知青的妻子在当地流产后，长久累积的利益剥夺感促使他启动返城。

与上述对应，越来越多的普通知青开始厌倦于繁重的体力劳动而琢磨出了一系列消极怠工的策略作为弱者的武器，甚至还曾在小圈子里争论过"偷懒的合理性"。"当时泡病号的情况非常多，就是装病，好多连队知青都暗中交流经验：手伸进衣服，手指弹体温表底部七八下就可以达到38℃，我们都操练过，还有更刁钻的办法，有的知青看卫生所用哪种表，探亲的时候就特地买了一样的表，连队里有两种表，他们就预备两种表，要去装病号的时候先让一个人去看看今天卫生所用哪种表，要泡病号的人就在家里把表泡进温水，调好温度，偷偷带去。周HJ有一次同时夹着两块表进去，他经常泡病号，卫生员生疑说你把衣服脱下来我给你听听诊，把周吓坏了，掏出一个表连说内急忙忙跑掉……我后来在工程连队，农忙的时候去某个农业连看朋友，看到宿舍知青中最壮的外号'耗子'的汉子脚崴了在屋里歇着。那会儿已经是去东北的第四个年头了，想办法偷懒已经是普遍的风气，连队另一条壮汉也想休息，问'耗子'怎么崴脚，他说你找一个没人的地方快快地跑，想着脚背要沾一下地，后来那个知青真这么干了，脚崴得还挺厉害。"（周XZ）

小部分人的极端积极与众多人不同程度的消极构成鲜明对比。

四、慎谈恋爱与当地成婚

下乡之初，兵团对知青恋爱管控很紧，而到中后期反而开始鼓励知青在当地结婚扎根。但许多L队知青，特别是年纪稍小的"老初三"，从没有在当地结婚的打算，唯恐耽误自己返城。

"我们开始去的时候不让谈恋爱不让怎么怎么样，说过很多这类话，然后到1973年1974年以后我觉得风声就有点变了，就恨不得你在那儿结婚，然后在那儿扎。主流的风是要扎根的，但艾Y1970年就走啦，戴D、陈C、何FZ什么都走了，走一个你的心是不是就得动一下，反正我觉得不结婚没有拖累没有负担走的可能性大……看到当地妇女那种状况，一想自己将来也是这样，我觉得我是忍受不了，所以不想在那儿待着，我当时的想法是即使我离不开那儿，我也不会在那儿结婚，我也不会在那儿留下后代。"（刘XC）

但正值青春，知青之间的恋爱在兵团还是时有发生的，1974年前L队北京青年群内就至少出现过三对恋人。但这种兵团恋爱只限于知青与知青，因为大部分人即使恋爱也抱着将来要一起回城的心理。这样一来，知青恋爱对象首先不考虑当地人，甚至还要选择有回城机会的知青为对象。后调离至其他连队的北京知青周HJ在1974年北京抽调教师时本来获得了推荐，但为了找同有返城机会的知青为对象，他临行前就换了个恋爱对象，结果却因此回城大事遭同学破坏，"他跟L队女知青谈恋爱，后来调到另外一个连队，他要走了，认为他的女朋友肯定走不了。他想这怎么办，他觉得自己找对象是个难事，自己身体特别差，有点病，认为没人愿意找他，后来就跟那个连队里的女青年开始谈恋爱了，关键在这，那个女青年也能回去，他俩都能回去。有的走不成的老高三同学很生气，把老何谈恋爱的事整理出一个材料来，几个初三的傻小子下着大雪步行30里地去告状，说老何作风败坏，此前跟一个知青谈恋爱，大家都知道这件事，现在要返城了，又在这跟另一个人谈恋爱，最后把老何这事取消了，不让老何走了。"（周XZ）

L队共发生了五场知青与当地人的兵团婚姻。郑J、张F、黄CR、周HJ分别于1971年、1973年、1975年、1976年与当地人结婚。袁X也是与本地人完婚，后于80年代在当地意外去世。除张F外，剩下四个知青都是革干子弟，在选择与当地人结婚之时其实已经完全没有了回城的打算或希望。

官方对革干出身的规定非常严格，需要父母在1945年前参加革命，所以革干父母一般年纪都较大，在知青下乡期间去世的情况较多，而且革干家庭重组的情况较常见，革干子弟的命运受家庭结构变动和家庭生命周期的影响很大。

"后来大家断断续续回来了，就我自己在那里，心情确实挺不好受的，但我家里没有条件了，父母已经都不在了，我是跟着养父母长大的，他们那时候都去世了……养父母都是革干，养母是我的亲姑姑，也算是挺近的，她自己没有孩子，因为解放前她身上中过枪不能生育，自己没有孩子，而我从小家庭父母离异，所以就把我给过继过来了。我养母是我下乡那年去世的，后来岁数也大了，由于我走了她精神也受点打击，本来身体就有很多病，我七岁的时候，她就中风了……姑姑去世后跟姑父这边也不联系了，我姑父那还有几个孩子，前妻的孩子，那几个孩子都比我大不少，我下乡了跟他联系也不多，后来他子女给他接走，他跟他子女一起过，他跟我们也都不联系了，毕竟没有血缘关系……我从小跟亲生父母没有联系，后来跟生母联系上了，因为我养父被打倒以后登了报纸，就是山西省最大的保皇派那时候，我母亲通过报纸找到他们单位，然后知道我下乡了，跟我联系上了。她在河南，我去她那儿探望过几次，但她就是一个小城市的小机关干部，没有能力给我转回来，北京都是一些远亲，下乡以后就没联系了，亲戚有好多也都受牵连，也被撵到农村或被撵到哪儿去了也不知道，就没什么来往了……那时候很绝望，觉得人家都走了就剩我自己了，反正每走一个我都难受好几天的，本来都一起来的，结果就剩我一个。看他们一个个都走了，我就觉得回来没什么希望了，也就死心塌地地在那儿成了个家就那么活着了……1969年抽调去抚远，11月又迁到饶河，我们团跟853农场的5分厂在那合并组建了58团，后来一起抽调的人陆续往回调了，有一个跟我关系挺好的老职工先调回了原农场三队，他跟我俩都比较熟悉，就给我俩介绍了。我一直在58团待到1975年结婚找对象，才又回了原农场。当时自己也挺灰心的，因为岁数也比较大了，再不成家觉得也不是个事儿，返城已经没什么大的希望了。你说扎根也是万不得已的，不是说我思想多么先进我在那儿扎根了，能回来不回来，我不是那种情

况，我是很无奈地留在那儿了……"（黄CR）

袁X的情况与此类似，他的继父是革干，后来继父调往山西，袁在北京就没有任何亲人也没有住房了，而他又不愿意跟随继父去山西，所以就在当地结婚扎根了。周HJ决定在当地结婚时，父母也都不在了，其父亲在他下乡第一年就去世了，在被同学"暗算"后他说自己对回城失去了兴趣，无牵无挂，也不愿意给兄弟添麻烦，反而希望找个当地人助其在当地生存、发展。郑J的考虑之一也包括与继母关系不和。一旦与城市家庭间的纽带发生断裂，即便是革干子弟也不得不选择留守。

职员出身的"老高三"张F则在L队副连长主动示好和思想革命的姐姐的支持下，与当地干部结了婚。年龄、具有干部身份的对象、革命意识形态、多子女家庭共同促成了这桩婚事。"我爱人比我大两岁，他爸爸转业以后他们家都到了北大荒。当时他当抓机务的副连长，我是机务排，所以跟我接触机会多。另一个呢，有时候我们下地割麦，他就帮我干活，因为连长就负责检查他不占地，有时候我割着割着怎么没啦，全帮我割完了，反正也挺感动的。我记得1972年我回家探亲，我妈还说你也不小了给你介绍个对象吧，因为那会儿就25了嘛，我说以后再说吧，然后探亲回来他就跟我提出这个问题，当时我也挺矛盾的，可是我想他家也是部队的，人家也是副连长，我心想那人家就不能找咱城市的了，后来我没答复他，就给我姐姐写了一封信，我姐也属于上学特优秀的，北师大毕业，也属于挺左的那种人，我姐说只要出身好，本人好，家庭好就行，她说我听你说的，他是党员又是干部，他爸爸也是党员，我姐就说行，连我姐也没考虑到你和他结婚了你可回不来了，如果我姐当时要提醒我或许就不会结婚。一开始我只跟我姐姐说，我爸妈都不知道，就是快结婚了我回北京跟我爸妈说。我爱人是我生了老大才一起回北京的，我们家第一次见他的面，我妈妈是不太满意，可是那已经生米做成熟饭了。"（张F）

但与断了城市家庭纽带的4个革干子弟不同，王JZ的父母在看到女儿实际的"扎根"处境后，开始想办法助其回城。"我母亲从我那儿回到北京以后就病了，她就怨我姐，把小F整那么远了回不来了，当时就是没想到。我弟弟就开始领着我妈到处看病，准备给我们办困退，我妈妈也说把你姐办回来了，把孩子带回来，姐夫怎么照顾，我弟说不管，愿意怎么照顾怎么照顾。然后后来不就听说有考大学的事了吗，我爸爸就说那就让她考大学吧。"（张F）实际上，即使家庭缺少资源，只要家庭纽带不断裂，已婚知青仍然会完成这场返城流动。

L队第六场兵团婚姻发生在北京知青之间。在返城形势不明朗时，现实因素为大。眼看返城无望，而年纪早过了晚婚年龄，1978年同队的男女知青周W和赵MT在当地结为了夫妻。

第四章　返城，别时容易归来难

本章希望通过勾勒L队北京知青的返城图景，进一步探讨知青及其家庭的回城策略和操作过程。

卷入"文革上山下乡"这场结构性社会变动的"老三届"一代，整群地遭遇到了上升流动受阻的青春期，"返城"可被视为他们能动争取向上流动的尝试。

同时，至少有三分之一的城市家庭被裹挟进了这场运动。对知青家庭来说，本是国家控制和操作当时政治秩序的工具（陈映芳，2010），却在子女回城中扮演了很重要的角色。知青与父母组成的命运共同体是向父辈资源倾斜的。具有政治资本的家庭能以权力、信息等资源优势率先规避政策伤害，但父母政治资本在"文革"中的沉浮也影响到了子女回城的早晚；普通人家也都积极参与对返城机会机构的重塑，在政策性机会和返城先行者出现后，他们受到广泛的回城启发，各显神通地帮助子女回城。

此外，知青—家庭与国家政策间的返城博弈并非个体之力可成就之事，父母工作单位、提供"内招"的其他单位、大学招生组、老家、各类人情关系网络等社会力量都参与到了这一博弈过程之中，重构了国家—社会的互动规则。

一、统计数字上的返城图像

1. 返城时间特点

除去1991年回城的极值影响，在下乡年数上L队共有39个有效个案，都在1968年7月下乡、1989年以前离开北大荒。将每个人的下乡年头精确到小数点后两位（离开年月—1968.5.8，年底时间离开的按当年12月计算），只有年份记录的直接取整数（离开年份—1968）计算得L队知青在北大荒平均年限为6.94年。其中最短2.42年，最长14年。据以往研究，下乡6年是个重要的分割点，在农村待了3—6年的人与待了不到3年的人在后知青时代接受大学教育、年工资和年总收入方面更为相似，但以6年分组就显示出了组间差异。（谢宇，2008）40个知青本人回城的个案中，10年及以上的有6人（15%），5年及下有10人（25%），5—10年之间的有24人（60%）。对比周雪光、侯立仁在中国20座城市收集到的855个有效数据：在农村驻留的平均年限为6年：19.3%的人在农村待了10多年，39.3%的人待了5—10年，41.4%的人待了5年或5年以下（周雪光、侯立仁，1999），L队在农村5年及以下的人数较全国平均水平少，5—10年的人数超出全国平均比例很多，在农村10年及以上的人数与全国统计数字相近。

以L队43个知青个案为统计样本，如表4-1所示，1970和1971年L队知青的返城进程刚启动，各有1人（2.33%）和2人（4.65%）离开北大荒。从1972年到1977年，每年都有5人离开，各占11.63%。到1975年累计离开比例超过50%，一半的L队知青已经完成逃离行动。1978、1979年知青大返城时期，共有5位知青返城，累计比例90.70%。1982年1人离开。1991年的返城者是L队离开北大荒的最后一位知青，再包括一位已知返城方式但未知返城时间的知青，最终离开北大荒的知青的累计比例为95.35%。有两位L队知青留在了北大荒，1位的女儿在1997年户口回京。

表4-1 L队知青离开北大荒的累计比例

离开北大荒年份	人数（人）	所占比例	累计比例
1970年	1	2.33%	2.33%
1971年	2	4.65%	6.98%
1972年	5	11.63%	18.60%
1973年	5	11.63%	30.23%
1974年	5	11.63%	41.86%
1975年	5	11.63%	53.49%
1976年	5	11.63%	65.12%
1977年	5	11.63%	76.74%
1978年	3	6.98%	83.72%
1979年	2	4.65%	88.37%
1982年	1	2.33%	90.70%
1991年	1	2.33%	93.02%
不详	1	2.33%	95.35%
1997年子女	1	2.33%	97.67%
未返城	1	2.33%	100.00%
总计	43	100%	

如表4-2，L队知青中，小业主出身的平均下乡年限最长，达9.92年，工人、民族资产阶级、城市贫民出身依次紧随其后，分别为8.03、8.00、7.50年。职员家庭的子女平均下乡年限6.75年，革干子弟平均下乡年限最短，6.23年。

职员家庭离开北大荒时间集中在1972、1973和1977年，由于受客观政治环境变动影响（兵团对困退制度的收紧），1975和1976年回落，整个返城过程持续8年，一直到1979年。革干家庭返城启动早，其中在当地未结婚的革干子女在1976年4月前已经全部离开北大荒，但革干出身知青受家庭结构和家庭生命周期影响大，1979年后的返城者共4人，都是革干出身，都由于家庭原因本不打算回城，这部分具体可参见下文分析。小业主家庭离开时间集中在1979年大返城时期。

表4-2 家庭出身与平均下乡年限

家庭出身	平均下乡年限	人数（人）	标准差
小业主	9.92	2	0.707107
工人	8.03	3	2.549438
民族资产阶级	8.00	1	/
城市贫民	7.50	1	/
职员	6.75	23	2.199585
革干	6.23	9	3.341029
Total	6.94	39	2.499298

由表4-3，可以再编码下乡态度同时有下乡年限数据的知青样本共31位，下乡态度非常积极的知青平均下乡年限最短，6.25年，这与这部分知青家庭出身直接相关，非常积极响应革命号召的下乡态度与其家庭政治地位相一致，但这种热情并未支撑其扎根北大荒，下乡期间思想同样为现实和理性主导，并借助有利的家庭政治地位离开。下乡较不积极的知青次之，7.02年，出于行为风格一致性返城也较早。下乡态度没有明显倾向的随大流知青平均下乡年限最长，达8.42年。下乡比较积极的知青平均下乡7.43年。

表4-3 下乡态度与平均下乡年限

下乡态度量表	平均下乡年限	人数（人）	标准差
一般	8.418	5	3.917642
比较积极	7.427	10	2.616304
较不积极	7.018	5	1.385323
非常积极	6.251818	11	2.086839
合计	7.103871	31	2.529322

2. 返城方式特点

兵团知青属于全民所有制企业职工，在流动上比插队知青受到更严格的限制，因此病困退就成为了兵团知青返城的重要途径。（刘小萌，2009）L队知青离开北大荒最主要方式就是困退，共9人，占总人数的21%。其次是病退，包括两类方式：以1978年后刮起的"大返城风"为界，1977年底之前对病退审核较为严格，有4人以此形式返城，占9%；而1978年后病退仅是形式意义上的一道返城手续，有返城打算但还没门路的知青全部以病退名义回城，共5人，占12%。

调离到父母干校工厂（7人，占16%）是第三大离开北大荒方式。

另有4位L队知青获得了工农兵学员推荐上大学的机会，占9%比例，与全国8%的"招生"比例一致。4位知青通过家庭社会关系网络调离到京外单位。

有2名有海外关系的华侨知青探亲未回。2名知青以转插"曲线返城"的形式前往农村插队，后以病退和招工名义回京。以这两种方式走的知青人数分别占5%。

此外，自行参军、北京抽调"老高三"回京、高考、1989年后北京对尚未返城知青"开口子"这4种返城方式之下各走了1名知青。

最后有两位知青本人未回城，留在了北大荒，但其中1位知青的子女于1997年落实北京市"知青子女返城政策"，户口回京。

相比于全国知青调离的情况，L队缺少"外招工"返城类型。招工分为"内招"和"外招"两种做法，"内招"是各企业单位按国家下达的招工指标，将本系统职工的上山下乡知青招回城市当工人，"内招"的指标，往往"戴帽"下达，有明确目标。"外招"则是根据国家下达的招工指标，不分系统，原则上说所有知青都可争取。生产建设兵团和国营农牧场是全民所有制企业性质，招工一般是"内招"、"戴帽"下指标，通常名额很少。（史卫民、何岚，1995）全国61%的知青以招工形式退出农村，但对农场知青来说，由于已经是农业工人的身份，所以并没有外招指标直接分配给L队（除了1974年北京市面向兵团"老高三"抽调中学教师这一次机会）。这就需要知青自己通过社会网络去谋求调动的机会。所以在L队这里，"招工"为"调离到父母干校工厂和京外单位"的"内招工"所替代（共11人，25%）。

表4-4 不同返城方式所占比例

返城方式	人数（人）	百分比
困退	9	21%
调离到父母干校	7	16%
大返城病退	5	12%
病退	4	9%
调离到京外单位	4	9%
工农兵学员推荐	4	9%
探亲未回	2	5%
转插	2	5%
参军	1	2%
北京抽调	1	2%
高考	1	2%
88年北京知青子女政策	1	2%
89年北京"开口子"	1	2%
未返城	1	2%
合计	43	100%

从L队知青1970—1982年的返城方式分布表（表4-5）可以观察到，参军（1970年）是最早出现的返城形式，拉开了L队知青回城序幕，但整个连队在12年中只有1人以此方式返城，可见这种返城形式门槛较高，在全国也仅是6%的比例。

"调离到父母干校"也是启动较早的方式，但随着父母陆续从干校返回，1975年后就没有以这种形式离开的人了，但随之兴起的是"调离到京外单位"，这为不能满足困退条件的知青提供了新的出路。

1973年7月，国务院在转发了外交部《关于华侨学生上山下乡问题的请示报告》，报告说："文革"以来，全国上山下乡的华侨学生近1万人，除已批准出国和安排进工厂、升学、参军的以外，现在农村的约4500人，对这批华侨学生的处理应当根据中央"来去自由"的精神，凡有正当理由要求出国的，应予批准。[①]但是在L队中，两个具有海外背景的知青其实在1971年和1972年就以"探亲未回"的形式离开了北大荒。其中安H曾在1976年又回北大荒补办手续出国，邓DL兄弟则在中日建交后就请假探亲，与日本籍母亲一同回日本。由于政治敏感性，两人当时都隐藏了自己的身份，直到要离开才说出。

1972年年底知青家长李庆霖上书毛泽东反映知青下乡种种问题，随后在毛泽东"知青问题容当统筹解决"的复信精神下，1973年6月召开了全国知青工作会议，这是"文革"以来第一次全国知识青年上山下乡会议。8月中央下发了中央〔1973〕30号文件和两个附件。其中附件1调整了知青政策，第一次明确了几种需要照顾的人。《规定》一方面表明"病残不能参加劳动的，独生子女，多子女身边只有1个子女的，中国籍的外国人子女，不动员下乡"，一方面指出"已下乡的独生子女和多子女身边无人的，在招工时应给予照顾"。在地方政府和知青家长的"合作"下，规则从几种人"不动员下乡"渐渐变成了几种人"可以返城"。从1974年到1976年病困退回城的青年达43万多人。L队9人困退中有8是在这次会议之后，所有病退都发生于1973年年底以后。

唯一的一次公开外招机会发生在1974年的北京抽调教师，因为从档案文件来看，1975年开始，北京市教育局就仅从北京各区县农村知青中招收教师了。1974年1月，北京市教育局发布消息，要从兵团战士、农村知青中招收"老高三"学生回京当中学教师[②]，名额被逐级分配下来，到L队的时候剩下一个"走"的指标，最后被选中的是L队第一个入党的女高三金YT。

"消息从营部就传过来了，他们营部都招四五个呢。大家都知道要招一拨人，而且我们东北兵团、云南兵团、内蒙兵团都要招人回去，说北京缺老师，以这个名义，我们是走公道回来的。这个文件里头说招2000人，光黑龙江2000还是全国是10000我也不知道，反正不

① 国务院知青办编：《全国城镇知识青年上山下乡统计资料》，转引自刘小萌，2009，《中国知青史：大潮（1966—1980年）》，当代中国出版社，第2版。
② 北京市档案馆：北京市教育局关于从兵团战士、农村知青中招收教师名册，1974年1月1日。

少。后来一有这个消息进来我就找书记了，我找赵TZ，我说能不能让我走，那时候我刚入党，我说将来反正我也不打算在这结婚，其实这话就说过这一次。但领导觉得也是，那时候我岁数也大了，27了，虽然发展这么一个党员，按说一般过去规律就是发展党员就是为了提干，但是他将来也要走，就算了，我们领导就放我走了……而且当时只有我一个人，没有人和我竞争。高三的张F结婚了，而且有女儿了，那曹L也早都支边走了，郑J也结婚了，没有竞争对手了等于是，也就是选我了。"（金YT）

如果没有这么个幸运的机会，金YT也为自己预备好了离开北大荒的通路，"也不是想不扎根，好像也没合适的对象……后来在母亲的撮合下，1973年开始和'文革'时一起活动的邻家男生通信，我们写信也挺革命的，我说你入党了吗？因为我想找对象得了解，一般群众通过才能当上党员。我爸曾经跟我说过，你要看这个人是好是坏，你得听群众。他说未来可以去陕西那边他在的三线工厂。"（金YT）

表4-5 1970—1982年L队知青返城方式和人数

离开北大荒时间（年）	参军	北京抽调	病退	大返城病退	工农兵学员	困退	探亲未回	调离到父母干校	调离到京外单位	高考	转插
1970	1	0	0	0	0	0	0	0	0	0	0
1971	0	0	0	0	0	0	0	1	0	0	0
1972	0	0	0	0	0	1	2	3	0	0	0
1973	0	0	1	0	2	1	0	0	0	0	1
1974	0	1	0	0	1	2	0	1	0	0	0
1975	0	0	1	0	1	1	0	1	1	0	0
1976	0	0	2	0	0	1	0	0	1	0	0
1977	0	0	0	1	0	3	0	0	1	0	0
1978	0	0	0	2	0	0	0	0	0	1	0
1979	0	0	0	2	0	0	0	0	0	1	0
1982	0	0	0	0	0	0	0	0	1	0	0

不仅金YT自己，金YT的家庭也开始着手帮她回城。"我也没有靠家长，但我印象特别深刻，我一回家我爸说本来要给单位写一个条，因为北京那时候有政策，只要家里没有子女可以照顾一个回来。我爸妈已经从干校回北京了，我哥哥在部队，但我哥哥不争这个，说让我妹妹回来，因为我们当兵的将来都有服役期满的时候，我爸说我正要给领导写这个信，正好没发出你就回来了。"（金YT）

不同家庭出身知青选择的返城方式不同。调离到父亲干校是革干出身家庭最多使用的返城策略，占革干组的30.77%；困退则是职员家庭使用的最主要策略，占职员组的34.78%。这两种调离方式都要依靠父母单位的支持，但调离至干校比困退在时间上要有优势。革干多遭遇下放，但所在单位级别高且自身政治级别高，在自身问题解决后有能力直接要求干校系统的工厂接收和管理知青子女，因此革干出身调离到父母干校比例高，在父母还未从干校返回时就可能离开北大荒。职员父母也能够获得自己单位的支持，取得困难证明，帮助自己的子女返城，但这项工作需要父母没有被下放或者需要等到父母自己先从干校回城，所以时间上较革干家庭慢了一步。不过也有部分职员子女在父母还在干校期间就办理了调离，这与父母工作单位的性质、级别和父母职位有关。

病退适用人群较广，从民族资产阶级、小业主到革干、职员都有病退回城的案例，不过小业主出身的知青在大返城时期病退主要得益于政治气候的根本改变。

二、后门参军

招工、招生、征兵，是知青调离农村的主要途径，"文革"十年，从农村应征入伍的知青近42万人。（刘小萌，2009）但由于兵团知青集中安置，征兵和招生都面临僧多粥少的局面，竞争激烈程度大大超过农村的"两招一征"（史卫民、何岚，1995）。L队知青鲜有招工和征兵的机会。整个"文革"下乡时期，L队北京知青中仅有1位是以自行参军方式脱离北大荒的。

自行参军门槛甚高，需要家庭拥有军队背景，还要能应对未来从部队复员后没有户口和档案如何回城落户的问题。无论在当年还是现在的中国，户口和档案都如"看不见的手"对个体的流动和发展有着巨大影响。参军的艾Y在选择这条出路时也意识到了这些潜在的困难，但还是没有放弃这个"逃离"的机会。原因在于，这种"走"的方式虽粗暴却简单直接，部队愿意接收就行，档案可以重建，部队有统一粮油供应，户口问题还不迫切。

原有的军干子弟关系网络为艾Y很早地带来了参军的信息，她成为了L队北京知青返城队列里的第一人。

"我其实在北大荒待的时间并不长，经历比他们要顺一些，我才两年零五个月，就参军走了。1970年12月份我回来探亲，就没有再回去，就当兵了。'文革'我出身好，是革干，没有那么多负担，觉得好像清清白白，我这辈子是有保障的。后来我认识的同学，在插队一年以后当兵去了，我就想他们能当兵我也能当兵，然后第二年探亲的时候我就没再回去。一年征一次兵嘛，当时他们已经征完了，我才知道，所以我同学是1970年的兵，比我早一年，我70年年底算1971年的兵。当时是写信得到消息的，我们都通信，那个时候最重要的一个信息来源就是寄信，谁要去趟分厂一定要去邮局，把知青的信带回来，然后所有的信来了以后，不管有没有自己都要翻一翻，有的信都大家共享，拿出来念啊什么的。还有的信息来源就是探亲，我当兵回去探亲的时候，我们这个院里的孩子有的就上工农兵大学了，这都是出路啊，都给我们一些启发。"（艾Y）

参军在这拨知青下乡前就是最好的分配去向，但当时参军控制还很严，"文革"期间为满足老干部需求，参军条件放宽，由部队子弟发展到老战友下乡子女，进而参军索性不需要转移户口档案。另一方面，随着"后门兵"越来越多，部队想出了"换兵"的办法以维持自己的内部强制度传统。

"家长也愿意，因为部队的出路在他们来看肯定要比这边好。当初下乡前参军还不太容易，那个时候只有部队的子女可以，但我父母后来到了地方发展。下乡后可以了，我父母在部队有老战友，他们就把自己老战友的孩子招到部队。我是总后的部队，原来入的是总参的，总参和总后换兵，因为他们全是后门的，后门兵进自己的部队怕不好带，于是就我把我的子女给你，你把你的子女给我，就这样换到总后了。那个时候控制人的最主要的办法就是户口，你的户口在北大荒，你这个人就必须在那儿。粮油、户口，这是天经地义的，就是你的影子，永远跟着你。后来慢慢地走后门这事多了，参军就不需要户口了，我去参军就没要户口，填个表，发你军装，反正那边领导是我爸老战友，他说了算。所以参军比较简单，因为它不要户口，比较容易走，走了以后部队也不要户口，部队都统一供应。"（艾Y）

北大荒的"国家"代理机构对所管理的知青私自参军的行为是持批判态度的，但他们并没有惩罚能力，因为部队同样是"国家"力量的代表。兵团只能在态度上表明反对立场，不给其行"转户口和档案"的方便，但遏止不了"后门兵"行为，无法干预部队系统分配福利资源给自己麾下的老干部子女。

"之前就想好这次探亲就不回来了，旁边人都不知道，东西也带不走，那个时候你想带走人就把你截下来了，你想探亲都不让你探。最后我的东西是别人给我带回来的，戴D走的时候他把我的跟他打包带一块儿，这样才带走。我听我们同学说，连里开大会说你是逃兵，把你开除出机务排，我一想反正我也不回去了，开除就开除嘛。后来回去过一次，就是转档案，部队入党，人一查你没档案，呵怎么入啊，说你回去看看能不能把你的档案给转回来，我回去跟连队要，连队让我去分厂去要，分厂让我到团里去要，哪儿都不给，说你一逃兵你还想要档案，不给，不给我就只好走了。"（艾Y）

在兵团同学的巧妙操作下艾Y最终顺利拿回自己的档案，不过即便没有档案，她在部队也完成了入团档案重建并最终依托父亲关系网络重新落户回京。虽然中国从50年代中后期到改革开放前，都凭借严格的户籍和档案制度实行着稳定的身份控制（李强，2005），但这套控制的权威性在自行参军的行为前变得不堪一击，身份制度的强建构性凸显。

三、竞争工农兵学员

"工农兵学员推荐"被知青们公认为离开北大荒最体面的上等出路。L队北京青年中有四位知青获得了推荐上大学的机会。其中冯MX是L队第一位被推荐上学的知青，付W、柯X、林H则都是在调离L队后在各自单位中被推荐。

文化大革命开始后全国高校、中专、技校停止了招生。直到1970年6月，中央批准北京大学、清华大学两所高校试点招收"工农兵学员"，1972年春在全国高校大面积推广。这类学生的条件是"政治思想好，身体健康，具有三年以上实践经验，年龄在二十岁左右，有相当于初中以上文化程度的工人、贫下中农、解放军战士和青年干部；有丰富实践的工人、贫下中农，不受年龄和文化程度的限制；还要注意招收上山下乡和回乡知识青年"。同时废除了统一考试、择优录取的招生办法，改用"群众推荐，领导批准和学校复审相结合的办法"。从1970年到1976年共招收了七届工农兵学员，总计94万余人。（中央教育科学研究所，1984）1973年7月，全国中专、技校也恢复了招生，要求条件与招工农兵大学生相近。（顾洪章等，2009）

兵团刚开始推荐的都是早期下乡的老知青，L队到1973年第一次分配到推荐指标。据许多被访知青回忆，基层生产连队分到的学校都不是好大学，甚至只是中专，好大学的名额都被截留在了团部、营部等级别更高的单位了。L队从1973年起分别推荐了1名北京知青（1973年）、1名哈尔滨知青和1名上海知青（1974年）、1名当地子弟（1975年）、1名天津知青（1975或1976年）。后来越来越多的当地孩子达到入大学年龄，纷纷挤进仅有的上大学通道。1975年时本来是北京知青吴BL与天津知青王YM是群众投票中心，相互竞争得很激烈，但最后领导讨论出的推荐人是一个当地子弟。L队知青被推荐上的学校包括牡丹江卫校、阜新矿业学院、哈尔滨师范学校、黑龙江八一农垦大学等。

要成为工农兵学员，需经历五道关卡：群众投票——连队选送——文化考试（仅1973年）与体检——营、团、师逐级审查——学校复审。其中群众投票是获得工农兵学员推荐资格最基础的门槛，跨不上去就没有其他操作余地了。当地群众心中的评判尺子主要是劳动（工作）态度和人缘关系。L队唯一推荐去上学的北京知青冯MX被推荐的优势就在于脾气好，她是L队最苦的工种农工排的一员，出身职员（普通干部）家庭，被连队同学称为"冯好人"、"冯熊猫"，能和当地群众打成一片。

当时L队革干出身的知青李JT在1975年困退回城前曾两度通过基层群众推荐，但都没有走成。1973年是由于家庭父母问题还未解决，政审环节被卡，1974年则由于提干在即被兵团挽留。

"工农兵学员是自己报名跟贫下中农推荐相结合，班组讨论按票多少推荐，然后党支部拿意见，完了往上报到分厂，再到团里头审查。在审查同时，这些推荐上来的参加考试，考试题目其实别提多简单了，完全就是初中的一些知识，有一点小小的数学题，政治方面的，文科的一些题。我们一个连队135个知青，大家报名的可能有十到二十几个，有些人怕考试，有些小知青十五六岁就去了，他没上中学，那起码要考初中。当时我表态就是学完了我还回六队，希望贫下中农投你一票。班组大家开会，十几二十个人的班讨论，只能推荐三五个。我们连是27个班组，我是26票，是最高的。考试也考了，我也可以，体检也体检了，也没事，但商业部不给出身证明，其实1973年我的票比冯MX还多……1974年，当时我们连队最后定下推荐我们俩，我是副指导员，于LX①是副连长。两个青年干部推荐工农兵学员只能走一个，我们兵团要留一个，最后就是征求意见，跟我谈，实际上那会儿连队是想留我，拟提拔为营职干部，如果要上的话，家里的问题已经不是障碍，但是他想用我，想培养我，而且领导开会也说这是一个考验，完了我也就表态，我可以不走。其实于LX也是这么表态的，但是人家想还是愿意留我的成分更多一点，就让她走了，也不是什么好学校，师范，学了两年。"（李JT）

1973年是兵团工农兵学员第一次也是仅有一次需要文化考试，但笔试成绩在推荐中并不占话语权，仅仅走过场。

"在笔试之前呢，我让家里头给我寄了几本数学物理方面的书，

———————————
① 于LX和李JT在1976年结婚。

我自己自学地看一看，笔试对我来说是太轻松的一件事。头一天考的数学，第二天考的语文，那个监考的师里的中学老师专门走到我这儿问我，说你是哪个学校的，意思就是说，你这个昨天的数学成绩，好像是太突出了，我说我是北京知青，我是哪哪学校，他说怪不得。发榜那天，我跟另外一个天津知青在工地挑砖，一边运砖一边听着高音喇叭在那儿读录取的名单，一个一个读，一个一个读，心里头好盼望有景K这两个字，就是60多个人里头没有，然后说下边就读候补的名单，读完了也没有，当时就跟泄了气的皮球一样，砖也不挑了，就坐在那儿号啕大哭，我从来没这么哭过，但那次真是号啕，一点不过，旁边那个人就也一句话没有，他知道没法安慰我……肯定是出身卡下来了，父亲结论是起义军官。当时特别恨那张铁生。"（景K）

领导意见在推荐过程中也是有很大权重的。林H是调到营部工厂后被推荐回北京上大学的。她的回城与L队已经外调去另一个连的男生有关。当时他们刚确立男女朋友关系，所以男方在1974年自己困退回京之前和她一起向领导争取了一下回城机会。

大学招生组在一线招生时也会有自己的能动性操作，如对所青睐的被贴了"可教子女"标签的特长生放宽出身审查尺度；增录几位"白卷先生"装点合法性门面，既按原标准完成了主体筛选又与中央步调保持了一致。L队职员出身的付W就是因其篮球特长而被黑龙江大学选中了。

"我到钢厂后，正好1973年招生，当时为了落实政策，给可以教育好的子女一定的比例，可能一个师就两三个人，我是占的那个名额，为什么我能占上那个名额呢，除了推荐时过五关斩六将以外，这是基层连队和我自个儿的事，你过不去你也没辙，还有就是我们钢厂那片招生办主任，他是黑龙江大学教务处处长，梁GD，他特别愿意给学校里边招一些文体骨干，就特别留心这边，正赶上那会儿兵团三师篮球赛，他在外边看，有两场球我有点超水平发挥，从前没那么准，也赶上这命运，他就在那转悠着看，看完以后给他留下印象的这些人，他再去查大学招考谁报名了，完了在这些人里面再留心，谁基层过关了。基层过关以后，这就好办了，比如说你过关了，你是打篮球的，你是文艺宣传队的骨干，他看上了，他动员你把志愿改了，或者是不动员直接给你改了，比如说你报了上海交大，直接给你改成黑龙江大学，那会儿能上就不错，谁管他改不改。我这个就给改了，我没报黑龙江大学，我报的北京钢铁学院，他直接给我改成黑大了，然后还特意派一个人到北京，查我妈到底什么问题，最后一看，没啥事，反正那会儿也不算彻底没啥事了，但他也就轻描淡写地说，我是那么上的学……当时我们那届考试都考完了，辽宁出了一个张铁生，就是白卷先生，等于这事又反复了，黑龙江处理这件事是这么处理的，就是他在已经参加考试人里边，几乎是得0分的里边，已经报名这里面找白卷先生，本来已经没他们什么事了，把那帮人找出来，从那里面择出几个来，就是保证我整个招生比例里面有一定比例的白卷先生，我不就和上边的不顶牛了吗。这些都是梁老师给运作的。"（付W）

团部握有为本团所有连队和下属单位配置学校名额的权力。所以获得推荐的知青具体被分配到哪所学校是由上级单位决定的。L队的柯X就向团部争取到了"换学校"的机会。"我当时是会计，跟团里的人都比较熟。我不愿意上西语系，很排斥，'文革'这些年来对我们影响特深，总觉得搞文的会吃亏，以后早晚有个运动还会被裹进去，所以我对外语一点也不感兴趣。我就到团里面去，找到团里管这个的政委，就跟他说，我已经被推荐了，但是我现在手里的名额是北京大学西语系，我不愿意去，你能不能在其他各个连中帮我换一下名额。当时他答应了，可是我并不知道我会去哪儿，当时他说你想去哪儿，我也不知道团里其他的还有哪个名额，我说我首选北京，我肯定上北京的大学，我当时提了，就是不想学外语。那时候协调没协调成，协调到哪个学校都没有来得及告诉我，我一直到了火车站托运行李，给我标签的时候，才看到是北京中医学院。"（柯X）

其他调离方式都是各人自己在外头用力气，而工农兵学员推荐却是内部竞争返城机会，因此面临着地缘政治的问题。周围竞争者的数量和水平是能否被成功推荐的重要影响因素。周XZ流动到的最后一个单位有一个强有力的竞争者，"我俩在一个学校里面，彼此关系极好，但以后的前途都非常阴暗，就工农兵学员一个出路，一个极大的利益冲突就搁在前头了。我们单位太小，一个名额都摊不到，推荐出去的人还要和营里其他单位再竞争。邢XL比较内向，是个数学天才，我在学校人缘比他好得多，你现在要走了，表现也会表现。我爹早就从北京的一个干部发配到了一个县里头待着，他老说你提供提供你们那儿的头的背景，看着能不能找个关系。他在那儿跟一个县里的干部关系非常好，那个干部是一个退役军人。最后闹清楚了，有一个人原来是我们团长，后来到师里当宣传部部长，跟这个军人是战友，就托着这个关系了。要帮助我的话，你那基层得能推荐上你，只要推荐上你，保证你回去，不可能差额把你差下去了。我跟邢XL的关系真的是好极了，内心冲突特别大。因为想走，到最后我就私下跟邢XL说，希望他让出来，我推荐上去肯定能走，你就不见得了，我说我今年有关系，我都讲出来了。第二天投票，我赢了，之后他给我举报了。举报后走不成了，一点办法都没有。这对我们家打击比对我的打击都大，我妈说我们家两天没开火，家里伤心透顶。"

受访的L队知青普遍认为工农兵学员的基层群众推荐关不存在明显的非正式操作，除了后期当地大家族势力开始偏向自己的子弟。但推荐单位领导和大学招生组方面则具有能动的发挥空间。1974年黑龙江部队农场为高等院校送去了8300名学生，占1975年在该省军队农场下乡的40万知青中的2.1%。（伯恩斯坦，1977/1993）庞大的渴望上学的知青和全社会青年的人数与仅开了"小口"的大学招生的人数完全不成比例，这就加剧了角逐有限入学机会的竞争，可以说，比起兵团知青群体内部的其他几项竞争（入党和上拖拉机），工农兵学员推荐是兵团知青群内最大的一项竞争了。

四、两种"内招调离"

六十年代后期"文革"动乱中，有大批干部职工下放回原籍农村劳动或去"五七"干校①。此后，"五七"干校也成为了干部子女下乡

---

① 1968年10月5日，《人民日报》头版发表了"柳河五七干校为机关革命化提供了新的经验"，并在编者按中传达了毛泽东关于干部下放劳动的指示："广大干部下放劳动，这对干部是一种重新学习的极好机会，除老弱病残者外都应这样做。在职干部也应分批下放劳动。"

劳动的场所。经中央确认，到"五七"干校的知识青年按上山下乡待遇。（顾洪章，2009）

随着1971年林彪在中国政治舞台消失，大批干部得到解放。L队北京知青的调离也从1971年年底由"幕后"正式搬上了台面。回城排序第3、4、6、7位、"调离至父母干校工厂"的曹L、陈C、戴D、党K成为了首拨以"正道"离开北大荒的北京知青。他们父母的单位出面承担了职工子女上山下乡的安置任务，以干校工厂的名义招调职工子女。相比于北大荒农场，"五七"干校的三线工厂自然是条件更优越的分配。机关部委等单位也愿意为自家子弟提供力所能及的庇护。这正如华尔德对中国单位制的分析，单位里上下级结成庇护—依赖关系。（华尔德，1996）

"我后来调动到抚远团部商店做出纳。1970年我爸刚解放，还在干校，我在北京探亲的时候我妈就跟我父亲说，说曹L那么老远的地，调到你身边吧，我父亲很少求人办事，所以也不吭气，我也算了，就回去了。突然我父亲来了一封信，寄来一个调令，说你妈妈实在不放心，你就到我这儿来吧，有个照应。我父亲在宁夏水电部干校，干校办了一个工厂，当时那个工厂开始有六百多人，四百个知识分子和老干部，两百个革命小将，都是像我们这样的。我父亲是技术人员，他负责一车间的技术，说你还是到这儿来吧，到我们工厂来学点技术，说人不能没有技术，当时老是这种想法，那就调吧。给连长指导员打个招呼，指导员说可惜了，你看我们正准备发展入党，你这家庭情况多好啊，不过既然要照顾你父亲你就回去吧，我说我回去不回去都没关系，当时我那想法就是没什么关系。回去我觉得特别丢脸，我没扎根啊，觉得特别丢脸，那时候挺早的你想，1971年的年底，12月份，走的时候我都是灰溜溜的悄悄的，其实也有人回去啦，像跟我一个宿舍关系特别好的李J，某高干的闺女，她比我先回去，她是突然走的，参军，所有行李都是我给她打包寄过去的。我调的时候我们商店老主任就特别支持我走，团部开始不放，老主任说咱们这是农场，他那干校也是农场，农场调农场平级调动，让她走，就这样，后来团部的政治部就同意了。等我去的时候已经是我们那水电部干校最后一批了，调完了之后就再也不收了，前面都调了好几批了，就最后一批了，因为是直接进工厂，这批还是有的家长勉强要求的。"（曹L）

随着知青父母陆续从干校回迁，1975年后L队北京青年就没有以这种"内招"离开北大荒的情况了，取而代之的"内招"是"调离到京外单位"。这些单位大多是当年的燃化部系统的油田、煤矿，多在京外，不比干校未来有回迁的机会，虽然不是上策，但拓宽了招工返城的途径。1971年全国计划会议就提出，"矿山、森林工业、地质勘探单位符合条件的职工子女，本系统可招收"（刘小萌，2009）。到1975年年底，L队出现第一个走这步棋的北京知青刘XC。对她来说，由于父亲突然去世，返城前景并不可观，"内招"机会还是弟弟借着父亲留下的人脉弄来的，不容挑拣。而对已在当地与北京知青结婚的邵SY来说，父亲正好在煤炭系统，所以有能力以这种方式将他与妻子一起办成调离。与中国城镇工作的分配制度一脉相承，城市单位代表手中一般都有几个需要特别照顾的知青名字。（潘鸣啸，2004/2010）

"我父亲1974年6月就去世了，去世的时候计委副主任到我们家去，我母亲就提出来说把我办回北京，主任说你提别的要求都行，这个要求我们做不到，因为北京的户口我们说的不算。我妹妹在北京工作，她跟我一个学校，她分到北京工厂了，所以我不能办困退……我的大弟弟跟着我父亲去干校了，这样跟我父亲的一些朋友、同事就都认识，我父亲去世以后我弟弟回到北京，那个计委副主任他的爱人跟我父亲比较熟，对我弟弟特别好，正好邓小平出来了就说燃化部可以把子女招到油田去，她就跟我弟弟说把你姐姐弄到油田去吧，他爱人认识燃化部管人事的人，就帮我办，那时候燃化部包括煤炭部、石油部、化工部、电力部，最后办的是大港油田。这样我弟弟就跟着这个蔡阿姨到了管人事的那个人家里去了，拿了那个表一填然后就把我招回来了。我弟弟说他们家有的是那表，你随便填，我说要早知道我就给我们同学都填上，我还跟他开玩笑。你想到什么程度了，只要有门路，你就可以出来，所以人家总说走后门就是从知青开始的一点都不假。这猫有猫道鼠有鼠道，谁有什么路谁自己就弄，是这样的。我弟弟直接给我办的，我都不知道他让我去哪儿，我妈妈就知道他在办，去哪儿也不知道，后来给我写信说廊坊你去不去，廊坊有个管道局，我说去啊，完了他就没信了，突然大港来人招我。我当时在那个排水工地不在连队里，这个招我的人是大港采油管人事的，他在那个营部已经等我两天了，我一回去他就问我，你父亲在哪儿，他都不知道，人家让他招谁就去招去，我说我父亲去世了，原来计委的，他说那你母亲呢，我母亲在北京一工厂当统计，你们家没有大港的啊，我说没有啊，那我告诉你啊，别人要问起你来你不要再说你母亲在北京了，你就说你母亲在大港会战。我说为什么，他说我得赶紧走了，等你可了不得，不知道你们学校哪个同学来找我，说刘XC他们家根本不是燃化部的，是计委的，怎么把她给招走了……后来我们一群人到燃化部去集合，到了那又傻眼了，他是按调动工作给我调出来的，是调令，但是到了那以后说根本就不是调令，是招工，开始以为是调动工作调过去的，到了燃化部才告诉我们实话，说你们到那得学徒，我们就急了，我们都干了那么多年了怎么还学徒啊，我们不是说用这个调令调你们出来兵团是不放的，因为兵团属于农场，农场你就是农场职工，你已经是国家职工了，怎么能招，怎么能从国家职工里头来调，来招工呢，那是不可能的，对不对，所以给我们就是调动工作调到出来，但是到了石油系统我们是按招工，按学徒工对待。"（刘XC）

可见，兵团知青的"内招调离"通常有两个层次，以"调动"的名义应对兵团方面的审查、以"招工"的形式分配实际工作。在知青的安置和流动问题上，兵团系统的规则是常常受到挑战的，力量来自处于国家与个体之间的单位组织，比起个人在办理"病困退"时的作为，单位的姿态要强势得多。不过二者也并非直接抗衡，单位偷梁换柱般地既遵守了兵团的制度，又能给自己的干部职工或委托人（中间关系）以交代。

在"共享返城消息"、"帮忙逃离知青打包行李"的和谐画面之外，刘XC办理调离时"同学告状"的小插曲让我们从又一个侧面看到了知青间在返城问题上的"忌妒乃至暗算"的微妙关系。

不过，这类以"内招"脱农的知青虽然利用干部出身和单位关系网络较早地离开了北大荒，但由于迁往京外，都是几经辗转直到80

年代才以对调、再调动或重新办回知青身份等方式回到北京。而另一头，由于知青政策的变化莫测和突然转向，只能依靠政策机会返城的知青反而更早地重返了北京。有知青不由得感慨，"国家好像是在玩我们呢"（柯X）。

五、真假"病困退"

1970年代初，对个别下乡后因工伤致残、久病不愈而完全丧失劳动能力或家庭有特殊困难需要照顾的知识青年，经严格审查后允许退回动员城市，这就是病退和困退。但为了下乡知青的稳定，病困退政策"不下文字，口头通知，内部掌握"。秘而不宣的政策就造成了没有统一的和持续一致的依据。北京市办理病退、困退，是从1970年开始的。到1972年年底，批准病退的有7000人，批准困退的有1800余人。当时北京市下乡知青约有29万，8.6%的知青已经通过病、困退回北京。（刘小萌，2009）[1]

1973年全国知青会议文件明确提出"不动员下乡的几种人"，这可以算作国家政策层面上第一次为病困退返城"开口"[2]。这次改革被视为意识形态与理性管理之间的妥协。（潘鸣啸，2005）各地政府纷纷依此为政策依据，将"不动员下乡的几种人"扩展到"可以返迁的几种人"，并放松了审批限制。1973年10月11日，北京市革命委员会知识青年上山下乡办公室发布公函，通知审批办理病、困退的权限下放到区级知青办。（史卫民、何岚，1995）

各地还将一些原来未列入病退范围当地又难以治愈的疾病，列入了允许病退的范围。病退一般以县市知青办为办理起点，困退以家长所在城市知青办为办理起点。

---

[1] 《北京劳动大事记》（1948—1990），中国工人出版社1993年版，第199页，转引自刘小萌，2009，《中国知青史：大潮（1966—1980年）》，当代中国出版社，第2版。

[2] 1973年全国知青会议曾就下乡青年重病就医、病退问题进行过研究，会议拟定草案提出"因严重病残失去劳动能力的下乡青年，经所在县批准，与原动员城市协商，应允许转回城市"，但周恩来指示再观察两年再说，只好删去有关条文，各地自行处理。（刘小萌，2009）

据参加了上海档案馆、复旦大学和上海社科院合作的知青档案研究项目的复旦大学历史系朱文静介绍。

然而政治信息在体制内外都有流通控制，这些政策的变化、细化、具体化并不是广为宣传的，更不会直接发到基层连队。北京知青还算占有了政治中心的地理优势，部委子女很快会传递出新的政策精神和有关信息，被访的L队北京知青常能获得各类"小道消息"，而有的上海知青将自己很晚才办病退归因为"不知道"有这个政策。

如前文所述，病困退对兵团知青来说是最重要的返城途径，L队42%的北京知青以这两种形式返京。也如很多知青文献所描写的，其中有真、有假、有半真半假，普通知青家庭为了子女挤进政策框架，各显回城智慧。

困退：最开始主要针对的是独生子女和多子女但父母身边无子女两类知青家庭。

官僚体系内部历来占有信息优势。在L队北京知青里，最早办理困退回城的一批知青来自高级知识分子和高级干部家庭。并且这种困退是以组织对组织的形式进行的，知青都强调是由父母单位出面解决老干部特困。高级知识分子和高级干部父母年岁一般确实较大。有时遇到夫妻一方去世，单位为了安抚家属，也会补偿性地主动提出帮忙办理知青子女困退。1972年年底开始，依序行动的是新华社、地质部、财政部、商业部。多子女家庭在"办谁回来"的问题上往往要经过协商。

独生子女返城是最名正言顺的。L队的景K是地道的独生子女，完全符合困退条件，所以当年办理困退没费很大的劲。但他并没有第一时间启动困退返城程序，而是选择参加工农兵学员推荐考试。直至被这次尝试狠狠地打击了一下，才坚定归心。

随着困退条件放宽，对家庭困难的界定更丰富了，从早期的两种原型首先延伸出父母一方在京并且连同身边的一名子女身体都有病的"家中两人+都有病"的困难3型，1977年下半年又许可了父母身边无儿子的"父母+1个女儿"的困难4型。

这样，就需要举家合谋使子女困退申请符合标准。L队职员出身的周XZ、蒋S家就此上演了"造家庭困难3型"的大戏。

第一步，全家依"剧本""装病"凑齐医院证明。"开始琢磨病困退这个大戏了。我自己病退不大装得成，因为这病退你得有点影子。我父亲早就发配到黑龙江了，我母亲的四个孩子都去了外地，家里最后一个孩子就是我妹妹留在北京了，当时的困退政策是父母有病，且周围唯一的子女也有病，就可以回来一个。那你要想法满足这两个条件，第一我母亲得病，我母亲身体好着呢，但她要有病，我自己没制造出阴谋来等于难为她了，第二我妹妹也得病。就是大家一起研究，我来给策划，两个人都装血压高。我说我在东北最开始学抽烟的时候，多抽几根心突突跳，血压很可能会高，我母亲说不会抽，她一个五十多岁的人，不会抽怎么办呢，后来上更狠的招了，就是嚼烟头，拿一块烟头嚼这个烟草，嚼完烟草比抽烟还厉害呢，血压高着呢，大夫就觉得奇怪，但是当时装病的人甚多，大夫也没有必要弄穿这个事，就是一直这么装着。大家还老交换装病的办法，有的时候就是什么病都能装。我妹妹装病，也是我指导的，我妹妹的招我妈用不了，我妹妹有点运动能力，量血压高这两个腿就绷起来了，这么僵硬着，上身很放松，僵着五分钟以后，你量血压肯定就高起来，我就告诉她，她就这么试，开始试不好，她后来就把腿跟凳子腿别在一块儿较劲，较劲的话一量就高，但是那大夫有的时候也挺狡诈的，人大夫有经验，怎么看你也不像血压高，然后就量着量着血压，脚底下踢了你腿一脚，意思你别搞什么鬼，因为那个时候还有人为了拿假条不干活，所以装病的人甚多，跟现在完全不一样，所以那大夫要称职的人，他识破一些人装病，所以有时候也不能得逞，但是你这里不行，我再换一个大夫看，所以就一直保持着高血压这个病，保持了好长时间，在医院看好多次，最后定性血压高，这样把俩人材料凑齐了。"

（周XZ）

第二步，说服单位配合盖章。

第三步，想方设法把礼送出去。"安置办公室是一个四合院，天天里面都是拥挤，都是知青到那去排队，找接待员谈一次话，排大队，谈话也就谈个两分钟，谈完就走人，就在这露天的院里知青们交换情况，发愁的是谁也不认识'安办'的头。还要备礼，备礼送不到，不认识，咱们哪认识人家，就在社会上找人，谁认识安置办公室主任、副主任，千方百计找最后你总能找着。我哥哥中学的班主任，后来是一个中学的教导主任了，他认识西城区的人，关系也不熟，认识就能送，当时的礼就是两条烟一瓶酒，两瓶酒一条烟，基本都这个水准，顶多20块钱，但当时我们才挣32元。差不多人找关系都要这么送礼。送完礼以后也没有下文，他们肯定接礼都接的无数，不计其数，能不能记住都难说。然后就这样打到那边去了。"（周XZ）

最后，坐等兵团放行。"有一阵的批准率干脆冻结，北京困退开了一条口子以后，关系学都太猖獗，人人都达标了，你要什么条件我给你凑吧，就口子开得挺大挺大的，东北就拒绝放人。等我挤进的时候人家就不放了，安置办公室来的材料比较少就放了，后来越来越多，就干脆冻结不放，我在兵团不有关系吗，关系也没用，高层说了不放，一个也不放，耗了好一阵以后最后终于放了。"（周XZ）

L队1975年启动办困退共三人，材料到兵团后因北京"走后门风"和1976年全国政治局势动荡都遭遇冻结。知青为争取早日困退四处打听消息、委托熟人，到1976年年底陆续解冻放行，有团部关系资源的知青排在了放行队伍前列。

北京市对困退把握相对不严，而兵团对新出现的"家庭困难4型"一直不予批准，但相熟的执行干部却透露不必另寻出路，果然到1977年10月这类困退也松动了。

"1975年那不是有困退吗，我们家那年我也没想到就给我写了封信，说这个困退咱们也办了，现在那个材料北京市这边知青办都通过了。那个时候我父亲帮我办的，我爸的老乡是西城区知青安置办主任，信息就传给他了。我们L队三个人说白了就是1975年的10月份我们材料已经到3师了……等到1977年春天，蒋S他们都放行了，我呢，当时为什么没放我，就是说你妹妹就在北京，我这个接着扣，什么时候能走，不知道……我们也坐在办公室磨呗，我也认得那些人，营里在一起工作的，他们也就尽力了，如果实在走不了也没办法……1975年困退卡住了，兵团认为北京有走后门的现象，但病退还没停，所以我1975年过年时候在北京探亲去医院开了一个病退证明，我爸说困退不成就病退，铁了心要回来了，我调了人民医院的视力档案，我视力不好，也不知能不能成，回来交过去，军务股人家说你那个困退也没废，你不用再办，兵团到各家去看，落实情况呢。我也就没去兵团医院再看，怕弄得满城风雨，哪个领导敢帮你，你说你看不见那你怎么能开拖拉机阿，我衡量了一下就没再办……我没批之前，那个高考开始了，我还准备高考呢，后来我跟那个林K什么的都准备高考了，后来十月份批的那个调令下来了，我就不考了，回家了。"（翁JZ）

病退：在大返城来临前，L队有4位北京知青病退返城，先后的病退原因是心功能不全、肝炎同时肺结核、劳损性胸膜炎、盆腔瘤手术遗留肠粘连。虽然许多知青著述中都写到当时知青返城对"疾病"的制造和伪装，但许多不得已选择全家合谋办困退或转插的知青都认为，病退难装，因为病退得有长期的铺垫，有累积的疾病历史证明。

从兵团方面下手办理病退的知青需要经过团里医院——师里医院——哈尔滨市医院——北京方面医院的逐级检查；从北京方面下手也可以办理病退，需要两家市一级以上医院证明、学校出具集体下乡证明、区和市知青办证明。取得所有证明材料后，再经过兵团方面团、师两级的最后审批。兵团医院对知青病退的态度比较宽容，兵团审批机构则不是很情愿知青通关，"走一步问一步，当时我在团部宣传队有这个条件，问起来比较方便，直接问那些干部……先经过团里医院检查，跟你的主治医生交谈一下，然后到师里面的兵团医院复查，跟他们传染科的大夫都挺熟的，住过院都知道，关系处的也很好，两个医院查完以后，都没有什么异议，再到哈尔滨的那个市医院查，查完回来北京好像是海军总院复查的吧。最后拿了这些材料，你先要团里批准，师里也要批准，我记得到师里给我个印象就是，他不理我，从底下来的病快快的没人理你，说不管这事，你等着吧，后来我就在那坐，在办公室坐了一整天，我就没动地方，他干什么就干什么，我也不说话，到第二天他没说话给我签字，我就走了，他要不签字我在那儿还坐着，最后他给我签了我也没感谢他我就走了。"（周WL）

知青病退返城节奏紧密的时期，兵团医院的医生有时会主动给制造病退机会。"我当时懵懵懂懂，那次去医院去检查身体，也不是什么大事，他是管透视的医生，我出来以后，他说你有肺气肿，我说我身体好得跟牛似的，哪能有肺气肿，他说你一定有肺气肿，我说我没有，后来他第三次说你肯定有肺气肿，我说你开玩笑，我怎么能有肺气肿呢，我这打篮球的身体，我打篮球好，在我们那个团里头有名的，钢厂有名的。后来回城以后想起来，是那阵开始有病退这么一个说法了，也许医生是在给你造。"（景K）这种情况不只一例。

L队大资本家出身的潘CY为自己的病退做过非常精细的包装策划，"我1973年回北京探亲，听一些人在谈将来怎么回来，说高干子女都走后门回来了，老百姓怎么办，当时老百姓子女一个是走工农兵学员，但我出身不好，所以只剩一条路就是病退。我就想什么样的病既让医生觉得有病，又对身体没有实际害处，我知道我的出身不好，必须自己想办法回去。于是1974年这一年我表现得超级的积极，不是一般的积极，是超常的，任劳任怨，工作积极肯干，人家工作8小时我得工作9小时，还帮助人家做事，那年我这样的出身都让我入团了，指导员还说潘CY这样不能入团谁还能入啊。目的干吗呢，目的为我第二年打准备，我1974年努力工作，1975年年初开始病，当时病退卡得太紧了，必须三级医院诊断要一样，这个难度够大，有些人吃副作用很大的农药什么的，把肝吃坏了，但是这些都傻呀，一辈子完了，我小时候练过体操，所以我想了一个办法，单臂俯卧撑，但不能让任何人看见，我只有偷偷在晚上睡觉前，或者赶马车出去没人看见时，抓时间我就做右臂的单臂俯卧撑，做完以后右胸肌非常的大，到现在都看得出来。后来我就说我病了，我胸痛得不得了，没人怀疑我，因为我工作这么积极，我去检查，说是劳损性胸膜炎，到北京查也是，照片子骨头都大了，1975年年底我凭这个办了病退。等我办完我妈我爸还以为我真得什么病了。"（潘CY）除了医院的证明，还需要为这场"突如其来"的病收集充分的疾病历史材料。潘CY的哥哥姐姐曾经找到L队的李JT作证人，"潘CY他大哥大姐找我，给我拿了一些北京的证明，找到我说JT啊，你们同学那么多年在一块儿，处得也一好，他为什么找我呢，他需要有一个旁证同学，人民医院出那个证明，我也要证明一下我认为他不适应北大荒那么冷那么累，说他曾经在学校文革大串联的时候经常昏倒，现在不适应，附上什么什么证明。最后批下来了。"（李JT）"JT实际替我出了一个伪证，因为北京知青办需要材料证明你这个身体不好有前因后果，其实我串联跟学校一点关系没有，是我私人自己走的。"（潘CY）

大返城阶段，L队剩下的未与当地人结婚的6位北京知青（包含一对知青夫妻）全部以病退形式离开了北大荒。"我是1978年7月4号回京，一天不差，整整十年。我回来时大部分知青已经返城，我是办病退回来的，那时随便找个借口就可以回京了。"（徐XP）此时的病退规定已形同一纸空文。

但1978年年底全国知青会议试行规定却强调了农场知青国家职工的身份，提出国营农场知青今后一般不办理病退、困退，不再办理转点插队。晚回城的农场知青都是因无法谋到指标调离才利用知青身份病困退回城的，这条规定一出，病困退大门被堵，普通家庭的知青返城等于没了希望。返城口子的存在本是国家和知青维持协调的折中办法，如今彻底堵住口子，知青集体行动自然就爆发了。

面对知青的群体性诉求，1979年1月23日，国务院召开紧急会议，提出处理地方知青请愿闹事问题的"6条意见"，包括"需要商调回城的，可以参照以往办理病退困退的规定，仍由知青部门负责办理"。农场知青随即蜂拥办理病退，唯恐政策再变。L队1978年才在当地结为夫妻的北京知青也在这股"回城旋风"中返迁。

六、曲线返城：转插

转插即从原插队插场的地方转迁到另一个拥有权力靠山的地方继续插队或插场，以此作为下步招工招生的跳板。（刘小萌，2009）条件不足或没有其他门路的家庭想方设法将子女转移到"地利人和"的"老家"，再通过人情加小物质获得招工机会或病退证明实现"曲线返城"。L队有两位北京知青以此方式退出北大荒。

名义上的"老家"可以是父母的原籍，也可以是一个与家族亲缘无关的地方。转插算是把中国社会的熟人逻辑利用得最淋漓尽致的一个谋略：造出了一个"老家"，为自己提供照顾和方便都是理所当然的了。对知识分子职员家庭出身的韩ZX来说，父母分别是老师和医生，没有单位内招门路去当兵和进三线工厂，最小的妹妹在北京，所以也难以提出困退理由，"唯一能够选择的就是转插，我转插到河北，1973年4月走的，转插后再以病退回北京，病退在小地方它就好办点，找的是当地县办公室主任，他就有办法了。那个主任的学生来北京这个医院里头工作，是我妈的学生，他可能在这儿进修好像是一年，就是建立了一种关系。办了一年，我妈的学生回老家办的这个事，因为县办公室主任，也不是他一个人说了算，各个县里也有知青办，他得通过人家知青办的人办这事，才能够同意你进来，你是按知青待遇来的，不是按农民待遇过来的，所以他那边得去跟这些人说，当然他可能在那儿资格挺老的。跟那边知青办和兵团这边都必须说是老家，要说跟你一点关系没有不行。我还记得我探亲假回来，那边都办好了说妥了，开完证明都拿来，我妈跟我一起回的东北。我是从武装连退出来的，走时我还回L队看了一眼，看看大家，我说要走了，他们说上哪儿，我说转插回老家了，统一口径，你不能在这儿出岔。"（韩ZX）

　　转插农村后通常不能马上跳回北京，得装得像插队模样，北京知青办才能接收，而且插队的生活条件往往比兵团要差。虽说是无奈之举，但还是离开了北大荒，有了返城希望。"1974年的下半年办这个事，上县医院开证明。那会儿实际上我并不打点医生，我只打点县委办公室主任，别的我都不管。别的事他有可能打点，也有时候是他在互相交换，你给我办事我给你办事。但因为他那个权力在那儿搁着，县医院就在县委旁边，没多远，他都熟得很，就是县知青办好像差一点，我听他那意思。县知青办是一个女的，为难他，提出点什么。他就说要是不行你就上他家去一趟。后来我从家给她拿了几瓶酒，还有一条烟，可能还有点别的吃的之类。那时候他们也并不是像现在这种公开受贿，它是很隐晦的，就跟串亲似的，给你小孩带点糖吃啊，给你老公买瓶酒，就这种的，你不能说提酒送礼，你要那样反倒远了，它得有一层人情关系在里面，你没人情关系你给人家人也不要，总是人情关系加点小物质。我去她家以后，跟她一说，我是谁谁谁，哪个村的，我是知青，有什么什么问题。我说我有病，在这儿干活干不了什么的，她一听就很明白。我们俩聊得还挺好，她挺高兴的，因为我当时跟她聊天能说的东西，可能比当地人说的会动听一点，或者是新鲜一点，我说点北京的事，比如说有时间可以到北京来玩，我们家可以接待你啊，这些对她有一定的吸引力。当天下午去的他们家，第二天那个县委主任就告诉我，没事了，办完了，就批了，等于是他们签那个发函，发给北京市劳动局、知青办、西城区知青办了，然后就等着了，隔了得有半年多。1975年2月回来落了户口。"（韩ZX）

即便以真正具有亲缘关系的老家为跳板，第一步的"同意接收"和第二步的"招工分配"也少不了中国式的"人情加小物质"，这是最有效的办事手段。当时的"小物质"一般是10元左右的水平，约是北大荒32元月工资的三分之一。由几种返城涉及的"送礼"来看，"两瓶酒一条烟"或"两条烟一瓶酒"是那个年代送礼的"标配"。

七、北京1989年的 "开口子"

随着1988年知青子女陆续政策返京[1]，北京有关部门默认知青本人只要在京找到接收单位，就允许户口迁入，而且如果夫或妻不是北京知青的，户口也可一同迁京。（陈兵，2013）这次难得的"开口子"与"八九"以后北京维稳有关。

此时回城最难的一步在于获得一纸北京单位的接收证明，但实际上知青并不需要到开证明的单位工作，这是事先说好的一种默契。由于女儿主动提出希望能念大学，已在兵团一级学校做教师的周HJ借1988年知青子女政策将女儿户口先转回京，1991年又赶着北京"八九"开的"口子"带着本地妻子一同返京陪读，成为L队离开北大荒的最后一人。

"1991年左右，我回来到我们学校问情况，碰见我一政治老师，他说B中老师太满了，我给你写封信，四十四中有个副校长，跟他关

---

① 详细政策可见下一节。

系比较好。他也同意先试讲一下。讲完第二节他说就你这水平，咱北京所有学校都得给你敞开大门，你想去哪儿去哪儿，你办吧，我们肯定要你。但他说我们这级别不能发调令，对于发调令的事，你得找教育局。回去我一想，就等着吧，反正我已经在西城区教育局挂一号了。后来我一个同学，我那年回来他们都混成老大的官了，他是区里的组织部长，他说你想回来吗，我说我闺女回来要上大学，她离开我她念不了书啊，他说那你回来吧，我听教育局说他们想要你。我说教育局他不愿意发调令，学校也发不了调令。教育局你得有名额啊，他不愿去要这个名额。他说我帮你想办法。我也没当回事，大约过了三四个月，调令来了，我一看，华夏出版社，出版社一个调令。就这样回北京当老师了。"（周HJ）

当年一起下乡早返城的知青20世纪90年代时已经在北京站稳了脚跟，恰成为了最后一拨知青及其子女返城的重要关系网络。知青一代的社会关系网络开始独立发挥效用，不再仰赖父辈资源或关系遗产。

八、留守者的牵挂

最终的结局是，两位L队知青留在了北大荒，男初三的袁X和女初三的黄CR。他们都是革干子弟，父母在他们下乡期间离世。最终没回城的知青恰恰是因为断了与城市家庭的纽带，即便带着革干子女的身份特征，也没能实现回城。

如"兵团婚姻"一节所述，事实上，L队选择与当地人结婚的5位知青本都打算留守，但新家庭的建立却对回城起了出其意料的正面作用，配偶和子女成为意欲留守的知青新的牵挂和希望。这5位知青中，倒数第二名回城的郑J由于丈夫大学毕业后分配至重庆的大学任教，1982年随夫离开了北大荒；第36位离开、嫁给当地连队干部的张F为了孩子进城，自己上阵参加了1978年高考，是L队唯一一位以高考返城的北京知青；留守的黄CR和最后离开的周HJ为了下一代的教育前途，最后都将自己的子女转回了北京[①]，周HJ还因女儿陪读需要趁北京"开口子"时自己回了城。

---

① 由于袁X于20世纪80年代末在当地意外去世，未获知他是否将子女户口转回京。

在未返城的知青子女回城就学入户的问题上，北京市最先开了绿灯。1988年10月北京发出通知：凡由北京市知青部门统一组织动员到外省插队或插场的下乡知青，目前还在外省的和知青本人虽已回京但子女尚在外地的，都属于解决回城的范围。但每户知青仅允许一名未婚、未就业子女迁户回京，并且需要知青本人或知青父母、兄弟姐妹做监护人。当然，这条落户限制同样具有操作空间，知青本来就属于这座城市，和城市有着千丝万缕的联系，找一个亲缘之外的人做监护人并不难。

"知青子女回北京你也得有落户的地方，我们没有人回不来……后来一直到我儿子到北京上大学，我来送我儿子才重新和北京同学取得联系，我儿子是1996年，姑娘是1997年考的大学，我姑娘就是靠知青二代这个政策回来的，通过同学帮忙，把她办回来，户口一直在同学家，都是同学给帮忙办的……不是L队的，也是我们班的，但他是去的内蒙……我女儿后来在北京参加的高考，在我们那儿高考就亏大了……那时候上大学特羡慕，因为我们不是因为自己考不上，那不是因为历史的特殊原因吗，是不是，都下乡了，我们这一代人等于就耽误了，所以我就想把那两孩子好好培养起来，让他们圆了我没上大学的梦，现在两孩子有条件回来了，就觉得我下乡这段像做场噩梦一样，但是现在心里比较安稳了，两孩子现在都挺好的，不像以前那样难受了。"（黄CR）

到1993年年底，北京、天津、上海、浙江、湖北已办理知青子女回城21.4万人，占预计应办总数的73%。其中北京办回4.69万人，占应办数的97%。（顾洪章等编，2009）

第五章　总结与讨论

本文有如下一些发现和思考：

第一，本文发现对北京知青来说，"再教育"的革命理想与关于个人现实利益和向上流动的旧价值观由下乡前就是并存于心的，并注定了这些知青日后的逃离和背叛。

除了革命的信仰外，大部分青年离家的决心还混合了理性的动机。虽然处于全国下乡"一片红"的大变革前夜，但青年学生上山下乡却是最大的毕业去向，参军、留城和三线工厂工作的机会都非常难得，名额少，对家庭出身选择性强。北京青年真正可选的只剩下"先走"还是"后走"，而"去兵团"是这种被动大局之下的最优选择。此外，下乡运动以学校集体为组织单位，因而也包含了许多亲近青春期学生心理的因素。

一面是领袖的话语、要求和理想，一面是个人现实的利益，这种双轨的价值框架贯穿了北京知青的整个兵团生活。L队的知青们一方面干活不怕苦不怕累，另一方面却对所分配的工作是计较的，偏好技术和文化类等现代性特征强的工种，"跳出体力劳动"成为下乡中后期的主旋律。这种价值框架也让一些有愿望经营政治生命的知青带有了劳动表现好、政治积极性高的"扎根"特点。不见归期的下乡岁月日益引发理想与现实的冲突，带着真诚而来的北京知青们在经历兵团生活的考验后渐渐改变了自己的顺从，萌生归心。兵团恋爱只限于知青与知青之间，因为大部分人即使恋爱也抱着将来要一起回城的心理，甚至还要选择有回城机会的知青为对象，更多的年纪稍小的初三知青则从没有在当地恋爱结婚的打算，唯恐耽误自己返城。身边干部子弟的突然离开让知青们深感新社会的不公而愈发渴望逃离，新旧价值的冲突至此完全暴露，强大的内因种子与政策性机会、特权先行者的外因温度相呼应，酿成了知青争先恐后、源源不断离开北大荒的结局。"时间之痒"重塑了整场运动的实际走向。

第二，本文的重点篇章对知青—家庭等主体充满智慧的返城策略和操作方法进行了细致描述，进而期望从中透视中国国家与社会的关系。在L队北京知青的返城图景中，国家具化为领袖的批示、党的号召、政府的条条政策、作为基层代理人的知青办和兵团各级组织。父母工作单位、提供"内招"的其他单位组织、大学招生组、老家、各类人情关系网络等社会力量都参与到了知青—家庭与国家政策间的返城博弈过程之中，并在具体事件中充当了帮助知青返城的合谋者。乌托邦气质的理想主义狂潮与中国家庭传统的行动策略于此冲撞，通过知青—家庭与国家的一步步累积博弈，知青安置制度和政策一次次获得调整，并最终改变，国家与社会的互动规则得以重构。知青自发的返城复辟行动直接导致了上山下乡运动的崩溃，也可视为个人与社会对20世纪中国政治实验的回应。

在不同的回城术中，社会力量的参与方式各异。其一，通过深描返城过程中"关系"的运用和操作，本文发现人情关系的刻板形象和它在知青口述中的形象是有差别的。私人关系在毛时代并未被打断，知青—家庭恰恰是通过"关系"来与政策抗争的，关系网络不仅仅起了帮助知青回城流动的作用，还形塑了国家—社会间的权力关系。此外，知青与父母组成的命运共同体是向父辈关系资源倾斜的。而知青一代自己的关系网络则在90年代开始独立发挥效用，恰为最后一拨知青及其子女返城提供了有利条件。其二，部队在下乡运动中对老军干的子女降低了参军门槛，入伍不再需要转移户口和档案。而随着"后门兵"越来越多，部队想出了"换兵"的办法以维持自己的内部强制度传统。其三，大学招生组在一线招收工农兵学员时也会有自己的能动性操作，如对所青睐的被贴了"可教子女"标签的特长生放宽出身审查、补录几位"白卷先生"装点合法性门面等。其四，机关部委等单位也愿意为职工子弟提供力所能及的庇护，以干校工厂的名义招调职工子女。而且许多单位名为"调离"实为"招工"，既绕过了无法对"农场职工"直接招工的制度尴尬，又给了自己的干部职工或委托人（中间关系）以交代。其五，兵团基层医院对知青病退的态度比较宽容，医生有时会主动给予"制造病退"的机会。其六，名义上的"老家"或为父母的原籍，或是一个与家族亲缘无关但有人情关系在的地方，都为知青病退或招工提供了一定照顾和方便。其七，地方政府为知青移民自发开了返城的"口子"，如北京为北京知青困退提供了较宽松的审批环境，并扩大了政策适用对象的范围，在1989年后还对已婚知青敞开了回京的大门；1973年安置留城毕业生的中央政策被各地扩展为接收回城知青的地方政策。

北京知青个体也在当地为自己积累回城的筹码。为了病退，知青提前一年做准备,伪装成积极分子取信于众人;为了获得工农兵学员推荐,知青卖力表现、经营人缘。由于返城机会稀缺,北京知青在返城问题上面临内部竞争和利益冲突。所以在"共享返城消息"、"帮忙逃离知青打包行李"的和谐画面之外,我们也看到了"举报、告状"等忌妒乃至暗算的行为。

而作为最重要的参与主体,家庭的回城术则是本文的第三大着力点。

第三,本文力图找回"家庭"在知青研究中的位置,所以在分析时把家庭看作独立的结构因素和社会行动主体。至少有三分之一的城市家庭被裹挟进了知青上山下乡运动。北京青年做"离家"决定时,家庭庇护能力因当时的政治气氛而普遍失效,无论子女属于阶级路线的受益者还是边缘体,都不得不卷入这场运动。但家庭作为中国人传统的价值体系并未在下乡运动中消失,知青家庭共同体在争取返城目标时被意外聚拢,移民计划因此未对家庭延续性构成威胁。由L队北京知青的返城,我们看到的是子女命运与父辈命运的紧密联系,父母政治资本在"文革"中的沉浮影响了子女回城的早晚,家庭庇护能力的恢复是知青启动返城思考和行动的重要条件。

具有政治资本的家庭凭借权力和信息等资源优势率先将子女迁出了北大荒:后门参军的革干子弟成了L队北京知青返城队列里的第一人、在"调离至父母干校工厂"的名义下产生了首拨以"正道"离开北大荒的北京知青、最早办理困退回城的一批知青来自高级知识分子和高级干部家庭。不过与此同时,普通人家也在积极营造返城机会,利用政策口子以巧妙灵活的方法钻空子,帮子女挤进政策框架,就此上演了一出出举家合谋的返城大戏:上至父母下至兄弟姐妹依剧本"装病"凑医院证明,制造家庭困难;条件不足或没有其他门路的家庭想方设法造出一个没有亲缘关系的"老家",再将子女转移到那里择机演完整出"曲线返城"。

实际上,即使家庭缺少资源,只要家庭纽带不断裂,知青仍然会趁70年代末的大返城风病退回城或参加高考以完成这场回归流动。最终没回城的知青正是因为断了与城市家庭的纽带,即便带着革干子女的身份特征也只能留守。在L队中，命运受家庭结构变动和家庭生命周期影响最大的恰是革干子弟，血亲父母的离世导致革干子弟不得不选择在当地结婚扎根。不过在上山下乡运动结束后，原本留守的知青或随夫或为了孩子也都离开了北大荒，唯一留下的知青也将下一代的户口转回了北京。新家庭的建立对回城发生了出乎知青意料的正面作用，配偶和子女成为了留守者的新希望。

参考文献

Gold, Thomas, 1980, "Back to the City: The Return of Shanghai's Educated Youth", *The China Quarterly,* No. 84 (Dec., 1980), pp. 755—770.

Gold, Thomas, 1991, "Youth and State", *The China Quarterly,* No. 127, Special Issue: The Individual and State in China (Sep.,1991), pp. 594—612.

Whyte, Martin King. 1985, "The Politics of Life Chances in the People's Republic of China",pp. 244—65 in *Power and Policy in the PRC*, edited by Y. M. Shaw. Boulder. CO: Westview. 转引自Zhou,Xueguang and Liren Hou,1999, "Children of the Culture Revolution: the State and the Life Course in the People's Republic of China", *American Sociological Review,* Vol. 64 （February: 12—36）.

Xie,Yu, Yang Jiang, Emily Greenman,2008, "Did Send-down Experience Benefit Youth? A Reevaluation of the Social Consequences of Forced Urban–rural Migration During China's Cultural Revolution", *Social Science Research* 37: 686—700.

Zhou,Xueguang and Liren Hou,1999, "Children of the Culture Revolution: the State and the Life Course in the People's Republic of China", *American Sociological Review*, Vol. 64 （February: 12—36）.

《北京市人口迁移》课题组、北京市人民政府研究室，1985，《北京市人口流动》，内部发行10月

伯恩斯坦、托马斯，1993，《上山下乡——一个美国人眼中的中国知青运动》，警官教育出版社

陈映芳，2010，《国家与家庭、个人——城市中国的家庭制度（1940—1979）》，《交大法学》第1卷

陈兵，2013，"山西原北京知青返京问题解决纪实"，转引自四书斋主，《知青驰荡的返城风》，共识网，http://www.21ccom.net/articles/lsjd/mjls/2013/0718_87946.html

定宜庄，1998，《回乡知青的处境》，《中国知青史•初澜（1953—1968年）》，中国社会科学出版社

顾洪章等编，2009，《中国知识青年上山下乡大事记》，《人民日报》出版社第2版

顾洪章等编，2009，《中国知识青年上山下乡始末》，《人民日报》出版社第2版

刘亚秋，2008，《知青苦难与乡村城市间关系研究》，《清华大学学报（哲学社会科学版）》第2期

刘小萌、定宜庄、史卫民、何岚，1995，《中国知青事典》，四川人民出版社

刘小萌，1997，《"血统论"重压下的下乡知青》，《炎黄春秋》第11期

刘小萌，2003，《中国知青口述史》，中国社会科学出版社

刘小萌，2009，《中国知青史：大潮（1966—1980年）》，当代中国出版社第2版

刘小萌，2009，《老三届学生上山下乡的缘起》，《武汉文史资料》第8期

潘鸣啸，2005，《上山下乡运动再评价》，《社会学研究》第5期

潘鸣啸，2010，《失落的一代：中国的上山下乡运动（1968—1980）》，中国大百科全书出版社

潘鸣啸、范伟达等，朱文静整理，2013，《潘鸣啸教授座谈会简报》，上海知青网，http://zhiqingwang.shzq.org/studyDes.aspx?ID=7542

沈益民、童乘珠，1992，《中国人口迁移》，中国统计出版社

史卫民，1995，《上山下乡知识青年的"病退"、"困退"问题》，《青年研究》第5期

孙佳雯，2010，《苦难与疼痛的社会生产及其社会根源——"文革"中"上山支边"知识青年的身体疼痛诉说研究》，华东师范大学硕士研究生学位论文

谢宇，2012，《下乡给知青带来了好处吗？——对中国"文化大革命"期间

城乡人口流动的社会后果的再评价》，《社会学方法与定量研究（第二版）》，社会科学文献出版社

许人俊，2006，《知青返城浪潮起落纪实》，《中国改革》第3期

杨晓明，2008，《知青后代记忆中的"上山下乡"——代际互动过程中的传递与建构》，《青年研究》第11期

叶辛，2006，《论中国大地上的知识青年上山下乡运动》，《社会科学》第5期

叶辛，2007，《论中国知青上山下乡运动的落幕》，《社会科学》第7期

周雪光、侯立仁著，毕然译，应星校，2003，《文革的孩子们——当代中国的国家与生命历程》，香港中文大学中国研究服务中心数据库，http://www.usc.cuhk.edu.hk/PaperCollection/Details.aspx?id=7073，原载于中国社会科学院社会学研究所编，《中国社会学》，上海人民出版社。

中央教育科学研究所，1984，《中华人民共和国教育大事记（1949—1982）》，教育科学出版社

中国人民政治协商会议黑龙江省委员会文史和学习委员会编，2005，《知识青年在黑龙江》，黑龙江文史资料第三十八辑，黑龙江人民出版社

面对请托："关系就医"下的医生回应

符隆文　中国人民大学社会学系2012级
指导教师　廖菲

第一章　问题的提出

在东亚，把人们联系在一起的社会关系被认为是最基本的社会事实（Kim et al.，2006，10—11；Ho Y. F.，1991，1998）。长久以来，人们也热衷于讨论如何利用关系获得社会生活中的稀缺资源。在计划经济体制时期，通过关系可以获得生活必需品、休闲娱乐的机会、交通出行的条件，甚至医疗服务等。（杨美惠，2009；晋军，2000）自改革开放以来，"关系"及"关系学"更是出现了愈发繁盛的趋势。（杨美惠，2009；Gold，1985）如今，找"关系"看病已经不再是一件新鲜事，"关系"运作已经深深渗透进中国医院。《人民日报》（2013年7月5日）曾提出当前中国人寻医问药的一个悖论：一边想办法找熟人看病，一边反感找了熟人直接进诊室的人；找到熟人的人沾沾自喜，没有熟人的病人愤恨不已。这篇报道的题目像是对所有中国人的一个质问："看病不找熟人，行不行？"

首先不能忽视的事实是医疗费用的水涨船高。Liu and Hsiao（1995）引用的数据显示，在1952—1978年间，中国人均健康支出的年均增长率仅为3.1%。这个数字在1985—1989年间增长到了24.4%。一份更近的数据表明，2003年14%的城市家庭和16%的农村家庭有高额"灾难性"的医疗支出，并且15%的城市家庭和22%的农村家庭在寻求医疗服务时有支付困难。（Liu et al.，2008）面对节节增高的医疗支出，人们越发看重医疗服务的质量和效果，也越发陷入这样的观念困境中：如何确信医生们的服务质量和他们为他们自己或家人提供服务的质量是一致的（Munro et al.，2013）？借用吉登斯（2011）的概念，大众仍然停留在基于社会关系的"信任（trust）"之中，而没有产生对专家系统的"信赖（faith）"。因此，在中国语境下，人们往往倾向于相信某一个医生，而不是整个医疗服务体系。

"关系就医"现象由此应运而生：为了得到更好的医疗服务，患者就医一般都首先选择认识或熟悉的医生和医院，如果不直接认识或熟悉，患者就医之前一般都会动用一切社会资源，通过关系人选择关系人认识和熟悉的医生和医院就医。（屈英和，2010）

但是，患者的"关系就医"选择，是否真的带来了预期中的效果？患者的社会资本是否换来了切实的效益，得到了更好的医疗照料？我们在讨论"关系就医"时，容易忘记的一个基本事实是患者能否获得期望中的治疗是交由医生决定的。在一个完整的"关系就医"过程中，医生的"关系"回应和患者的"关系"动员同样重要。"关系"回应的问题，关注的是受托者在"关系"互动下是如何应对请托者的请求。这种回应，在已有研究中往往呈现为一种"想当然"的"黑箱"（black box）状态——似乎只要患者托"关系"找到了医生就可以获得期望中的医疗服务。

从这个角度出发，我们可以将"关系就医"视为以下过程：病人及其家属作为请托者，向作为受托者的医生及其他医务工作者请求医疗服务和医疗资源。因此，"关系就医"涉及的一方是试图建立和运作"关系"的患方；另一方是承接"关系"请托的医方。"关系就医"不仅仅关乎请托者如何找到受托者；同时也关乎受托者如何回应请托者，其中遵循什么原则，运用了什么策略。

因此，笔者希望从医生的视角出发，借助对某三甲医院某综合内科的田野调查，讨论当患者通过"关系"请求医生给予医疗资源和医疗服务时，医生是如何回应"关系"的？这包括以下两个主要问题：

1. 医生在回应"关系"时的行动取向和原则是什么？

2. 医生在回应"关系"时采取的行为策略是什么？

第二章　相关文献综述

一、"关系"研究的理论立场

"关系"在20世纪80年代逐渐进入社科学术界视野之后，呈现出研究立场的"百花齐放"。已有不少学者尝试归纳"关系"研究的理论立场[①]。笔者尝试以"关系"的隐喻来划分不同理论立场，并简述其理论前提及核心观点。总的来说，"关系"研究的理论立场可以分为四类，即资源、结构、规范与互动。

1. "关系"作为资源

资源论认为资源嵌入在社会关系之中，进而使得人们将社会关系本身当作一种投资和回报的行为。这一立场有两个理论前提，首先是一种"泛化的"资本观（Smart，1993），例如布迪厄将经济资本的概念扩大化，提出了经济资本、文化资本、社会资本和符号资本的概念。社会资本被称为"现实或潜在的资源的集合体，这些资源与拥有或多或少制度化的共同熟识和认可的关系网络有关，换言之，与一个群体中的成员身份有关"（Bourdieu，1986，转引自Smart，1993）。另一个理论前提即是认为社会网络中资源的取得和使用取决于行动者。Portes将社会资本视为行动者从社会网络中获取稀缺资源的能力。这种能力是行动者在嵌入性状况下施展能动性以实现自身的目的。（Portes，1995，转引自张文宏，2003）林南称之为"结构约束下的理性行动"，并指出社会资本的研究主要围绕个体对社会关系的投

[①]　例如，翟学伟（2007a）根据学科特征将"关系"研究分为儒家社会理论的立场、西方社会学的立场和人类学家的立场。曾国权（2011）从"关系"研究背后的哲学根基出发，将其分解为自我行动取向的实体主义、规范基础取向的实体主义、互动取向的实体主义和他所推崇的"关系"动态过程理论。纪莹莹（2012）梳理出的中国社会关系研究的三支脉络：文化、制度与结构。沈毅（2013）接续纪莹莹的观点，提出"关系"研究的"强关系—弱关系"的网络结构观、"关系本位"的文化本质主义和"主从关系"的制度主义三种立场。

资和资源摄取的问题。(Lin N.，2003，19—28)

资源论将"关系"现象视为中国人追求社会资源的理性选择的结果。按照翟学伟（2011a）的看法，中国人的社会行为在意的是以特定方式突破社会结构的制约，获得自己的利益。最典型的"关系"资源论观点来自林南（Lin N.，2001）和黄光国（Hwang K. K.，1987）。林南认为，"关系"互动介于社会交换和经济交换之间，双方奉行"关系理性"（guanxi rationality），其中算计的资源往往是社会声望。黄光国的理论建构本身就依托于"社会交易的资源说"。他认为"关系"本身就是一种人情与面子下的"权力游戏"，游戏的目的就是通过"关系"从资源分配者手中获取稀缺资源。

资源论的优势在于其理性选择的色彩不仅符合人们的生活常识，而且对社会现象具有较强的解释力。目前，"关系"研究中最主流的研究取向就是微观社会资本理论，甚至将"关系"和社会资本做"理所当然"的对接。（翟学伟，2009）然而，资源论用于解释"关系"同样有其劣势，例如忽视了"关系"运作带来的负功能。（晋军，2000）

2. "关系"作为结构

结构论强调"关系"是连接人与人之间的结构本身，关注这种结构在形态上的特点。社会关系的形式分析可以追溯到齐美尔对二人关系和三人关系的讨论（西美尔，2002）。结构观的重点除了强调以社会网络分析等研究方法展现人们之间"可观察的关系中的过程（observable processes-in-relations）"之外（White，1997，转引自Emirbayer，1997），同时强调不同的结构或形式如何导致了人们之间不同的互动。例如，Portes分析了两种不同的社会结构：理性嵌入和结构性嵌入。在理性嵌入中，双方的行动基于互惠的预期；在结构性嵌入中，"可强制推行的信任"促进了交换行动的产生。（Portes，1995，转引自张文宏，2003）

结构论下的"关系"研究呈现为对"关系"的格局的讨论。费孝通（2007）将中国乡土社会的人际关系形容为一种"差序格局"："好像把一块石头丢在水面上所发生的一圈圈推出去的波纹。每个人都是他社会影响所推出去的圈子的中心。被圈子的波纹所推及的就发生联系。"翟学伟（2011b）从社会结构类型出发分析出中国人"关系"的两个基本向度是空间上的无选择性和时间上的长期性，他称之为中国人"关系"的逻辑起点。在此基础上，翟学伟区分出两种关系网络：一种是捆绑型的"第一重关系网"，一种是松绑型的"第二重关系网"（翟学伟，2007a）。这种格局类似于阎云翔（2000）所分析的"关系"的基本形式与扩展形式。所谓"关系"的基本形式强调"关系"中的道德责任和情感依赖，表现为长期相处的村民之间稳定的交往。而"关系"的拓展形式则是对人情伦理知识的工具性运用。

结构论提供了"关系"研究的社会学视角，同时也提供了相应的方法论基础。已有学者尝试使用网络分析方法解释"关系"现象。（Wellman 等，2004）结构论的问题是将"活"的"关系"僵化了，容易将"关系"分解为各种变量特质（variable attribute）的组合，从而将"关系"的内涵还原为某种连接形式。

3."关系"作为规范

规范论的核心是"关系"中的义务性和伦理性。"关系"之所以在中国文化中具有重要地位，首先是因为它是一种从家庭义务中延伸出来的网络（Bian Y. J.，2001）。规范视角首先源于中西文化的差异性的理论假定。韦伯（2003）认为中国社会关系呈现为以血缘亲疏划分的关系网络。帕森斯（Parsons，1966，550—551）将中国式关系网络描述为："儒家在道德上支持的是个人对于特定个人的私人关系。为儒教伦理所接受和支持的整个中国社会结构，是一个突出的'特殊主义'的关系结构。"此外，梁漱溟提出中国是伦理本位的社会——人离不开关系，各种关系组成了伦理的根基。（梁漱溟，2005，72）而许烺光则指出美国人的生活方式是一种自我依赖的个人中心（individual-centeredness）；而中国人看重相互依赖的情境中心（situation-centeredness）的生活方式。（许烺光，1989，132）

此外，规范视角的另一个理论前提是强调传统文化经典文献的"大传统"与行动者"关系"实践的"小传统"的一致性（或至少是亲和性）。中国文化社会化后的行动者，内化了传统经典所刻画的社会规范。何友晖（Ho Y. F.，1998）对"关系主义（relationalism）"和"关系宰制（relational dominance）"的强调以及黄光国（2006）对"儒家关系主义"的理论建构可以视为规范论的典范。

规范论强调了"关系"的文化内涵。而它关注的义务性和伦理性议题在许多研究中都得到了体现。（杨美惠，2009；沈毅，2003；阎云翔，2000；陈俊杰和陈震，1998）而规范论将最大的问题就是"大传统"与"小传统"的断裂问题。例如，在中国社会转型的过程中，人们的社会关系逐渐出现的工具化倾向，就是对儒家传统中对伦理、义务、情感的强调的一种背离。

4. "关系"作为互动

在互动的观点中，"关系"被看作双方关系不断发展的动态过程以及在其中使用的策略和表演性成分。互动论的立场把"关系"视为"关系"情境和行动者不断反复地进行着的互动过程和动态关系。（曾国权，2011）这首先涉及方法论上分析单位的转换，即从个体或社会的实体属性转换向网络和关系的分析。何友晖（Ho Y. F.，1998）据此提出两种分析路径："多重关系中的人"（person-in-relations）和"关系中的人们"（persons-in-relation）。前者关注一个人在不同的关系情境中的表现；后者讨论在同一个关系情境中的人们是如何互动的。其次，在本体论上也要转变思路，从静态的实体主义转变为关系主义。（Emirbayer，1997）

互动论侧重于两种类型的"关系"研究。第一种是分析人们之间的"关系"是如何发展变化，乃至生产与再生产。例如杨宜音对信任建构过程的分析，围绕自己人/外人的框架讨论"关系"如何变化，进而提出了"关系"发展的"关系化"和"类别化"路径。（杨宜音，2008；1999）黄玉琴（2002）有关生命仪式的研究指出，循环往复的仪式使得人情圈子得到不断的生产和再生产。第二类研究重视"关系"互动中的表演成分，即人们如何通过"戏剧性"的互动策略来维护/推进双方的关系，此即翟学伟（2014）所谓之"谋略"的分析。

互动论将试图找回"关系"的"关系性",从而提供了不同于结构和能动对立的理论基点。然而这种视角尚在发展之中。Emirbayer（1997）指出"关系社会学"面临的困境和挑战包括边界明晰性、网络动态性和因果推论等问题,有待进一步的理论完善。

二、"关系"回应："资源交换"还是"义务遵从"？

在多重理论视角下的"关系"研究中,"关系"回应问题可以得到怎样的解释？首先要明确"关系"回应的定义。所谓"关系"回应,指的是人们在面对其他人通过"关系"提出的请求时,选择怎样的行为取向和行动策略。通过"关系"请求帮忙的便是请托者,而决定是否帮忙的人便是受托者。显然"关系"对于请托者是有好处的,但是受托者为什么会愿意投身其中接受请托？（Lin N.，2001）

针对这个问题,笔者认为可以将上述的四种理论立场结合归纳出两种不同的解释路径。第一种解释路径是结合资源论与互动论产生的"资源交换"命题。"资源交换"命题强调个人的功利动机和理性计算,指个人通过不同的行动和策略获得个体所需要的嵌入在社会网络中的资源。"资源交换"下的互动双方都是独立的个体,交换互动表现为一种理性选择过程。只不过,对于受托者来说,交换的过程是一个投资的过程,而对于请托者来说,交换的过程是索取回报的过程。在下一次的交换中,双方的地位可能就会互换。林南遵循"资源交换"的思路,指出受托者出于"关系理性"重视的是事后长期的社会声望。换句话说,受托者的付出是为了下一次交换的回报。（Lin N.，2001）这与林南对社会资本的看法是一致的——"社会资本对具有回报期望的社会关系的投资"（Lin N.，2003）。

第二种解释路径是结合结构论与规范论产生的"义务遵从"命题。"义务遵从"命题认为个体的回应行为是镶嵌在更为宏观的"关系"结构和社会文化环境中的,个体对"关系"回应做出的选择往往是社会规范强制的结果。关于中国文化中"报"的研究就体现了这一解释路径的特点。许多学者将"报"作为中国人社会行为的基础。（Yang L. S.，1957；金耀基,1988）但"报"又不同于简单的互惠行为,"报"

起源于一种关系结构上的封闭性，其起始点是特殊主义的，并且，"报"未必是理性行为，但它一定涉及到道义问题。（翟学伟，2007b）尤其是对家人的回报，往往被认为是理所应当的社会规范。

两种解释路径并没有价值上的优劣之别，双方侧重于"关系"回应行为的不同面向。每一次的"关系"回应中可能都同时涉及这两个面向。例如一个人帮助家人找了一份工作，可能即是一种家庭伦理和道义上的要求，同时，这个人也在为自己以后找人办事积累人脉。但是，如何衡量两者的强度，哪种解释路径为主哪种为辅，以及两种解释路径之间是否存在交叉、混合和重构，都需要我们在具体的"关系"运作情境中加以回答。

三、医疗情境中的"关系"及"关系"回应

将医院和"关系"结合起来思考，人们首先想到的是各种各样的走后门现象。关系户看病，可以不用排队就能拿到好药；因为病床数量不够，有时候想要很快住院也要拉关系、走后门。（乔健，1988）已有一些研究从患者的角度展示了当前医院中"关系"运作现象。如屈英和（2010）对417份患者问卷和172份医生问卷的分析显示，近七成的患者希望通过"关系"就医。"关系就医"的流行得到其他一些研究的支持。（王秋芬等，2013；姚澄，2009）Munro等（2013）通过一份全国规模的数据分析显示，"关系"实践不仅十分常见，而且在应对诸如过度检查和过度医疗等不道德的医疗行为的时候，"关系就医"是患者的一种理性选择。彭泗清（1999）以情境模拟的问卷调查表明，即使医疗风险较小，作答者也觉得需要和医生建立一定的关系。危险性越大，需要的关系就越深。彭泗清认为人们借助"关系"的目的在于增加对外人以及对制度的信任。李伟民（2005）认为医患关系是一种特殊的人际关系，一方面医患双方信息和资源不平等，另一方面患者与医务工作者之间的关系往往是一种一次性交往关系，双方没有长期交往的预期。"关系"和红包现象是在缺乏制度信任的基础上，医患之间信任博弈的产物。

也有研究从医生的角度考察"关系"回应问题。姚泽麟（Yao Z.

L.，2012）认为"关系"运作的出现源于患者对医生的不信任。医生们则认为患者"关系"带有很强的工具性色彩，他们对关系运作的回应包括"保持距离"和"划清范围"。因此患者的"关系"运作没有增加医患之间的信任，反而产生了反效果。屈英和（2010）通过对某大型三甲医院的问卷调查和访谈指出，医生们对"关系就医"的接受度比较高（83.6%的受访医生能接受），并认为"关系就医"能够提高自己的名声。患者指望"关系"中的医生提供更好的医疗服务，而医生们对"关系"的回应主要表现为服务态度的改善，而非服务内容的改进（如修订治疗方案等），这导致了医患沟通的"错位"。也有学者通过对医生的焦点小组和深入访谈发现，医生只收取通过"关系"进来的红包，并且红包所代表的非正式的支付体系并没有改变医生实施医疗技术的核心环节。中国的医生仍然保持着专业主义（professionalism）。（Yang J. Q.，2013）

应该说，上述研究仍存在两点不足。首先，对"关系"的理解局限在违反规则、走后门的"关系"运作中，而对其他类型的"关系"（比如更具情感性的家人关系）缺乏关注。（彭泗清，2000）事实上，正如下文所展示的，家人和亲属关系是"关系就医"中尤其重要的一类关系。其次，但更重要的是，上述研究并没有形成对"关系"回应的系统分析，尤其是没有区分"关系"回应中的"资源交换"和"义务遵从"命题，从而也就无法揭示医生在回应"关系"时候面临的矛盾和深层困惑。

第三章　研究方法与分析框架

一、研究方法与田野选点

根据Morse（1994）富有价值的分析，"过程"类的问题适于采纳社会学研究思路，主导的范式是扎根理论，而主导的方法则是访谈，辅助的方法包括参与式观察、备忘录或日记。而对描述类问题，则属于人类学的研究范畴，主导策略是民族志，方法包括无结构访谈、参与观察和田野笔记，其他资料包括文件、地图、照片等。据此，笔者将具体的研究过程设计为两个阶段。前期偏向于人类学的田野方法，重视参与观察和非正式聊天，后期则回到社会学范畴，以半结构化的访谈为主要研究手段。

在此基础上，笔者选择南方某省的一家三级甲等综合性医院作为参与观察地点。选择该医院有两个原因，首先该医院是该省最大的综合性医院，从全省各地来寻医问药的人数众多，门诊每日人山人海，住院床位常常一床难求。并且，由于该医院在省内相对优势的医疗资源和技术，"关系就医"现象在此非常明显。其次，因为有家人在该医院工作，笔者能够以医生助手的身份进入到其中进行田野调查。此外，笔者选择了该医院中的某综合内科作为主要的田野调查地点。综合内科涵盖的疾病类型较多，因此也吸引了较多的"关系就医"者。该综合内科属于医院中一栋"院中院"的第三病区。"院中院"以医疗保健和老年病学研究为重点，现有181名医务工作人员并分为四大病区。作为一个"院中院"，该综合内科所在的大楼里面不仅有独立的药房，也设有包括核磁共振、螺旋CT、彩超、X光等的医技科室。因此，许多病人可以同一栋楼里面完成所有的医疗活动[①]。

二、发现的逻辑：田野调查经历

2014年1月期间，笔者通过家人的关系进入该综合内科进行参与观察。参与观察的目的在于建立信任关系和积累直接体验。首先，也是最重要的，是在田野中建立一种信任关系。在目前恶劣的医患关系背景下，医疗人员仿佛"惊弓之鸟"，一有风吹草动就会进行自我保护。（Yao Z. L., 2012）事后证明，能够与笔者坦诚交流"关系就医"问题，提供较多比较深入的信息的都是在科室的参与观察中逐渐熟悉

---

① 这一特点正是许多人来找综合内科的医生"关系就医"的另一个主要原因。只要不是太特殊的药，都可以在"院中院"自己的药房里买到，而不需要到门诊部去排队。另一方面，检查也可以在楼下做完，医生们直接在电脑上就可以查看到结果。

起来的医生。而通过家人介绍访谈的医生往往比较敏感，回答的内容也不免显得很"官方"。其次，虽然笔者不具备行医和护理的知识和资格，但通过"共述"和"共景"，笔者尝试体会医生的立场，努力实现"共情"（黄盈盈、潘绥铭，2011）。

调查的第一天，笔者向科室主任表明希望能够跟着一位医生体验他的工作。因此科室主任让赵医生交给笔者一件白大褂，从此笔者的身份便是赵医生带的一名实习医生。每一天笔者都跟着赵医生查房，当他和病人互动交流的时候，笔者就静立在一旁看着；当他在写医嘱的时候笔者就坐在旁边，有时候会询问他一些问题；当他上夜班的时候笔者也会去医院，跟他以及其他护士一起吃饭聊天。如果是病人向赵医生询问笔者的身份，他便指称笔者是来这里"见习"的；如果是本院的其他工作人员，赵医生则会主动告知笔者本院家属的身份。后来笔者逐渐也和其他医生、护士熟悉，也会一起吃饭聊天。

调查中笔者最大的困难来自"角色困境"问题：无论是患者还是医生，甚至是护士和病人家属，任何一种角色笔者都没有办法实现真正的"参与"（Wind，2008）。为了克服这种没有"参与感"的参与观察，一方面笔者保持跟随赵医生每日查房和值班，另一方面，笔者刻意地增加和其他医生护士的交流，例如帮其他医生跑跑腿，帮护士拿药送药。最大的转折是在一位英国病人住进科室之后，笔者承担大部分的翻译和交流的工作。

春节过后，2月份期间，笔者回到医院进行第二阶段的调查。笔者选择在晚上夜班的时候到科室找医生护士访谈，对于医生来说，夜班是相对较为空闲的时间。如果没有新病人入院，值班医生只需要在病人呼叫或询问的时候予以解答即可。此外夜班时间为笔者提供了一个比较私密的访谈环境，很多时候都是笔者和受访医生两个人单独待在茶憩室或者医生办公室里。此时，笔者仍然保留了一定程度的参与观察，包括帮护士量体温以及担任翻译。

需要说明的是，赵医生曾提到"红包的事情不要问我"，另外一位外科医生也在访谈中说到"不说那些'不文明'的事情"。加上笔者的家属身份，红包笔者难以讨论。正如刘新所说，个人性的受贿需要回避第三方。（Liu X.，2002，13）但是医生们并不忌讳讨论家人和亲戚的住院的情况。事实上，两个月来笔者见到科里很多医生和护士都带自己的家人来问诊或住院，甚至有三位医生的亲人在这段时间都住在科室里。因此，访谈中，笔者决定从家人住院这种情况谈起，再扩展到对其他"关系就医"的看法。

最终，笔者完成了两个阶段的参与观察，积累了两个月的田野笔记，同时对14位医务工作人员进行深入访谈（参见表1）。鉴于话题敏感性，访谈只有少数录音，多数笔录，事后转写为14份访谈记录。为了扩展研究的外推效度，笔者同时选取了著名的医学交流网站"丁香园"上的一个讨论帖作为分析材料。该话题位于丁香园论坛的临床执业/助理医师考试交流论坛中的病例讨论板块。帖子的名称为《在医院工作，平时会有亲戚朋友找你看病，你是如何做的呢，有叮当加哦》，由版主于2013年2月10日发布。版主写道："在医院工作，平时会有亲戚朋友找你看病，你是如何做的呢，你是否带着你的亲朋好友去找一个当地比较知名大夫看病呢，如果你是在医技科室工作，你是否会收取你亲戚的费用呢？你是否觉得你在医院工作很重要，所以亲朋好友都极力与你处好关系呢？今年你去亲朋好友家拜年，他们是否对你很尊重？"截止到2013年4月13日版主关闭该讨论时，网友的回复达到三页，约有80多位网友参与了话题的讨论[①]。

---

① 丁香园网站是国内规模最大的医药行业网络传媒。根据网站介绍，其用户超过300万，且多为医药行业的从业人员及学生。几位医学专业的同学和某现任教师的医学博士也曾向笔者推荐该网站。在进行田野调查与访谈后笔者偶然找到这个讨论帖，帖子里的讨论带给笔者的感受和访谈中的感受比较相似，而网络提供的匿名环境让许多医药工作者能够没有顾忌地讨论。此外，帖子是由丁香园的版主发布，认真参与的用户经过版主审核之后还可以获得丁香园论坛的虚拟货币"叮当"。综上所述，该帖子的信息的真实性和可靠性都有一定保证，因此笔者将其选为补充的分析材料。该讨论帖的网址为http://www.dxy.cn/bbs/topic/24857802。

表 1 被访对象基本信息

序号	化名	职称	科室	籍贯
个案01	赵医生	副主任医师	综合内科	本省
个案02	钱医生	住院医师	综合内科	外省
个案03	孙护士	护师	综合内科	本省
个案04	李主任	副处长	鉴定科	本省
个案05	周医生	主治医师	综合内科	本省
个案06	王医生	住院医师	综合内科	本省
个案07	冯主任	主任医师	综合内科	外省
个案08	陈主任	主任医师	心理科	本省
个案09	褚护长	护士长	综合内科	外省
个案10	卫主任	主任医师	骨科（脊柱）	本省
个案11	蒋主任	主任医师	骨科（创伤）	本省
个案12	沈主任	主任医师	儿科	本省
个案13	韩主任	主任医师	急诊科	外省
个案14	杨主任	副主任医师	综合内科	本省

三、"关系"回应：一个综合性的分析框架

1. 医疗情境下的"关系"特征

"关系就医"中的"关系"事实上嵌入在医患关系及互动之中。讨论医生的回应，首先要辨析医疗情境下"关系"的基本特征。根据目前医学社会学研究的成果，笔者认为，医疗情境下的"关系"特征包括知识/权力、风险承担和情感投入。

首先，正是通过掌握制度化的知识，并将其应用于医学实践中，医生才能够享有与患者互动时不平等的权力地位（Parsons，1991）。Freidson（1986）在分析现代社会中专业权力的来源时指出，不同于日常知识（everyday knowledge）的正式知识（formal knowledge）是现代职业的权力的来源。所谓正式知识，指对世界信念的抽象化、理论化以及系统化的理性解释。可见，知识的差异

是医患双方互动的起点。如果我们接纳Foucault（1980）对于知识和权力之间关系的论述，也就是将知识视为一种权力来源，医生所掌握的生物医学知识无疑就是医患关系不对等的根本原因——产生的便是"负责任的医生与有信仰的病人"的互动模式。（雷祥麟，2005）医患之间最重要的关系面向就是医生通过知识/权力获得的专业权威。（Freidson，1970）

其次，风险问题逐渐成为医患互动之间的重要维度。这首先源于现代社会变得越来越复杂，风险的计算即便不是不可能的，也变得非常困难，因此有学者提出"风险社会"的概念。（吉登斯，2009；Beck，1992）对于医生来说，他们要面对的是医学知识的不确定性问题——一方面，他们不可能学到所有的知识，另一方面，现存的知识和技术有局限性。（Fox，1957，转引自Cocherham，2010）循证医学（evidence-based medicine，EBM）的出现就是克服不确定性的努力。对于患者来说，他们需要在生活中对自己更加负责，因为处处都有从食品安全到艾滋病的风险。（Nettleton，2013，chapter3）加上西医本就强调病人的信仰和医生的负责（杨念群，2006，391；雷祥麟，2005），威胁健康的风险如何承担由谁承担，就成了当前医患关系中的一个重要问题。

最后，随着从治疗到照顾的转向，以及消费主义的兴起，医学实践中越来越强调沟通、交流和情感投入。事实上，近代西方医疗空间的产生从根本上而言是脱胎于宗教空间的制约的，重视的是照顾，而不是治愈。（杨念群，2006，64）如今，随着消费主义文化下对患者权利的重视，医疗行为越发演化为消费者与服务者之间的关系。（余成普、朱志惠，2008；Reeder，1972）类似于服务业，医疗服务中的意义上的情感劳动变得越发明显。所谓情感劳动，指的是在工作场合中通过情绪的控制和管理进行一种公开的面部和肢体的展示，目的是营造顾客"宾至如归"的感受。（Hochschild，1983）已有研究揭示了医生和护士在照顾病人时的情感劳动状况。（Larson and Yao，2005；Henderson，2001）

2. "关系"回应的分析框架

不同的"关系"特征组合成不同的"关系"形式。行动者根据不同的"关系"形式选择不同的行动。在黄光国（Hwang K. K.，1987）的理论模型中，这些"关系"形式分为情感性关系、混合性关系和工具性关系。而资源分配者回应"关系"的第一步是关系判断，之后再根据不同的"关系"类型遵从不同的行为标准。黄光国在此基础上进一步提炼受托方的心理与行为模式，建构所谓儒家庶人伦理中"仁—义—礼"伦理体系。当请托者要求资源分配者将他掌握的资源做出有利于请托者的分配时，资源分配者会分别以需求法则、人情法则和公平法则来和对方互动。（黄光国，2004）

本文结合医疗情境中的"关系"特征与黄光国的理论模型构建了一个综合性的分析框架。根据图1所示，请托者通过"关系"找到受托者之后，受托者首先判断自己处在什么样的"关系"形式中，不同"关系"形式中，知识/权力、情感投入和风险承担三种"关系"特征表现为不同的组合。不同的组合形式可以根据"关系"的强—弱维度大致地从一端排列到另一端。之后，受托者根据不同"关系"形式，坚持不同的互动原则。接近于弱关系一端近似于陌生人，而接近强关系一端近似家人。中国人很少怀疑家人，也不需要为风险担忧，而最大的风险是相信了陌生人。（翟学伟，2011b）因此，在理论上我们可以猜测，偏向于弱关系的互动原则接近"资源交换"；而偏向于强关系的互动则强调"义务遵从"；处在两者中间的则是一种"混合法则"——有时候偏向于"资源交换"，有时候偏向于"义务遵从"。"资源交换"下受托者的行动偏重于"制度取向"，也就是按照既定的程序和规则来决定是否接受请托、如何回应请托；"义务遵从"下则以"关系取向"的行动为主，即受托者根据与请托者的"关系"中的伦理、义务要求来做决定；而"混合法则"下受托者的行动具有不确定性，因此称之为"模糊行动"。

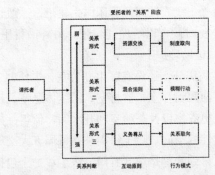

图1 "关系"回应的综合性分析框架

最后，有两点需要强调。

第一，受托者的回应并不是仅考虑"关系"强度，其他因素也在影响受托者的回应行为，虽然在此框架中它们是第二位的。因此，"关系判断"可以称为"第一重判断"，而在行为模式中还要进行"第二重判断"，即如何统筹其他因素，或在其他限制下实现相应的行动取向。

第二，受托者在回应的过程中并不是僵化的，他们可以通过一系列的表现性的交往行为或曰"戏剧化行动策略（dramaturgical strategy）"（Goffman，1959）完成"关系"回应或在不同行为取向之间实现转换。

第四章　医生的日常工作："关系"回应的背景

一、工作环境

综合内科所涉及的病种虽说是广义上的内科问题，但主要处理的是心脑血管疾病和肺部疾病。挂在综合内科下的医生一共有9位，一位是全面负责科室所有事务的主任医师冯主任，其职务被称为"三线"；2位"二线"分别是杨主任和朱主任；剩下的6位都是"一线"负责管床的责任医师。其中一位在其他科室轮转，另一位是刚上岗的新人，因此目前"一线"按四位管床医生轮班。一般情况下，科室的病床有39张，必要时候可以增加到44张。另外，科里有1位护士长，14位护士，还有2位助理护士。

病区里除了病房外，还设有医生办公室、主任办公室、护士站、护士长办公室、两间治疗室、器材室、医生休息室、护士休息室、医生更衣室、护士更衣室以及茶憩室和开水间。值得一提的是，医生办公室是一个开放性的空间，除了每周一和每周五大交班的时候会暂时关上门，平时从早到晚都是敞开着门，医生、护士包括患者都可以任意出入，不需要敲门或是请示。护士站是另外一个开放的空间，类似于酒店的前台，负责出入院、结账等程序，也负责接受患者的咨询，护士们对医嘱、填记录、接电话都是在护士站里。这两个地方加上科室的大厅，是除了病房之外医患之间互动最多的场合，无论对医方还是患者都算得上是戈夫曼意义上的"前台"（Goffman，1959）。反之，主任办公室、护士长办公室、器材室、医生休息室、护士休息室、医生更衣室、护士更衣室都是常年关着门；治疗室虽然开着门，但是患者很少会走到里面去；茶憩室、开水间同样也是患者可以去的地方，因为微波炉在茶憩室而饮水机在开水间，但是患者很少在里面与医方互动。这几个地方是医生和护士们主要的"后台"。对于病患及其家属来说，虽然病房能自己决定是否关上门，但是从里面也没有办法锁上，并且在白天医生和护士可以随时进入不需要敲门许可。病房的门只有在特定的时候才会由护士专门拿钥匙锁上①。

二、工作内容与时间安排

医生们的工作内容和职责主要是根据他们所处的"线"的级别来决定的。除了身为主任医师的冯主任和朱主任两人需要每个礼拜到门诊坐诊一到两个半天以外，其他所有的工作都是围绕着科室的住院病人展开的。

作为"三线"的科室主任，冯主任的主要工作是承担科室的管理

---

① 在笔者进行田野调查的两个月期间，只有两次锁门的情况。一次是过年期间将一间病房用作厨房和餐厅；另一次是为了保障外国病人的电脑等财产，护士主动把门锁上了。

工作，包括参加医院的各种会议，并将会议精神传达给科室成员；组织交班；对科室所有病人的基本状况有一个基本的了解。简单地说，"三线"需要承接行政管理上级传达下来的任务，同时向上级争取科室的利益。而与病人的互动上面，"三线"只要求每个礼拜在管床医生的陪同下把所有病人过一遍。

相比来说"二线"医生的任务更偏向于科室内部的管理。科室的"二线"杨主任和朱主任与四位"一线"医生形成了一种类似"师徒"关系。杨主任和朱主任不仅要每周查自己带的"一线"的病人两次，而且还要和他们一起讨论病人的病情，诊断和治疗方案，并随时接受"一线"的咨询。对于"三线"和"二线"来说，夜班是"院中院"所有的"二线"以上的医生轮转的，基本上七八天才会轮一次夜班，被称为"值二线"。

"一线"医生是直接的管床医生，每个人直接负责10—11个病人的诊断和治疗。从入院的查体查病史到每日的查房和开医嘱到最后病人的出院手续都由"一线"直接负责，因此"一线"也是和病人互动最为频繁的岗位。总的来说，随着医生的级别从"一线"到"二线"再到"三线"，他和病人的直接互动降低了，承担的医疗工作也减少了，相应的管理和行政工作增多了，充分体现了医院的"双重权威"的特点（Cockerham，2010：199—201）。科室里的四位"一线"医生，职称包括住院医师、主治医师和副主任医师。"一线"每个工作日上午都要来（称为正常班），此外还分有两种班次。一种是从中午上到下午，被称为值白班，一种是从晚上到第二天上午，被称为值夜班。因为"一线"有四人轮班，故每四天要值一次夜班，两次白班。科室的"一线"四天一轮的班次如表2所示。

表 2 "一线"医生的值班轮次

天数	班次	时间
第一天	正常班+白班+夜班	8:00—次日8:00
第二天	正常班	8:00—12:00
第三天	正常班+白班	8:00—17:30
第四天	正常班	8:00—12:00

以赵医生为例，笔者曾计算过他值夜班时一整天的时间安排（参见表3）。经统计，他在这一天中的工作时间达到了12小时，而在半夜12点以前他的休息时间只有4小时。在查房入院查体等接触病人的互动上花费的时间是1小时40分钟，而在电脑前开医嘱、写病历或办理出入院手续的时间长达10小时15分钟。赵医生也认可了这一观察，并且在许多场合都表示现在医生不得不花费很多时间在医疗文书的书写上。冯主任在许多次的交班中都强调过医疗文书的重要性。医院还设有专门的病案室，会检查病人出院后形成的完整病历，如有不合格之处还要打回来重新修改。加班填写医疗文书的情况并不少见。表3也是很多访谈中医生提到的工作忙碌的一个佐证。

表 3 "一线"医生一天的时间安排

时间	工作内容	时间	工作内容
8：05—8：40	交班	12：00—15：30	吃饭午休
8：40—8：50	"三线"查房	15：30—18：30	医疗文书书写
8：50—9：05	病人入院查体	18：30—19：00	晚饭
9：05—9：20	病人入院医疗文书	19：00—19：20	病人入院查体
9：20—9：45	查房（共5个病人）	19：20—19：40	巡视病房
9：45—12：00	医疗文书书写	19：40—24：00	医疗文书书写

从工作内容看，"一线"的工作从病人新入院开始。钱医生谈到："接诊入院病人第一要了解病情病史，做体检，做一些心电图检查和血压，对他的病情有一个初步的判断。我们要求六小时以内要把它的所有的病程记录打出来，病情做了分析，初步的治疗方案做下来。"病人入住后进入常规的医疗阶段。每天早上"一线"都要查房，然后根据病情变化开新的医嘱或检查交由护士去做。另一个常规工作是对病人进行疾病和医疗知识的宣教。最后到病人症状符合出院体征或病人要求出院，"一线"的医患互动就结束了。

第五章 如何服务普通病人？[①]

本章意在分析医生和普通病人之间的互动情况。根据第三章的分析框架，本章首先从知识/权力、风险承担和情感劳动三项"关系"特征出发，讨论医生在面对普通病人的时候的"关系"特征。综合三种"关系"特征，笔者将之归纳为"生人模式"。在"生人模式"下，医生的"关系"回应的互动原则遵循的是结合资源观与互动观的"资源交换"：即医生通过提供医疗服务，换取患者的诊疗费用，双方是有自主动机的互动主体。而在行动取向上，医生遵循的是医疗的规范，而不会越雷池一步，笔者称之为"制度取向"。

一、"关系就医"下的"生人模式"

1. 知识/权力：医生主导下的专业宰制

医患关系中最为根本的就是医生和患者之间在医学知识上的差距。（Parsons，1991；Freidson，1986）在综合内科，这种不对等的知识差距仍然很明显。医患关系在这里仍然表现为医生通过占有知识对患者形成专业宰制。（Freidson，1970）医生的主导从病人入院就开始了。在笔者跟着钱医生观察的一次入院查体中，钱医生一共做了四件事。首先，钱医生询问病人的家属，病人的病情状况；然后一边与病人交谈一边检查病人的身体；接着钱医生给病人打了一个心电图；最后测了一下血压。在整个入院过程中，医患之间交流的只是患者的病史，这次发病的情况以及患者少量的感受。然后，钱医生便回到医生办公室，在电脑上生成病历开医嘱。医生制订治疗方案是完全根据自己的专业知识独自进行的。

同样的权力关系在每天的查房中也能看到。首先，医生查房的时间非常短。在第四章提到的时间安排中，赵医生查房的时间只有半

---

① 所谓普通病人，是指没有通过"关系"而是走正常程序入院的病人

个小时。如果按平均管床10个病人算，这一天赵医生查房在每个病人身上花费的时间也就只有3分钟，好在当天只有5个住院病人，平均每个人分到的时间能达到6分钟，但这仍然不算多。田野调查中记录的其他查房时间也证实了这一观察：45分钟（20140123田野笔记）、1小时（20140124田野笔记）、33分钟（20140125田野笔记）、1小时15分钟（20140128田野笔记）。基本上赵医生的查房围绕在半个小时到1个小时左右。时间较长的查房一般是因为赵医生要花时间向"二线""三线"的上级医生汇报、解释和讨论病情。稍微好一点的日子每个病人能分到5—6分钟的查房时间，最少的时候有的病人只有1—2分钟的时间①。其次，在查房的内容上，医生提供的基本上是一些实用性的建议，包括饮食、锻炼、生活方式等。查房结束前，赵医生会"告知"目前的病情与诊断和下一步的治疗方案。赵医生曾经向笔者解释查房问话背后的意义：

我们查房，问话看似随便不经意，其实背后都有含义，有相关医学知识支撑。比如问现在几点，儿子叫什么，是测试一下老年痴呆。把她的手举起来，是为了看一下她的肌肉情况。摸她的脚还不是看一下脚部血管，流动和肿大的情况，因为这和心脏的问题有关。就是听诊，肯定也是有意图的，让你听你肯定听不出所以然（20140125田野笔记）。

显然，赵医生并不指望患者理解这些日常互动背后的医学基础，也不认为这需要一项一项解释。如果有"二线""三线"查房，赵医生会花一些时间跟上级医师交流病情，此时虽然病人和家属都在场，但是赵医生的医学话语显然不是讲给他们听的，而是向上级医生汇报情况。

笔者为数不多的在查房时候听见赵医生解释医学知识，是在给12床的患者及其家属解释心脏的血管和血液流动。但是赵医生之所以花那么多时间精力解释，一个重要的原因是12床的病人已经被标签化为科室里"难缠的"病人了。笔者刚到科室的头两天就听到医生们在办

---

① 这种情形发生在周末的时候。因为周末的时候整个科室只有一个值班医生。此时他的查房要覆盖到全科室的病人，包括三分之四的病人都不是他管床的病人，因此他对这些非管床病人的查房时间就会非常快，有时甚至连病历都不带，进去说两句话就离开了。

公室里讨论这个病人。根据一位医生的说法，12床家属曾同一天给管床医生打了六个电话，并且对医生的治疗方案总是疑虑重重。甚至越过自己的管床医生找到别的医生问病情。从这个案例来看，患者虽然在医患的知识/权力关系中处于下风，但是仍有反抗的能力和可能性。Hirschman（1970）指出行动者在面对不满意的制度体系时，可以选择"发声、出走和忠诚"。也有学者借该框架分析台湾的病患在面对医疗体制时的四种应对方式：顺从、偷渡、发声与出走。（吴嘉苓、黄于玲，2002）在综合内科，普通病人在面对医生的专业权威的时候，也有三种不同的反抗手段的。按照程度由轻到重，分别是发声、拒绝和出走。

第一种，"发声"指的是患者要求医生对医疗活动进行解释。"发声"是最常见的一种反抗，也是程度最弱的一种。"发声"的目的就是向医生讨要更多的信息，了解更具体的疾病情况和治疗方案。第四章提到，医生办公室是一个开放的空间，是医患互动的前台之一。笔者注意到家属和病人不仅可以自由出入，而且经常随意打断医生们的工作，询问病情。第二种反抗是拒绝治疗、拒绝检查。在田野的两个月期间，笔者对拒绝治疗和检查的情形印象颇深，因为这种情况经常发生。经常是护士们到医生办公室来报告说哪个病人不肯抽血，或是哪个病人不肯打针。如果说"发声"还是在医生的权威下争取一些信息，拒绝则是直接反对医生的治疗方案。第三种选择则是"出走"。病人如果对医生的医疗服务不满意，可以选择离开。例如12床的病人最终选择了出院离开回到地方的医院去看。甚至在治疗周期未满或检查结果没出来的时候要求提前出院的例子也不少。

然而，更多的时候，病人的反抗在医生看来常常都是笑话而已，科室里医生们交流的笑料之一就是病人如何"反抗"的。某个医生曾经讲到说有一个病人来问会诊记录，最后问了一句"我科随诊"是什么意思，是不是结果不好？[①]引来大家哄堂大笑。赵医生也强调说患者们"一些很简单的问题天天问"。有意思的是，医生们在医生办公室里谈论这些事情的时候，患者是随时可以进来的，并且，很

①　"我科随诊"只是会诊医生在会诊记录单上签署的表示"我来过"的声明。

多时候确实有患者在办公室里。医生们对患者的"视而不见"恰恰反映了他们对患者的相对优势的权力地位。真正能平衡医患之间知识/权力关系的是患者本身有一定的医学知识。例如一位患者家属因为母亲常年生病，对相关的医学知识和药物都有所了解，医生查房的时候和医生详谈甚欢，而且在知识和信息上实现了一定程度的交换（20140124—20140125田野笔记）。即便如此，从赵医生下面的说法我们还是看到医生的专业宰制是必然的：

> 网络资源那么发达，谁都知道点（医学知识），但是每个人的情况不一样，不同的病情组合是不一样的。比如单独的冠心病和冠心病加上糖尿病相比，冠心病表现出来的情况都不同了。另外，他们知道的只是皮毛，不知内里的原因（20140118田野笔记）。

2. 风险承担：部分风险

人类的一切行为在给他带来收益的同时也使他付出代价。（郑也夫，1995，154）医生在实施专业宰制的时候，必然也是受到风险的制约。对于医生来说，他在承担了医学知识的同时，也承担了社会对他行医的期望。（Parsons，1991）这种期望可以从两个方面来看。首先，医生会面临职业规范和伦理的约束（Yang J. Q.，2010）；其次，医生面临着法律和国家制度的约束（Yao Z. L.，2012）。总之他行医的目的是救治病人，是让病人身体变好。在现代医疗体系中，这一目的表现为医生是否按照医疗行业的正规程序进行医疗服务。因此，医生必须按照现行的医疗程序进行救治，否则医生要承担病人病情恶化或死亡的风险。同样，由于普通病人拥有一定的反抗权力，当病人做出反抗的决定时，就要承担自己或家属病情恶化或死亡的风险。很多情况下，对医生宰制地位的约束是通过法律来实现的：

> 我们以前的做法是这样，发生了一个案件死人了，纠纷发生了，我们先组成医院内专家来讨论，关起门来自己找毛病找错。有错，拿出去鉴定可能是医疗事故，家丑不外扬，那就跟病人谈吧，多多少少都赔。这就了结了。如果这个事情一点医疗错误都没有，这个病人误解那么我就理直气壮跟病人说，我们没有错，你要再纠缠你最好去做

鉴定你该怎么弄我们奉陪到底。就是这样。（李主任访谈）

从上面的例子可以看出，医生如果没有违反医疗程序，也就不需要承担责任。反之，只要违反了程序，医生就要承担风险。反过来，病人处在被宰制的地位，如果要反抗，就要承担自己或家属可能病情恶化的风险，承担过程是通过"知情同意书"的签字来实现的。正如赵医生所说的"别人的事，事不关己高高挂起，把字给我签了就好。医生不能做决定，只能告诉你这个有什么好处坏处，只能告诉你不同方案各有的利弊，然后你自己决定好了签同意书"（2014022田野笔记）。可见，从医疗行为的风险来说，在医生和普通病人互动的时候，医患之间共同承担了医疗行为带来的风险。医生的行为由法律和程序来约制，他们承担的时候违反了法律和程序之后的风险和代价，而患者必须为他们自己的健康承担风险。但是在整个互动系统中，可以说医患是风险共担的。

3. 情感投入：浅层行动

随着消费主义的兴起，医生的情感劳动也是不能忽视的因素。（Larson and Yao，2005；Henderson，2001）按照Hochschild（1983）的划分，情感劳动分为浅层行为（surface acting）和深层行为（deep acting）。所谓浅层行为包括了Goffman意义上的"印象管理"（1959），也就是对外在行为表现的管理。深层行动是指对产生行为表现的情绪和感受进行管理。按照笔者的理解，深层行动中社会规范不仅控制了表面的行为表现，而且通过感受规则（feeling rules）控制了个体产生行为冲动的感觉体验。诚然，如赵医生所说，现在的医生是全能的，不仅要懂得经济学、医学、心理学，还要有服务员的态度。然而在笔者的观察中，面对普通病人的时候，医生们的情感劳动是以浅层行为为主的。

最明显的表现是医生们对于沟通技巧的强调。几乎每一个医生都会告诉笔者医患关系中沟通的重要性。赵医生所谓"沟通的艺术"包括"因人制宜"和"反复强调"。"因人制宜"就是"跟老爷子讲的和跟儿子讲的不一样"。这点上冯主任提供了一个很好的例子。一个年轻病患因为训练时晕倒、胸闷住院，冯主任在病房里对病人安慰说是小事，但在单独和病人的妈妈交谈则强调病情的严重性，用词包括非常严重、严密监护、一定、高度怀疑等。对此，赵医生形容为："对病人要点到为止，但是要让他知道这个风险；对家属要往'死里讲'。""反复强调"则是对同一个病人反复宣教，"如果可能每次查房都讲，让他自己都以为是那么一回事儿"。沟通技巧的运用是为了回避深层的感情投入，而用语言策略让患者产生医生在关心的感受。

另一个例证是医生们对病人的心理问题的回避，方法是请心理科会诊。赵医生解释说，"当病人的器质性症状好转，但仍感觉不适，比如说，睡不好，吃不好，感觉疲惫，精神差，情绪不稳定，这时候我们会考虑一些心因性的原因，比如2床病人，我们每次都跟她说话她都会哭，但她内科血管病都好很多了，基本没问题"。后来心理科的陈主任过来之后一下子就问出来是因为病人家庭生活的不如意导致的心病（20140120田野笔记）。而显然医生们没有一个有兴趣去关心病人的家庭琐事如何影响了她的心情，医生关注的是这些感受是否会影响身体器质性的症状。通过沟通技巧和回避心理问题，医生们在与普通病人的互动中实现了浅层行为。

二、"生人模式"、"资源交换"与"制度取向"

综上所述，在医生和普通病人的关系当中，笔者发现一些互动的特征。首先，医生借助知识/权力占据了宰制地位，而患者处在被宰制的地位，但患者仍保留反抗的可能性，从"发声"到"拒绝"到"出走"，患者尚能在一定程度上动摇（至少是质疑）医生的专业宰制地位；其次，医患在行动过程中是风险共担的，医生天然的知识/权力优势地位必然会承担违反程序和法律的代价，而患者如果选择反抗就要承担健康受损的风险，一个疾病进入医疗体系之后无法被治愈的风险将是由医患双方共同承担；最后，医生在对患者进行沟通交流时候表现出浅层行为的特征，医生通过沟通技巧和回避心理问题实现了低度的感情投入。因为普通病人是没有"关系"的陌生病人，在此笔者将这种互动模式称为医患互动的"生人模式"。

根据第三章的分析框架，我们可以看到，在接近于弱关系一端的互动模式中的互动原则应该是"资源交换"。可以说，在"生人模式"中，医生和患者之间确确实实呈现出一种理性交换的互动色彩。医生只要履行自己的角色，按照相关的医疗规定提供医疗服务，而病人需要支付相应的费用，换取医疗服务。医生不需要投入过多的感情，也不需要承担所有的风险，医生只需要将自己的医学知识转换为实践，为患者提供治疗。在医疗体系逐渐进行市场化转型的过程中，病人逐渐被当作消费者，医疗服务已经成为一种消费行为。（余成普、朱志惠，2008；Reeder，1972）赵医生把医院比作酒店来描述市场化下的"资源交换"："如果你住进五星级酒店，看到厕所里有老鼠，你肯定会打电话给前台，把他们骂一顿。毕竟我花了那么多钱，肯定希望弄好。在医院一样，我交钱了，希望治好，治得有问题，那就是你们的错"（20140223田野笔记）。在这种情况下，医生的行为取向必然是遵循客观的行医规范。再比如，笔者在问外科的蒋主任会不会有规定不让外科医生为自己的家人开刀的时候，蒋主任说：

"这个就看你医生的心理成熟程度。我们在手术台上的时候我们面对的是病人，病人才是我们的主题，这个病人不管是不是跟你认识，我们真的就是治病。你说会不会这个人跟我无亲无故，我在工作给他治病的时候就马虎一些？不会的。这个有行业标准的。"

在这个"按程序走"的过程当中，医生虽然不需要进行Goffman意义上的"戏剧化行动策略"的表演，但他们仍然要进行"关系判断"之外的"第二重判断"，也就是统合其他的影响因素。在"生人模式"中，这些因素包括患者的经济条件、医保类型、医疗知识水平、性格特征（是否"难缠"）等因素。在不同因素条件下，医生的回应即便遵循同样的制度原则，仍有些微不同。例如懂医学的儿子执意要医生开最贵的进口药，而12床的病人虽然是异地的新农合，但是由于女儿的一再纠缠，也获得了会诊机会和科室垫付医疗费的结果。

但无论如何，医生面对普通病人的行动取向是不会"越雷池一步"，他们的回应是谨遵医学的行业实践标准。在此基础上适当地调整回应行为，以便更好地实现"制度取向"。

第六章　家人生病时^①

　　本章处理的是当家人生病的时候，医生如何回应他们的"关系"请托。此时，医患之间处于中国社会最强的"关系"中，笔者称之为"家人模式"。"家人模式"中同样具有专业权威、风险承担和情感投入三项"关系"特征。在"家人模式"下，医生的"关系"回应的互动原则遵循"义务遵从"：即医生出于义务性伦理关系为家人提供医疗服务，以期家人的身体状况得到好转。"家人模式"中的医生奉行的是"关系取向"的行为，此时医生行为的最主要目的就是满足家人的要求，必要时候甚至可以突破规章制度的限制。

一、"关系就医"下的"家人模式"

　　1. 知识/权力："做主"与专业权威的最大化

　　在田野调查期间，综合内科里恰好有两位医生的父亲都住在科室里，分别是周医生和冯主任的父亲。当家人"关系"进入医患互动中，许多医生都强调"很亲"的家人都会带来不一样的应对。首先，家人通过"关系"就医是无法拒绝的。赵医生比较朋友关系和家人关系之间的差别时曾说：

　　　　那肯定是家人更不可避免，没办法的事情，朋友如果提出很不合理的要求，大不了就不认他了呗。你忙着查房的时候他非要叫你出来给他看一下，那我只能是拒绝他。但你妈过来，那我只能说让她等一

---

　　① 杨国枢将中国人社会关系依据亲疏程度分为三大类：家人关系、熟人关系及生人关系。杨国枢以一种"关系决定论"的视角论述了家人、熟人和生人分别遵守"责任原则"、"人情原则"和"利害原则"（杨国枢，1992；Yang K. S.，1995，1981）。这里借用了这种三分的类型学来建构就医行为的模式。但是需要注意的是，在就医中，生人、熟人和家人的界定是不同于杨国枢的界定的。就医模式中的生人，指的是没有通过"关系"来看病的普通病人。而家人则是情感最深、义务最强的关系类型，通常就是一个人的直系血亲，即父母和孩子；而熟人介于两者之间的，但可以是亲戚也可以是朋友。

会儿，把手上事情处理好尽早去把这件事做好，是不是？

连科室冯主任也说"所以说这个家人和亲戚最好还是不要找的，但是找过来你不帮也不行。再一个你自己看到他们生病了你也想说我是学这个的能不能照顾下他们，这都是很正常无可厚非"。不仅家人的请托是无法拒绝的，甚至医生自己也会主动把家人拉到医院来接受医疗服务。周医生的父亲有糖尿病但是不喜欢吃药，最近消瘦比较明显，周医生着急便把老人接过来检查看看。有时，家人到医院治疗的费用也是医生负担了，赵医生、孙护士以及网友准初级医生、fattywang800203都提到自己为家人垫付医疗费的情况。而且，医生会动用更多的医疗资源来为自己的家人服务。一方面，如果是别的专业的疾病，会主动联系最好的医生（网友ceci_shu及sherry_iam），"即使我跟他不是特别熟，那我可能也要去打个招呼"（赵医生访谈）；另一方面，如果住在自己的科室，就会请别的科室过来会诊一起做决策。科室冯主任的父亲多种疾病缠身，病情是比较严重的。在笔者的调查期间，冯主任曾为自己的父亲组织过三四次的大型会诊，每一次会诊都有6—9名主任医师参与，甚至有两次院长亲自参与，显然也只有对自己的父亲才会动用到这样的医疗资源。

其次，家人对医生是"完全信任和完全亲密"（吴医生访谈），主动放弃了对医生权威的反抗，家人对医生的治疗方案不会有异议，也不需要医生更多的解释。在医生眼中，家人就是最"听话"的病人。因为绝对的信任，家人也不会怪罪医生。周医生的说法很有代表性：自己家人自己想做什么就做什么，他也不会有意见，不像别的病人要解释那么多。你要是做不好的话，反正他们有些人比较啰唆一点，要去那里跟他们解释很多。家人的话，你怎么安排他们就怎么做，就是这样子。

再次，医生通过对"做主"的掌控，从正面实现了自己专业权威的最大化。笔者第一次听到"做主"是在访谈中和杨主任讨论回应"关系"之后对方是否理解。杨主任认为：

别人是不是理解是别人的事情嘛。如果是你自己父母住进来，那你可以做主啊，那就不存在理解的问题了。兄弟姐妹的话也是一样，无所谓的。但是父母以外的啊，比如说弟妹啊他老婆啊，这种隔了一层的，你很多时候就没有办法做主了。有时候甚至都不能理解他们是什么想法。

"做主"和前面提到的病人的"弃权"是同一个过程的两面。笔者理解的"做主"，意义在于医生可以不用经过沟通协商就直接进行医疗活动，甚至在一定程度上，可以说不需要患者的"知情同意"。网友"小小医师"提到"自家亲戚一般我自行做主，最多征询下他们的意见，基本不会有异议"。

2. 风险承担：全部风险

虽然许多医生都讲到不愿意为"关系就医"来的病人管床。但是他们也提到了，如果是"很亲"的人，自己又不好意思让其他人去管的。这里的"不好意思"可以理解为一种对责任的必然的承担——面对自己的家人，医生不得不承担管床的义务，而不像其他"关系户"那样可以交给别人管。事实上，医生承担的不仅仅是管床的义务，而是全方面地承担了家人的所有医疗风险。

首先，医生给家人看病的时候仍然受到法律和制度的约束，表现在医生对于"程序"的强调。即便面对的是自己的家人，医疗程序还是要遵守。一旦违背"程序"，代价自担。但和"生人模式"不同的是，医生同时将原本属于患者的生命健康的代价也承担了过去。患者完全放弃了反抗医生权威的手段，医生通过"做主"使得自己的专业宰制实现了最大化。因此，患者的治疗决定权就由医生掌控，进而每一个治疗方案的选择和实施导致的风险也就由医生承担了起来。

具体来说，一方面，医生对家人的病情是非常了解的。"我们了解这个疾病，了解这个病情，他是能够康复还是不能够治愈，我们心里上明白"（卫主任访谈）。这种了解本身就构成了医生的压力。杨主任在访谈中和笔者讨论朱医生的时候就提到：

你说朱医生压力大不大？她是不用麻烦别人，但是自己就要承担很多事情。而且有的病人病得很重，我们不能直接跟病人沟通，只能通过家属，就算病人快不行了，你也不能说治不好，你也要安慰他们，毕竟都是你的亲戚啊。很亲的话，很多不好控制的疾病你就有心理压力咯。对很亲的人的话，你不能治好的病，你又不好对他讲，这种压力只能你自己吞了。

另一方面，医生要承担家人治疗效果可能不佳的风险。冯主任在父亲住进科室之后，就一直压力很大。冯主任对病情很了解，困难的是要在不同的治疗方案中抉择。会诊的主任们把手术的利弊都摆在冯主任面前，但是手术做不做，决定权在冯主任手中。没有一个主任能保证手术的预后，这是冯主任为自己父亲看病必须要承担的代价和风险。

家人来看病的时候，我觉得医生面临的是一个双重压力。一方面作为医生承担你的医疗的责任，你有你的医疗工作。同时医生作为家人，他必须要去承担医疗的后果和风险。你给一般病人看的话，你会告知他有这种那种的风险和预后，但是决定权是在病人，然后你把程序走好让他签字就没事情了，不需要操心。但是如果是自己的家人，你就要在方案里面挑，后果就要你自己承担，是你在做决定，尤其是很亲的家人。因为，不仅你要对结果有较清晰的认识，而且如果结果不好的话你也得接受，还得做其他家人的工作。
（冯主任访谈）

3. 情感投入：深层行动

情感性的关系通常是一种长久而稳定的社会关系，用于满足个人在关爱、温情、安全感、归属感等情感方面的需要。（Hwang K. K.，1987）家庭关系就是一种重要的情感性关系。医生在与家人的互动中，转入了Hochschild（1983）所指称的深层行动。在深层行动中，医生的关怀行为不仅仅是通过沟通技巧整饰出来的外在行为，更是一种发自内心的感觉冲动。让笔者印象最深的是冯主任在会诊中的眼泪：

这一次的会诊是来的主任医师最多的一次，九个人围在办公室里讨论病情，而且医师们也格外负责。有一位主任甚至当场打电话请教某附属医院的医师。护长也参加了会诊。后来护长告诉我，主任们诊断的结果并不太好，冯主任在会诊的时候还忍不住哭了出来。据护长说，老人的心肺都还不错，可以承受手术；但是主任父亲年事已高，谁也不知道手术的预后怎么样，因此谁也无法替他决定这个手术做还是不做。按照护长的说法"这就好像他们医生经常跟病人说明各种情况，然后让病人自己拿主意，医生不会替你决定。冯主任现在应该跟那些病人一样吧，感到难以抉择"（20140128田野笔记）。

慌乱之中的冯主任甚至曾请教自己的下级医生：

主任甚至向下级"二线"和"一线"的医生讨论父亲的病情，大家坐在医生办公室，围着冯主任，看着她很痛苦的表情。主任说："我现在心里很乱，不知道怎么办才好，大家帮我拿拿主意。"杨主任说："自己家人病了，是很难拿主意的。"（20140124田野笔记）

当医生进入发自内心的关心家人的深层行动阶段，家人的任何一点情况变动都会牵扯到医生的情感感受。"我们就是不想管自己家人。我觉得第一是比较辛苦，比较累，压力比较大，总觉得好的时候就高兴，不好的时候就觉得很悲伤，（心情）每天就随着家人的体温和症状起伏不定"（赵医生访谈）。显然这种高强度的情感投入给医生们增加了许多压力，并且很可能会影响到他们对于病情和治疗手段的判断。这一点冯主任也是很清楚的：

比如说我是管床医生，我父亲正好来，那我就跟别人换着来，我就尽量不去管我的父亲。为什么呢，因为你可能在某些用药或者治疗方案的制订上你可能会感情用事，你可能会比较激进……你很容易感情用事，就是我们前面说的，会掺杂很多感情的因素，你就没法做到客观了。毕竟看一般的病人你是没有那种切肤之痛的。（冯主任访谈）

所以冯主任没有直接做自己父亲的管床医生，而是交给了赵医生。但是这并没有使得整个治疗过程变得更加客观中立，反而赵医生在作为管床医生的过程中也开始受到情感的牵扯：

我们规定是一个小时测血糖，因为要根据血糖结果来调整胰岛素用量，避免低血糖。到晚上的时候，十二点休息之前，我们测得还挺好的。到晚上我们就心疼老爷子，说怕扎太重了，然后就没有按照诊疗常规来做。就隔了两三个小时才查一次。就发现血糖比较低了。（赵医生访谈）

二、"家人模式"、"义务遵从"和"关系取向"

综上所述，当最"强"的家人"关系"渗入诊断和治疗过程时，便形成了独特的"家人模式"。这一模式具有以下几个特点：首先，医生掌握了"做主"，家人也主动放弃了原本反抗权威的可能，从而使得医生实现了专业权威的最大化，在知识/权力关系中实现了全面的控制；其次，医生权威的增强伴随的是风险的全面承担。原本只需要承担违背程序和法律的风险的医生现在不得不承担患者健康不能恢复的风险——而原本这一风险是由患者及其家属承担的；第三，医生对家人有高度的情感投入，其情感劳动也从浅层行动转为深层行动。这三个特征相互联结在一起，医生在"家人模式"中体会到的是"生人模式"所不具有的沉重的压力和忧虑的情绪体验。

翟学伟指出，中国人的"关系"的逻辑起点是时间上的持久性和空间上的无选择性（2007a）。家人，尤其是直系亲属，是医生无法选择的具有"捆绑性"的"关系"。因此，"家人关系"靠近强关系一端，并且其互动原则是"义务遵从"。在这个意义上，医生面对家人不仅要全心全意付出自己的专业服务，甚至还要主动关心他们的身体健康。很多时候，这种付出是文化规范下的内在要求——照顾自己的直系亲属，本身就是"理所应当"、"力所能及"、"情有可原"。

可见，在"家人模式"中，与"制度取向"相对应地，医生们的行动取向是根据家人们的"关系"本身来决定的，笔者称之为"关系取向"——"关系"中的需求决定了医生的行动。"关系取向"突出的是人际关系在中国人社会生活中的重要性。（杨国枢，1992，98—110）并且"关系取向"具有关系决定论的意义（Ho Y. F.，1991，1998），强调的是医生是根据家人的需求而不是程序上的规范来选择自己的行动，这个需求可能是家人提出来的，也可能是医生自己感受到的。"关系取向"之强，有时候甚至可以扭转或渗透了制度的规范，例如有的医院规定直系亲属看病输液可以免去治疗费。（网友xueyuan165）

同样的，在"关系取向"中，医生也会在"关系判断"之外做出

"第二重判断"。医生回应家人遵循的是"关系取向",但是在不同的情境下,在不同因素的作用下,医生回应的形式也会有些微差别。笔者观察到的两个最为重要的"第二重判断"因素分别是医生的工作情况和家人的病情轻重。

所谓工作情况其实强调的就是医生的忙碌程度。有的时候,医生会因为过于繁忙而无法照顾到自己的家人。卫主任就是因为太忙以至于连父亲都没时间去看望。杨主任的故事更是鲜活的例子:

包括我自己的小孩生病了,我都没有时间带他去看。那时候他还小,有一次发烧,我在家里给处理了一下,结果我来上班之后,他又烧起来了,而且还有点喘。因为我那时候刚好在看一个领导,根本走不开,结果我老公就带着小孩自己去挂号,去那里排队。回头还跟我说"我以为找了个医生老婆看病能方便点,哪里知道还要自己去排队的?"(杨主任访谈)

其次,如果家人的病情不是很重,有的医生也不会完全"做主"。例如,父亲住在科室里的周医生就觉得自己管床的时候对父亲反而没那么仔细地关心了。她解释说:"虽然我爸爸医从性比较差,但是因为我对他的情况比较了解,而且病情也没有很重,没有必要天天逼着他吃药。"但是,如果检查结果有器质性病变的可能,就要高度重视,就算费尽口舌也要劝说父亲服从医嘱。

第七章　熟人就医与医生应对

本章讨论医生如何回应熟人的"关系"请托。"关系就医"中的熟人更像是在"生人模式"和"家人模式"之间的光谱,其"关系"特征属于居中的状态。在"熟人光谱"中医生的互动原则是"风险规避",是在"资源交换"和"义务遵从"之间调和的"中庸"原则。"风险规避"下的医生采纳了分化的行动取向,包括拒绝请托、"生人化"和"家人化"。此外,医生们也通过"戏剧性互动策略"来实现不同的行动。拒绝请托多采用防守性的"留面子";"生人化"采取的是进攻性的"给面子";而"家人化"运用的多是"做人情"。

一、"熟人光谱":在"生人模式"和"家人模式"之间

如果说"生人模式"和"熟人模式"代表了"关系就医"中的两种极端情况,更多的时候医生面对的请托来自熟人。熟人是一种常见的关系,它包括了亲戚、朋友、邻居、师生、同事、同学、同乡等类型。(Jacobs,1979)并且,熟人关系有其灵活性:与熟人和生人相比,家人是自己人;但与生人相比,家人和熟人是自己人。(费孝通,2007;杨国枢,1992)杨国枢(1992,105—110)将熟人关系的基本特征总结为:(1)对待原则上讲人情,回报性介于家人、生人之间;(2)对待方式是设法通融,是一种低度的特殊注意;(3)互依形态上是有条件的相互依赖。

医生在谈到熟人的时候,有可能是在谈论某个亲戚,有可能是在谈论一些朋友,甚至,通过第三方介绍"关系就医"的那些与他们并没有实际关系的人,在个别情况下也被称为熟人。由此可见,"关系就医"中的熟人关系的特点是:人数较多;涉及的"关系"类型较多;"关系"互动的目的性明显且策略性较强。因此笔者认为熟人关系应该从以下两个方面超越单纯的类型学划分。

首先,熟人关系不是一种特定的类型,不是一个"类"的概念,而应该是一个"域"的概念。这个"域"在"关系就医"情境下,就介于"生人模式"和"家人模式"之间。笔者将这种熟人关系的"域"概念称为"熟人光谱"。从"生人模式"和"家人模式"之间的差别便可以在理论上推演出熟人光谱的基本特征(参见表4)。

表4 "生人模式"、"熟人光谱"及"家人模式"之比较

"关系"特征	生人模式	熟人光谱	家人模式
专业权威	较强	越靠近家人模式专业权威越强	最大
风险承担	部分	越靠近家人模式风险承担越全面	全部
情感投入	最少	越靠近家人模式情感投入越多	最多

从表4可见，"熟人光谱"有以下几个特征。首先，在知识/权力带来的专业权威上，从"生人模式"到"家人模式"，医生的专业宰制越来越强。医生面对熟人通过主动透露信息，将患者的"发声"渠道封堵，同时也降低了"拒绝"的意愿，而"关系就医"本身会堵塞患者"出走"的路口：找关系看病而中途离开的情况是很少的。患者越来越顺从，直到在"家人模式"中主动放弃反抗。其次，从"生人模式"到"家人模式"，医生承担的风险越来越全面，要考虑的行动代价也越来越大。除了基本的法律和程序的规范外，越是"亲近"的关系，医生就越是要承担属于患者身体健康的风险。再次，从"生人模式"到"家人模式"，医生的情感投入越来越多，情感劳动类型也由原先的表面行动转变为深层行动。

其次，"熟人光谱"不仅是一种"关系"类型，而且是实践中的"关系"。"关系"的实践表现为"关系"的不断生成和变动，即所谓"关系"的"关系性"（曾国权，2011）。熟人关系和医生的"关系"回应应该是互构的。熟人关系不仅需要通过实践表现出来，而且在不断的实践中将其交往成分累计到两人的既有关系中。（杨中芳，2001）总之，应该以一种动态的"关系主义"的视角来看待熟人关系。在"关系就医"情境下，这种动态性源自医生在"关系"回应中的自主性。

二、"风险规避"：熟人就医的互动原则

黄光国认为熟人关系是一种融合情感和工具的混合性关系。资源支配者在面对熟人关系的时候遵循"人情法则"。"人情法则"指的是交往双方都有继续往来的预期，平时要保持"礼尚往来"，关键时候才能预期他人的回报。但混合性关系中同样存在"人情困境"，即受托者无法预期请托者何时会给予回报，因此难以抉择是否接受请托。当"人情困境"产生的时候，受托者的心理过程是衡量代价与预期回报，两者相当则拖延不决，代价高则拒绝请托，回报高则接受请托。（Hwang K. K., 1987）在"关系就医"中，当请托者是熟人的时候，"人情困境"也很明显。但不同于黄光国的分析，"关系就医"中的"人情困境"是源于对接受请托之后带来的风险的衡量。

首先，医疗行为本身就充斥着不可预知的风险。一方面是医学知识本身的复杂性。儿科沈主任举例说："假如说现在科室里有三十个得了肺炎的病人，可能这个是真菌感染，那个是病毒感染，每个人都不一样。虽然我看到的症状是一样的，都是肺炎，而且我治疗、预后可能都差不多，但是其实每一个人的病情都有所差别。"另一方面是治疗和护理行为的复杂性。这一点赵医生说得好："这个病人要出院，你在他身上的诊疗活动我觉得每个人都应该有几十个上百个。应该说至少重大的事情不能发生，我觉得应该就可以了。"

其次，医疗复杂性的风险在熟人就医的时候被放大了。按照鉴定科李主任的说法是，"为了方便熟人简化了很多手续，该叫他做什么的不做了或者是该做的检查也给他省了，结果出事情了啥都怪你"。

所以说，"风险规避"是熟人就医的根本原则。医生对熟人关系的回应不是为了赚取利益，而是在人情和面子的压力下的一种自我保护。（Yao Z. L.，2012）医生此时的心理活动比较的不是代价和预期回报的大小，而是风险有多大，代价是不是在自己可以接受的范围内。此外，应该强调的是，"风险规避"不是一个单纯的行动原则，而是在两种回应原则（"资源交换"和"义务遵从"）之间的调和。熟人关系介于家人和生人之间，恰恰具有一种混合的性质。不同时期、面对不同熟人，医生对两种互动原则以不同比例的调和。调和的过程是要依据具体的情景，但根本原则是遵循"风险规避"。

三、分化的行动取向：拒绝请托、"生人化"和"家人化"

从"风险规避"出发，医生的行为有两个基本逻辑。首先，当风险大于可接受的程度时，医生会拒绝请托。其次，当风险处于可接受范围内的时候，医生会尽量降低风险。降低风险的方法是将熟人比照生人或家人来对待。这是因为在"生人模式"和"家人模式"中的权责界限是比较清晰的，医生的行动取向也是最为明确的，在此两种模式中回应"关系"的风险是最低的。总的来说，医生面对熟人时的基本行动取向包括三个方向：拒绝请托、"生人化"和"家人化"。

1. 拒绝请托

当回应熟人的请托带来的风险大于自己可接受的范围时，医生会选择拒绝请托。此时，医生在判断熟人带来的风险时的依据就是笔者所谓的"第二重判断"因素。根据笔者的了解，这些因素主要包括以下三种：工作时间、专业类别和病情轻重。

从工作时间上来说，医生的拒绝请托最常见的情况就是因为工作太忙了。无论医生护士都曾跟笔者抱怨过请托人没有考虑过他们的工作情况，让他们在工作和人情中"很难做人"。如果离开工作岗位带人去看病，医生自己的病人照顾不当或是被领导发现，都可能带来极大的风险，甚至威胁医生的职业发展。根据笔者的观察，医生和护士最忙的就是上午的时间，上午不仅有早交班、查房，而且经常有新病人入院，护士也有很多治疗和检查是在早上做的。所以很多约到早上的熟人一般都会被医生和护士拒绝。

另外专业类别也是影响医生回应的一个因素。冯主任和杨主任都提到，如果找关系过来的病人的病种属于自己的专业内的，无论是诊断、开药还是床位都能得到很好的照料。而其他专业的病则要思量一番。赵医生特别喜欢跟笔者举例说"绝对不会"看骨科和妇科的病人。

最重要的一个因素是病情的轻重。对于赵医生来说，如果熟人的病情比较重且不属于自己专业的范畴，他会建议熟人到门诊去挂号，而他只负责介绍哪位专家的水平更高一些。王医生则是在帮一位亲戚联系消化内科的床位时遭遇了"被"拒绝的情况。但王医生对此表示理解："因为我亲戚确实是病比较多，有很多慢性病、老年病，然后这回是消化道出血去的，身上又胃管、气管一堆的。消化道出血你肯定去消化内科，但这种收去他们科也是一个定时炸弹。"收治病情较重的病人对科室来说是不利的，不仅因为治疗的风险比较大，有可能会增加科室的死亡率；另外重病人一般住的时间长，可能会违背医院对床位运转率的硬性要求。因此，对于病情很重但"关系"一般的熟人，医生很可能会考虑拒绝请托。

不过，总的来说，选择拒绝请托的医生并不太多。正如赵医生在访谈中反复跟笔者强调的观点："这种现象（关系就医），只能说人在江湖，身不由己……这是你工作的一部分也是你生活的一部分，所以你只能这样接受，因为你毕竟也不能改变这些东西。"赵医生就宁愿选择更合理地安排和利用时间也不选择拒绝请托。当请托无法拒绝的时候，医生们往往要照顾熟人的感受，有所回应。他们或者给人面子，或者予人真情。普遍主义大于特殊主义的回应则可称为"生人化"，特殊主义大于普遍主义的回应则可称为"家人化"。

2."生人化"

所谓"生人化"是指将熟人在一定程度上参照生人来对待，此时医生保持普通的知识/权力关系，承担部分风险，并保持低度的情感投入。最简单的"生人化"就是请"关系就医"的熟人按照医院的流程和规章就医。有时候，"生人化"是出于客观原因。笔者的田野笔记中有这样一则故事：某领导经介绍来到科室，还没有办理入住手续，就想请医生做检查开药，护士告诉他，在没有办理入院之前是不能进行治疗等活动的。一位助理护士反复强调，请领导去办手续，否则医生没办法用药（20140125田野笔记）。可见，因为电子系统的引入，很多情况下就算熟人来了，也只能遵守医院的程序挂号，否则医生没有办法开药或治疗。

不过，更多的时候，医生们主动寻求"程序"，在主观上"生人化"。无论是访谈还是网上的讨论，医务工作者们都在强调熟人就医不可以掉以轻心。"个人觉得带亲戚朋友看病是很正常的事，找个熟悉的同事关照下还是可以的，但是觉得一定要注意原则，该做的检查一定要做，不能说亲戚拒绝做就听之任之，这样很可能会耽误病情。"（网友bhxiaoyi11）熟人纠纷的例子层出不穷，时有发生，因此医生们不敢掉以轻心，不得不要求熟人"走程序"。否则一旦"该做的检查未做，该书写的记录未写，该签字的程序未谈话、未签字，该告知的并发症未谈及，该提醒的事项忽略了"，一旦发生医疗意外，"封存病历，如发现未按诊疗规范记录就是您的瑕疵，法官不会认真听你说话，一切按病历记录来判定！"（网友2008shanyi）

"生人化"是一种无奈的行动取向。情理社会中的人们其实是不愿意把"关系"弄得太没有"人情味"。是故医生们的"生人化"还是维持了一定底线的。这个底线就是比普通病人更多一点的情感的投入。对待熟人可以遵守程序，但是在情感和态度上，是不能太冷淡的。赵医生的策略是："我肯定会先给他一个意见。在我们范围内的，就先过来看一下。比较亲的朋友，不管什么问题起码要把把关看下。"这个"把关"的过程，就是在针对专业进行"生人化"之前的一个情感上的照顾。虽然赵医生没有办法诊断骨科和妇科的疾病，但是熟人找过来，"把关"就是让熟人感到自己的关心，从而放心。

3. "家人化"①

"家人化"和"生人化"相反，指将熟人在一定程度上当作家人来对待。"家人化"中的医生提高自己专业的权威程度，并承担了大部分的风险，同时还保持了高度的情感投入。"家人化"是参照"义务遵从"下的"关系取向"来行动。最明显的表现就是医生对病人真情实意的关心，"带点感情"去沟通和交流：

虽然是我堂哥，应该说我们也会告知他风险和预后。但我们可能表达方式会稍微委婉一点，会带点感情去说这个事情……不会说，这个病肯定就是必死无疑了，你这个不做就会死之类的。我会跟他讲，这个病的预后不是特别好，因为伯母年纪也比较大了。说话的方式让他们可能更能接受一点。（赵医生访谈）

同时医生更多动用自己的关系权威，承担患者的风险。这就表现在医生真切感受到自己对这个熟人的康复所担负的责任，以及无法实现导致的不安和内疚感。例如，对赵医生来说，"这个伯母真的是看我长大的。她的爱人是我结婚的时候帮我主持仪式的，那种场景是历历在目"。在诊治和照顾这位伯母的过程中，每天查房，赵医生都会在伯母的房间停留很久，在查看伯母的情况的时候，赵医生会在伯母的耳边耳语，还会帮着护士一起做雾化，和陪在一边的堂姐们用家乡

---

① 已有研究讨论过中国人人际关系的"家族化"（杨国枢，1988，39—43）或"拟亲化"（杨宜音，1999）过程。所谓"家族化"（或"拟亲化"）是指将家人关系的伦理形式与内涵推广到非家族团体或集体的过程，从而使得外人获得相应的拟亲属身份，比如干亲、拜把兄弟。本文所谓的"家人化"是一个程度性的概念。"家人化"不将陌生人纳入家人关系中的过程，而仅意指医生在对待熟人的时候，在权威使用、风险承担和情感投入上比照直系亲属家人的标准来对待熟人。

话聊伯母的情况。赵医生的责任感就表现在"心情就是每天就随着我那个伯母的体温和她的症状起伏不定"。这种压力和内疚连钱医生都感受到了：

"赵医生这个伯母的病如果治不好，花那么多钱，他肯定压力也很大。（如果）病人是我自己下手的，随时可能是插管上呼吸机。这种损耗肯定他说不出来，自己家人怎么说这种话，太没有人情味了。"（钱医生访谈）

但是熟人终究和家人还是不一样的，也就是说，"家人化"是有上限的。这个上限就是"做主"。熟人再熟，医生也不会帮他们"做主"。任何医疗方案的选择，医生会充分告知"家人化"的熟人，但是最后的决定，仍是要熟人自己拿。这方面的一个例子是褚护长的故事。褚护长曾有一个很亲的亲戚找她住院做手术。因为关系很亲近，褚护长为其安排床位，甚至帮他选好了主刀医生和麻醉师，订好了手术的日子。但是熟人很着急，自己决定提前手术。最后医生和麻醉师都不是护长选好的人选，手术后效果也不太好。褚护长的说法点出了"家人化"的上限：

我们提醒了他，但是决定权还是在他手里。他也不能怪我们，但是他心里还是觉得要是在我说的那天做就好了……我自己也很内疚，要是能够劝一下就好了。但是我自己也不敢劝啊，到时候真的，我劝了改天效果又不好那人家更怪我了！（褚护长访谈）

四、分化行动之特征

医生对熟人就医的"关系"应对虽然包括"生人化"、"家人化"和拒绝请托三种行动取向，但是三种取向并不是同等重要的。首先，不同类型的熟人对不同的行动取向有天然的亲和性；其次，在不同的时期，占主流的行动选择是不一样的。

1. 不同类型熟人的不同应对

从"关系"的来源上可以进一步划分出两类熟人。第一类可称为"直接熟人"，第二类为"间接熟人"。"直接熟人"是基于直接的交换和互动产生的熟人；"间接熟人"则是在不同"关系"的连接中产生的熟人。

"关系就医"中的"直接熟人"有两类，分别是基于日常交往和直接互动的熟人和基于工作上的医疗交往的熟人。前者的典型就是同学朋友，后者的典型是"老病号"。例如赵医生有一个八十多岁的"老病号"沈老，只认准赵医生一个人。有一次沈老入院后收到了王医生的床位下，沈老直接对王医生说"我不相信你们，我只认赵医生"，后来赵医生只得将沈老转到自己管的床位下（20140114田野笔记）。一般来说，"直接熟人"是医生自己通过互动结识的熟人，这类人的特点是和医生有面对面的直接往来，彼此有一定时长的接触和交往，甚至会有一定程度的礼尚往来，因此和"家人化"行动更有亲和性，也就是所谓的"感情比较深"。

"关系就医"中的"间接熟人"也有两大类。赵医生将医院上级领导介绍来的病人称为"中国式压力"。另一类则被钱医生称为"一生的枷锁"，一般指亲戚介绍来老乡、旁系亲属、远房亲戚等。这两类"间接熟人"在"关系就医"中都非常常见。医生们对"间接熟人"的苦恼程度要大于"直接熟人"，因为"间接熟人"一般和医生没有直接的联系，"间接熟人"往往和"生人化"更有亲和性。从医生们对"间接熟人"的描述来看（压力、枷锁），医生们对"间接熟人"往往贴上负面的价值判断，认为他们的行动显得很"功利"、"工具"。相反，医生与"直接熟人"之前交往和互动经历为双方提供了一定的感情基础，从而流动在其中的工具性要求也就不被认为是单纯的功利性行为了。

2. 变迁中的医生回应

在不同的时期，某一种行动取向可能会成为主流/主导的回应行动。在文化大革命结束后的初期，有研究者观察到医生作为"守门人"，使"关系户"能够轻松地得到药物、床位和及时的治疗。而医生们也非常清楚自己手中的资源，充分照顾自己的家人和朋友。（杨美惠，2009）因为没有相关的制度和条件的约束，医生带人插队或者开药都是非常方便的事情。更重要的是，当时选择"家人化"不需要承担太多的风险，熟人纠纷的故事还未见苗头。相反，"生人化"的风险更大，它可能让医生在乡土社会中因得罪别人而自毁声誉。

如今，一方面是相关制度的建立，另一方面，人们对于"关系就医"的了解恰恰导致了"关系就医"难度增大、风险提高。而"熟人反目"的案例层出不穷——"关系疏远的朋友有时会让自己难堪，对诊治不满意时会恶语攻击，甚至进行投诉，让自己难堪。工作多年已发生数例，最后让自己去摆平，搞得不愉快，影响到同事关系，最怕的就是这种关系患者。出了问题，无关系而言，翻脸不认人"（网友2008shanyi）。医生变得越来越谨慎，"家人化"不仅难度增大，而且还可能损害到自己的利益，让自己"不好做"。

最简单的例子就是插队。插队原本就是违反规定的一种行为，但是因为以前插队没有成本，风险很低，很多医生护士带朋友看病的时候都是直接插队的。按照褚护长的说法，现在插队的困难不仅是因为电子设备和预约系统的引入，更是因为"关系就医"变得广为人知，医生和护士也不敢过于随意地让别人插队了：

为什么现在不能带他们看病，因为我们本身自己就不能插队。像我们的孩子，现在要说去哪里看看也是看到十二点钟。因为你挂号你就挂到这里了。医生也不敢说为你插队，护士也不敢。现在的病人保护意识很强的，他看到说你就在我后面，直接上去吵你的、骂你的。所以现在也不敢插队。（褚护长访谈）

"制度取向"增多，从"家人化"到"生人化"的转变可以从社会变迁的大背景加以理解。随着社会个体化的程度不断加强（阎云翔，2012），"关系"也逐渐变得工具化和功利化，也就是呈现出从所谓的"关系"的基本模式向"关系"的扩展模式的转变趋势（阎云翔，2000）。"关系"逐渐"松绑"，从原先无选择的长期的"固定关系"，逐渐发展为无选择短期的"约定关系"和有选择的长期的"友谊关系"（翟学伟，2011b）。另外，"生人化"相比"家人化"更容易实现是促使主流行动转向的另一个原因："生人化"只要满足一个底线的情感投入就可以了，而"家人化"由于"做主"的上限的存在，无论如何都无法达到真正的"家人模式"①。总之，"关系就医"尚未普及而医疗纠纷还未成为问题的时候，医生的选择"家人化"较多；如今，谨慎的"生人化"和显得"没有人情味"的拒绝请托成为医生面对熟人的首选。这与姚泽麟观察到的"保持距离"和"划清范围"以保护自身的回应趋势是一致的。（Yao Z. L.，2012）

五、互动策略和社会表演：人情与面子

"关系"的请托与回应往往在一个微妙的情境下进行，在其中双方依赖于一系列的社会技巧来保证互动的进行。人情不仅包括情感，而且也包括其社会表意，如在适宜的场合下向人表示祝贺、慰问或送礼（Yang L. S.，1957）；面子则是个人基于他在社交网络中所占的地位、合宜的角色表现与被人接纳的行为操守，而从他人获得的尊重与恭敬，面子可说是一种相互的服从、尊重与恭敬，是双方都期望获得，同时准备回报的。（Ho Y. F.，1976）人情和面子不是行为本身，而是能够促使行动者在符合社会文化期望的基础上实现互动原则的"工具"。在回应熟人的时候，面子和人情的作用就是帮助医生以符合礼节和互动仪式要求的形式来实现"风险规避"的目的——在表面上不会让双方没有面子，不会显得没有"人情味"，进而保持和谐避免冲突，以一种符合社会文化规范的形式进行"生人化"、"家人化"或拒绝请托。因此，互动策略的施用也可以称为"社会表演"（Goffman，1959）。

借用社交中进攻型—防御型的维度（黎相宜，2009），笔者将医生的互动策略分为三种，即防守型的"留面子"，进攻型的"给面子"和进攻型的"做人情"（参见表5）。

---

① 黄光国（1987）也曾指出，工具性关系变为混合性关系容易，而混合性关系变为情感性关系则不容易。不过他并未加以解释。本文认为，这是由于"生人化"的底线容易实现，只需要保留比普通病人多一些的情感上的照料就可以使熟人不同于生人。但是"家人化"的上限难以突破，因为只有医生全权"做主"了，才能在"关系就医"中让熟人成为家人。

表5 "留面子"、"给面子"及"做人情"之比较

互动策略	行动取向	表达预期	受用者的典型感受
"留面子"	拒绝请托	防御	"你不是不愿意帮我,只是……"
"给面子"	"生人化"	进攻	"你真看得起我!"
"做人情"	"家人化"	进攻	"你对我真好!"

防守型的"留面子"是医生在拒绝请托时候的策略。当医生拒绝请托的时候,为了维护"关系",一般会关注双方是否能保存面子,此时医生运用的是防守性的"留面子",不让自己的面子因为拒绝别人而失掉。因此"留面子"就是告诉请托者,不是不愿意帮忙,而是实在无能为力,强调拒绝请托不是主观原因而是客观因素。例如赵医生经常让早上过来的熟人等在大厅里,或者告诉他们因为现在工作忙能否换个时间。甚至医生的父母帮孩子"挡掉"一些熟人的时候都会推脱说小孩现在特别忙(杨主任和科室的护士长聊天的时候提到了这种说法)。

"留面子"可以说是在医生不愿意接受请托,但是又必须做出某种程度的让步,给予熟人以象征意义上的敬意,目的在于息事宁人,维持请托的熟人的心理社会均衡。(胡先缙,2004;黄光国,2004)如果"留面子"表演得不好,就会变成"敷衍面子"。所谓"敷衍面子"就是"留面子"的策略性行为被请托者发现了,或被误解了,进而认定受托者不是真心想帮忙只是"做个样子"而已。杨主任常常因为工作忙抽不出时间带老乡看病,"就因为这个,我就已经在老家那边得罪好多人了。他们就会回去说啊,说这个杨医生到了城里就变得很jia diao(方言:傲慢,态度不好)"。

进攻型的"给面子"则是"生人化"主要的对应策略。所谓"给面子"指的是甲的行动在其他人面前增加了乙的声望。给面子有许多方法,包括在大众面前赞美乙,强调乙的头衔或才能,对他的建议表示尊重(即使甲并不真的觉得如此)。(胡先缙,2004)"给面子"不同于"留面子"在于,医生已经接受了请托,"给面子"不是防御型的维护和谐,而是进攻型的展示付出,意在告诉对方:我已经为你

做了那么多了。最普遍的一个"给面子"的行为是陪同（正如网友yue_molly所说的："有时候实在是很忙，没时间带去，一般都是联系好，就让来人直接去找了。当然，如果你能够陪同，他们会觉得更有面子。"）。曾经有一位来科室会诊的医生讲到自己把一个同学托付给一位同事请他帮忙带去看病，后来这个同学跟医生抱怨说主任仅仅是陪他走到了做检查的地方，而没有陪他一起等结果。会诊的医生严肃地告诉他，"你知不知道让一个主任陪你去做检查，已经是给你多大的面子了"（20140123田野笔记）。

进攻型的"做人情"主要搭配"家人化"的行动取向。"做人情"强调的是通过医生表现出对病人的关心和对病情的担忧，从而让病人感受到照顾的"心意"。"给面子"和"做人情"有类似也有区别。类似之处在于两者都属于进攻型的策略；差别在于两者的目，前者是让熟人觉得自己受到重视即可（"你真看得起我！"）；后者要让熟人感觉自己被人关心着（"你对我真好！"）。因此实现两者的方式也不一样。例如，"生人化"处理的"给面子"策略是带他去找自己不熟悉但较有名的医生；"家人化"处理的"做人情"策略则是带他去看较熟悉并且医术放心或者能够很用心看病的医生（赵医生提到如果是带自己家人看病，他们可能会找其他科室的副主任医师，主任一般太忙了很难会好好看；反而如果是一般的熟人，他只会给他们介绍比较有名声的医生让他们自己去挂号）。"给面子"的医生可能只会带到名医那里打个招呼就走了；但是"做人情"的医生则会花很多时间陪同和看望。最典型的"做人情"还是赵医生对待自己的伯母，通过不断的关心和照料，多次数长时段的陪同来实现"家人化"。

此外，"给面子"和"做人情"的另外一个差别是策略使用失败的时候会导致不同的"关系"后果和不同的情绪体验。对于"给面子"来说，如果不理解发生了，双方会保持一定的"关系"距离，但不至于"撕破脸"，而医生主观上也不会有很深的不满或是强烈的负面情绪体验。王医生提到曾经带同学的父亲去做穿刺手术，后来病人抢救无效死亡，导致了两人"关系"的淡化："反正后面他也有很多怨言，但是他没有说特别直接地跟你撕破脸皮，但是现在关系就是不是特别好了，不像原来那样子了。大家都不来往了。”当笔者问王医生是否觉得自己做错了，王医生很平静地强调："我觉得我没有错，我只是按原则做事，只是说你这个病情的发展是没有办法的。"

但是，如果不理解发生在"做人情"中，医生就会产生非常强烈的负面情绪，比如内疚和自责。杨主任就告诉笔者下面的例子：

我之前有个堂弟，也是跟我很亲的一个，在我们这边住在肾内科。那时候是周六住进来，我帮忙联系的床。那时候我一点才下夜班，就过去看他。我去的时候病房都没人，我一看他，好多不适指标啊，血糖都三十几了，都没人来管！我就叫值班医生过来，最后是用了两百多的胰岛素，用了好几种药才稳定下来。最后我婶婶都还怪罪我。不过毕竟也是，他那时候是走路进来的，只不过说是血压低一点，结果出院回去的时候都没办法走路了，整个人的精神都很差，在家里面养了很久最后还是走了。你说这个事情怪谁？我也很内疚啊，说当时要是注意一点就好了，因为婶婶那边也是很信任我，结果哪知道是这样。所以我有时候都想，下辈子不要做医生了。（杨主任访谈）

总之，在进攻型策略中，最主要的调节对象是"关系"中的情感性成分，以使请托者感受到特定的情绪。在中国情境下，这种情绪往往就是一种"有了后台"、"有了靠山"、"有了保护伞"、"有了关系"或"有了给他撑腰了的人"的感觉。（翟学伟，2004）

第八章　总结与讨论

一、"关系就医"情境下的"关系"回应的理论模型

在区分出请托和受托之后，如果不能回答"关系"回应具体是如何进行，整个"关系"的运作过程就会变成一个黑箱，我们也无从理解身处"关系"中的人的行为模式和互动逻辑。行文至此，结合上述各章的结论，本文首先尝试构建一个"关系就医"情境下的"关系"回应的理论模型（参见图2）。

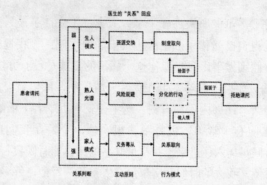

图 2 "关系就医"情境下的"关系"回应理论模型

首先,通过对医患互动中的"关系"特征的分析,笔者建构了三种不同的"关系就医"模式,每一种模式中,专业权威、风险承担和情感投入三因素以不同的形式组合在一起。"生人模式"、"家人模式"和"熟人光谱"各有其特征。并且,三种模式在"关系"的强—弱维度上呈线性排列:"生人模式"最弱;"家人模式"最强;而"熟人光谱"居中,而占据的范围最大,人数最多。

其次,医生在面对不同类型的"关系"的时候,遵从的是不同的互动原则,表现出不同的行动取向。面对普通病人的时候,医生的互动原则更接近于"资源交换",双方遵照医院的规章制度进行互动。此时医生的行为可以称为"制度取向",表现在遵循医疗的原则和程序做出诊断和治疗。面对家人的时候,医生的互动原则是"义务遵从",以满足家人的需求作为行动之目标,此时医生的行动是"关系取向"。熟人关系中医生的行动原则是"风险规避",目的是调和两种相对立的互动原则,使之能够适应不同的熟人关系。而医生在熟人关系中的行动不再单一,而是表现为分化的行动取向(图2用虚线的框表示这种行动之分化性质)。根据风险衡量医生可以选择拒绝请托、"生人化"或"家人化"。每种行动都具备典型的戏剧化的互动策略——"留面子"、"给面子"和"做人情"。

因此,当一个请托者出现在医生面前的时候,医生作为受托者的"关系"回应经历了三个阶段。第一步是进行"关系"判断;第二步是遵循特定的互动原则;第三步是展开具体行动。在具体行动中医生还会进行"关系"判断之外的"第二重判断"。"第二重判断"是医生为了实现互动的目标对其他因素做出的无可避免的"权宜"。在此笔者仅能列举其中一些重要因素。在"生人模式"中医生会考虑患方的经济条件、医保类型、医疗知识水平、性格特征。在"家人模式"中则考虑自己的工作忙碌程度和家人的病情轻重程度。回应熟人的时候则看重工作时间、专业类别和病情轻重。其他笔者未能涉及但可能有影响的因素包括患者的回报能力、医院的制度安排和目前的医疗技术水平等。

二、熟人关系的回应:"风险规避"与"中庸理性"

在这个"关系"回应的模型中,更有意思的是熟人就医的部分。笔者认为熟人关系正是"关系"中最为富有理论提升空间和价值的部分。一方面,熟人关系很好地体现了关系的"总体性"(Kipnis, 1991)。另一方面,因为熟人关系的居中性质,使得它和儒家传统的"中庸"思想可以有一些对接和碰撞。

事实上,已经有学者注意到在强—弱维度中居中的社会关系的特性。例如Uzzi(1999,转引自Chan S. C., 2009)认为中等强度的社会关系能够综合强和弱两种关系的优势,实现他所谓"网络补足性(network complementarity)"。因为允许算计和经济目的驱动的交换存在,同时也允许一定程度的信任、情感和义务存在,最适合进行经济交易的"关系"应该是中等强度的。(Chan S. C., 2009)

但是,不同于经济交易行为,在"关系就医"情境下,中间性"关系"对于医生来说是很危险的,因为给熟人看病比给生人和家人看病的风险要大。在"生人模式"和"家人模式"中,医生的责任和义务都很明确,相应的行为取向也很清晰。而熟人关系中并没有很明确的对应行为(否则也不会产生"人情困境")。但同时,如果我们把"资源交换"看作一种普遍主义的就医模式,而"义务遵从"视为一种特殊主义的就医模式,医生在回应熟人关系的时候所做的,就是尝试调和两种不同的行为标准。这种调和是深刻而有意义的。两种行为标准之间的冲突之深刻性源于普遍主义和特殊主义谁也无法取代谁。（郑也夫，1993）调和的核心不是"趋利"，而是"避害"。而调和的条件是将人情和面子这样的文化资源运用于互动策略中，也就是所谓的讲"礼"。情境性的"礼"的运作，一方面讲究秩序，另一方面照顾了个人的特殊性，最终将特殊主义与普遍主义糅合在一起。（翟学伟，2005）这也是回应"关系"最理想的状态——"合情合理"，既注重了人情和关系，又遵守了公理。（Zhang & Yang，1998）

　　总之，医生的回应行为是无法单纯用"关系理性"（Lin N.，2001）来解释的。从"关系理性"的角度看，如果医生的行动目的是获得更多的社会声望，他们大可不必拒绝所有的"关系就医"。医生对两种行动的调和充分体现了"中庸理性"。所谓"中庸理性"，指的是一种"过犹不及，恰到好处"的行动取向，意味着不光从自己的角度出发，还要以交往他方的观点来看事物。（张德胜等，2001）在笔者看来，所谓中庸的意义，强调的是在极端之间保持张力。（郑也夫，1995）"风险规避"和"人情面子"的结合，使得医生能够在两种行为准则中尽量做到不为难自我，又不得罪他人。

三、与"关系"研究的进一步对话

　　因为目前学术界比较流行的理论化方式主要是关系作为"结构"的网络分析与"关系"作为资源的社会资本分析，本研究希望与这两个分支的理论作进一步的对话。

　　1. 找回"关系"的内容

　　目前学术界关于社会关系的研究中的一个取向是破解网络分析中的"黑箱问题"（Emirbayer and Goodwin，1994），也就是将社会关系的具体内容带回到关系的分析框架中。陈纯菁关于保险推销员的研究为我们提供了一个很好的范例。陈纯菁结合差序格局与社会网的研究，建构了一个"关系"的理论分析框架。在这个框架中，自我在中心，而从内到外分别有六个圈层，每个圈层表征了不同距离的"关系"。同时，关系的不同层级在五个维度上是不同的，这五个维度分别是信任、感情、非对称义务、对称义务和算计。"关系"越亲近，前三个就越强，后两个维度越弱。（Chan S. C.，2009）

本文延续这一思路，同样强调在"关系"的研究中必须厘清"关系"的具体特征。在这点上，沈毅提出一个有价值的见解。他认为，中国的"关系社会学"首先要坚持的就是内容实质论立场的"关系"研究，"关系"理论的活力就在于考察不同组织场域中的"关系"实践，比如"官场"场域中的主从关系、"乡土"场域中的人缘关系和"商场"场域中的朋友关系。（沈毅，2013）笔者认为，如果坚持结构论的立场，从抽象的结构中分析"关系"现象，并非没有价值，但是会弱化了"关系"的文化和实践内涵。让"关系"现象显得"虽深刻却不合理；有道理但不充分；有见地又不是那么回事"（翟学伟，2005）。只有在具体的情境和具体的"关系"维度下，我们才能厘清"关系"的独特之处。例如在"关系就医"中，必须注意到双方的知识/权力关系、风险承担和情感投入三个方面，并且，医疗服务中对于风险和责任的重视使得医生在回应熟人的时候看重的是"风险规避"，并表现为分化的行动。上述特征都是在"关系就医"情境下才得到充分展示的"关系"的具体内容。

2.社会资本及其负效应

社会资本理论是过去三十年以来最为突出也是最有争议的概念和理论。（张文宏，2003）并且，社会资本的理论正在将以往的发展中国家的"关系"研究包含进去。（特纳，2004，转引自翟学伟，2007a）笔者认为，社会资本的强势和它受到的批判都源于它的理论"偏见"。也就是说，社会资本的理论有很明确的研究对象和讨论范围，理论聚焦非常明确，因此其带给我们的感受就是非常有解释力。然而这种高强度的聚焦，也带来了大面积的"剩余性范畴"。

最典型的批判就是对社会资本"正效应"假定的否定。Portes最早提出社会资本的四种消极作用：（1）方便自己的同时，非群体成员需要付出更高的成本；（2）强社会纽带的封闭性，阻止群体成员的进一步发展；（3）整个群体从社会资本获益，是以牺牲个人自由为代价的；（4）规模较小的社群的强社会纽带将会导致成员对主流社会的相对敌视态度。（Portes，1998，转引自晋军，2000）晋军（2000）指出当一个社会同时具有资源高度稀缺和结构相对封闭这两个特征时，可能出现过度资本化的现象。此时，绝大多数社会成员都不得不承担高额的"外人成本"，个人的社会交易总成本以及相应的群体交易成本事实上都因为社会资本的泛滥而增加了。这便是所谓个体的"理性"加在一起，却构成了团体行为的"非理性"（郑也夫，1993）。

"关系"的过度使用不仅会增加消极社会资本意义上的"外人成本"，导致整个社会的公共服务供给能力的下降；同时还会产生"自己人成本"。"外人成本"关心的是"关系"运作带给"关系"之外的人的额外负担和负面效应。而笔者所谓的"自己人成本"指的是因为"关系"的运作而带给"关系"中的人的负面效应，包括风险提高、负面情绪、在制度和人情之间难以权衡等。

医生在回应"关系"的时候便承受了这样的"自己人成本"。受托的医生给予家人和熟人以方便的同时，他们自己承担的风险相应地增加了。医生们对于人性的体验可能比谁都深。如果治疗效果良好，"你欠了人情，对方是不会想着帮你还的，也不会领情，顶多就是说几句谢谢，之后甚至都不知道你叫什么名字"（网友下雨点点）；一旦治疗效果不佳，不理解和怨愤就是家常便饭了。因此，对"关系"的回应不仅要加重医生自己的工作量，而且可能会带来负性的情绪体验：担忧、不满、无奈、苦恼等。综合内科里的已经有两位主任对笔者抱怨"不敢再当医生了"，而其他医生护士最经常讨论的话题是别让自己的孩子学医。

借助"外人成本"和"自己人成本"的辨析可以发现，当前国家在整治"关系就医"时意在消除"外人成本"，颁布各种规章制度来限制和规范医生的行医行为[①]。但这并没有完全消除"关系"运作

---

① 笔者的田野调查恰逢年终，医生们不仅要填写各种自查互查表格，包括医德自评和年终工作总结；而且卫计委又发布了《加强医疗卫生行风建设"九不准"》以及《开展医患双方签署不收和不送"红包"协议书工作的通知》。"九不准"包括不准将医疗卫生人员个人收入与药品和医学检查收入挂钩；不准开单提成；不准违规收费；不准违规接受社会捐赠资助；不准参与推销活动和违规发布医疗广告；不准为商业目的统方；不准违规私自采购使用医药产品；不准收受回扣；不准收受患者"红包"。后者是在"九不准"的最后一条的基础上做的具体的规定和制度安排。此外，鉴定科李主任提到《侵权责任法》出台后，医患纠纷按照民法走之后，医院的败诉率提高了，法院也是以息事宁人的态度来处理医疗纠纷。在这个法律和制度环境下，医生的行医都变得特别小心谨慎，"保护性医疗"是常见的事情。

的负效应，"外人成本"逐渐从制度转嫁到了作为个体的医生的"自己人成本"中。制度和规定的限制使得受托者的压力也越来越大，因为"合情合理"变得越来越难。所以医生才会一方面在"关系就医"中产生较多的负面情绪，另一方面越来越重视戏剧化互动策略以调整"关系"回应的行为模式。因此，在完善相关制度减少"外人成本"的同时，应该增进普通群众对医疗体系的认识和信任；降低请托者"关系就医"的心理需求，从源头上消除请托者对医生的不合理要求，以降低医生的"自己人成本"。总之，从"关系"回应的立场可以为"关系"、社会资本、正效应和负效应之间的辨析提供新的思路。而这种辨析是目前"关系"研究迫切需要的。（翟学伟，2007a；张文宏，2003）

四、研究不足与未来方向

首先，本文最主要的不足在于研究的外推效度问题。本文的理论建构主要依据的是两个月在综合内科的田野调查的资料以及14位医务工作者的访谈资料。虽然笔者试图通过诸多方法来弥补外推效度的不足，但不可否认，本文的理论命题的外推效度有一定局限。其次，本研究虽然考虑到以下几个问题，但是由于资料和能力有效未能展开分析与讨论：一是医生的"非正式收入"问题；二是通过中间人介绍形成的"关系就医"链条的问题。

最后值得一提的是，"关系"回应问题不仅仅是对社会资本和网络分析的补充，更是对中国本土"关系"研究的一个理论激发点。人们为何选择特定的"关系"回应方式，如何掌握相应的行动策略，如何学会"做人"，如何保全请托人的面子又不让自己"难做"？这些问题不仅仅是理性选择、自由博弈的问题，更是涉及中国人行动的基本逻辑的问题，值得更进一步的研究推进。上述的种种不足，都只能交由更进一步的研究来推进了。本文希望能够作为一块"砖"，引出更多关于"关系"、医生职业、医患互动的有价值的社会学研究的"玉"，从而促进"关系"研究与医学社会学领域的发展。

参考文献

陈俊杰、陈震，1998，《"差序格局"再思考》，《社会科学战线》（第 1 期）

胡先缙，2004，《中国人的面子观》，载黄光国编订，《面子——中国人的权力游戏》，中国人民大学出版社

黄光国，2004，《华人社会中的脸面与沟通行为》，载黄光国编订，《面子——中国人的权力游戏》，中国人民大学出版社

黄光国，2006，《儒家关系主义：文化反思与典范重建》，北京大学出版社

黄盈盈、潘绥铭，2011，《论方法：定性调查中"共述"、"共景"、"共情"的递进》，《江淮论坛》（第 1 期）

黄玉琴，2002，《礼物、生命仪式和人情圈——以徐家村为例》，《社会学研究》（第 4 期）

费孝通，2007，《乡土中国》，上海人民出版社

吉登斯，2009，《现代性的后果》，译林出版社

纪莹莹，2012，《文化、制度与结构：中国社会关系研究》，《社会学研究》（第 2 期）

晋军，2000，《外人成本与过渡资本化：消极社会资本理论》，载清华大学社会学系主编，《清华社会学评论（特辑 2）》，鹭江出版社

金耀基，1988，《人际关系中人情之分析》，载杨国枢主编，《中国人的心理》，桂冠

李伟民，2005，《红包、信任与制度》，《中山大学学报（社会科学版）》（第 5 期）

黎相宜，2009，《关系消费的表演与凝固——当代中国转型期饮酒社交消费研究》《开放时代》（第 1 期）

雷祥麟，2005，《负责任的医生与有信仰的病人——中西医争论与医病关系在民国时期的转变》，载李建民主编，《生命与医疗》，中国大百科全书出版社

梁漱溟，2005，《中国文化要义》，世纪出版集团

彭泗清，1999，《信任的建立机制：关系运作与法制手段》，《社会学研究》（第 2 期）

彭泗清，2000，《关系与信任：中国人人际信任的一项本土研究》，中国社会

科学院社会学研究所编，《中国社会学年鉴（1995—1998）》，社会科学文献出版社

乔健，1988，《关系刍议》，载杨国枢主编，《中国人的心理》，桂冠

屈英和，2010，《"关系就医"取向下医患互动关系研究》，吉林大学博士论文

人民日报，2013 年 7 月 5 日，《看病不找熟人行不行》

沈毅，2003，《义务性关系：情感性关系与工具性关系之外》，《社会》（第 9期）

沈毅，2013《迈向"场域"脉络下的本土"关系"理论探析》，《社会学研究》（第 4 期）

王秋芬、王伟杰、钱丽荣、方振宁，2013，《医患博弈视角下的"关系就医"现象调研——以丽水市某医院为例》，《中国医学伦理学》（第 3 期）

吴嘉苓、黄于玲，2002，《顺从、偷渡、发声与出走："病患"的行动分析》，《台湾社会学》（第 3 期）

韦伯，2003，《儒教与道教》，江苏人民出版社

西美尔，2002，《社会学：关于社会化形式的研究》，华夏出版社

许烺光，1989，《美国人与中国人：两种生活方式的比较》，华夏出版社

余成普、朱志惠，2008，《国外医患互动中的病人地位研究评述——从病人角色理论到消费者权利保护主义》，《中国医院管理》（第 1 期）

阎云翔，2000，《礼物的流动——一个中国村庄中的互惠原则与社会网络》，上海人民出版社

阎云翔，2012，《中国社会的个体化》，上海译文出版社

姚澄，2009，《熟人社会中托人看病现象之初探》，《医学与社会》（第 5 期）

杨国枢，1988，《中国人孝道的概念分析》，载杨国枢主编，《中国人的心理》，桂冠

杨国枢，1992，《中国人的社会取向：社会互动的观点》，载杨国枢、余安邦主编，《中国人的心理与行为：理念与方法篇》，桂冠

杨美惠，2009，《礼物、关系学与国家：中国人际关系与主体性建构》，江苏人民出版社

杨念群，2006，《再造"病人"：中西医冲突下的空间政治（1832—1985）》，中国人民大学出版社

杨宜音，1999，《"自己人"：信任建构过程的个案研究》，《社会学研究》（第 2 期）

杨宜音，2008，《关系化还是类别化：中国人"我们"概念形成的社会心理机制探讨》，《中国社会科学》（第4期）

杨中芳，2001，《人际关系与人际情感的构念化》，载杨中芳主编，《中国人的人际关系、情感与信任——一个人际交往的观点》，远流

曾国权，2011，《"关系"动态过程理论框架的建构》，《社会》（第4期）

翟学伟，2004，《中国社会中的日常权威：关系与权力的历史社会学研究》，社会科学文献出版社

翟学伟，2005，《关系特征：特殊主义抑或普遍主义》，《社会学理论学报》（春季卷）

翟学伟，2007a，《关系研究的多重立场与理论重构》，《江苏社会科学》（第3期）

翟学伟，2007b，《报的运作方位》，《社会学研究》（第1期）

翟学伟，2009，《是"关系"，还是社会资本》，《社会》（第1期）

翟学伟，2011a，《中国人社会行为的基本框架与运行法则》，载翟学伟，《中国人的关系原理：时空秩序、生活欲念及其流变》，北京大学出版社

翟学伟，2011b，《中国人的关系向度及其在互联网中的可能性转变》，载翟学伟，《中国人的关系原理：时空秩序、生活欲念及其流变》，北京大学出版社

翟学伟，2014，《关系与谋略：中国人的日常计谋》，《社会学研究》（第1期）

张德胜、金耀基、陈海文、陈健民、杨中芳、赵志裕、伊沙白，2001，《论中庸理性：工具理性、价值理性和沟通理性之外》，《社会学研究》（第2期）

张文宏，2003，《社会资本：理论争辩与经验研究》，《社会学研究》（第4期）

郑也夫，1993，《特殊主义与普遍主义》，《社会学研究》（第4期）

郑也夫，1995，《代价论》，三联书店

Beck, U. 1992. *Risk Society: Towards a New Modernity*. London: Sage.

Bian, Yanjie (边燕杰). 2001. Guanxi Capital and Social Eating in Chinese Cities: Theoretical Models and Empirical Analyses. In N. Lin, K. Cook and R.S.Burt eds., Social Capital: *Theory and Research*. Aldine De Gruyter.

Chan, Shun-ching (陈纯菁). 2009. Invigorating the Content in Social Embeddedness: An Ethnography of Life Insurance Transactions in China.

American Journal of Sociology. 115(3)

Cockerham,W.C. 2010.*Medical Sociology(11th Edition).* Pearson Education.

Emirbayer, Mustafa. 1997. Manifesto for a Relational Sociology. *American Journal of Sociology.* 103(2)

Emirbayer, M. and J. Goodwin. 1994. Network Analysis, Culture, and the Problem of Agency. *American Journal of Sociology.* 99 (6)

Foucault, M. 1980. *Power/Knowledge: Selected Interviews and Other Writings 1972-1977.* Patheon.

Freidson, E. 1970. *Professional Dominance: The Social Structure of Medical Care.* Atherton Press.

Freidson, E. 1986.*Professional Power: A Study of the Institutionalization of Formal Knowledge.* University of Chicago Press.

Goffman, E. 1959. *The Presentation of Self in Everyday Life.* Anchor, Doubleday.

Gold, T. B. 1985. After Comradeship: Personal Relations in China Since the Culture Revolution. *The China Quarterly* No.104

Henderson, A. 2001. Emotional labor and nursing: an under-appreciated aspect of caring work. *Nursing inquiry,* 8(2)

Hirschman, A. O. 1970. *Exit, Voice, and Loyalty: Responses to Decline in Firms, Organizations and States.* Harvard University Press.

Ho, Yau-fai (何友晖). 1976. On the Concept of Face. *American Journal of Sociology.* 81(4)

Ho, Yau-fai (何友晖). 1991. Relational orientation and methodological individualism. *Bulletin of the Hong Kong Psychological Society*, Nos. 26/27

Ho, Yau-fai (何友晖). 1998. Interpersonal relationships and relationship dominance: An analysis based on methodological relationalism. *Asian Journal of Social Psychology,* (1)

Hochschild, A. 1983. *The Managed Heart.* Berkeley and Los Angeles, University of California Press.

Hwang, Kwang-kuo (黄光国). 1987. Face and Favor: The Chinese Power Game. *American Journal of Sociology.* 92(4)

Jacobs, J. B. 1979. A Preliminary Model of Particularistic Ties in Chinese Political Alliances: Kan-ch' ing and Kuan-hsi in a Rural Taiwanese Township. *The*

China Quarterly. No.78

Kim, U., Yang, K. S., and Hwang, K. K. 2006. Contributions to Indigenous and Cultural Psychology: Understanding People in Context. In Kim, U., Yang, K. S., & Hwang, K. K. eds. *Indigenous and cultural psychology: Understanding People in Context.* Springer.

Kipnis, A. 1991. *Producing guanxi: Relationships, subects and subculture in a rural Chinese village.* Unpublished doctoral dissertation. The University of North Carolina at Chapel Hill.

Larson, E. B. & Yao, Xin. 2005. Clinical Empathy as Emotional Labor in the Patient-Physician Relationship. *JAMA,* 293(9)

Lin, Nan (林南). 2001. Guanxi: A Conceptual Analysis. In Alvin So, Nan Lin, and Dudley Poston eds., *The Chinese Triangle of Mainland-Taiwan-Hong Kong: A Comparative Institutional Analysis.* Greenwood Publishing Group, Inc.

Lin, Nan (林南). 2003. *Social Capital: A Theory of Social Structure and Action.* Cambridge University Press.

Liu, Xin (刘新). 2002. *The Otherness of Self: A Genealogy of the Self in Contemporary China,* The University of Michigan Press.

Liu, Xingzhu and, W. C.L. Hsiao. 1995. The Cost Escalation of Social Health Insurance Plans in China: Its Implication for Public Policy. *Social Science and Medicine,* 41(8)

Liu, Y., Rao K., Wu J., & E. Gakidou. 2008. China's health system performance. *The Lancet.* 372(9653)

Morse, J. M. 1994. Designing Funded Qualitative Research. In N. K. Denzin & Y. S. Lincoln Eds. *Handbook of Qualitative Research.* Sage.

Munro, N., J. Duckett, K. Hunt, and M. Sutton. 2013. Use of Guanxi and Other Strategies in Dealing with the Chinese Health Care System. Paper presented at the Association for Asian Studies Annual Meeting, March 20—24, 2013, San Diego.

Nettleton, S. 2013. *The Sociology of Health and Illness (Third Edition). Cambridge.* Polity Press.

Parsons, T. 1966. *Structure of Social Action: A Study in Social Theory with Special Reference to a Group of Recent European Writers.* The Free Press.

Parsons, T. 1991. *The Social System*. Routledge.

Reeder, L. G. 1972. The Patient-client as a Consumer: Some Observations on the Changing Professional-client Relationship. *Journal of Health and Social Behavior,* 13

Smart, Alan. 1993. Gifts, Bribes, and Guanxi: A Reconsideration of Bourdieu's Social Capital. *Cultural Anthropology*, 8(3)

Wind, G. 2008. Negotiated interactive observation: Doing fieldwork in hospital settings. *Anthropology & Medicine*. 15

Wellman, B., Chen Wenhong, & Dong Weizhen. 2004. Networking Guanxi. In Gold, T., D. Guthrie, & D. Wank eds., *Social Connections in China: Institutions, Culture, and the Changing Nature of Guanxi*. Cambridge University Press.

Yang, Jingqing. 2010. Serve the people: understanding ideology and professional ethics of medicine in China. *Health Care Anal,* 18(3)

Yang, Jingqing. 2013. The impact of informal payments on quality and equality in the Chinese health care system: A study from the perspective of doctors. *Health Sociology Review*, 22(3)

Yang, Kuo-shu (杨国枢). 1981. Social Orientation and individual modernity among Chinese students in Taiwan. *Journal of Social Psychology,* 113

Yang, Kuo-shu (杨国枢). 1995. Chinese Social Orientation: An Integrative Analysis. In T. Y. Lin, W. S. Tseng, and Y. K. Yeh eds., *Chinese Society and Mental Health.* Oxford University Press.

Yang, Lien-sheng (杨联陞). 1957. The Concept of "Pao" as a Basis for Social Relations in China. In John K. Fairbank, ed., *Chinese Thought and Institutions*, University of Chicago Press.

Yao, Zelin (姚泽麟). 2012. *Practicing clinical medicine in a post-socialist state: an empirical study on professional autonomy of Chinese urban doctors*. Unpublished doctoral dissertation. The University of Hong Kong.

Zhang, Z. X. （张志学）& Yang C. F.（杨中芳） 1998. Beyond distributive justice: The reasonableness norm in Chinese reward allocation. Asian Journal of Social Psychology, 1

信访治理中的情感策略[①]

侯瑞　清华大学社会学系2011级

指导教师　晋军

　　肇始于1951年的信访制度被视为中国共产党进行国家治理的重要制度设计。政府赋予信访复杂而又艰巨的功能，将其视为倾听民意、体察民情、解决人民纠纷的重要制度而创设的一方面。虽然信访制度的设置意在表达人民群众的诉求，解决纠纷与社会问题。但有学者研究表明，在其抽样的4201封信访件中，有关责任部门对信访有处理结果并上报的只有588件，占14%，没有上报处理结果的有3613件，占86%。（杨小军，2013）也就是说，超过八成的信访案件处于一种没有终结的状态下，即大部分的上访者没能通过信访解决自己的问题。但吊诡的是，虽然解决问题效率并不乐观，但信访依旧受到来自国家和民众双方越来越多的重视。详细来说，从国家层面来看，信访系统人员编制不断扩大，基层信访网络不断扩充，信访经费投入不断增强。而从民众层面来看，纵使"信访无用"、"取消信访办"的呼声已经在占据一定舆论基础，连年增长的进京上访人数却说明民众依旧将上访视为利益表达的重要途径。因此，通常不能有效解决问题的信访制度，为何依旧甚至越来越受民众和政府双方的重视？

---

　　① 治理（governance）概念在不同学科的分析中可能会呈现出多层级、多主体、多细胞等多元意涵（Kersbergen&Waarden,2004；渠敬东、周飞舟、应星，2009）。在本文的分析中，治理专指党或政府对于社会稳定的维护实践以及对于政权合法性的建设过程。而"支配"（domination）的概念一般可与"治理"通用。笔者区分并使用本词意在强调信访情景中信访干部与上访户之间的权力关系。两者间的相通之处体现在，信访干部对上访户的支配技术的运用呈现出宏观国家治理的微观实践。

第一章　信访研究综述

信访制度作为沟通国家与人民群众之间重要的桥梁，已成为社会学、政治学、法学用来把握中国"国家——社会"关系的重要视窗。学界已经有诸多研究试图探究信访制度对于中国民众和政府的意义。总体来说，信访研究可以粗分为两大类：一类是基于政策文本、统计数据分析信访制度的结构性特征以及法理基础。笔者称之为基础性研究或制度性研究，这类研究旨在勾勒出信访作为中国政治重要制度设置的宏观轮廓或结构背景。另一类则是大多基于定性研究方法，对某一（或多个）信访案件进行细致的分析，希望通过案例展现在信访场域中国家与社会互动的状况，本文称为个案性或实践性研究。

一、制度性研究：信访制度与国家治理

具体而言，第一类分析着重于分析信访制度生成及运转的文化背景和法理特质。专注于这一研究的学者并不仅限于社会学。刁成杰（1996）从史学角度追溯了人民信访制度自1949年至1995年的变化历程，为较早系统性研究信访制度发展史的学者。李秋学（2009）则梳理出信访在中国文化自先秦时期便存在的文化渊源。他认为当前局限于当代中国的信访史研究是断裂的，应通过对近现代的"陈情"、"请愿"与当代信访具有某种同质性或类同性的发掘贯通中国信访史研究。如果说这两者还是从史学的角度研究信访的发展变化，只是为我们研究信访提供背景上的知识的话，那么政治学、社会学、法学的许多研究则有意寻找信访功能与国家治理之间的关联。

应星（2004）认为信访救济作为一种特殊的行政救济方式，可以成为行政诉讼救济和行政复议救济的过滤机制、补充机制与疑难处理机制。同样着眼于信访与行政诉讼之间的联系，张泰苏（2011）则追溯到中国传统文化，认为信访提供的对抗性较低的调解方式满足了民

众的心理诉求。冯仕政（2012）则从国家政权建设的角度讨论信访制度的演变和发展。他认为信访工作以1978年分界，分别承担着社会动员和冲突化解两种功能。

相较于国内学者的讨论，海外研究者对中国信访制度的探索更多希望与西方国家治理研究或抗争政治研究对话。在西方传统抗争理论研究中，象征着强势国家的权威政府更倾向于用武力压制社会抗争。（Golden&Tilly，2001）而信访制度作为吸纳社会反对意见的中国独有政治设计得到海外研究者的重视。这些学者从法律补充机制、社会控制途径与政府内部治理工具等多个角度分析了信访的多种功能。（Minzner，2006；Chen，2005；Luhrumnn，2003）更具理论野心的学者也发展出诸如"威权主义之韧性（authoritarian resilience）"（Nathan，2004）、"审议式权威主义（deliberative authoritarianism）"（He&Warren，2011）、"议价威权主义（bargaining authoritarianism）"（Lee&Zhang, 2013）等概念来捕捉信访制度所代表的国家治理的灵活性。

二、实践性研究：上访维权与基层治理

相较于基础类研究无法从微观层面刻画信访系统的运作模式，案例类研究填补了这方面的不足。这类研究大多选取具有典型特征的上访事件，通过文献法、参与式观察及深度访谈，对某一（或几个）信访案件的来龙去脉及所涉变量深入考察，分析信访工作的具体实践。最具有代表性的研究当属应星（2001）对于大河移民上访的调查。这一研究通过刻画农村上访精英与基层干部复杂的博弈过程，展现出上访对于农民维权的重要意义，以及基层干部为应对访民发展出的一整套处理策略。但值得注意的是，并非所有案例研究都能够展现出上访互动双方的形貌。大多类似研究在理论选择中有意或者无形受到"国家——社会"框架的影响，专注于揭示上访者或者官员一方的行动逻辑。早期欧博文与李连江对于农民上访的研究有重要开创性意义。他们将以上访为主要表现的农民抗争行为称为"依法抗争"（rightful resistance）。所谓"依法抗争"，即沿权威认可边界运作，运用掌权

者的修辞和许诺去抑制其权力，依托国家内部的分化，以及通过动员获得更多大众的支持的一种大众抗争形式。依法抗争尤其指创造性地运用法律、政策以及官方倡导的价值观念去抗争那些不忠诚的政治和经济精英。（O'Brein &Li，2006）"依法抗争"是一种"踩线而不越线"的抗争方式，这使得它明显区别于西方社会运动理论中以中产阶级为行动主体的社会运动，又区别于斯科特农民抗争行为中的作为弱者的武器的"日常抵抗"。它并不以组织性、暴力性为其根本特点，相反它处在一种准制度化或半制度化的框架之中，从一个具体事件或利益矛盾展开，往往是非持续的、地方的。另一方面，它主动吸引大众及媒体的注意，并努力了解、利用、学习国家法律和中央政策。（O'Brien，1996）可以看到，"依法抗争"这一理论在中国语境下具有极强的解释能力，所以对后来的信访研究，尤其是针对访民的研究有重要影响。一方面其催生了针对上访者为代表的抗争群体行动策略的关注，诸多学者发展出一系列家族性概念来把握上访者的抗争策略。另一方面带来了抗争研究中有关权利意识与规则意识的争论。（O'Brein，1996；Perry，2009；Li，2010）除此之外，也有学者希望能够突破"依法抗争"所开启的论争语境，以一种更为本土化的视角挖掘上访者的行动逻辑。譬如应星（2007）提出"草根动员"一词来解释农民上访精英行动过程中独有的行动逻辑和策略选择。之后他结合中国传统文化，提出一个更为本土化的"气"的概念（应星，2009；2010；2011），对话西方抗争理论中的"理性解释论"。与此类似，吴长青（2010，2013）将带有情感与文化色彩的"伦理"视角带回对农民上访活动的解释中，也是进行本土化阐释的重要尝试。除此之外，晋军（1998）对集体上访过程中精英群体的研究，以及刘畅（2011）对职业上访户的研究，也有助于呈现出一个更为复杂和丰富的上访者面貌。

专注于上访者的研究作品颇丰，几乎涵盖了对上访者行动动机、组织技术、文化背景等多方面的探索，但是在对于信访互动的另一方——国家权力的描述，容易流于脸谱化。正如有学者所批评，当前对农村信访抗争的研究中的"社会中心主义"预设的"维权范式"往往假定政府都是恶的，是农民权利的对立面。这在某种意义上与事实严重不符，影响对于抗争事实的客观分析。（申端锋，2010）这样势必导致的后果是"作为信访另一重要主体——国家在其中被有意或无意地忽略乃至曲解"（田先红，2012）。因此，以"华中乡土派"为代表的学者提出了"治权范式"或者"国家中心视角"来将研究视角聚焦于代表国家权力的基层政府。即强调在上访研究中引入国家视角，从国家的立场来理解上访，从基层治理的角度来分析信访。申端锋（2010）认为农民上访增多是乡村治权逐步弱化的结果，乡村治权的具体体现就是分类治理。当前信访治理的困境是无法对上访者进行定性，信访治理没有原则。政权性质的模糊致使分类治理丧失了原则，而蜕化为纯粹的治理技术，从而出现了"有分类无治理"的治理困境。针对于这种对上访行为研究没有分类处理的情况，焦长权（2010）则提出了"纠纷延伸性上访"，"干旱求援型上访"来总结其案例中农民上访的特殊情况。陈柏峰（2011）同样批评了维权范式主导的对上访行为的研究潮流。他认为基层政府在权利话语面前日渐被动，话语权不断流失，这导致其可以利用的权威性资源越来越少，治权因此不断丧失，从而越来越难以遏制无理上访。除此之外，也有学者提出"要挟型上访"来捕捉基层农村压力型信访治理制度、乡镇政府权威弱化、村落权势阶层兴起、乡村社会利益纠纷解决机制不畅共同导致的管理困境。（饶静、叶敬忠、谭思，2011）

三、现有研究欠缺

综上可知，当前信访研究对于上访者和国家权力双方都已经有了一定的研究基础。但是笔者认为目前研究成果依旧有以下三个方面的欠缺：

第一，对于专注于上访者的案例研究，虽然已经呈现出较为丰富翔实的研究成果，但无论是应星研究中的"许老师"，还是刘畅研究中的职业上访户"刘学立"，甚至包括国家研究范式中田先红所分析的"杨云发"，他们均为有资源或者有能力将自身上访问题"问题化"（应星、晋军，2000）为可以与基层政府讨价还价的重点案子的精英访民。值得注意的是，并非所有的上访者都能做到这一点。对于本身具备拖延（Chen，2005）功能或者过滤效果（应星，2004；谢天长，2009）的信访系统来说，没有足够能力与资源，无法将自身问题变成政府重点关注案情的日常上访者可能沉没在汪洋般的信访案件中。

第二，对于关照国家权力的上访研究来说，现有文献并不能呈现出一个较为清晰的国家权力的图景。黄冬娅曾梳理过当前抗争研究中对于国家角色的讨论，认为受西方社会运动理论影响，当前抗争研究习惯于将国家操作化为"稳定的政治结构"，"较为稳定的政治环境"和"变化的政治背景"（黄冬娅，2011）。一方面，正如先前所说，制度性研究虽然从信访功能的分析中透视国家治理模式的变化，但是这类分析往往不能在一个微观和动态的层面理解国家权力，容易将国家操作化为静态的结构性背景。而基于个案的实践性研究一般会将负责处理上访案件的基层政府领导者视为国家权力的象征，通过对其处理信访案件的态度及策略来分析国家面对上访维权的姿态。但值得我们注意的是，大多数被选取的案例，有太多的特殊性与偶然性。而基层官员的处理策略，也有诸多个人化色彩。

第三，我们不难发现，不同于维权范式专注于上访者行为逻辑而把国家政权处理为一个强势政府的背景形象，治权范式希望通过对特殊上访类别的分析，展现政府在基层治理中的困境。在陈柏峰（2011）的批评中，维权范式认为上访问题的症结是基层政府侵害了公民权利，上访则是一种维权形式。这种视角基础上的权利话语，在经过媒体不断简单复制而占据社会主流地位后，就将上访问题结构化、客观化、本质化了，使得人们一想到上访，就与客观的权利受到侵犯自动地建立了联系，从而在给定的"侵权—维权"的空间中思考上访问题。但在治权范式的分析中，基层政府因为治理能力的缺失，惧怕"越级上访"、"进京上访"，迫于维稳压力只能不断向上访户妥协。上访在治权范式分析中成为部分底层民众要挟基层政府的谋利手段。这也就意味着，如果将维权范式简要概括为"抗争者——强政府"的对立情况，那么治权范式也就走向了另一极——"投机者——弱政府"的图景之中。

　　笔者认为，造成这一现状的原因在于当下信访研究对国家——社会之间支配关系的判断存在某种可能的断裂。总体来说，现有分析框架总是用零和权力关系来看待两者的关联。举例来说，一方面，有学者运用布尔迪厄的符号理论或葛兰西的霸权理论来解释政府建立在信访系统之上的符号或道德层面的话语支配力。（张永宏、李静君，2012；程秀英，2012）但是另一部分学者却得出国家受制于合法性困境，在"共产主义"、"和谐社会"等意识形态话语的限制下走向信访治理的内卷化。（申端锋，2010；田先红，2012）不难看出，虽然都是基于对现有权力话语的分析，治权范式和维权范式却得出截然相反的结论。抗争者、治理者面对的是同一话语资源，不同分析范式却呈现出截然相反的国家样貌。这种观点分野不仅仅在于其所取范式不同，更在于其不能在一个框架中完整地讨论支配关系的双方。两种范式分享了一个潜在假设：话语只能被一方所用，另一方成为此话语被动的被支配者。权力的讨论链条处于断裂之中，只能承认一方的强势。但按照后社会史的观点，"支配者与被支配者之间的政治关系，并非事先铭刻在社会经济关系的领域中，而是取决于双方被主体化的具体方式，取决于这一主体化过程中蕴含的历史功能"（卡夫雷拉，2008）。由此观之，权力不再只是支配者应用到或强加于被支配者的东西，而是涉及双方的一种蕴含意义的关系。权力链条本身对于支配双方都有限制性作用。"政治权利不只是一种纵向的关联，如果我打个比方，它也是一条绵密的维线。国家也不应当仅仅按照字面的意思，理解为某种支配机器，而且也应该理解为对政治权利某种蕴含意义之特定表达/关联模式的制度化。"（卡夫雷拉，2008，149）虽然维权范式倾向的学者希望用符号性暴力和霸权将国家权力与话语相连接，但是他们的尝试不约而同地将支配者抽离出来，话语成为支配者支配被支配者的工具。因此，笔者认为不能单纯选择某一范式，或者用某一范式的案例来推测信访治理在中国社会呈现的全貌。更不能单纯地引用话语理论，得出国家权力自如运用话语权力或者国家权力受制于话语的判断。

第二章　研究视角与方法说明

一、研究视角：信访制度与日常互动

为了回答在本文开端提出的研究问题，同时力求避免出现先前研究所犯疏忽，本研究选择B市H区信访办作为田野地点，力求展现这一层级访民与政府之间的日常互动。

所谓日常互动，是笔者认为可以回答开篇问题，并避免重复先前研究路径的新视角。笔者选取信访办接待大厅作为切入的研究空间，通过质性研究方法，去记录每天发生在这里的访民与官员的互动情况，展现信访系统在微观层面的日常运转。这种对日常性的关注，指研究视角不局限于那些引起政府重视的疑难访件，不局限于那些有能力有资源与政府讨价还价的重点上访户，不局限于自身利益多度涉入的基层官员，而是争取捕捉信访系统运作常态的一面。具体来说，在信访系统日常的运作过程中，是什么样的人来到信访大厅上访？为什么他们会来上访？他们以何种姿态面对信访办的工作人员，又通过什么方法表达他们的诉求？信访干部如何应对这些上访者，以及如何处理这些上访案件？访民和信访干部之间会有怎样的互动？这些互动对于上访者和信访办分别意味着什么？对这一系列问题的回答则构成本研究主要组成部分。

二、资料搜集方法

自2012年10月—2013年1月，笔者于H区信访办进行田野研究。在这三个多月的时间内，笔者以一名信访办接访科实习生的身份进行参与式观察，一来能够直接接触访民与一线信访干部，二来可以亲身体验信访干部的日常工作。与访民的接触以及与信访干部的共事让我亲身了解了信访系统在基层的运作过程，具体工作包括接待上访群众，参加协调会议，登记转发相关信访文件，处理统计数据等工作。

除了参与式观察，笔者利用工作和休息时间对接访科主要工作人员进行了深度访谈，获得了大量一手资料，包括接待科科长、副科长、普通科员、司法局常驻信访办协调员、劳动局常驻信访办协调员等与访民有面对面互动的信访工作者。除此之外，笔者在接待访民期间，也对部分上访者进行了访谈。

文献法是笔者进行研究资料搜集的另一方法。笔者获得了本区信访办2011年与2012年来访统计表。并获准查阅了部分上访者的案情登记表以及相关处理意见。除此之外，笔者阅读了2009、2010、2011、2012四年的《人民信访》①以及2012年《北京信访》②，刊物中对信访工作方法介绍、信访典型事迹推广以及相关政策解读类文章成为笔者观察信访系统的重要文本。另外，笔者在田野过程中搜寻到散落的培训材料、系统内评优材料等文件也成为重要研究文本。

第三章　信访办与上访户：吸纳、积压与再生产

一、谁来上访

对于信访工作来说，上访户无疑是最重要的工作对象。那么对于研究信访日常互动来说，弄清楚到底是什么样的人来上访尤为重要。根据官方登记，在H区信访办2012月1月到11月的统计中，来到信访办的上访户有683批次均为个体访，相较之下，超过五人的集体访为244批次，占总上访数量27%。而值得注意的是，不论是个体访还是集体访，均有超过四成的访民是被登记为"重访"。

重访在《H区信访工作指南中》被定为着"同一信访人为同一问题，两次或两次以上到国家机关反映意愿的活动"。这也就意味着重

---

①　信访工作刊物，月刊。主要传达和宣传中央领导同志关于信访工作的指示，反映信访动态，介绍信访工作经验，指导和推动全国的信访工作。主管单位为国务院办公厅，主办单位为国家信访办。

②　信访工作刊物，月刊。由中国北京市委市政府信访办公室及北京市信访协会主办。

访就是我们常说的老访民，或者说老上访户。需要指出的是，上表中给出的数据并不能完全呈现出老上访户的上访比重，老上访户日常来到信访办上访所占比重实际上远超于此。根据笔者三个月田野时间私下的记录，在笔者亲自见证过的140次接访中，有112次接访是应对老上访户。由于笔者田野时间正值"十八大"召开期间，为老上访户密集上访高峰期，数据代表性有限，但结合接访员的估计可以认为：在H区信访办，老上访户为日常访民中的大多数，工作人员大部分的工作时间都在与老户打交道。

你看你在这一段（时间），就这些人，反正是百分之七十以上，都是这些老户，而且都是一访三年五年以上。而且（和他们）说怎么怎么样，他就和你胡扯，胡说。咱们也没办法啊，其实信访工作更大是耗在和这些老户上了，每天这些老上访户，百分之七八十都耗在他们身上了……第一个他的诉求你永远达不到，达不到他的满意度。第二个他那个事情你永远解决不了。那你说像这样一杯水（有啥用），所以按我说，这叫没事来信访办，喝大茶抽大烟，天天跟这侃呗！（访谈编号20121123002）

无论是日常数据还是信访接待科长的话都说明了信访工作的一大特点：绝大多数时间，信访系统的运作是围绕老上访户展开的。所谓信访系统的日常互动，其实主要是政府与老上访户的互动。但是，老上访户的诉求是难以达到的，问题更是难以解决的。那么为什么老上访户会产生？如果没法满足老上访户的要求，老上访户为何要继续上访呢？

二、初访变重访：程序的必然后果

已有学者对上访的再生产问题进行过分析。晋军（1998）认为上访精英集团为了个人安全的需求不得不推动集体上访行为的持续。而刘畅（2011）对职业上访户的分析，则展示了与简单维权不同的上访行为背后的逻辑。但需要指出的是，晋军分析的山阳乡上访群众与刘畅分析的职业上访户刘学立，均与地方政府形成了博弈之势。换句话说，持续上访是在事情被"闹大了"的前提下或者进程中被再生产的。但问题在于并不是所有上访户，都有能力把问题"闹大"。并不是每个上访户，都将信访变作"职业"。那些没有把事情闹大的普通上访户，依旧有正常工作或家庭生活的访民究竟是如何变成了上访老户呢？笔者认为问题的答案必须从信访本身的制度设置和实际运作中来寻找。在H区信访工作指南中，对于信访工作机构的职责有以下定义：

> 处理信访请求；办理信访事项；协调、督查检查信访请求的处理和信访事项办理意见的落实，提出改进工作、追究责任的建议；提供与信访人提出的信访请求有关的咨询服务，研究分析信访情况；指导、督促检查下级国家机关的信访工作，总结交流信访工作经验；宣传有关法律、法规、政策，引导信访人依法信访；其他依法应当履行的职责。

不难看出，信访机构的职责中并没有明确的问题解决要求。信访办日常的工作仅仅是协调、督查、追责、咨询、指导、宣传等任务。面对上访户的诉求，H区信访办所做的仅仅是"告知"与"分流"。这显然与上访户要求解决问题的期待不符合。笔者看到接访员不得不一遍一遍地对上访户说"我们只是个协调机构，不是执行部门"、"我们就像医院的分诊台一样"，但依旧被上访户认为是推诿。信访办工作人员说：

> 严格来讲，按照信访条例，分级负责归口管理，谁归口谁负责，也包括北京信访办，看你是海淀的，也给你开个单子开个条子，让你回海淀。朝阳呢，回朝阳去。这个信访都是这样呢的，可以说是一种协调的平台，可以说一个分诊台，全部由咱们去协调去，咱们没有这个能力也没有这个人力、物力、精力。大部分的时候通过合理的分诊，有序的分诊，也是比较理想的状况，看有事的话，看一看应该找谁去反映，比如去人事局的。但有些人呢，他就不愿意去人事局，就愿意在你这解决（访谈编号201211227）。

这种"就愿意在你这解决"的访民心理也呈现出信访办工作的尴尬之处。上访户的需求是寻求问题解决，而信访办的实际工作只有协调和督查，一个完整信访案件的解决要按照"属地管理、分级负责，谁主管谁负责的原则解决"，但是负责解决问题的职能部门并不对访民公开。因此，信访办无法满足上访户的需求，互动中的双方逻辑处于错位之中。上访户认为自己有道理，政府应该帮我们解决问题，但其实信访办的逻辑在于不管有理没有理我们都没有权限解决。围绕信访工作本身产生的争吵和冲突大多源于此。学者早已经对访民上访原因做出过分析，有关上访是维权手段和谋利方式的争论一直持续不休。在实际的信访工作中，并不是所有合理上访问题都能得到迅速的处理，并不是所有"谋利型上访"都会被区分出并禁止。访民只要有要求，便必然会要来到信访办上访，而考虑到维稳需要，信访办工作人员则必须接待。这也就意味着信访办作为一个吸纳系统，将所有问题吸纳进来以后，即便无法解决问题，依旧要承担接待任务。而由于问题并非总能得到解决，程序的终结并不意味着对上访实际行动的禁止，初访不停地转变为重访，没能得到满意答案的新访民不停地转换成老访民。问题的制造与解决都依赖于政府其他行政部门，而访民的接待和矛盾的吸纳却要由信访办承担。吸纳进的问题即便分流到各级主管部门并不一定给出令访民满意的答复，于是老访民越来越多。信访系统对问题的吸纳数量远大于消除数量，信访办那装载矛盾和访民的"肚子"只好越来越大。

三、矛盾稀释与积压：信访办的真实功能

但是，我们并不能说信访系统只有矛盾的吸纳功能。因为信访系统的运转对矛盾还是有稀释功能的。这种将访民问题引入程序的做法最终虽然并不一定输出满意的解决方案，但可以避免大规模群体性事件发生的可能性，也就是稀释矛盾的激烈性和危害性。

1. 稀释矛盾：进入程序与拖延

李静君指出，维权民众将怨愤传送进科层机器，上访、诉讼和调节过程即受到拖延又相当艰难，把民众绕进无休止的官僚作风、相互扯皮、没完没了的等待和上诉中，足以吸纳异议和冲突，并消解集体行动。（Lee，2007）并非简单地通过官僚程序的运转以增加访民时间成本，政府是主动引导民众将矛盾传入信访程序之中，并通过程序中的复杂规定和负责官员的应对策略来消解矛盾激烈程度。笔者期间遇到的集体上访事件，便证明了上访程序对于矛盾的稀释作用。

DSQ村民因不满某高校征地赔偿方案，常冲击校长办公室或重要政府机关以示抗议。H区政法委书记考虑到十八大将至，为维护社会稳定，不但亲自接待这群村民，并明确告知DSQ村民问题由H区政府负责办协调解决，另外指示信访办主任负责协调处理此事。同时书记也警告村民代表如果发生越级上访或冲击学校的情况，则按照违反治安条例处理。DSQ村民自此便开始了天天来H去信访办大厅上访的活动。他们制定出上访策略，村民每天早上10点到信访办，下午三四点填写好上访登记表离开，要求政府尽快协调解决。H区信访办主任牵头，组织县、村、学校三方协调会定时召开，通报对该上访问题调查进展。政府将DSQ村民抗议行为引入信访办，一方面通过定时召开协调会安抚访民情绪，另一方面将访民行动限制在H区政府一层，将越级上访和冲击学校定义为"违反社会治安"，剥夺了这种集体抗争行为的合法性。虽然该村上访村民通过每天集体到信访办"站岗"的形式表达诉求，但是矛盾的激烈性已经远不如先前的抗议行为。笔者离开信访办后得知，2013年以来，协调会也已经不再定时召开，而村民集体到信访办时间已经由开始的"一周五次"，到"一周三次"，直到2014年一月的"一周两次"。信访办干部们都估计此案不了了之的可能性很大。

在这一个案例中，稀释的效果为运用程序，圈定抗争村民的行动空间。而之后在有限的空间内，民众被剥夺了冲击学校的合法性。在进入程序之后，政府也并非毫无作为，并非消极地拖延时间。起初主管领导积极开展一系列与访民代表见面的商谈会，安抚访民情绪。久而久之，访民的情绪趋于平静，政府也减少了商谈会的频率。最初的激烈矛盾在这一程序中被消磨成了访民零碎的不满，即便依旧愤怒，但这种愤怒已失去随意抒发的空间和快速积累的条件。

2. 难以解决：矛盾积压

但值得注意的是，引入程序矛盾可以得到稀释，并不意味着矛盾能够得到解决。被稀释的矛盾依旧是矛盾，只是暂时失去了立即发展成群体性事件的可能性。火药桶被点燃的引信暂时被熄灭并非意味着火药桶日后不会爆炸。被稀释的矛盾越积越多，谁都不能保证日后会怎样。信访办一名干部向笔者表达担忧：

两会的时候，肯定不如十八大的时候工作好做。为什么啊，因为咱们现在都是维稳。维稳不是解决问题，是维护社会稳定。什么方法都拿出来了。前一段时间见区领导，区领导都出来接待访民，其实区领导接待啊，都是为了这段时间的稳定，十八大期间的稳定。所以有些事，都是，你说讲原则也讲原则，但是他不是特别讲原则。当时接待说得挺好，但是一结束，没有继续跟进，没有对这个事情督办。这个事情随着十八大结束，不说完全把这个事情抛到一边去，但力度比原来小很多了，像这种情况下，老百姓有一种不能适应，上当受骗的感觉……那明年再采用的话说这些话可能起不到多大的作用。（访谈编号20121127001）

3. 被生产的希望和欲望

既然问题迟迟得不到解决，即便领导打过包票的案子也常常因敏感程序过后受重视程度下降而不了了之，那么老上访户们为何还是来上访？一方面正如本文开篇所言，也许访民只有上访一种渠道能够表达自己的诉求。但是笔者认为，还有另一方面的原因被忽视了：信访系统本身的运作可能会给予老访民以某种希望或者期待。

3.1 见领导：仪式与期待

虽然信访系统有种种复杂程序或者政策条文在支撑其运转，但作为中国政治制度的重要组成部门，"人治"模式依然在信访中发挥重要作用。中国传统文化赋予民众对"青天"的期待，而由这一文化延伸出的"皇帝——清官——贪官"对位法（晋军，1998）依旧在中国信访场域发挥重要作用。"领导说了算"在访民心中是一项难以撼动的真理，大多数访民都认为自己的问题没有得到解决是因为没有见到管事的领导。这也就是很多访民在开始提诉求时只是要求"解决问题"，但到了最后，诉求几乎都变成了"要求见领导"。

在H区信访办，访民口中要求见的领导一般指区长和区委书记，当然，政府也提供了领导接访的途径。起初，在H区实行领导接访日制度，每周三为接待日，访民现场排队取号，由轮岗到的区政府领导负责接待。但这一安排的弊端在于，老访民往往知道周三是领导接待日，便每周三早起来排队拿号，领导接待的总是同一批早起的老访民。于是后来这一安排改成了约访制度，即访民在来访登记表上登记，由信访办以及政府负责约定时间接待。但这样一来，是否能得到领导约访便不是访民能够决定的了。

根据笔者的观察来说，"领导"的角色是复杂的，"见领导"可能传递出来的信息也是多重的。一般来说，大部分上访者认为，领导过问的案件能够得到快速的解决。但是需要指出的是：第一，领导做出解决问题的保证可能只是一种安慰，事情并不能真正得到解决，但为了社会稳定，只好向老百姓打了包票；第二，领导班子的替换会对案情处理有影响，不同领导可能对同一信访问题有不同的处理方案。笔者曾接触到一起地产开发商与村民有关拆迁赔偿的纠纷。由于问题持续时间较长，区领导班子换了三届，但是每一届领导解决该案的思路并不一致，造成问题得不到解决村民持续上访的情况。信访接待科副科长向我介绍了这一起案件：SJQ某村被开发商拆迁，在拆迁补偿问题上与村民发生矛盾。经政府查实，开发商在补偿方案的制订中有隐瞒真实情况的责任，于是政府当时建议村民走司法途径，并为村民打官司出经费、请律师。结果法院虽然认定开发商隐瞒事实，但并未如村民所愿判处拆迁补偿合同无效。村民不满意，继续找政府。但原来负责的L区长已经调走，新上任的领导定下工作基调，建议政府协调解决。但这名领导不久后也调走了，现任M区长赞成L区长当年的解决思路，依旧主张村民去走司法程序，引来村民不满。副科长认为领导的调动，新领导的不同思路都对信访工作和老百姓的上访心态产生重要影响：

当时是L区长定的调，这个事就是企业的过错，政府帮他们去打官司。这么一个调，后来又有新的领导，又来访了。然后领导和领导思维不一样，又把这个事给捡回来了。说这个事啊，尽量（政府协调）解决怎么怎么样，你这样一说，老百姓当然来找你了。你说了这个事还是归信访管啊，就又来了，但是说了这个话领导没到一两年，又走了。老百姓找不到人了，现在又要找M区长。M区接待没有我不知道，但是老百姓对M区答复很不满意说……因为M区长是老人，他一直知道这个事，包括原来领导定的调，他有这个意思，按原来的意思走。领导的事关键咱们不知道领导怎么想的。他在位的时候，他说啥，老百姓说这个领导真好啊，说得老百姓心里挺热乎的，老百姓这段时间也不来上访，但他干两年就走了这怎么弄。（访谈编号20121127002）

当笔者询问领导的这种做法会不会影响接访工作时，副科长给出了肯定的答复：

当然了！来了这么多人知道这个事解决不了，我为了省事，说：别着急，这个事给你们（解决）。不说这么绝对，给老百姓一个希望，但是底下（干部）和老百姓说解决不了，老百姓和你急。当时那个谁说这个事能解决到你这不解决了。他就和你急，生气了，这事有的时候，我自己在这个位置上说这个话，你还得考虑你人走了，这个怎么办？该解决的肯定是要解决，不能解决的，你不能给老百姓随便打包票。（同上）

从此案中可以看出，领导的每次决定都会给上访户以希望。无论是建议上访户走司法程序，还是走信访途径，都会成为上访户继续表达自己利益诉求的推动力。但是，当这条路并不能指向问题解决，或者不同的领导给出了不同的道路时，这种希望还能维系多久呢？从实际来看，这种希望似乎并不会破灭，访民依旧会不停地求助于政府。如果曾经的领导许诺解决，那么这个许诺依然可以作为支撑的希望。如果新的领导给出了新的解决思路，那么新思路又是新希望。在另一起因拆迁而引起的案件中，曾经的主管领导给出一个解决策略，从维稳经费中拿出一定数额给予访户补偿以求其息诉罢访，但是上访户没有同意。现任领导不再提这一方案了，但也不敢明确表示此事不再受理。然而正是因为有上一任领导曾经给出的建议方案，该名上访户依旧对政府解决自己的问题抱有极大的期待。在笔者对他进行访谈时，他不断提起对上一任领导的感激，并认为他的案件最终能不能解决，还是要看领导：

我估计啊，我这个看落在谁手里了，落在谁手里来给我解决了，现在目前负责人是L和S，看他们两个怎么解决。

领导曾经的许诺给予上访户以希望，即便这名领导已经卸任，但是希望依旧没有破灭，反而强化了访民对"问题最终会在好领导任下被解决"的坚信。H区信访办还有许多类似的老访民，他们日复一日地前来信访办要求约见领导，但是科长却认为对于有些老户来说，"想见领导"意味着心中留有希望，如果见了领导问题得不到解决，反而危险了，因此对于这些上访户来说，不让他见到领导，反而是一种希望。

领导都接待完了，你说还能往哪儿去引啊……你说让老百姓去法院告，你引他，进入司法层面，您告诉我您都管不了了，让我们去法院告，我们去了，那现在官司赢了我们还拿不到钱你说让我们怎么办……你有念想，轻易地他就不会往极端去做，但他心理这个念想都没了，你说怎么办，就这个案子走一圈……真跟他约了（领导）解决不了问题，反而（危险了），这种事我们手里攥着都挺难受。（访谈编号20121116001）

总之，见到领导可能获得希望，不见领导依然可能存有念想。领导在中国政治中扮演的重要角色在信访系统中依旧发挥着作用。笔者认为"人治"在信访系统中的影响催生出上访户的一种心态，即"上一任领导没有帮我解决的问题，可能下一任领导会解决"。这种承接着"皇帝——清官——贪官"对位法的访民心态，在信访办的一个直接后果就是：领导换届时必定是老户上访高峰期。老访民带着对新领导的期待持续着自己的上访行为。

3.2 维稳经费：自认理亏

如果领导带来的希望对于推动老上访户持续上访行为来说还显得有些虚幻的话，那么用于"花钱买平安"的维稳经费对于老户来说可是实打实的激励。维稳经费是政府出资用来通过一次性补偿解决疑难上访问题的支出，也有地方称之为"信访专项资金"、"信访救济金"、"信访救助资金"或"维稳基金"等。通俗来说，就是政府为了实现维稳目标，给常年上访的老户一笔钱，通过一次性补偿的形式要求他们签订息诉罢访协议。有官方文章论述了这一资金设置的必要性：

……有效解决"法度之外、情理之中"信访问题的客观需要。实际工作中，常常遇到一些群众的信访诉求有一定合理性，但又没有相关法律法规和政策依据的情况，信访部门只能做解释说服工作。由于无法切实解决信访人的合理诉求，一些信访人就逐渐发展为缠访、闹访或越级上访。有些人甚至心态失衡，提出过高要求，导致问题更加难以解决。实践证明，解决"法度之外、情理之中"的信访问题，光靠工作人员讲法律、摆政策、耐心解释往往难以奏效，必须在上述工作基础上辅以一定的经济救助，解决信访人的实际困难。因此建立专门用于疑难复杂问题的信访救助金制度是必要的。[①]

不难看出，上访户案情的复杂使得政府难以通过正常法定渠道解决问题，只好通过提供救助金的方式实现息诉罢访。张永宏、李静君（2012）曾分析过政府"花钱买平安"的工作方法，认为用物质来"买稳定"的做法同时削弱了政府权威和公民权利的基础。接访科科长也表达出对这种做法的不满：

科长：不合理的，不是完全不合理的，有一部分合理的，有部分不合理的，基本上也都给办了。

笔者：让步了？

科长：对，所以说包括周永康讲花钱买平安，人民问题用人民币解决，这种思路不对。为什么？一般的不是那么回事，冤有头，债有主，能找到主的，能协调到什么程度算什么程度是这样，不要说什么事都要怎么怎么样如何如何。那这个事就无序了。（访谈编号20121123002）

科长强调"冤有头，债有主"，指政府并不是处理所有的问题都可以用花钱的方式来解决问题。科长做出了一个大致的区分：

涉及到法院判决，当事人没能力当时承担的，可以人民问题人民币解决，说涉及到法院判决，撞车了也好死人了也好，肇事一方没钱，但是这个怎么办，化解这个矛盾你政府得拿钱啊。为什么？因为这个事，第一个那边判了他十万块钱，你给他十万块钱这个事就没了。不拿这十万块钱这事解决不了，他应该拿到这个钱，对方也没钱

① 《人民信访》2009年第7期。

怎么办，拿出什么资金也好，化解矛盾，这可以。（同上）

这意味着法院已经明确了事情的责任归属，虽然并不是政府过错。但因为责任人无法承担赔偿金额，在责任归属明确的情况下，政府出于人道主义考虑，给予困难补偿，解决访民的实际问题。但是，有些责任归属并不清晰的案件，尤其是国家并非完全无责的问题，政府必须谨慎使用维稳经费：

但是好多，这种属于民事案件附带民事赔偿的，你说物业也好，那个什么也好，这种事，要慎重。要不全讹你，真的就有这种事。咱们说特例是什么因为涉及到刑事案件，他们那对方是破产了，政府国家你想做什么，那是你的管理条例里出问题了，全国人民该找你，那就说谁埋单。你要说好多事，这种花钱买平安，要是真是你政府不好造成的，那你必须要（给钱）。那些别人过错，企业也好，什么也好，不是你的事，咱们都认定不了谁有责任的话，你就想拿钱把这个事砸平，砸不平啊！（同上）

科长的抱怨指出了维稳经费可能带来的后果，即给钱的行为等同于认错。对于案由复杂、责任人不明的案件，政府提供补助的行为暗示给上访户一种政府承认自己错误的信息，而这种承认错误的信息又会继续鼓励上访户上访。虽然为了避免这种情况，地方政府往往会制定严格的资金使用原则，比如要"以息诉罢访为前提"、"只针对生活确实困难的上访户"、"低调处理不削弱行政权威和司法权威"、"一次性原则"等。但是在实际操作规则往往难以被遵守，一方面政府很难辨别到底什么样的老户才是真正需要困难补助的老上访户；另一方面，敏感时期的政府常常会为了应对维稳考核而放松甚至放弃原则。虽然拿到钱的老户签订了息诉罢访协议，但是过了一段时间他们继续上访，政府也无法查处，更不能置之不理。这种情况催生出许多老访户所谓"会哭的孩子有奶吃"的心态，不停上访以索要生活补助。一名新来的信访干部告诉笔者他在业务培训时听到的话：

像老户，就是在政策这一块可以解决的。极个别的老缠访户，就是该补的就补了，该给了都给了。我挠挠，你能给我点就给我点，你不给我也就算了。就像我们培训这个，区里找市里接待处跟我们上一下午课，两个多小时，他就总结一句话：现在百分之六十的（上访户），叫上班不如上访。上访一年，他能弄出一套房子来，那就是一两百万。他说我们上班，你上十年你能挣到吗。他说好多人都是这样的，现在很多拆迁完了他没有地好种，一弄一家有很多房子，多余的就租出去了。他自己在家里就没事干，所以他就钻国家这个政策，那个安置政策……（访谈编号20121227001）

笔者在H区发现有许多老户都是在2008年奥运会前拿过政府的一次性补偿，但是如今依然继续上访。总之，维稳经费作为实打实的物质激励，在给予上访户期待或者传递政府认错信息上，推动了老上访户持续上访的行为。

四、一种特殊的上访状态：日常型上访户

无论是实打实的物质利益还是领导带来的缥缈的希望，都推动信访系统对老户的再生产。但是值得指出的是，在非敏感时期，领导对于一般上访户并不重视，不会专门抽出时间接待他们，更不会抽调维稳资金安慰他们。那么在平时，这些老户呈现出一种什么样的状态呢？在H区信访办，笔者发现有一种特殊上访者的形象被先前的研究忽略掉了，换句话说，一种普遍存在的上访者的状态被忽略掉了。而这样的上访者可能是出现在非敏感时期的信访办中最常见的一批老户。正是这类上访户，最能呈现出那些无法将事情"闹大"的普通访民的形象。笔者称之为"日常型上访户"，所谓日常，指上访行为是此类访民一种生活状态。如果说媒体报道和学术研究中常见的老上访户，是那些通过各种策略、经过重重困难将自己的声音传至上级政府或公众视野。那么这批日常型上访户，则是无法通过手中的资源将问题"闹大"，没有能力与政府形成博弈之势，只能通过肉身在信访办的时常出现来表达诉求。笔者在H区观察到一名上访老户，大家都称呼她为白老师。白老师八十二岁，上访超过三十年，被称为"H区教委上访四大金刚"之一，是H区上访时间最长的人。根据笔者获得的登记数据，白老师2012年每月会来到信访办大概两次。她的来访登记表上只有短短几行字。

1. 要求约见区长、书记、主任，2. 工伤事故问题；3. ××中学、区教委欺骗教师说没有工伤政策；

科长介绍说，白原是中学教师，因年轻时上班时间摔伤了腿，称一直没能得到工伤赔偿，并指责在上访过程中屡遭校长及教育部门领导阻拦。于是白连年上访要求约见领导，希望政府给予补偿并处理陷害她的中学领导。2008年H区政府给予这名上访者生活困难补助，要求一次性解决她的问题，实现息诉罢访。但现实是，白老师一直坚持上访，并没有按照签订协议放弃上访。让笔者感到好奇的并不是这名上访户的案情，而是她呈现出来的上访状态。笔者观察到，如果有工作人员或者其他上访者询问她的案情，她都会滔滔不绝地讲述，有时候这种讲述会超过两个小时。笔者曾经参加过一次信访办主任与区教委人事处对其进行的联合接访，发现老太太执着地讲述自己的苦难史，包括自己年轻时受伤的经历、校长对自己问题的推诿甚至嘲笑，以及丈夫目前的病重以及儿子与人斗殴的受伤。信访办主任不得不多次打断她的讲述并询问其具体诉求。但白依然固执讲述自己的不满而不是要求。会谈最后主持会议的信访办工作人员以一句"白老师，今天就到这吧，咱们回去调查一下，下次再说"结束。

接待科科长说："白老师年轻几年更能说，早五六年，每次来都和我这讲两个小时，打不住，现在年纪大了，不主动说了。"而另一名接访员告诉我说："像她这样的人最好对付，你就坐那听，听她讲，听她说，也不用解释，让她说够了就行啦。"不难看出，对这名上访户来说，倾诉可能成为了她上访的核心要求，甚至上访行为本身对她的意义已经超越了其所诉求的问题。她并不关心到底谁在倾听她的诉说，无论是恰好碰到的其他上访者，还是接访大厅的接访人员，甚至是新上任来了解访户信息的信访办主任，这名上访户总是按照几乎同样的态度、修辞来重述她的故事。

如果没有人倾听她的故事，白只是安安静静地填写好来访登记表后便独自离开。白老师算是日常型上访者中的典型案例，不但因为其长达三十年的访龄，更在于其在长期的信访中信访行为本身状态的变化。倾诉的愿望超过求助，上访几乎成为其唯一的精神寄托。笔者认为，对于这一类型的上访户来说，倾诉或者上访登记本身已经成为了其生活的一种重要仪式。而这种仪式的养成，或者说上访状态的生成，完全可以视为信访系统的结果。科长对这样的状态进行了描述：

就过来和你说一下，填个单子，走了……天天就和完成任务一样，填完单子就走了，没事了。（访谈编号20121211003）

当然，白的上访时间之长是其他上访户难以比拟的，H区信访办的大多数日常上访户访龄在3—8年不等，但是他们共有的一个状态就是：不定期来到信访办，填写来访登记表，要求约见领导或者催问自己事情进展。除此以外，没有其他活动，甚至有些中老年日常型上访户，会在接送孩子途中，或买菜路上来到信访办填表登记。科长对这样的上访户哭笑不得，认为他们的心态可能是：

感觉到事解决不解决咱们不管。来，可能是有希望的，不来可能就没希望了。（同上）

值得注意的是，这种上访已化作生命仪式的日常型上访户需要区分于其他研究者所分析过的上访老户。首先，我们不能以维权或者谋利来区分其上访动机。因为笔者发现这样的日常上访户，虽然上访状态类似，但上访缘由却十分不同。他们的涉及问题包括拆迁、房改、医保、退休、欠薪、社保等诸多事项。其次，日常型上访者也不同于刘畅（2011）所言将上访作为生命全部内容的那些停不下来的职业信访户。因为日常型上访户有相对完整的工作或家庭生活，来信访办虽然是他们的生活方式、日常习惯乃至精神寄托，但并不是他们生活的全部。他们可能处于一种停不下来的被动局面，更有可能是主动地并不想停下来。最后，即便日常上访者之中不乏希望通过持续上访获取政府额外补偿或援助的投机者，但他们又明显区别于田先红所研究的谋利型上访者。因为日常上访户甚至不会采取一种要挟的姿态（比如去国家信访局，或者在敏感时期去敏感地点闹事）去面对政府，这往往意味着他们甚至从来没有得到过政府重视或受理，是真正无法将问题"闹大"的上访户。

笔者认为，正是信访系统自身对上访户希望和期待的生产，无形中孕育出这一批日常上访户。他们可以算作信访功能的极端异化产物，对于可能制造集体性事件的抗争者，信访系统通过吸纳、拖延将问题纳入程序之中，并通过领导安抚或者维稳资金安抚了抗争者的情绪。但是对于无力将问题"闹大"的普通访民，信访系统生产出的希望依旧足够推动他们的上访行为。因为并没有能力与政府成博弈之势，这一批日常上访户只能守着被生产出的上访期待，维持着这种日常化的上访仪式。

面对虽然暂时没有引爆但却依旧有风险的上访户，信访系统会如何处理他们呢？在下一部分笔者通过对信访日常互动的另一端——信访干部的分析，来展现这一系统如何通过日常工作来缓解矛盾、控制矛盾，如何在不能解决问题的条件下，最大限度地降低矛盾爆发的可能性。

第四章　情感治理：信访办的意外职责

如果说信访系统的运转无法解决问题，只能将激烈冲突稀释成等待解决的上访案例，那么如何应对这些被不断生产出来的老访户，成为政府必须首要考虑的问题。实地调查中笔者发现，在信访大厅所展现的日常互动中，一个构成上访者与政府间互动中最表层的一面重要的维度，被先前研究忽略了。这一维度便是情感，即信访办在现有制度安排中，成为了上访户发泄情绪或者寻求安抚的场所。上访户带着愤怒、委屈或悲伤等种种情绪来到信访办，而信访工作人员必须直面这种情感并施以合适的回应。一方面，当我们处于信访接待大厅，种种情感化的表达和抒发，是我们最能直观体验到的信访实践现实。另一方面，当我们去分析这些愤怒或者悲伤表达的背后，那些权力与社会结构因素不但是触发这些情感表达的原因，更会进一步决定了这些情感表达的结果。总之，情感不单单编织着信访互动最直观的表层，更深入内在，链接着信访制度构成以及生产出的权力关系与结构背景。

……接待的上访者越来越多，孙顺舜挖掘出了一个混杂着痛苦与无奈的事实：上访是上访者唯一的安慰、寄托乃至生活。信访局的存在也有其无可忽视的必要性。见习最后一天，局里一个副调研员来到办公室，从监视器里看到了一个常年上访、靠拾荒为生的老人又来了。他叹了口气，默默走出信访大厅，在街边买了一杯豆浆、一个肉夹馍，递给老人。两人一起坐在早晨8点的阳光里，谁也没说话。那一刻，孙顺舜忽然明白了信访工作另一种层面的意义和责任——"帮不了他们，但至少也能安慰他们"。

上述文字节选自《南方周末》2012年9月的一篇新闻稿，记录了一个在政府实习的大学生在信访局的见闻。这一种描述启发了笔者对信访互动情感维度背后深层意义的思考。当然，在笔者田野的过程中，信访办真实情况远比这篇报告所呈现的要复杂得多。一方面，如这篇报道所言，诸多信访系统官方杂志和先进事迹中都在强调"人不伤心不落泪，人无难事不上访"，要求信访干部将心比心，理解安抚并帮助上访户；但笔者在信访办实习的同事却不断告诫笔者"可怜之人必有可恨之处"。也许上访户的泪水或怒火是其真实情感的流露，也许这些仅仅只是利益驱动下的某种策略。一线的经验使得信访干部们并不轻信来访者的情感表征和言语陈述，而是会用一种怀疑的态度与之互动。这两种看似矛盾的观点却恰好印证了现实社会的复杂与暧昧。我们如何能从这种复杂和暧昧中把握住信访日常互动的本质？换言之，这种复杂甚至矛盾的情感互动模式背后隐藏着怎样的权力关系？笔者认为，在正式对信访大厅日常互动情感维度进行分析前，有必要激活相关情感研究，将情感纳入到对社会治理与政治制度分析的脉络中来。

一、情感与治理

情感在有关当代中国国家治理的研究中处于被忽视的状态，但是这并不意味着其对于社会研究可有可无。大多数研究者习惯于强调制度、文化、意识形态等变量对于中国社会现象的解释力。作为形塑中国人行动和认知的三个重要维度（情、理、法）之一，情感在中国文化中的地位远超于西方所谓"理性"传统。（史华罗，2009；成伯清，

2013）这一观点可佐证于中国绵延不断的政治文化文本，更可见于历代抗争者与政府的互动实践中。（Pye, 2002）换句话说，虽然当前学术研究中对情感的关注并不多见，但是我们可以在中国政治生活中轻易找到其身影。这一事实说明如果不将情感带回到分析中，我们难以对中国政治变迁和社会变动做出完整的解释。

幸运的是，我们可以在更广义的社会研究中发现诸多将情感纳入分析视野的作品。它们不但解释出情感对于解释人类行为的重要性，更为我们观察信访系统提供了有益的分析工具。

1. 情感劳动与国家治理

20世纪八十年代，情感社会学在社会学研究领域得到长足发展。其中比较有代表意义的研究是Hochschild对空乘人员职业的情感研究。其作品《被管理的心灵》（*the managed heart*）描绘了一种情感如何被商业文化塑造的感觉规则所管理的过程。在其分析中，空乘人员为了航空公司的利润不得不对自身情绪进行管理，通过友好的表情与肢体工作的展示，为乘客创出一种宾至如归的乘机体验。她这种将情绪根据商业利益塑造出的感觉规则进行管理的行为称为情感管理，而将这种为了工资而在工作场景中为销售而存的管理活动称为情感劳动。（Hochschild, 1983; Barbalet, 2004）Hochschild的这一研究批判了商业文化对私人生活的入侵，同时也启发我们情感是可以作为被管理或控制的对象来研究的。Hochschild的开创性工作引领了一系列的后续研究，诸多学者通过对警察、服务员、教师等工作进行类似的分析。（Leindner, 1999; Steinberg&Figart, 1999）但值得注意的是，Hochschild和效仿者们共同分享的研究背景是商业逻辑主导的美国社会。这意味着他们的分析专注于资本力量对于情感的影响作用。虽然已有研究涉及到政府工作以及相应的情感管理（Martin, 1982; Graham, 2002; Wettergren, 2010），但是他们没能或者说根本没有兴趣去探索国家权力在治理方面和情感之间的关联。除此之外，不同于西方社会的文化语境，中国社会中扮演现代化进程主导力量的是政治权力而非商业逻辑。Andrew Walder（1986）为代表的学者已经展示了中国国家力量是如何对个人生活进行控制的，但是他们同样没有给予情感足够的关注。如果我们承认商业力量能够对于情感领域进行规训和管理，那么笔者认为，政治领域对情感的管理和控制也是可能的。换句话说，情感世界一定可以作为中国国家治理的重要发生场所或者争夺空间。传统情感社会学研究已经展示了不同的技术、组织、制度乃至文化是如何共同作用对情感领域进行管理。那么我们可以假设国家力量同样可以运用上述元素的结合，去对情感施以影响乃至控制。现有研究已经充分论述过权威主义政体或者极权主义政体如何通过种种策略对社会以及私人生活进行规训（阿伦特，2009），而中国也被一些学者认为具有灵活弹性的权威主义类似特点的独特政体（Nathan，2003）。那么，在面对社会冲突频发的当今社会，这一政体如何通过调整自身，在不改变权威主义优势的条件下，尽可能地去创造其治理合法性呢？也许答案就隐藏在情感与治理之间的链条之间。

2. 社会运动与情感研究

情感研究在西方的发展也使得社会运动领域不得不重新考虑情感对于抗争政治影响作用。早些研究将情感视为非理性成分，认为社会运动是由人们的非理智情感带动并催化的。但批判理论对身心二元范式的反思早已对这种分析范式提出了挑战。（Calhoun，2001）近期的社会运动分析者采取了更为多元的情感研究策略。一部分学者延续Hochschild的情感管理分析范式，分析在社会运动的动员过程中，对于特定主题的恐惧、愧疚、排斥等情感如何被管理或者塑造。（Goodwin&Pafffy，2001；Srivastava，2006；Gould，2009）不同于这种专注于特定社会运动的研究方法，另一部分学者企图通过对抗争的分析将情感整合进更为普遍的社会行为理论。Collins（2001）借由互动意识链的分析，希望可以将情感能力作为关键变量整合到集体行为的发展之中。而Kemper（2001）则通过将情感体验与权力和地位相勾连，希望提出一个对社会理论中的情感进行研究的结构化分析范式。现有社会运动的情感研究作品提供了将情感纳入政治抗争行动的分析范式。但正如Jasper（2011）指出的，除了抗争者以外的情感体验者——官员、警察、反对派等——对于分析有何影响？依然受制于资源动员理论，大多数情感研究者还是关注于抗争群体中的情感体验以及情感策略，这种分析范式在中国研究情景中也只是为维权范式增添情感变量而已。因此，笔者认为，相对于社会运动中的情感研究，我们更需要知道：如何从情感研究的角度思考国家？如何通过情感理解抗争领域中国家与抗争者之间的互动？如何探索情感与国家合法性之间的关联？

3. 共产党的情感工作传统

对于国家治理情感层面研究的缺失，并不意味着共产党在其革命历程中对情感的忽视。关于中国革命史的研究已经发现中国共产党有着运用情感工作来动员大众的传统。裴宜理（2002）曾指出对于革命群众情感的动员是中国共产党取得胜利的重要原因，这种情感动员能力可以被视作中共区别与国民党的独特能力。不同于裴宜理对中共革命中情感动员仪式的重视，刘瑜的研究侧重于对毛主义话语与情感动员之关联的考察。她认为毛主义话语的建构、组合和传播，是中国革命动员的情感之基。（Liu, 2010）具体来说，她认为毛主义话语可以分为三种主题：牺牲（victimization）、拯救（redemption）和解放（emancipation），每一种主题对应可以唤起相应情感并有助于革命活动的达成。总之，裴宜理和刘瑜的研究都证明了共产党有着将情感视为重要动员资源的传统，并发展出一整套复杂而精致的动员技术和话语处理大众情感。

西方社会运动领域的情感分析范式中，情感被视为动员资源或者是特定运动的主题。这一范式忽视了探索情感与国家合法性之间的深层联系。而对于前述关于共产党的研究，情感的作用仿佛只是在革命动员过程之中。那么在后革命时期的中国社会，共产党的情感动员传统是否得到了延续？毛主义的话语如果和特定情感的唤起被链接在一起，那么当前社会多重话语语境下，这种链接是否依旧存在？如果存在，这种关联会以何种方式影响中国民众的行为与认知？从新民主主义革命时期到建设社会主义小康社会的今天，中国共产党的工作形式和目标发生了重要的改变。这意味着我们应该把情感分析纳入一个连续的谱系之中，不应该仅仅将情感工作看作共产党在革命时期的工作内容，而要去发掘其在当今社会的转变和发展。郭于华与孙立平的口述史研究展现了一个可供借鉴的方向。他们通过对土改时期诉苦的分析，展现了这一仪式如何通过特定话语技术的运用帮助共产党在农民心中建构出一个积极的国家形象和感恩型的国家观念。（郭于华、孙立平，2002）这一运动创造出国家在普通农民道德和情感层面的合法性，并且直到今天依旧发挥着重要作用。因此，笔者认为这一研究将革命时期的情感动员和国家建设时期的合法性重建链接在一起，具有了连续的谱系性考察基础。那么顺延这一研究的路径，我们需要去探索，在后革命时期的中国社会，有着丰富情感工作经验的共产党，如何延续或者发展其种种已有技术和制度安排，去巩固乃至加强业已建立的情感性国家形象？

二、信访接待与情感劳动

当我们把情感治理研究给予激活后，将视角拉回信访之中。笔者在本文开篇的文献综述中已经提到，对于上访问题的研究因案例选取问题习惯于将国家操作化为地方政府及主要负责干部。这一群体往往出于与上访案件责任方的利益联系，或者忌惮于信访考核制度对自身仕途的影响而对上访户进行压制或者妥协。但是笔者已经指出，并非每件案情政府官员都会牵涉其中，并非每件案情都会影响官员仕途。而在B市H区信访办，大量来上访者均为无法将事情"闹大"的日常型上访户，更少有会让信访办干部仕途受挫的事项。这也就意味着信访办的工作人员代表的是一种更为客观中立的国家权力的形象。他们的工作具有以下两个特点：第一，无权对信访案件做出裁决，正如先前展示的信访工作流程图，信访办起到的功能更多的是中转与告知，他们并无权力解决信访事项。第二，信访干部无利益涉入。普通接访员只是基层公务员的一种，应对上访者仅仅是其日常工作。虽然没有解决问题的权力和利益牵涉的干预，但是信访系统承担着化解社会矛盾，保持社会稳定的职责。因此，如何在无权解决问题的情况下应对上访户，防止其发生过激行为成为信访接待员不成文的职责。

一般来说，上访户来到信访大厅本身就表明了其对于政府的信任。因为他们采用国家提供的矛盾调解渠道，而不是选择违反法律或者对抗政府。因此，信访干部尤其是接访员必须在与访民的互动中保持甚至加强这一种信任。根据官方的定义，信访工作，直接关系到人民群众的切身利益，关系着党和政府同人民群众的血肉联系，关系着改革发展稳定的大局 。这意味着在这种联系中，信访干部被视作国家权力的肉身，是党和政府联系群众最前沿的触角。《人民信访》曾对信访接待工作有以下描述：

> 信访人员在接待中应当态度亲和，既要带着感情、以情动人，又要控制情绪、沉着冷静。带着感情，是指要在心理上贴近群众、关心群众、服务群众。控制情绪，是指对群众的喜怒哀乐，既要进行细心观察和体会，又要保持头脑清醒，不影响工作节奏。带着感情做工作，注重的是情。带着感情和控制情绪相结合，是信访工作人员成熟的标志之一。①

这一描述清晰地点出接访工作在情感层面的重要性。既然没有解决问题的权力，那么面对带着诉求的上访户，如何不让问题发酵，如何控制对方情绪，安抚其愤怒、悲痛以及委屈感，以避免矛盾升级成为接待工作的核心。这种对情绪进行处理的工作我们并不陌生，笔者已经在文献综述部分指出， Hochschild（1983）曾用情感劳动来定义过美国商业文化催生的诸如空乘人员等需要对己及对方进行情绪控制的职业。借用这一概念，笔者认为信访接待工作可以视为国家权力催生的"情感工作"，而以接访员为代表的信访干部，则可以看作政治制度与文化所生产的"情感劳工"。如果详细来说，一方面，他们需要应对上访者的情绪，比如愤怒、委屈、失望以及悲痛，他们需要去安慰、劝说乃至教育或感化上访者；另一方面，接访员需要管理自己的情感，作为国家形象的代言人，他们必须对上访户呈现出耐心、友好甚至同情的姿态，即便遭受上访人员的无理要求，也必须控制情绪以避免激活激化或者影响政府形象。H区信访办规定了接待来访群众的四项基本要求：

1. 热情接待。接待人员对来访群众态度要热情和蔼，以礼相待，行为举止要文明，不得简单急躁，生硬粗暴，训斥责骂，敷衍应付，

---

① 《人民信访》2012年第12期。

推脱了事。

2. 认真听记。即边听边问把群众反映的问题客观地记录下来。认真填写好来访登记表；在接待中要耐心听，认真把握要点；听完后把主要问题向来访人复述一遍，然后告知处理原则、方法和程序。

3. 处理适当。对来访群众反映的问题，依据政策做出事实求是的处理。具体要求是：如来访群众提出的问题简单明了，能立即答复的立即答复……

4. 做好思想工作。来访群众反映的问题，有的属于实际问题，有的是认识问题，既要注重解决实际问题，又要注意解决思想问题，有针对性地做好思想政治工作。

这思想原则勾勒出信访工作的大致全貌。我们可以看出，除了对情绪应对和控制符合西方情感工作研究的传统定义以外，最后两条凸显出这项工作对于政府的维稳任务具有重要的意义。处理得当，可以将已有苗头的纠纷及时化解；而思想教育，则减少了潜在冲突发生的可能性。在这个层面来说，接访工作在这个层面可以被视为维稳工作的最前线。

虽然已有不少研究强调过信访对于维稳工作的重要性。但笔者认为，他们忽略了信访在情感层面的一个重要功能。H区接访科科长告诉笔者：

为什么要有信访工作，老百姓别说他真冤假冤，真冤的通过信访办解决了一部分，假冤的毕竟他有一个诉说的地方，对这个社会的稳定啊，肯定起到一定的作用。就是这个人如果没有希望，你去想想，这人不管去干吗他要是一点希望都没有了，他就有可能走出一个极端。但是有这个部门呢，你别管事儿最后能不能给解决，最起码他来，心里头委屈也好叫什么也好，有人在倾听，这样呢他就不会有什么想法了。（访谈编号20121123002）

不难发现，提供这样一个允许发泄和给予倾听的场所，是信访办存在的一个隐藏功能。面对没有权力和资源将自己的案情闹大的普通上访户，接访员必须尽力处理好他们的情绪以维护社会稳定。官方刊物的介绍典型事迹或推广业务经验的文章有许多也强调了这一功能：

多年的经验告诉我们，对上访群众的感情不只是笑脸相迎、茶水相待，更重要的是与群众气息相通，情感相融，与群众换位思考，站在上访群众的角度来想问题……只要我们用心倾听，能够和群众共担风雨，就没有搬不动的山，没有解不开的结。①

但是很显然，不是所有上访户都能接受这样一种虚幻的"象征性的满足"（程秀英，2013）。他们依旧会感到气愤，甚至有时会失去耐心，在语言或者身体上攻击接访员。然而，作为国家干部的接访员，是被要求默默承受这样的攻击的。正如官方所推崇的模仿信访局工作原则：

信访户有冤屈、有被尊重的需要；需要发泄、需要倾听、有对立情绪甚至心理偏执。信访干部要化解对方消极情绪，让老百姓舒心，即便挨骂挨打，也要忍耐。委屈自己扛。

讽刺的是，这种对理想型的塑造不能掩盖信访干部的不满。日常接访工作常常让一线接访员身心俱疲，接访科长在有一次因下属态度不好被投诉后抱怨道：

……行政投诉，说老百姓投诉我们态度不好，你可以（投诉）。那老百姓骂我们你们管不管，那咱得两头做啊，那也不能老让我们替你们挨骂啊。你说是不是，没什么事这个那个的，信访办也是人啊，我们就应该让人骂我们怎么着啊。（访谈编号20121123002）

虽然许多接访人员都对工作中有类似抱怨，但是迫于维稳压力，尤其是在敏感时期的压力，他们不得不承受这种工作中的辛苦和委屈。

接访员：尤其是非常时期，我和你说，非常时期我们接待时候压力特别大，平常能说的话不敢说了，那天那个事，按照信访条例规定，政府肯定不受理你这个事，但非常时期，不敢说，你说了他又上街了，翻回头你说责任倒查他说这个事你说得不错，但他上街了，你就有错了。（访谈编号20121116001）

这种工作中的压力也显示出在一线的接访中，法律并不总是最高原则。在敏感时期，为了避免过激行为的发生，一切都要以控制住对

① 《人民信访》2011年第2期。

方情绪为原则。维稳的政治压力构成了信访情感工作的核心。

三、夹缝中的信访情感治理技术

不同于警察，信访干部没有权力对上访户采取逮捕等人身控制策略，又无力满足上访者提出的诉求，因而劝说与抚慰成为唯一能诉诸的策略。如果我们将信访看作国家权力进行社会治理的重要手段，这种劝说和抚慰真的能够实现治理效果吗？根据笔者的观察，在长时间的一线接访经验中，信访干部们发展出了一系列精致而复杂的技术去安抚、控制乃至改造上访者，其中有些经验甚至被中央鼓励并推广。正是这些技术，实现了信访在日常运作中的治理功能。在下一部分，笔者将通过展示这些精致的技术和策略，来解密没有问题解决权力的信访办是如何应对上访者，实现维稳目标，达到治理目的。

1. 狭小的行动空间

值得指出的是，信访只是政府维稳工作中重要的一环，而非维稳工作的全部。这意味着信访干部并没有独自处理上访问题的权限和能力。处于基层与上访户直接互动接触的一线信访干部，不但要对上级领导负责，更要与劳动、司法、民政、公安等其他部门配合工作，这也就意味着接访工作需要在访民、领导与同事三方框定的狭小空间内展开。

1.1领导压力

主管信访工作的政府领导对于接访工作有重要影响。诚如前文所言，领导的一句话可能使得访民的问题绕过正常程序得到解决。因此，许多访民都要求约见区长、区委书记等主管领导。这时信访办就不得不扮演一种具有过滤功能的桥梁工作。一方面，对于可以通过领导协调得以解决的案子，安排领导接见。但需要指出的是，所谓的安排仅仅提供一份约访名单而已。接访科科长介绍说：

约访时咱们写约访单子，报给领导。领导同意画上圈，咱们再去通知……约是接访科办，但领导接访那个就和我们没关系了，看两办值班室和综合科他们怎么去沟通了。基本上约访什么概念，咱们比如说把三拨人两拨人都是涉及城市建设的，得让（信访办）领导先去

打个招呼，咱们把单子递过去。咱们定几个日子，他要圈了咱们就通知。（访谈编号20121220001）

而对于那些积压多年难以解决的案件，或者已经被政府定性为上访户无理要求的案件。信访办只能扮演防火墙的角色，将案子压在下面。即便访民成功见到了领导，但领导约见是一回事，问题解决又是另一回事。按照信访干部的话来说，领导都希望做好人，即便知道问题无法解决，也不会在约访时告诉上访者。那这一消息就必须由接访人员来传达了。科长描述了这一种尴尬的情况：

听着，这个事情这样，领导什么概念，都想当好人，哎。实际上领导知道这个事情解决不了，他也不说。为什么不说啊，说完以后，怕出现一些其他问题，领导为了这事说我犯得上吗。他不说，谁难受，我们难受。但没办法，你跟他讲，他又不听你的，所以弄得大家谁都不说。真的，弄得大家谁都不说，对付着。（同上）

上访人员并不认为自己问题解决不了是领导的意思，反而认为是信访办有意阻碍，所以信访办常常要承受上访户的指责。即便如此，领导也并不认为信访办替自己挡住了难以处理的上访户，一旦发生问题，信访办依旧会被领导追究责任。接访科副科长抱怨道：

有的领导，不明白的领导也怪我们。他这个事第一，不是信访源头，不是造成信访问题的部门。第二个的话按照法律上规定的信访权力的话，也没有领导去解决这个问题。信访部门他就是一个协调的部门，真正能说解决的话，那还是有权处理这个事情的部门解决去。有的领导呢，觉得怎么说都成，说信访既然有协调的职能，那是协调力度不够啊，导致问题没有解决。那这个信访办协调部门批评了，怎么不把负责处理这个事情的部门叫过来劈头盖脸骂一顿……（访谈编号20121127001）

总之，在中国"人治"政治传统下，又缺乏完善的权力制约机制，中国行政机构中的领导常常能够跨越行政规定与法律条文。领导能够改变程序，访民也认为只有领导可以解决问题。信访办的协调角色尴尬地落入了访民与领导之间的空隙，一方面需要稳控上访户的情绪，另一方面又必须谨慎地揣测领导的意图。正是在这样的狭小空间中，信访员谨慎地开展着自己的工作。

1.2 职能部门

另一方面，作为协调部门的信访办势必要与其他政府机构产生互动。一般来说，涉诉涉法案情需要与法院或政法委沟通，讨薪类上访则需要联系劳动局和建委，教育类问题则要联系主管学校和教委。虽然信访条例规定了"属地管理、分级负责；谁主管、谁负责的原则"，但在信访系统的实际运作中，职能部门并非都会配合信访办的工作。在笔者进行田野的H区信访办，H区政法委对信访工作并不热情。根据规定，涉法涉诉案件信访办一般不受理，对司法程序有异议的访民信访办会建议联系政法委处理。但是笔者从没有见过政法委派人接待访民，电话也从未接通过。科长和副科长在闲谈中也抱怨了这一问题：

笔者：政法委是不是老不接电话啊，传达室说总联系不到？

科长：政法委别说老百姓，我们给他打电话都不下来。我告诉你，政法委这个绝对是领导思路的问题。

副科长：那个谁刚来的时候也挺好，一大学生，挺纯洁的。工作积极性很强，你说下次维稳办再开一次会，就把这个接访的事情提一提，以后要听到老百姓打电话叫你下去或者接访叫你，不管是不是你的事情，该解释的解释，该接待的接待，该工作的工作。是咱们的事情合并到手里，不是咱们的给人解释清楚，不是说不下去人。开这么一个会，你看他们肯定飞快地跑下来。真的，你说是不是这个事，人家点名要见你，你跟人见个面咋了？是你的你受理，不是你的事你跟人家解释一下说明一下，（现在）下都不下来。

……

科长：你说真配合（信访工作）的单位，要是遇到老百姓蛮不讲理，咱们肯定出手相助啊！他们这糊弄老百姓，他妈的老百姓骂他们活该。可政法委他们推诿老百姓，老百姓回来骂我们推给他们，他们不管怎么办？

科长：但这事没办法啊，涉法涉诉你不找政法委找谁去啊！？

（访谈编号20121212001）

政法委的不配合只能让信访办独自应付涉法涉诉案件，但规定又要求信访办不受理进入司法程序的案情。于是老百姓自然不满意，称信访办是"没去法院去法院，去法院了我们不管了"。与政法委的不配合相比，劳动局和建委对于信访工作非常配合。年底往往是讨薪民工上访高峰期，而每年进入元月，劳动局与建委都会派专人到信访接待大厅帮助接待讨薪民工。科长认为"要是政府部门都向劳动局这样，那工作好做多了"。对于职能部门配合的问题，科长认为现在的主要问题在于对信访问题认知的错误，即便存在一个信访网络，即每个政府部门都会有相应的信访联络员，但是这个网络难以发挥协调联动的效果。

第一，你别说上边怎么去说，面上的事儿。但是信访，我就说，信访室是谁的信访。他没明白这个信访是谁的信访，这个信访是党和国家的信访，不是信访办的信访。领导现在是这种心理，为什么咱们一直强调上头包括条例，主责单位。他是信访承办机构，他来解决（信访问题）。但是领导们现在，就是觉得信访是信访办的信访，包括咱们的大领导……信访网路通过这联，但一联，翻回头，信访又变成信访办的信访了。（访谈编号20130118001）

信访网络虽然意在将信访办与政府职能部门联系在一起，共同解决访民问题。但真正运作中，难以保证其他部门能够配合信访工作，处于信访网络中心的信访办往往只能将所有的问题积压在这个中心，而无法通过网络将问题分散解决掉。除了职能部门以外，公安局、派出所与信访办的关系更为微妙。一方面，面对社会稳定威胁较大的群体性上访，警力的出动能够控制局势。在H区，如果有上街游行或者聚集于政府办公场所进行请愿的访民，市公安分局和属地派出所都会派警力将上访者请到信访办，并在一旁维持治安。这一方面来说，信访办和警力处于配合之中。但另一方面，两者之间也会出现摩擦。一名从司法局借调过来的接访员有一次对我说起过一次冲突事件。问题起始于一起农民工集体讨薪，农民工最初聚集于区政府门口进行抗议，属地派出所所长为了维持秩序将聚集的民工引到信访大厅。一名农民工代表向该所长抱怨信访办没有人接待，派出所所长进入大厅后斥责道："谁他妈接待啊，出来！"这一态度招致了信访办工作人员的不满，接访员抱怨道：

> 我说就是咱们没错误，即便咱们有点行为过激有点错，你也应该进屋子里面说怎么怎么样，你也不应该当着民工的面说怎么样，说"谁他妈来接待啊，出来"。你这有你们的方式和方法，说警察出来以后，在民工面前（树立威信），以后好做工作，但我们以后也还得做工作呢，我们在窗口没错，你为什么这样啊？（访谈编号20130118002）

接访员认为，同属于政府部门，派出所和信访接待科应该互相配合。即便有了意见分歧，也应该进入百姓看不到的科长办公室来解决问题。这一观点呈现出戈夫曼式的拟剧互动意味。如果信访大厅作为舞台，在接访员的期待中，前台的表演要展现政府部门的团结一致，借此生产政府优势于上访者的权力地位。这也就是要求派出所和信访办构成的政府剧班应当遵循戏剧表演的"忠诚、纪律和谨慎"（戈夫曼，2008，183—193）。即便代表政府权力的剧班内部有了分歧，也要到上访者看不到的后台解决。派出所长不应该为了在民众面前树立己方威信而削弱对方权威。这名接访员表示，相较于破坏了前台表演纪律的派出所长，接访科长用隐忍的态度弥补了政府这次险些破裂的前台表演。

这一事件表现出在多方共在的接访场景中，权力关系极为复杂，政府部门相互的配合显得十分重要。总之，维稳的完成需要政府各部门的配合。而在突发状况难以预料的信访工作中，各部门的摩擦又难以避免。在一线的接访工作中，接访员就要面临来自上访户、上级领导与职能部门的三方压力，在狭小的空间履行着自己的职责。而下一部分笔者通过在H区的观察和访谈，参照相关文件，展现接访干部是如何在这样狭小的行动空间，发展出一套复杂而精致的接访技巧。

2. 精致的情感治理

当笔者在田野中试图观察信访干部如何应对上访者，如何与上访群众互动时，的确遭遇了很大的问题。一方面，虽然信访体系出版的刊物与书籍中对接访工作进行了大量的介绍，包括典型人物的介绍、工作经验的总结等。但是一线接访该工作毕竟不是照本宣科，文本资料和实践经验之间存在一定的距离，如何把握两者间的联系需要注意。另一方面，在一线信访实践中，接访员个人性格以及上访户个人性格都会对双方互动过程产生极大影响。这意味着很难从如此多的接访情境中抽象出一个普遍适用的流程。笔者通过每天对发生在信访大厅中的互动进行记录与分析发现，情感是解决这些问题的关键要素。无论是文本经验还是实践经验都将情感放在关键位置。两者勾勒出的信访场域中不仅仅包含行政程序或者法律条文，情感在其中占据重要的位置。而性格各异、个性丛生的上访户和接访员，他们的互动呈现出最直观的特征也是情感性。我们可以捕捉到他们的愤怒、他们的不满、他们的委屈、甚至他们闲暇的玩笑，而这些都是存在并发展于宏观信访制度搭设的互动框架之中。因此，笔者对信访干部应对上访者的治理技术的分析是围绕情感展开的，或者说信访本身的种种治理实践都是围绕情感发展的。根据技术运用发生的场地，笔者将信访系统中的治理技术分接访技术与化访技术两种：

2.1大厅之内：接访

当上访者进入信访办接待大厅，接访干部要与之进行直接互动。正如前文所言，面对初访和重访，接待工作也会有较大不同。有近二十年经验的科长告诉我：

接访这块不是我说怎么样你就能学会的，你瞅着各人都有个人的接待方法……对于老访户，这个你可以去对付对付他，和他怎么说都没问题。但是新来的，咱们讲的是，初信初访，第一个特别有技巧；这第二个事，不是大事，很好化解。如果你一激，他的重心已转移，这就麻烦了。但你说这东西是怎么教给他呢，没法教。（访谈编号20121116001）

科长区分出老户和新户来时的不同状态：新户情绪容易波动，要避免激化矛盾；而老户早已习惯与信访办的持续互动，所以可以"对付对付"。这看似简单的原则在实际操作中却十分复杂，这也是为什么科长一直强调这种技术"没法教"的原因。但是通过与信访办接访人员的访谈以及亲身的观察，笔者还是尽力总结出在实际接访过程中可以被抽象概括出的若干技术。根据情感管理技术的不同作用维度，笔者将其划分为用于安抚的"情感疏解"与用于控制的"情感约束"两大类别。

安抚：情感疏解

这个接访，第一个叫耐心听取信访人的诉求，听完诉求以后，你得分析这个事，你才能从化解也好解决也好，分析这个事实……那个从情从理从法，咱们讲一圈以后，这个事就说最起码的，不会让他出去到天安门了。（访谈编号20121123002）

不让对方出去到天安门，也就是防止过激行为的发生，可以算是接访的首要任务。而这一原则，笔者认为可以视为对来访者负面情感的一种疏解。情感疏解意味着接访员需要安抚上访者情绪，使对方的有可能引发激烈行为的情绪得到释放和降低。有研究业已证明在文化和道德层面被建构的愤慨会推动社会运动的发生和进展。（Nepstad and Smith, 2001）因此，上访户因案情而生的愤怒、委屈与悲伤也应被视为可能引起激烈行动的诱发因素。在传统社会研究理论中，情感可以作为重要的动员资源，被社会运动发起者所利用。那么对于信访部门来说，预防这种情感进一步发酵，避免可能的集体行动显得尤为重要。

你耐心听他说完了，可能再给他消消气，拔拔气门芯，这事就过去了。（访谈编号20121116001）

"消消气"、"拔拔气门芯"便是起到了一种安全阀的作用。虽然允许发泄、提供倾听本身具有消解激烈情绪的作用，但是更为关键的在于，如何劝慰上访者，以及在劝慰中传达出政府所持立场。

A. "避"与"引"

首要的劝慰技巧在于"避"。所谓"避"，指的是避其锋芒，躲开上访人员一开始的激烈情绪。而"引"则是用信访接待及官方政策话语重构上访者的陈述。

根据笔者的田野观察，新来的上访人员往往会用一种极具情绪化的表达方式表达诉求，往往体现为"声泪俱下"或者"怒气冲天"。具体而说，这种情绪化的表达有三种表现：有些上访户初至信访办，情绪激动，想要陈述自己的委屈或者不满但不能以符合逻辑或者理性的陈述方式表达。第二，部分上访户对于情绪表达的策略性运用，即运用夸张的情绪来表达，来时的方式。自身诉求更为合理，比如上访户甚至会将与上访事项并不相关的私人遭遇夹在叙事中，增添其遭遇的悲惨性和控诉的力度，或者运用中国传统文化或红色话语中的相关比喻作为修辞策略。第三，还有些上访户并不谈论他们的案情，而是关注信访干部的工作态度和方法，也就是说他们会专注于斥责接待员对于他们并不友好的态度而不是案情本身，以这种方式获得与接待员博弈的资本。以上三种上访者情绪化的表达往往有一个共性，就是无意或者有意地隐藏了自己案情的真实情况。

大部分接访员在面对上访户的发泄或者控诉时，都在极力避免卷入这种情绪化的互动之中，这也就是"避"的核心要素。人民信访曾有经验推广此类文章，介绍道：

上访人容易发怒和转移怒火，态度粗暴，言辞偏激。如果此时对其进行驳斥、抨击，只会火上浇油，使其情绪更为激动，很可能会把矛盾矛头直接指向接访人员，导致场面失控。在接待这类人员时，要有同情心和忍耐力，保持克制。要冷静地倾听其陈述，耐心疏导解释。不要针对他们的陈述加以反驳和斥责，待其情感得到充分宣泄后加以疏导。①

在实际工作中，接访人员知道有些上访户希望用愤怒甚至带羞辱性的措辞激怒接待者。笔者观察到好几个上访户在得知问题无法由信访办解决时，怒斥接访干部是"只会坐在空调屋喝茶看报纸的无能者"。这时，如果接待人员失去耐心，也以情绪化的方式回应上访户，比方说显得不耐烦或者同样以愤怒的言辞回应上访户对自己的人身攻击，那么就失去了对话的主动权。用信访干部的话叫"落入上访户的圈套"。因为身为国家干部或者说政府形象的代言人，接访人员的工作要求使他们必须耐心和友好地对待上访户，如果违背了这一要

①　《人民信访》2012年第6期。

求，很容易被上访户抓住态度问题不放。接访员失去理性意味着在道德和舆论上处于不利局面，与上访者互动的权力关系也会被扭转。一名女性接访员告诉笔者：

有理不在声音高，有些人来了就是要讨话语权，他不知道我能不能说过你，先来个大嗓门儿，其实他啥理也说不清楚，我就不爱搭理他……他们每次来跟谁都打交通，国家局市里都去过，连蒙带骗的，老回避自己的问题，不说事儿，老抓住你的态度不放。（访谈编号20121113001）

这种对上访户情绪化表达的私下抱怨以及在实际遭遇时候的不愿理睬，展现了"避"的内涵。当然，如果只是不理睬对方，也容易被冠以"工作态度冷漠"或"工作不热情"的名头，因此，避其锋芒与合理引导的配合尤为关键。这名女性接访员介绍道：

很多时候，他来说第一遍你都不用听，让他说，他第一遍自己都没理清楚，等他说完第一遍，你再问"怎么回事啊？"，一点点从开头帮他理清楚……而且他们来了说话都遮遮掩掩，只说对自己有利的，你得一点问。（同上）

第一遍的"不听"、"让他说"，便是"避"，而"一点点问"、"帮他理清楚"就是"引"。这一技术的目的在于将访民的话语进行重构，用政策逻辑重新引导上访者的表达。这一过程意味着那些情绪化的修辞、夸张的内容、非直接相关信息的排除。接访科长也认同这种技巧，并用具体的例子给予说明：

有人刚来的时候情绪很激烈，老往里面加自己的私料，说自己多么惨。咱们要和他对政策，这个政策的东西，他说的那套，是他自己认为那事这样。但是我们听了以后，觉得这个事不是你想的那样，我们重新帮你理清问题……你假如说有个人过来，怎么怎么样，申请低保，但是怎么样不是很好，你一看，一个低保政策，是民政局在掌控。而且要经过几级公示的，我们说就是，你这个事我们可以同情你但是你这个事，我们必须按照程序去做。超出程序谁也帮你做不了。就是先讲程序，再说你的困难也好，如果说你不符合低保条件，但是确实困难，那就是相对来说民政部门还有一次性救助的渠

道。他还要说我就是怎么怎么样，那就是有点不说理了。（访谈编号20130118001）

先讲程序，拨开上访人自己添加的"私料"。用政策、法律去重新组织上访人倾诉的问题，在接访中是很重要的一环。这种重构是接访员抢过话语权，建立自身权威的重要手段。这也是一种"引入或纳入体系"的做法，具有强烈的"去情感化"和"去个人化"色彩。上访案件在"引"的作用下逐渐与个人经历相脱离，而变成法规条文描述中的干巴巴、冷冰冰、完全缺乏感情的事件。也就是说，原本上访户认为导致他愤怒、失望或者委屈的遭遇只不过是一条条相关政策构成的事项而已。原本让上访户暴跳如雷或者悲伤难过的事情在接访员引导后其实仅仅是冷冰冰的政策问答而已。极具情感化的遭遇被处理成为客观的政策问题，这种对上访问题情感内容的剥离也是对上访户情感源生根基的解构。

应星和晋军（2000）曾分析过集体上访的问题化过程，认为上访户通过种种叙事技术和话语策略使得自身案由进入政府议事进程。而在信访办大厅中，如果说访民希望通过情绪化表达得到政府的关注，那么"避"与"引"的策略则是对访民话语的解构与重塑。这是一种"反问题化"的过程，让访民的充满个人情绪的陈情和控诉变成简单的政策问答，将表达中企图传达的问题紧迫性与严重性消解到常规科层程序之中。消解掉了可能因此冲突或者破坏社会问题的激烈情绪，这一技术便可实现维稳的目标。

B. "绕"与"藏"

"避"和"引"的功能在于避开上访户情绪化的表达并将其陈述带入政策话语框架之内。然而，并不是所有的上访户都是情绪化的。有学者已经指出，许多上访户对政策有非常深刻的理解并能在维权的过程中加以灵活运用。（O'Brein&Li, 2006; 田先红，2012）面对这样的上访户，尤其是那些案件本身就是由于政府工作失误造成的上访户，"避"和"引"的策略就不使用了。第二种技能，"绕"与"藏"在此时就有了实施的必要。这是一种延误的技术，主要用于转移或者模糊上访户对政府明显的责任追求意图和不满情绪。笔者曾遇到过一名因政府奥运工程征地而遭受巨大损失的上访户，上访时间超过七年。她对笔者抱怨起政府对她问题的处理：

其实我们写东西，就是想找政府里明白的（官员），跟我们坐下来谈，让我们说说，把这个事说清楚了。现在不是这个，像这个就是合同问题，他不成，他说别的掩盖你，那你说我们能不激火吗，让我们说的声音小点小点，怎么小法啊，说一土话就是"逮着蛤蟆攥出尿来"，你们干吗呢你们。（访谈编号20121211001）

"说别的掩盖你"就是这种技术的本质。上访户坚信这一案件政府是主要的过错方，而现存法律与政策也能够为她索赔提供支持。因此，她相信她的诉求在法律层面是正当的。并觉得自己和那些情绪化的普通上访户不同。在她提供的上访材料中，有几十页的合同副本以及相关法律条文复印件。她认为自己是占着"理"占着"法"的。她坚信法律是她维权上访的最重要武器。正是她这种对法律逻辑和政策话语的坚持使得接访员不能再用"引"的技术。政府并不希望按照上访户给出的法律解决途径处理此案，因为这牵扯到巨大数额的赔偿以及相关的责任追究。"搅混水"和"让人找不到正确的方向"便是"绕"的技术。顾左右而言他，不接受上访户的叙事逻辑，是这种技术的本质。接访科科长告诉笔者，主管领导希望以另外的方式解决这一问题。这种方式也就是常说"协调解决"，各方通过谈判和互相妥协给出一个中和的方案。如果政府希望协调解决，那么接访员就必须避免诸如"法律"、"政策"等措辞，因为这恰恰是上访者话语中的维权武器。隐藏上访案情本身的法理逻辑，用政府希望的"协调解决"取代司法程序，便是"藏"的体现。"绕"和"藏"相辅相成，同样是用政府期待的话语逻辑去替代上访户的话语逻辑。在本案中，政府曾希望拿出500万维稳资金给予上访者作为息诉罢访的条件，但给予的名头是"困难补助"。这一做法隐藏的含义在于政府不希望承认自己的错误，而是通过这笔钱展现出人道主义立场。但是根据合同条款与相关法律条文，上访户提出自己理应获得1300万赔偿金，因此500万的困难补助没有满足上访户的要求，政府的这一态度也让她不满。

2008年之前，我们投资1300万，他们要给500万，我没同意。造价多高，我们这个投资，评估报告在建委呢，这500万一比差太多。说要和我们商量，商量什么啊，一就是一，二就是二，按合同履行兑现就完了……最大的在我这就是知错了以后，其实你千万别让我知道你错在哪儿了，我们老百姓不关心，就关心把这个事解决了，但是他们老掩盖！……在那个500万他说是困难补助，但是这个是不合法的。本来是合法的东西，越这样弄弄得越不合法。他说这个说我们困难的时候把这500万拿走，但是这个事仍然没解决，我把这五百万六百万拿走以后，我接着来找这个事，我还得依法来找这个事。（同上）

上访户不但不接受500万的赔偿，而且怒斥政府知错不改并且想掩盖自己的错误。并且可以看到，上访户依旧坚持走法律渠道、按合同办事。因此问题进入了一个死胡同。随着政府主管领导更换，新任领导又没有拿出新的解决办法，这名上访户只能隔三岔五来到信访办询问事情进展。在政府给出一个明确态度之前，接访员必须承担起接待这名上访户的责任。因为考虑到"协调处理"的原则，接待员并不能像接待其他上访户一样继续使用法律政策话语，而只能继续通过"藏"和"绕"的技术来拖延上访户，为政府决策争取时间。上访户抱怨了这种处理办法：

上访户：他们，但是还是有一些人的工作方法还是死顽固，说白了，就说我们说合同，你接待我，和我聊，但是肯定和我聊的不是我这个事，就是讲别的事去，我不是来聊天的。

笔者：别的什么事？

上访户：别的无关的事。

笔者：什么无关的？

上访户：让我出国旅游去之类的，我有心情吗，我拿什么去旅游啊，我借着钱，你想我所有的亲戚都借着钱，就是为了还账，房子也卖了……（同上）

不能让事情走回到法律逻辑，又不能告诉上访户知道此案难以用法律途径解决的真相，又出于对上访户的情感进行安抚的必要，接访员只能用"绕"与"藏"的技术来转移话题，说"无关的事"，

"劝出去旅游"等。当笔者问这名上访户觉得事情什么时候能解决时，她焦虑于无尽的等待。不难看出拖延的确为政府赢得了时间，上访户的决心和意志被慢慢地消磨掉，正如访谈最后她告诉笔者的：

> 我和你讲，我就照着合理合法的要钱，但是现在我多大损失啊，上访有用吗，其实真的没有。我心口最大的就是这八年的时间，浪费了，你说我现在岁数大了，我能重新回吗，回不了了，所以说像我们这个问题，完了以后我给区委书记写封信，其实我们原来什么都不说了，就是依着领导，你把这个事情解决就行，我们是降了又降……（同上）

上访户已经丧失了最初的决心和激情，追查到底的劲头早已不在。不但拖延了时间，而且消磨了上访者，最重要的是将矛盾控制在信访流程之中，"绕"与"藏"的技术发挥了作用。

无论是"避"与"引"，还是"绕"或"藏"，均为信访干部面对上访户情感表达的一种直接应对。总体来说，这种针对情感的安抚和疏解在信访的情感治理中处于最初级的层次。因为在这种处理过程中，我们看到接访员只是在被动地对于上访户的情感进行一种回应。上访人员主动地进行情感表达，而上访人员只是在承受这些表达的基础上给予一种反馈。这一"回应情感"的过程虽然能够在稳定上访户情绪上起到一定作用，但是并不能有效地控制上访户的行为，更不能真正达到息诉罢访的功能。当然，我们依然可以从这种"情感回应"技术的实践过程中看到位于"国家——民众"权力链条之上的信访干部和上访户在进行一种动态博弈。即便上访户运用各种情绪化的表达策略希望能够暂时逆转背后不平等的权力支配关系，占据互动情景中的主动权。但是从长远来看，问题没有解决，政府依旧在拖延，权力关系的实质没有什么改变。

控制：情感约束

如果说情感的疏解和安抚只是提供上访户发泄的空间，并缓解其可能造成社会冲突的情感张力。那么接访干部的另一项重要技术——情感约束，则作用于对上访户行为的控制。与其说这是一种信访干部主动发展出来的策略，不如说这是一种在现有信访体系下建构于上访户和接访员之间的特殊互动关系。笔者称这一种互动关系为"疑似朋友关系"。所谓"疑似朋友关系",是指上访户和接访员之间的一种微妙互动模式。这一微妙性体现在两者的关系介于朋友关系和工作关系之间。一方面,虽然信访接待员作为国家干部,上访户是这一职业中特殊的"顾客"或者"客户",两者的关系建立完全生成于工作场合。但是老上访户,尤其是日常型上访户,因为来信访办次数较多,早已与接访员熟识,甚至可以互相开玩笑。这种友好关系的表现在于双方聊天的内容不再局限于信访案件本身,笔者曾记录过一则信访科长接待上访老户的过程,一小时的聊天内容涉及家庭生活、子女教育、身体健康、其他访民目前情况等内容,与熟人或者朋友间的聊天极为相似。而另一接访员甚至依靠这层关系得到上访户牙医朋友的免费治疗。但另一方面,这种看上去的熟悉或友好并不能取代背后不平等的权力关系。上访户希望借由熟识的接访员得知更多案情进展的信息,而接访员希望依靠这种友好关系使上访户配合维稳工作。双方都有各自的意图去维持这样一种交往模式。所以从表面来看,老上访和接访员几乎是朋友,但其实实际上这种友好仅仅只存在于表面而已。

这个接访,怎么说呢,你说和老百姓不能不交心,不能说全交心。但怎么去和他沟通也不能顺着他说,骂政府,是吧。

你有时候和他正经聊,有时候和他不正经聊……所以有时候对付这帮人,就得不温不火地对付着,他说你就跟他说,不高兴了你甚至可以骂他一句,他也能忍着,他也不会怎么样。(访谈编号20121116001)

正如科长所言,这种介于"交心与不交心"、"正经与不正经"之间的状态正是疑似朋友关系所显示出来的微妙特质。我们可以将其视为是介于"事本关系"与"人本关系"之间的特殊存在。基于工作关系建立的熟悉并不能改变上访户与政府工作人员关系的本质。接待员没有忘记自己的工作和身份,时刻保持着警惕。另一位信访接待员曾告诫笔者:

他们和你聊天与和朋友聊还不大一样,你和朋友说话,还得有顾虑,有的该说有的不该说,考虑以后相处。好多老访户,啥都和你说，一点不顾及，还胡说。他不顾及你不能不绷个弦，你随便说个啥，他给你记下来了，回头就拿这个找你。原来一个副区长去看一个上访老太太，说了啥，打了包票，老太太都录下来了，拿着录音就来找，说你说给我解决的，这都有。谁知道这么大年纪还能给录音啊！

（访谈编号20120211001）

除了事本与人本之间的模糊状态。这一关系的另一特征在于其构成介于政府与访民之间微妙的平衡。这种平衡的微妙之处在于，一方面，长时间建立的"疑似朋友关系"将国家与民众不平等的权力关系暂时隐藏起来，访民与政府之间的互动不再显得剑拔弩张。更有意思的是，老访户有时候会帮助接待员应付新来的情绪激动者，甚至成为信访员倾诉抱怨的倾听者。

但一方面，由于案件仍没有解决，上访户的情绪仍然会时不时地爆发，甚至与信访办人员产生冲突。但这种冲突往往是暂时的，甚至是形式化的，即不会对这种"疑似朋友关系"产生破坏。在十八大期间，笔者遇到因拆迁而上访八年的B区SJQ的30余名访民。他们进入接访大厅，访民代表提出如果今天不能得到三亿元的赔偿，明天就会新华门找总理。信访办主任、镇领导与村民代表的谈判从上午10点持续到下午4点，最后仍是不了了之。笔者询问难道不担心不满足他们要求会引发过激行为时，接待科长表示：

他们来撒个气，情绪激动，我们心里也有数，他们最终不会做出什么，他们要真去做了，那治安支队就马上能办了他们。所以来这就是为了撒气……他们经常来气势汹汹然后最后不了了之，他们自己估计也知道不会有什么结果，纯当发泄一下。（田野笔记20121225）

不难想象，这样的发泄及形式化冲突在这八年的上访历程中出现了多少次。当然，上访村民最终没有做出过激行为，或许可以视为理性选择的结果，那么这就应证了这种介于政府与老访民之间的微妙平衡性。这种情况并不是个案，在笔者观察的另一起发生在信访办的冲突中，同样与征地拆迁相关的另一村访民，采用了连续每天10点来接待大厅下午3点离开的策略向政府施压，这一情况已经持续近三个月，并在笔者离开田野所在信访办时仍在进行。在大多数情况下，这些村民会与接待人员有说有笑，闲聊琐事。但是在笔者将要离开信访办的前一天，他们与接待科长发生了争执。在冲突后我回到办公室，便记录下科长与同事的如下对话：

科长：这帮人要疯哦。

笔者：这帮人怎么和你掐上了？

科长：这帮人平时说着笑着，随时准备和你翻脸，不是他翻脸就是我翻脸。诚心的，故意的。

同事：故意的，煽乎事，像这样的，农村妇女就这样，挑事啊捕事啊，捕风捉影啊，真的，是一绝。他们明天还来吗？

科长：不知道，其实有时候我不怕他们嚷嚷，你这次嚷嚷完了，下次再来我不搭理你了，他也下不来台，我说得对吧，所以这个事得绷着，不能闹翻了。（同上）

不出科长所料，这次冲突并没有改变双方互动的形式。两者间的关系在几天后恢复原貌。笔者回访时问到这次冲突：

笔者：上次走前那个谁和你吵架，后来也没提这茬了？

科长：嗯，天天就这样了，说两句很平和的就过去了，有的时候，他天天这样天天这样，到一定程度，他肯定要爆发一下。但现在我也第一个不主动搭理你，第二个你跟我说我也不冷不热，我就和他说呗，他自己也知道，我肯定不主动去搭理你或者怎么样……再一个，翻一次脸，我对待你，你就是上访人，我工作人员，和你公事公办，他认为对他很别扭，呵呵，其实对咱们工作无所谓，对他很别扭。（访谈录音20130118001）

不难看出，科长随时可以从这种关系中抽身而退，以处理"事本"关系的态度面对上访者，也就是抛弃熟人关系，做铁面无情的工作人员。但是上访人并不希望事情发展至此，看上去仿佛熟络的关系也许并不能扭转信访案件的走向，但也许可以从"老朋友"的嘴中打听点领导口风。这种"疑似朋友关系"背后隐藏的是不平等的权力关系，上访者与接待员并不是遵循市场平等契约的顾客与商家。国家权力的强势被剥夺了上访者彻底"翻脸"的权利，仅留给他们些许发泄的机会以供排解情绪。虽然难说这种模式是接访技术有意为之，或者信访体制下自然生成。但可以明确的是，这种互动模式为国家权力在维稳工作实践中提供了另外的操作空间。不同于简单的压制或者退让，这种渗透着霸权味道的特殊关系呈现了权力应对大众抗争的另一种姿态。熟人关系或者说友谊变成了控制上访户的工具，这也是笔者称此为情感约束技术的原因。

2.2大厅之外：化访

信访干部与上访户互动的空间并不仅限于接访大厅，很多时候信访工作必须在信访大厅之外完成。一方面，在"两会"、"国庆"等敏感时期，为避免上访户越级上访或者做出过激行为，主管领导协同信访干部要走出政府，前去上访户家中做好稳控工作。对于这种建立情感关系以实现稳控目标的技术，已有学者做出过简要的介绍。（张永宏，李静君，2012）另一方面，面对常年上访但生活困难的重点上访户，主管领导和信访干部会前去对方家中慰问，给予一定生活补助并劝其息诉罢访。这一行动往往被官方称为"化访"或者"积案化解"，也就是对历史留存下来的疑难上访案件，通过统筹协商、多方配合、解释教育、困难补助等多种手段化解之。接待科科长曾说过"老访户是用时间来解决的"，而逢年过节去慰问一下，就属于"用时间解决"。这种解决方式笔者称之为"以情化访"。因为不能运用强制手段，又不能答应老上访户超过政府底线的要求，政府只能通过说服教育和提供生活补助来尝试劝上访户放弃上访。

在《人民信访》刊载的一篇经验推广类文章中有这样的描述：

……三是从增进感情入手，与信访群众建立良好互信。不论多难的信访案件，只要密切了与信访群众的感情，事情就成功了一半，就没有突破不了的难题。在工作中，信访民警与信访群众"称兄道弟"，就像兄弟姐妹一般尊重、理解、同情他们，真心帮助他们解决问题。这种发自内心的感情，让他们"不好意思"、"不愿意"再上访，甚至找机会帮公安机关做点事情表达感激之情……四是开展"送温暖"活动，让上访群众感受公安机关的诚意。2011年端午节期间，全市公安机关组织开展了"心连心"活动，给已结访和在访的信访群众送去粽子、水果。梅花台风期间，全局信访民警纷纷采取打电话、发短信等方式提醒信访群众注意防范。"五一"节期间，市局分管领导带领工作组到莱西市于某等5名信访人家中走访，连续工作三天，顺利化解两起信访案件……①

在这篇经验推广文章中，官方认为建立情感联系起到了化访的作用。即便不能直接息诉罢访，这一技术也能使政府下一步的工作得以顺利开展。笔者虽然不能判断这样的案例究竟有多大代表性，但是诸多类型文章在官方刊物的发表至少说明，国家希望打造"以情化访"的理想状态。这是信访系统可以推广的工作方法。值得注意的是，文章提到使上访户产生愧疚的心态，使其"不好意思"或"不愿意"继续上访。这一细节展现出与发生在信访大厅中的接访技术截然不同的内涵。如果说情感疏解仅仅是被动的对愤怒、委屈、悲伤情感进行应对，那么化访技术涉及对"愧疚"情感的塑造。这意味着"教育说服"乃至从情感上"改造"上访者成为化访工作的重要一步。另一篇典型人物事迹介绍文章也传达了相同的观点：

今年7月4日，刘刚与民警提前给所有的信访群众发送防范暴雨的提示短信，一位信访人发回短信说："你们整天这样想着我，我再不进京了，说什么也不能再给你们添麻烦了。"……陈秀珍曾是青岛信访群众的"领军"人物，上访多年，对公安机关充满怨恨。去年全国"两会"前夕，她在此登上进京的列车，刘刚带领民警跟车做工作。在列车满员无座的情况下，刘钢站在列车厕所边近十个小时陪同陈秀珍一起进京，这一切悄悄感化了陈秀珍。回青岛不久，刘刚在饭店请她吃饭时向熟人介绍：这是俺姐。就这一句话，让陈秀珍当场掉下眼泪，从此他们便以姐弟相称。刘钢帮她女儿找工作，专程为她外孙操办"百岁"，还送去了长命锁、平安镯，用亲情彻底解开了她的心结。他不仅不再上访，连几十万的精神补偿也不提了。②

在情感的作用下，上访老户纷纷息诉罢访，甚至连"精神补偿

---

① 《人民信访》2012年第5期。

② 《人民信访》2012年第9期。

也不提了"。政府期待着老户能够被这种的情感工作所感化，而信访干部需要通过各种手段帮助政府实现这种期待。这种表述传达出一种"上访人认识到上访行为的错误，通过放弃上访重新开始生活"的话语逻辑。这种"悔过——重生"的叙事框架和土地改革以及反右运动时期的自我反思话语何其相似。刘瑜（2010）曾指出毛话语中的拯救话语是革命愧疚感的生产根基，笔者认为信访官员对于老访户的说服教育以及相关典型案例的推广同样在为上访户的愧疚感生产可以诞生的话语土壤。在另一篇《省委书记指迷津，九年积怨一风吹》的报道中，一名上访户接受书记的开导后表态：

我有两个儿子一个女儿。过去我一心想和聂凯（访民村支书，上访控诉对象：笔者注）闹腾，没有心思过日子，整天上访致使大儿子早早辍学，怕别人看不起，从来不让出门。小儿子因有个上访妈妈非常自卑，心情一直很差。现在我想开了，正像您说的那样：乡里乡亲还要共事，往后的日子还长着哩！我也不再记恨聂凯了，过去的事就让它过去吧！我现在一心想挣钱，把前几年上访的损失补回来……我和丈夫又把心放在了过日子上。去年秋天，我们两个人又回到了地里，一心种菜、卖菜，收入不少，还利用农闲时间到平朔打工，挣点零钱补贴家用，真是觉得时间不够用。现在想起过去上访浪费的时间，真是可惜。①

不难发现，"悔过——重生"的叙事逻辑在这两篇文章中也出现了，上访户"后悔"或"愧疚"于自己昔日的上访，"感动"于领导对自己的照顾和点拨，并"保证"再也不上访。至此，我们可以总结出"以情化访"的主旋律：通过将信访工作场合扩大到信访大厅之外，扩展到上访户家中，信访干部或者主管领导以私人或者政府的名义给予上访户情感或物质上的关怀，使得上访户感动于政府对自己的关心，认识到自己长期上访行为的错误性，主动息诉罢访。也许这样的一个过程让人觉得不可思议，但这种叙事话语的确是政府在极力承认和推广的。Lifton（1989）曾研究过中国共产党在革命时期通过"悔过书"和"再教育"等仪式进行革命动员，他认为对这种对人思

① 《人民信访》2012年第6期。

想的改造是一种极权主义的心理学。也许现在看来，能否用极权主义定义当下的中共依然有很大争议，但是我们可以看到思想改造的影子依旧存在于政府对于上访老户的情感工作之中。如果说昔日的思想改造是为了生产出一种符合革命要求的"新人"，那么今天的"以情化访"期待能塑造出一种能够自己主动放弃上访行为并感恩于国家关怀的"新上访户"。承接革命时期的中共情感动员传统，这一对于上访户的情感工作，虽然我们很难说实际效果如何，但是可以轻易发现其在进行维护社会稳定以及建构积极国家形象的尝试。

分析至此，我们重新将"回应情感"、"利用情感"带入比较之中，在化访的过程中，权力对情感的运用已经不限于将其看作单纯的支配工具了。在对老上访户的改造和感化过程中，我们看到了对情感本身的塑造尝试。这种"塑造情感"，比前两种技术更深入一层，因为情感成为最终的改造目标。换句话说，在这一技术中，情感本身不仅仅需要被回应或者利用，情感本身需要被治理。情感从支配工具成为治理的最终对象，意味着也许创造一种满足治理需求的情感状态才是这一技术的最终野心。

第五章　结论与讨论

至此，笔者对信访办的日常互动做了一个详尽的分析。尤其针对这一日常互动的两端——上访户与信访干部，笔者通过田野经验和文献研究给予了充分的介绍。那么让我们回到本文开篇的问题：通常不能有效解决问题的信访制度，为何依旧甚至越来越受民众和政府双方的重视？概括而言，笔者认为，正是信访办不能独立解决问题这一特征，孕育出不断积压和再生产的老上访户以及其独特的情感诉求；而信访干部也通过情感工作，疏解、安抚、控制甚至感化着上访户，维护了暂时的社会稳定，实现了所谓"不治理的治理"。

一、强权下的霸权

如果更为细致地回答开篇问题，笔者认为依旧可以从访民和政府两个维度去分析。为什么上访户在问题无法解决的情况下依旧要依靠上访？先前的研究认为维权资源稀缺、司法知识匮乏使得上访成为老百姓最后的诉求手段。但我们不能将所有的原因都归因于访民本身，必须要看到正是政府对于信访制度的安排设计使得上访户在信访系统内能得到更加不同的维权体验。笔者业已展示，信访不仅仅是吸纳矛盾，信访办的设置提供了一个可供倾诉、发泄的场所。上访户在此可以按照自己熟悉的方式怒斥、哭诉自己的案由，而不是按照自己不熟悉的法律流程寻求问题解决。虽然这种哭诉或怒斥也可能是在上访互动中习得的技能，但相较于司法程序，情绪化的表达更符合日常交流习惯，更容易被访民接受及利用。诚然，信访问题最终还是要进入官方所提倡的法定程序中。但是它提供了倾听、安抚和劝慰。正如科长所言"信访就是一个老百姓说理儿的地儿……如果突然有一天取消了信访办，对老户来说打击太大了，没地方诉说了，就有苦都没地方说去。"信访办使得国家对于反对声音的应对形象不再是无情的军警或者冷漠的法官，而是有一群被要求热心接待来访群众的接访员。一个更为柔软、温暖的国家形象呈现在上访户的面前。我们可以用葛兰西的霸权概念来理解这一治理技术。霸权，是一种建立在同意之上的统治。"使得作为自由的个人能够进入一种共同意志，而不是作为纯粹私人性的个体进入相互冲突状态。国家生活必须是自觉的，成为个体主体自由认同的东西"（仰海峰，2005）。霸权促进了一种有利于政权统治的意义、价值、社会常识的再生产，使得国家权力不再只是一种镇压工具，而是民众自觉拥护的对象。这样的国家形象富有人情味，又更具情感性。它建构于同意之上，而非简单的镇压或强制。也就是制造同意，在同意和强制的平衡中实现维稳。（张永宏、李静君，2012）总之，信访代表的霸权治理技术显得更为柔软、更具韧性、也更为精致。

虽然这种化解工作方式看似柔弱，但是它并不意味着国家强力一面的消失。在笔者观察到的几次集体来访中，治安支队的便衣警察会游走在人群四周，警惕事态的发展方向。而在十八大期间，曾经有过敏感行动的老户也会被公安分局派专人24小时监控。在接访人员无法安抚的上访户扬言要滞留信访接待大厅时，还是依托警力的到场将其劝走。我们不难发现，军、警所代表的强硬力量并没有消失，只是暂时隐藏在一旁。也正因为有着军警力量的保障，情感工作才有了发挥的空间。而对于上访者来说，也正因为那条不可逾越的红线一直存在，他们只能进入到合法上访的路线之中，去面对国家权力看似柔弱的一面。强权的威严反衬出霸权之境的魅力，这种结合才是促使老百姓倾向上访的背后原因。

二、从"情感支配"到"治理情感"：情感治理技术的谱系学

另一方面，对于政府来说，为什么信访不解决问题却依旧重要？或者更为直白的发问，不解决问题的信访如何实现社会治理？先前研究总结过信访对于吸纳冲突、拖延时间或者政府内部管理的重要意义。但笔者的研究发现，围绕情感的治理其实是信访在无法解决问题的情况下实现的最重要的"不治之治"。信访吸纳进大量的矛盾和抗议者，并非只用官僚程序拖延时间，而是主动使用了大量的情感技术去稀释矛盾。无论是大厅内的情感疏解、情感约束，还是走出大厅对访民的教育感化，国家借由信访干部之手，实施着积极和主动的治理。信访中的情感工作的发展也许不是国家有意为之，但正是在信访制度和中国政治文化的框架之下，在信访办所处的狭小行动空间中才得以萌生并发展。

笔者通过在田野中的观察以及对相关文本的研究简要归纳出在上述信访工作中常用的情感治理技术，同时也探索国家权力在情感维度进行治理的不同层面。如果说情感疏解中对于上访户激烈情绪的安抚、回避和化解仅仅是接访人员被动的回应，那么到了情感约束阶段，我们看到信访干部主动利用情感关系去规范上访者的行为。而化访中的情感教化则更进一步，信访干部希望通过说服、教育、乃至物质上的给予去感化上访者，去塑造上访者内心的愧疚与自责，去在上访者的情感世界解构上访行为的合法性。正如上图所展示的，从"对

情感进行回应"到"对情感进行利用"，再到"对情感进行塑造"，这层层递进的情感治理技术反映出国家权力在情感领域的不断深入。在这逐级深入的权力技术谱系中，笔者认为一个最重要的转变就是情感从最初的权力工具（情感支配），成为信访治理要着力的对象（治理情感）。

而当我们从另一个角度俯瞰笔者分析过的情感治理技术，会发现一个更有趣的现象。在情感疏解过程中，信访工作人员希望对上访户的问题进行"去个人化"、"去情感化"处理，即排除那些上访户个人情绪，将问题还原政策法规条文对答。但在情感控制和情感教化之中，信访干部们利用或者创造与上访者的私人联系，将个人情感嫁接到上访问题之上，将上访问题"个人化"、"情感化"。这种处理看似矛盾，却恰好反映出情感治理背后的权力归属。自始至终，国家权力占有着定义"情感合理性"的绝对地位。对于上访户来说，什么样的情感被体验、什么样的情感被抒发，用什么样的方式来表达情感并不是完全私人的事情。当不利于社会稳定时，国家将上访户的情感定义为可以被剔除的"私料"，去解构这种情绪存在的基础；当有利于维稳工作时，国家可以建立起访民和干部之间的私人情感，去建构出这种情感联系背后的国家权威。当我们再回溯裴宜理和刘瑜等人对共产党革命时期情感工作的探索，革命时代"对敌人罪行的义愤"、"对国家拯救的恩情"、"对自己错误的悔过"、"对民族兴起的自豪"不也是种种被动员或被形塑出的情感状态吗？情感自始至终没有离开权力的视野，只是研究者在当下将其忽略了。笔者对信访工作情感治理过程的挖掘，只是把情感带回到权力研究的框架中，承接到对中国革命研究的传统中去。当然，笔者对情感治理技术的分析主要观察自H区信访办一处田野场地，不同省市和不同层级情感工作可能会有不同之处。笔者也知道，有些省市信访办引入心理医生、情感咨询师来进行化访，或者动员上访者亲人的去劝慰老上访户。总之，更多的情感治理实践留待发掘，情感与权力之间的联系，仍然有巨大的研究空间。

三、情感国家：合法性的悖论

围绕情感的治理技术体现出国家权力在情感领域内的实践过程，但对情感的治理并不仅限于应对上访户而已。Migdal认为一个真实的国家是由其形象及实践两方面来塑造的，而来自国家行动者与机构的日常工作以及实践过程可加强或者削弱其形象（Migdal, 2001）。正如前文所言，如果说军警和司法及其对反抗者强硬的镇压将国家塑造成一架冷冰冰的暴力机器，那么以情感工作为日常实践内容的信访制度则提供了另一种形象——情感国家（emotional state）。访民可以在这里得到倾听和安抚，信访干部的私人情感被嫁接到国家机器上以呈现国家治理的人性化特征。一个富有情感的国家形象被无形中经情感工作之手被塑造，在冷冰冰的利益关系或者矛盾冲突之中创造出国家与社会之间的缓冲地带。史蒂文·卢克斯指出权力的一个重要的维度在于"无论在何种程度上，通过使人们接受他们在现存秩序中的角色与位置这样一种方式塑造他们的感知、认知和偏好，从而防止他们产生愤恨"（卢克斯，2008，13）。我们不难看到在信访系统内的运作中，情感国家不但着力于对愤恨、失望的化解，更着眼于对代表访民服从支配关系的愧疚感的塑造。如果说葛兰西的传统霸权分析只是强调一种建立在同意之上的"心理上的国家，涉及对于社会政治秩序或者那种秩序中某些至关重要方面的接受"（卢克斯，2008：9）。那么情感国家的分析展现出葛兰西及其追随者并没有给出的权力技术的精致运作过程。一般我们认为葛兰西的分析关注文化、意识形态等国家治理的宏观层面，但情感国家的分析深入日常生活。在笔者所分析的信访系统框架内的国家治理实践中，在"国家——社会"这一权力关系之上，我们处于被支配一方的上访者和处于支配工具位置的接访员的生命体验中寻找权力运作的机制。在这一个层面上来说，本研究所展现的情感国家治理技术的精密和细致，是对传统霸权理论的继承和发展。

虽然这个富有人情味的国家提供了强权所不能提供的访民体验，但我们必须看到这一柔软形象可能带来的负面影响。国家看似能够运用情感治理处理访民需求，但信访干部已经在一线工作中体会到不同技术之间可能的张力。接访人员极力尝试去解释法定规则和官方程序，但领导的一句话可能让这些条文均成为摆设；虽然信访要求不能损害行政权威和司法权威，但是维稳压力又不得不促使政府在敏感事件对上访户妥协。情、理、法构成了中国政治生活最为暧昧的空间，信访工作只能在其中蹒跚而行。

综上所述，信访系统生产并再生产了访民与干部之间的微妙互动及权力关系。在信访大厅中，疲劳的干部和仪式化的上访者构成了一种日常化的互动。这些他人看似异常的互动早已成为中国信访制度下的常态。信访系统的确暂时缓和了矛盾，实现了某种治理效果。但这种治理方式并不能指向公民意识的培育或者法治社会的诞生，相反，它让国家的形象更为暧昧。一个情感国家，一方面用他柔软的形象弥补了军警的无情，同时，它也带来更多的不确定性。正如卡夫雷拉所言，"抗争的过程并非被支配者挪用了支配者的意识形态，本来就是同一套话语，即将支配给制度化，又将政治对抗授权给这种支配，使之可以被思考。因此，被支配群体所做的并不是借助支配意识形态来表现自己的社会利益，而是通过同一套话语来表达/关联这些利益，并发展这套话语的潜在可能及矛盾之处。"（卡夫雷拉，2008，151）在这个意义上，权力希望将触手伸入情感领域的那一刻起，也注定了权力本身柔弱体质的形成。我们可以理解信访制度呈现的柔软姿态对于支配技术的丰富，也要理解这一柔软势必对支配关系本身产生的动摇。相较于传统威权国家单一的武力压制，信访提供了消解冲突的别样渠道。但是从日常型上访户的生成和信访干部的疲惫，我们也看到了不断增加的治理成本。不同于强权手段使得被支配者充满恐惧的臣服于支配关系，情感技术企图建构被支配者内心对于支配关系的同意与认可。但是我们从信访双方不断讨价还价的过程中也看到了支配双方博弈空间的扩大。在这个意义上来说，治理技术的多样性并非意味着国家权力地位的无限强化，它同样意味着治理成本的提高以及反抗维度的多样。因此，所谓情感国家背后的合法性究竟成为维护政权的基石还是讨价还价的姿态，我们很难界定。

参考书目

阿伦特，2009，极权主义的起源，北京：生活•读书•新知三联书店

张泰苏，2009，中国人在行政纠纷中为何偏好信访，社会学研究，第3期

成伯清，2013，情感的社会学意义，山东社会科学，第1期

程秀英，2012，从政治呼号到法律逻辑——对中国工人抗争政治的话语分析，开放时代，第11期

程秀英，2013，消散式遏制：中国劳工政治的比较个案研究，2012，第5期

陈柏峰，2011，无理上访与基层法治，中外法学，第2期

陈鹏，2012，住房产权与社区整体，清华大学博士学位论文

刁成杰，1996，人民信访史略，北京：北京经济学院出版社

董海军，2008，"作为武器的弱者身份"：农民维权抗争的底层政治，社会，第4期

董海军，2010，依势博弈：基层社会维权行为的新解释框架，社会，第5期

冯仕政，2012，国家政权建设与新中国信访制度的形成及演变，社会学研究，第4期

戈夫曼，2008，日常生活中的自我呈现，北京大学出版社

郭于华、孙立平，2002，诉苦：一种农民国家观念形成的中介机制，中国学术，第3期

黄冬娅，2011，国家如何塑造抗争政治——关于社会抗争中国家角色的研究评述，社会学研究，第2期

卡夫雷拉，2008，后社会史初探，北京大学出版社

晋军，1998，"精英逻辑"与"灾民逻辑"——对大河电站农民长期集体上访的个案研究，北京大学硕士学位论文

李秋学，2009，中国信访史论，中国社会科学出版社

刘畅，2011，职业上访户：延续与终止的逻辑，清华大学硕士学位论文

卢克斯，2008，权力：一种激进的观点，凤凰出版传媒集团，江苏人民出版社

渠敬东、周飞舟、应星，2009，从总体支配到技术治理，中国社会科学，第6期

饶静、叶敬忠、谭思，2011，"要挟型上访"——底层政治逻辑下的农民上访分析框架.中国农村观察，第3期

石发勇，2005，关系网络与当代中国基层社会运动——以一个街区环保运动

个案为例，学海，第3期

史华罗，2009，中国历史中的情感文化——对明清文献的跨学科文本研究，
　　北京：商务印书馆

申端锋，2010，乡村治权与分类治理: 农民上访研究的范式转换，开放时代，
　　第6期

田先红，2012， 治理基层中国: 桥镇信访博弈的叙事, 1995—2009. 社科文献
　　出版社

吴长青，2010， 从 "策略" 到 "伦理" 对 "依法抗争" 的批评性讨论，
　　社会，第2期

吴长青，2013，英雄伦理与抗争行动的持续性: 以鲁西农民抗争积极分子为
　　例，社会，第5期

谢天长，2009，信访: 过滤纠纷过程和压力机制，福建论坛: 人文社会科学
　　版，第6期

仰海峰，2006，葛兰西的霸权概念研究，山东社会科学，第11期

杨小军，2013，信访体制先天缺乏最起码的形式公正，共识网（http://
　　www.21ccom.net/articles/zgyj/ggzhc/article_2013050882937.html）

应星，2001，大河移民上访的故事，北京：三联书店

应星，2004，作为特殊行政救济的信访救济，法学研究，第3期

应星，2007，草根动员与农民群体利益的表达机制，社会学研究，第2期

应星，2009，"气场" 与群体性事件的发生机制，社会学研究，第2期

应星，2010，"气" 与中国乡土本色的社会行动，社会学研究，第5期

应星，2011，"气" 与抗争政治: 当代中国乡村社会稳定问题研究，北京：
　　社会科学文献出版社

应星、晋军，2000，集体上访中的 "问题化" 过程: 西南一个水电站的移民
　　的故事，清华社会学评论（第一辑），厦门：鹭江出版社

于建嵘，2004，当前农民维权活动的一个解释框架，社会学研究，第2期

于建嵘，2005，中国信访制度批判，中国改革，第2期

张泰苏，2009，中国人在行政纠纷中为何偏好信访，社会学研究，第3期

张永宏、李静君，2012，制造同意: 基层政府怎样吸纳民众的抗争，开放时
　　代，第7 期

Cai, Yongshun. 2004. Managed Participation in China. Political Science Quarterly

Vol. 119, No. 3 (Fall, 2004), pp. 425—451

Calhoun,C. 2001. Putting Emotions in Their place. Passionate politics: Emotions and social movements, 45—58.

Collins, R. 2001. Social movements and the focus of emotional attention. Passionate politics: Emotions and social movements, 27—44.

Chen, Xi. 2005. An Authoritarian State and a Contentious Society: The Case of China. Doctor of Philosophy dissertation, Columbia University

Minzner C F. 2006, "Xinfang: An alternative to formal Chinese legal institutions". Stan. J. Int' 11., 2006, 42: 103.

Goldstone, Jack A., and Charles Tilly. 2001. "Threat (and opportunity): Popular action and state response in the dynamics of contentious action." Silence and voice in the study of contentious politics : 179—94.

Goodwin, J., & Pfaff, S. 2001. Emotion work in high-risk social movements: Managing fear in the US and East German civil rights movements. Passionate politics: Emotions and social movements, 282—302.

Gould, D. B. 2009. Moving politics: emotion and ACT UP' s fight against AIDS. University of Chicago Press.

Graham, Mark. 2002. "Emotional Bureaucracies: Emotions Civil Servants, and Immigrants in the Swedish Welfare State." Ethos 30.3 : 199—226.

He, Baogang, and Mark E. Warren.2011. "Authoritarian deliberation: the deliberative turn in Chinese political development." Perspectives on politics 9.2: 269—289.

Hochschild, Arlie Russell. 1983. The managed heart: Commercialization of human feeling. Berkeley: University of California Press.

Jasper, James M.2011. "Emotions and social movements: Twenty years of theory and research." Annual Review of Sociology 37 : 285—303.

Kersbergen, K. V., & Waarden, F. V. 2004. 'Governance' as a bridge between disciplines: Cross - disciplinary inspiration regarding shifts in governance and problems of governability, accountability and legitimacy. European journal of political research, 43(2), 143—171.

Lee, ChingKwan, 2007, Against the Law: Labor Protests in China' s Rustblet and Sunbelt

Lee, ChingKwan, and Zhang, Yonghong. 2013. "The Power of Instability: Unraveling the Microfoundations of Bargained Authoritarianism in China." American Journal of Sociology 118.6 : 1475—1508.

Leidner, Robin. 1999. "Emotional labor in service work." The ANNALS of the American Academy of political and Social Science 561.1 : 81—95.

Lifton, Robert J. 1989. Thought Reform and the Psychology of Totalism: A Study of "brainwashing" in China. UNC Press Books, 1989.

Liu, Yu. 2010. "Maoist discourse and the mobilization of emotions in revolutionary China." Modern China 36.3 : 329—362.

Luehrmann, Laura M. 2003. "Facing citizen complaints in China, 1951—1996." Asian Survey 43.5: 845—866.

Martin S E. 1982.Breaking and entering: Policewomen on patrol. University of California

Migdal, J. S. 2001. State in society: Studying how states and societies transform and constitute one another. Cambridge University Press.

Nathan, Andrew J.2003. "Authoritarian resilience." Journal of Democracy 14.1 : 6—17. 2003.

Kemper, T. 2001. A Structural Approach to Social Movement Emotions. Passionate politics: Emotions and social movements:58—73.

O'Brien, Kevin J., and Lianjiang Li. 2006.Rightful resistance in rural China. Cambridge University Press.

O'Brien, K. J. 1996. Rightful resistance. World Politics, 49, 31—55.

Perry, Elizabeth.2002. "Moving the masses: Emotion work in the Chinese Revolution." Mobilization: An International Quarterly 7.2 : 111—128.

Steinberg, Ronnie J., and Deborah M. Figart.1999. "Emotional labor since the managed heart." The Annals of the American Academy of Political and Social Science 561.1: 8—26.

Srivastava, S. 2006. Tears, fears and careers: Anti-racism and emotion in social movement organizations. The Canadian Journal of Sociology, 31(1), 55—90.

Pye, Lucian. W. 2002. The spirit of Chinese Politics: MA:Harward University Press, 2002.

Walder, Andrew. 1986. Communist Neo-traditionalism:Work and Authority in

Chinese Industry. Bekeley and Los Angeles : University of California Press, 1986.

Wettergren, Asa. 2010. "Managing unlawful feelings: the emotional regime of the Swedish migration board." International Journal of Work Organisation and Emotion 3.4: 400—419.

具地化的记忆之争

——基于西安大明宫国家遗址公园项目的研究

金毅　北京大学社会学系2011级

指导教师　李康

一、导言

2010年9月30日，一场盛大的仪式在西安城[①]北的龙首原东侧举行。历经两年多时间的建设，大明宫国家遗址公园在人民共和国六十一周年国庆日的前一天正式开园。不过这并不是这座唐代宫殿在毁弃千年之后第一次被唤醒。2006年10月20日，作为为北京奥运会造势的活动之一，由北京奥组委和陕西省政府共同主办的文艺晚会"2006·盛典西安"就曾选择大明宫遗址作为演出场地。这场号称"建国以来陕西最大的文化盛会、西安历史上最辉煌的艺术盛典"的文艺演出，将主舞台设在大明宫主殿含元殿台基遗址前方，并且在台基上临时搭建了一座仿真含元殿作为布景。（《西安日报》，2006）与2006年这场声势虽浩大、但持续时间却很短的晚会不同，同样在含元殿台基遗址前举行的遗址公园开园仪式，则标志着已经毁弃千年的大明宫，将在此后较长一段时间内，以遗址公园的形态被保存并加以展示。

新落成的大明宫国家遗址公园占地面积约3.5平方公里，基本涵盖了整个大明宫宫区。原来居住在区域内的大约10万居民被迁移，350万

[①]　在西安，通常所说的"西安城"，是指西安现存明城墙内的市区范围，而不是现在西安的整个建成区范围。西安城大致呈矩形，东西长约5.1公里，南北长约2.6公里，总面积约13.5平方公里。下文将提到的"城"、"西安城"，如果未作特殊说明，则是指这个范围，而"城墙"则指西安现存的始建于明代的城墙。

平方米建筑被拆除，拆迁、安置及公园建设总投资高达120亿人民币。（锁言涛，2011，50）长期任教于西安交通大学的第九、十届全国人大常委会副委员长蒋正华，时任联合国助理秘书长沃伦•萨奇（Warren Sach），国家文物局时任局长单霁翔，以及陕西省和西安市的主要官员等都出席了这一仪式。（《西安日报》，2010a）单霁翔与陕西省政府时任代理省长赵正永和西安市委时任书记孙清云都在仪式上作了致辞。以赵正永和孙清云的讲话为代表西安当地官方话语（《西安日报》，2010b；2010c），都认为大明宫国家遗址公园的模式，能够在兼顾城市现代化发展需求的同时，切实实现对古代遗址的保护；而之所以要用巨大代价对大明宫遗址加以保护，原因似乎也显而易见，是力图要"传承历史、延续文明"：在官方叙事中，中国的历史文明在建都西安（长安）的唐代被推向了顶峰，而作为唐长安城中最重要的宫殿，大明宫既体现了盛唐时期在建筑与园林等领域所达到的水平，又是唐代历史中许多重要事件发生的地点，"在这里上演了一幕幕万国衣冠、国泰民安的历史活剧，成为海内外中华儿女引以为豪的记忆。"（《西安日报》，2010b）如果换用皮埃尔•诺拉(Pierre Nora)提出的术语来说，则可以将大明宫称为盛唐"记忆所系之场"(lieux de mémoire)[①]。

西安，陕西省省会，西北地区最大城市，素有"十三朝古都"[②]之称，市境之内分布着许多历代遗迹。除了大明宫外，秦始皇陵、唐长

---

① "记忆所系之场"，诺拉使用的法文原词为les lieux de mémoire（Nora，1996）。lieux既可以表示实体的房屋、特定的场所或建筑，也可以表示事件的现场。英译本将这个术语译为realms of memory，即"记忆之域"。《怀旧的未来》一书的中译本中，译者选用了"记忆之地"的译法（博伊姆，2010，19），周海燕在《记忆的政治》一书中，则使用了"记忆之场"（周海燕，2013，322）。台湾"中研院"戴丽娟主译的中文本译作"记忆所系之处"（诺哈，2012）。在译者导言中，译者认为，诺拉编选的文章不仅包括了历史建筑、纪念碑等具体的纪念性事物，也讨论了象征与抽象概念，而且对于这些事物而言，最重要之处是不同时代的人们为这些事物所注入的意义。为了突出这一点，译者弃用了"记忆之场"、"记忆之域"、"记忆之处"等译法，而选取了相对冗长的"记忆所系之处"。本文要讨论的，则是拥有具体空间形态的古代建筑遗存，并且要强调其构建进程，因此综合这些译法，权将"les lieux de mémoire"译作"记忆所系之场"。

② 通常所说的"十三朝"，是指西周、秦、西汉、新、东汉（一度）、西晋（一度）、前赵、前秦、后秦、西魏、北周、隋和唐，建立起全国性政权且较有影响力的是西周、秦、西汉和唐，因此西安的建都史也通常被标榜为"周秦汉唐"。除去一些造反农民军建立的临时性政权，最后一个在西安建都的朝代是唐朝。

安城墙等都被辟为了遗址公园，而比大明宫遗址公园规模更大的汉长安城遗址公园也在擘画建设。（《西安日报》，2012）而在全国范围内，近年来一股"遗址热"似乎正在席卷许多拥有"中国历史文化名城"头衔的城市，像西安一样不满于历史遗址的既存状况，而斥巨资将规模宏大但毁弃已久的古代建筑群落甚至整座古城加以全面复建的城市，还能历数许多。（《南方周末》，2012）这些大型项目虽然与其他都市更新工程非常类似，同样包括了大拆大建，但毕竟与以往追求"现代化"的都市景观、将历史层理视为城市发展障碍的做法有所不同，这些项目就是以历史元素为核心进行运作的。一方面，不可否认的是，这些古代建筑遗迹确实可以与特定的历史记忆关联起来，但由于年代古远，这种历史通常不是任何一个当代人的亲身经历或者口耳相传的记忆，只能通过考古发现等专业研究成果或者艺术作品加以想象；另一方面，一些新的建筑层理叠加在遗址之上，这些被认为侵占并进而损害了遗址的建筑，在被夷平之前恰恰是许多人的日常生活空间，也维系着另外一种人们有着亲身经验的集体记忆。当然，地方政府致力于推动这种带有"怀旧"色彩的大规模遗址复建项目，暗含着更为复杂的政治与经济诉求。

夹带着地方政府的特定诉求、需要通过想象得以实现的对于古远历史的集体记忆，与民众有着亲身经验的、更为切近的集体记忆之间的互动，将会如何作用于人们的日常生活，如何形塑人们对处于变化中的都市景观的理解，是本文通过对西安的大明宫国家遗址公园这一个案，希望能加以探讨的议题。

二、文献综述

1. 集体记忆研究

社会学中关于集体记忆的研究，主要以哈布瓦赫（Maurice Halbwachs）的开创性研究为基础。哈布瓦赫认为，从一方面来看，尽管群体的记忆体现在个体记忆之中，并且最终要由个体记忆来实现自身，但正是群体或者说社会，特别是个体的亲族、宗教和阶级归属，为个体提供了记忆的框架，个体植根于由特定群体构建的情境之中，并且利用这种情境来实现记忆或者对过去的再现（哈布瓦赫，2000，69）；而就另一方面而言，集体记忆并不是将过去原本留存下来，究其本质，集体记忆是一种社会建构，是在特定时代立足于这个时代而重建起来的关于过去的想象，并且与它被建构时代社会的主导思想是一致的。（哈布瓦赫，2000，71）哈布瓦赫有关"福音书中圣地的传奇地形学"的讨论（哈布瓦赫，2000，317—414），则直接体现了集体记忆建构中的这种"现在中心观"（presentist）。就本文的讨论而言，哈布瓦赫对集体记忆所做出的另一种区分则更为重要，即历史记忆与自传记忆。所谓历史记忆，即社会行动者需要通过文字或其他载体才能触及的记忆，这类记忆会通过纪念仪式、法定假日之类活动存续下来，这些活动形成了存储和解释过去的社会机制，而个体则通过阅读、聆听别人的讲述，或者参与前面提到的活动并与群体的其他成员共同回忆，使得历史记忆被间接地激发出来；而自传记忆（autobiographical memory）则是指人们对自己曾亲身经历过的事件的记忆，这样的记忆更具个体化色彩，不过也能起到强化参与者之间关系纽带的作用，但由于缺乏制度性的强化机制，因此除非共享这些记忆的成员再度交流、或者接触到与它们相关的东西，否则自传记忆通常会随着时间的流逝而渐趋淡化，经历的时间间隔足够长的话，甚至可能致使一部分记忆完全丧失，毕竟从群体为记忆提供了社会框架的角度看，"自传记忆总是植根在他人之中的，只有群体成员在进行记忆"（哈布瓦赫，2000，42—43）。

在《社会如何记忆》一书中，保罗·康纳顿（Paul Connerton）扩展了哈布瓦赫关于集体记忆的讨论。在康纳顿看来，哈布瓦赫虽然致力于有关集体记忆这一概念的研究，却没能对集体记忆如何得以传达与维持提出有效的解释机制。（康纳顿，2000，36—38）他认为，正是在纪念仪式中得到操演与身体实践这两种机制，使得集体记忆得以保存并传递下去。（康纳顿，2000，2）而在集体记忆的保存和传播过程中，政治权力通常会参与运作，因为这些作为信息储备的集体记忆，会直接影响到权力的合法性，借助于过去呈现在集体记忆中的形象，政治权力能够将其青睐的社会秩序合法化，对社会记忆的控制力，在很大程度上也就决定了权力的等级。(康纳顿，2000，1—3)康纳顿还进一步对社会记忆和历史重构（historical reconstruction）之间的微妙关系进行了讨论。康纳顿延续了哈布瓦赫的观点，认为即便在一个村落当中，在很大程度上也是共享的经验为人们的记忆提供了框架，因而村落能够建构起一段绵延的社区史，不过这种"历史"缺乏一种能够自我强化的叙事逻辑，每一个分享这种"历史"的人其时间感往往是"非线性的、循环的"；对于"历史重构"的工作而言，一方面，致力于发掘口述史研究潜力的历史学家，会对分享社区历史的人们的叙述内容进行审视，并从经过质证的内容中获得"指导性动力"，但与此同时，社会记忆也往往会被历史重构的实践成果所影响甚至显著重塑，康纳顿提出，国家机器系统地对公民的记忆进行剥夺，就是这种互动关系的极端例子。(康纳顿，2000，9—16)借用康纳顿的观点来看，哈布瓦赫所说的"自传记忆"在淡化过程中如果被重新唤起，便很有可能借助与之有关的"历史重构"成果作为脉络，这样一来，政治权力便有机会参与到对看似更具个体色彩的"自传记忆"的重塑当中。

当然，过度强调集体记忆是从当下的需求和关切出发来重塑过去，也可能带来困难，即历史的连续性可能被消解。在讨论林肯总统形象的一篇论文中（Schwartz，1996），巴里·施瓦茨（Barry Schwartz）就对这一问题进行了反思。他肯定了哈布瓦赫及其后继者们有关"社会作为记忆框架"的研究对从当下的需求和关切出发重塑记忆的讨论，具有一定的理论意义，但同时指出这项研究同时也夸大了过去的可塑性。作为对这一问题的纠正，施瓦茨提出了"记忆作为一种社会框架"（memory as a social frame）的视角，他界定了两个核心概念：第一是框架化（framing），即用共享的记忆为当下事件的感知和理解提供框架；第二是定调（keying），即通过将人们用某种基本框架来理解的活动，与用其他框架理解的活动进行比较，从而实现意义的转化，换言之，如果用哈布瓦赫提出的视角理解，即记忆以社会为框架（model of society），那么过去的事件便是为了当下定调的（keyed to the present），而如果认为正是记忆为社会提供了理解的模式（model for society），那么过去的事件则将借助当下来定调（keyed by the present）。他认为，第二次世界大战时期美国政府运用林肯形象，实质上就是要引导人们把对林肯和美国内战的集体记忆作为框架，用来理解第二次世界大战的含义，从而进行战争动员并将战争合法化。（Schwartz，1996）事实上，施瓦茨所说的"作为社会框架"的记忆，其出发点仍然是当下。虽然在施瓦茨看来，过去事件的可塑性要小得多，但将特定的事件从浩繁的历史中拣选出来，同当下关联起来并为理解当下提供框架，本身就包含着建构过程。施瓦茨近期和霍华德•舒曼（Howard Schuman）合作的另一篇文章更凸显了拣选机制的作用。（Schwartz and Schuman，2005）研究表明，第二次世界大战时期林肯的形象是多维的，包含了"联邦拯救者"（Savior of the Union）、"伟大的解放者"（Great Emancipator）、"人民之子"（Man of the People）、"头号美国人"（First American）和"靠自我奋斗而成功者"（Self-Made Man）五个主要面向。但进入了20世纪后期，由于民权运动在美国日渐兴起，"伟大解放者"这个单维形象被凸显出来，并且较之历史学者等专业人士，这种单维凸显的形象在普通个体对记忆的表述中还会被进一步夸大，而作为这种形象的基础，林肯致力于捍卫公民权利的举动在某种程度上也还是被人们想象出来的。

近年来，国内的一些学者也将集体记忆的讨论框架引入了历史学和历史性社会研究中，并取得了一些成果。例如，周海燕在《记忆的政治》一书中，就从集体记忆的讨论传统出发，结合福柯等人的理论，对大生产运动期间及之后对这一事件的话语建构和重构进行了细致分析。她的研究表明，事实上中国共产党在各个时期都从即时性的需求出发，调用有关大生产运动记忆的不同部分，不断进行重新关联和话语重构。在她看来，"有关大生产运动的社会记忆是一次建立在民族主义意识形态上的、革命话语的体系化构建，由于其丰富的多义性，这段社会记忆也在不同历史时期被反复重新建构，为作为国家执政党的中国共产党提供了丰厚的政治合法性资源。"（周海燕，2013，373）当然，也并不是只有中国共产党才能从有关大生产运动的记忆中汲取资源，作为大生产运动的核心记忆符码,同时也作为"地理实在",南泥湾被辟为一个红色旅游景点,地方政府精心"复原"了一系列"革命遗产"①,试图以有关大生产运动的集体记忆为卖点,吸引具有好奇心和"怀旧情绪"的游客。(周海燕,2013,316－339)

而李恭忠与陈蕴茜的研究,则分别考察了民国时期、特别是孙中山逝世后,国民党围绕着孙中山形象进行的一系列记忆构建活动。他们各自的研究都表明,事实上在中共之前,国民党就已经试图借孙中山记忆的构建,强化自身合法性,进而确立起现代民族国家认同。

在《中山陵》一书中,作者以中山陵的建设及孙中山遗体入葬中山陵的仪式为核心,考察了国民党试图用柔性手段建立新的现代国家治理秩序的一系列举措。这场前所未见的祭典,以及具备帝王陵寝规格的中山陵以开放的纪念性为设计原则,的确在一定时期、一定范围内造成了影响,但李恭忠也特别突出了民众对主导性话语的反抗,在奉安大典期间的严肃气氛中,一些被勒令停止的娱乐活动依然故我,本来被赋予了强烈政治意涵的"谒陵"活动却成了人们丰富闲暇生活的轻松旅行,作者认为:"经过近20年的时光推移,中山陵这座独特的纪念建筑已经深入人心,在向国人传递政治意蕴、改造人们日常生活的同时,也逐渐被日常生活所改造。它作为一个巨型政治符号的训示含义逐渐隐退于幕后,作为一个休闲、观光场所的性质与功能,在普通人的意识和行为中却愈益凸显。"(李恭忠,2009,346)他也进一步提问:"它作为一个休闲、观光场所的性质和功能,却逐渐在普通人的意识和行为中凸显出来。是政治权力在改造日常生活,还是日常生活溶解政治权力?"(李恭忠,2009,377)

陈蕴茜的研究进一步则考察了为了强化孙中山记忆,国民党采取的其他更为绵密、更贴近日常生活的举措,包括定期举行纪念仪式、以"中山"命名各种纪念性标志物、普及与孙中山有关的物品(如总理遗像、中山装)等。(陈蕴茜,2009)当然她的研究结论与李恭忠较为接近,一方面,国民党的确通过微观的权力机制,将政党、国家

---

① 周海燕特别引用了哈布瓦赫的观点,指出空间叙事中对"红色记忆"的复原,在很大程度上是在进行建构而非恢复(周海燕,2013,317)。

（党治国家）等现代性政治符号融入了大众层次的经验与记忆，一定程度上都有助于由国民党来推动社会生活的重组以及进行现代民族国家的初步建设；但另一方面，政府致力于推动的孙中山"崇拜"与民众认同之间却存在着明显落差，究其原因，陈蕴茜认为，"许多民众只限于感性认知，对孙中山符号的意涵和价值缺乏了解，因此，孙中山崇拜并未真正深入民众思想，从而指导他们的思维和行为方式，官方通过孙中山崇拜传输的党化意识形态亦未深植于民间社会。"（陈蕴茜，2009，579）需要指出的是，从孙中山逝世到国民党战败政权迁台，时隔仅二十余年，而共和国建政后，一个新的崇拜符码又很快被建立起来，因此较难在中国大陆的语境中考察"孙中山记忆"的持续性影响，但从两位作者的分析来看，在这二十余年的时间里，孙中山记忆的形塑和灌输似乎没能取得成功。具体到中山陵这个"地理实在"，被灌输了强烈意识形态诉求的设计理念与普通民众对中山陵的表征之间的张力，或许可以用列斐伏尔（Henri Lefebvre）在《空间的生产》一书中提出的"空间性的三元辩证法"来加以理解。

所谓"空间性的三元辩证法"，包括空间实践（spatial practice）、空间的诸表征（representations of space）和表征性的诸空间（representational spaces）三个维度。在列斐伏尔的概念框架里，空间实践"包括了生产和再生产，以及作为任一社会构成（social formation）之特征的具体位置和空间集。它确保了连续性和某种程度的内聚力。就社会空间以及特定社会中的任一个体与社会空间的关系而言，这种内聚力寓示了一种基本层面的能力（competence）和一种特定层面上的操演（performance）"；空间的诸表征，则是"与生产关系，以及生产关系所强加的'秩序'相关联的，因而也同知识、符号、编码，以及'锋面'（frontal）的关系相关联"；而"表征性的诸空间"，则"具身体现着复杂的符号体系，有时被编码、有时则没有，它与社会生活中私密、隐蔽的那一面相连，也与艺术相连（较之空间的符码，它最终可能更易于被定义为表征性空间的符码）"（Lefebvre，1991，32）。

爱德华·索亚（Edward Soja）在《第三空间》一书中，对列斐伏尔提出的这一概念框架作了进一步诠释。索亚认为，空间实践实际上指涉了一种"具体化的、社会生产的、经验的空间"，亦即"（可）感知的空间"，是传统的关于空间的焦点，也被索亚称为"第一空间的物质基础"（索亚，2005，84−85）；"空间的诸表征"则界定了"概念化的空间"，是"科学家、规划者、城市学家、分门别类的专家政要的空间，是某种仿佛有着科学爱好的艺术家的空间——他们都把实际的和感知的当作构想的"，而且既然空间的表征与生产关系及其强加的秩序相关联，那么这种秩序就是通过"控制译解空间实践的手段，进而控制空间知识的生产"的，索亚称之为"第二空间"（索亚，2005，85）；而所谓"表征性的诸空间"，索亚认为，就是"实际的空间"，是"居住者和使用者的空间"，他援引列斐伏尔的观点来说明，这种表征性的空间"是被统治的、因此也是被动体验或屈从的空间，是想象试图改变和占有的空间"，我们可以从中"发现权力的空间性表征，也可以发现空间性诸表征所施行的权力"，但索亚也认为，这种空间也是"反抗统治秩序的空间，这种反抗的空间是从从属的、外围的和边缘化了的处境产生出来的"，"强调了统治、服从和反抗的关系"，因而非常接近索亚所说的"第三空间"（索亚，2005，86）。

当然，这只是提出了"空间性的三元辩证法"的三个维度，列斐伏尔对三者关系的讨论及索亚的展开，还相当精致。借用这个框架来思考，那么前文中提到的作为一个现代政治符号、被灌注了强烈意识形态和特定记忆内涵的中山陵，就是一种"空间的表征"，它所要改造和控制的，是寓于普通人中的"表征性的诸空间"。但这种作为"具地形态"记忆的"空间的表征"，在运作过程中又必然遭遇反抗，尽管这种反抗可能并不激烈。统治、服从与反抗的共存与持续互动，才构成了民众日常生活的实际形态。这一概念框架与前述集体记忆讨论的诸种思路结合，将为下文的相关讨论提供重要的理论基础。

2. 怀旧的相关研究

与集体记忆研究具有密切联系的，是有关怀旧的讨论。当然，雅克·勒高夫（Jacques Le Goff）对怀旧提出了尖锐的批评，他认为："研究、搜救、颂扬集体记忆不再是在事件中，而是在经年累月中，寻找这种记忆也不再是在文本中，而是在话语、图像、手势、仪式和节日中，这是历史视角的一种转换。广大公众也参与了这种转换，这是害怕失去记忆、害怕集体记忆缺失情况下的一种转换。'怀旧'是害怕失去记忆、害怕集体记忆缺失的一种拙劣的表现，且被记忆商贩无耻地加以利用，记忆变成了消费社会的消费品之一，而且销售势头良好。"（勒高夫，2010，108）勒高夫的评价一定程度上是针对对怀旧的商业化操弄，不过怀旧情绪的存在却普遍而久远，雷蒙·威廉斯（Raymond Williams）在对现代英国文学的讨论中就提出，怀旧作为一种体验，可能是更为普遍而持久的，"把过去，把那些'过去的好日子'当作一种手杖，来敲打现在"（威廉斯，2013，15），可能已经是为人们所熟知的习惯；奥维·洛夫格伦（Orvar Löfgren）和乔纳森·弗雷克曼（Jonas Frykman）在对19世纪后期瑞典社会的研究中也发现，"事业精神与资产阶级对未来的信念、对进化式进步的信心密不可分；但与这种信念并存，我们也看到渴望回到过去的怀旧之情……资产阶级对过去的回望则更多带有神秘、浪漫的特征"，而且渴望过去的怀旧之情，与进化式进步的信心之间，也是可以融合的。（洛夫格伦、弗雷克曼，2011，27）

在《渴望过去：一种怀旧的社会学》一书中，弗雷德·戴维斯（Fred Davis）对怀旧行为本身及其社会意义进行了较为全面的讨论。戴维斯首先区分了他所研究的"怀旧感"与"思古情"（antiquarian feeling）之间的区别。他认为，作为"怀旧"对象的过去，必须是怀旧者以某种方式曾经亲身体验的过去，而不能来源于各种二手材料，因为尽管"思古情绪"可以非常鲜活，甚至比自己记忆中的事件更为精彩、更为奇幻，但却始终受到某种会使人不安的感觉限制，即"过去到底是什么样"（Davis，1979，9）。他进一步强调，尽管"过去"是怀旧感的质料，但并不意味着是过去诱发了怀旧体验，事实上，怀旧本质上是立足于当下甚或未来的，是出于对已经出现或者还可能发生的变化感到恐惧而形成的心理反应。（Davis，1979，10）同时，尽管怀旧"怀"的是过去，但事实上怀旧者也在对"旧"进行着建构，个体会更倾向于将过去的积极一面作为怀旧的内

容，而遗忘消极的内容甚或将其逐出记忆。（Davis，1979，14）

　　戴维斯也具体讨论了怀旧的几种功能，包括：一、"怀旧是一种我们可用来不断对我们的认同加以建构、维持和重构的方式，而且可能是所有此类方式中最易获得的心理透镜"（Davis，1979，31），他还特别强调了怀旧对于确保认同连续性的作用，通过怀旧，个体能够树立起一种对于过去自我的欣赏态度，并援以树立起面对当下的不连贯性困境的信心（Davis，1979，35－46），对于生命历程中需要经历的种种巨变，尤其如此（Davis，1979，52－71）。也正是基于这些原因，怀旧的质料才需要来源于个体的亲身体验。二、就怀旧对于整个社会的意义而言，一方面，从结构功能主义的角度而言，怀旧能降低个体面对认同不确定性时的焦虑，也就为由个体构成的整个社会提供了安全阀（Davis，1979，98－99）；另一方面，共享的记忆、共同的怀旧质料，能够将人口学意义上的同期群维系成"同一代人"（Davis，1979，111），怀旧也就生成了"同一代人"的集体认同。（Davis，1979，101）

　　戴维斯还试图提出一种"怀旧的类型学"，在这个升序模型中，最初级的是"简单怀旧"（simple nostalgia），即单纯而不加检视地认为过去的事物比现在更好，哪怕已经意识到过去可能在物质条件上不如现在优越，却可以由更安定的社会秩序等加以弥补；第二是"反思型怀旧"（reflexive nostalgia），怀旧者开始质疑过去，一定程度上校正对过去的浪漫想象；第三则是"诠释型怀旧"（interpreted nostalgia），怀旧者将所"怀"的对象客体化，并且着手对怀旧行为的缘起和意义加以探究。（Davis，1979，17－26）

　　与戴维斯类似，在《怀旧的未来》一书中，斯维特兰娜·博伊姆（Svetlana Boym）也尝试进行了关于怀旧的类型学讨论。不过相较于戴维斯坚持认为怀旧的质料应源于怀旧者的亲身经历，博伊姆则认为，怀旧是"对于某个不再存在或者从来就没有过的家园的向往"，或者更确切地说，怀旧者似乎对他们怀想的对象很难有非常准确的把握，怀旧可能并不是指向过去与未来，而是指向了某个"侧面"（博伊姆，2010，2）。博伊姆对怀旧的源起与意义的阐发，也相对暧昧得多。她认为，从个体层面而言，在一个生活节奏和历史节奏都加速了的时代里，怀旧能够成为某种"防卫机制"，回应了人们在疲于工业化与现代化的速率后，滋生出的对"往昔的较慢的节奏、延续性，以及社会的凝聚和传统"的向往（博伊姆，2010，3，19）。而从群体层面而言，怀旧/乡愁往往在形塑民族主义时被利用，"乡愁/怀旧变成了浪漫派民族主义的中心比喻"（博伊姆，2010，13）。

博伊姆在类型讨论中，将怀旧分为两类，即修复型怀旧和反思型怀旧。她认为，所谓"修复型怀旧"，强调的是返乡，是怀旧中的"旧"这一面，修复型怀旧者主张"超历史地重建失去的家园"，并且要"弥补记忆中的空缺"（博伊姆，2010，7，46）。博伊姆认为，霍布斯鲍姆（Eric Hobsbawn）所说的"传统的发明"（霍布斯鲍姆，2004，1）正是"修复型怀旧"的一种体现。而类似的诸如各种遗址复建，则可以被认为是要"征服时间和以空间展现时间"（博伊姆，2010，56）。在她看来，十九世纪以降的工业化和世俗化，使得社会意义和精神意义都显示出了其空白之处，面对群体与凝聚力的丧失，怀旧，或者"发明的传统"，正好"为个人的怀想提供意见安慰性的集体稿本"，能够一定程度上弥合意义的深渊，尽管这里的"集体"是多元化的，可以增加个体在寻求依附时的选择性，却也不免受到政治上的操纵，从而使得新创造的纪念实践，成为或者说沦为"重新确立社会凝聚力、安全感和对于权威的服从态度"的工具（博伊姆，2010，47—48）。

所谓"反思型怀旧"则与戴维斯界定的同名范畴存在一定差异，在博伊姆的框架里，反思型怀旧的核心在于"怀"，强调怀想，而推迟了返乡，它"并不贪图重建被称为家园的神话式的地点"，"热衷于距离，而不是所指物本身"（博伊姆，2010，56）。在这里，博伊姆对怀旧（尤其是反思型怀旧）和集体记忆之间的关系进行了深入讨论。她一定程度上参考了哈布瓦赫及其后继者的思路，认为"集体记忆将被理解成每日生活的共同标记，这些标记构成了个人回忆的共享的社会参照系"（博伊姆，2010，60）。某种意义上，集体记忆为个人提供了构建记忆的基模，个体会从中演绎出多重叙事；反过来看，集体记忆就成为了多重个人记忆能够共享的游乐场（playground）。（博伊姆，2010，61）①而怀旧，就扮演了个体记忆和作为其基模的集体记忆之间的某种中介的角色。（博伊姆，2010，61）个体正是通过怀旧这一举动，用集体记忆的基模支撑起内涵丰富的个体回忆。

概括起来，博伊姆认为，"修复型怀旧唤起民族的过去和未来，反思型怀旧更关注个人的和文化的记忆"（博伊姆，2010，55）。这对概念之间的关系，非常类似于前文提及的哈布瓦赫提出的"历史记忆"与"自传记忆"。不过既然"自传记忆"的维系可能受到政治权力的介入，那么除了"修复型怀旧"往往被用作民族连带或者政治认同的凝合剂以外，所谓的"反思型怀旧"也难以自外于政治影响。博伊姆指出，集体记忆可能只是为个人回忆提供了叙事标杆而非范本；而"国家的记忆倾向于从共同的每日记忆中择取出一个单一的目的论情节。空白和连续中断之处则用一个有关恢复身份的、鼓舞人心的连贯故事来补足"（博伊姆，2010，60）。但这似乎并未排除国族层面的宏大叙事化为集体记忆、再成为能够作用于个体回忆的绵力这一可能性，不过这种可能性的实现条件与运作机制，尚待后文讨论。

话说回来，尽管戴维斯坚持认为怀旧的质料需要来源于个人的亲身体验，或许有嫌狭隘，但他还是敏锐地捕捉到了他所处的二十世纪七十年代美国怀旧的一种趋势，即大众传媒对怀旧的影响。大规模发展的电影、电视和广播，使得即便个体没能亲身经历，也能通过想象形成一种"似乎体验过"的感觉，媒体营造的幻象取代了记忆一度维系的房屋、街道以及人群，在大众传媒的百万计消费者中间，一种新的集体怀旧感涌现出来，怀旧感的存在，近乎是"媒体所有、媒体所治和媒体所享的"（of the media, by the media, and for the media）（Davis, 1979, 121-122）。尽管戴维斯相对乐观地认为，在民主社会，多元主义的媒体不大可能形成对大众的绝对主义控制（Davis, 1979, 137），大众媒体也许还"不是在污染我们的怀旧记忆之源泉，而无非是使之更丰盈，使之喷涌得更有力量"（Davis, 1979,

---

① 需要说明的是，"游乐场"一词，博伊姆原书中使用的词是"playground"，中译本为"运动场"，仍略有竞争之意，这里权改译为"游乐场"，强调多重个人记忆的并置与共存。

140），但由媒体向大众灌输为特定个体或群体所期待的怀旧情绪，在"受控骚乱"（regulated turmoil）之后塑造出一种顺从感和相对的平静局面，并非天方夜谭。

3. 遗产①政治：具地化的记忆之争

就本研究而言，因为直接涉及具体的空间对象，还有必要对讨论集体记忆和怀旧的具地化这一议题的相关文献，作进一步梳理。

比起人文地理学和人类学来，社会学对"地方"（place）这一概念的关注相对较低。吉尔恩（Thomas F. Gieryn）发表在《美国社会学年评》上的一篇论文曾就此做过详细综述。吉尔恩强调，无论社会学者本人是否意识到，他们研究的许多议题都是具地化的（emplaced），地方为这些研究议题提供了背景和语境，并且还可能成为各种社会活动中一个能动的参与要素，包括：第一，将差异、等级，或者说整个社会结构具地地确定下来，并通过地方使之得到维系（如少数族裔或者其他边缘社群的聚集区）；第二，以福柯关于全景尝试监狱的讨论为代表，通过地方实现权力的展演与运作；第三，共同体感如何能从空间上接近的人群，例如同住一个社区的居民的日常互动中生发出来；第四，地理位置作为影响集体行动的一个重要因素，如赵鼎新在《天安门的力量》中的相关讨论；第五，地方、景观能够成为界认特定行为是否越轨的尺度；第六，也是对于本研究而言最重要的一点，地方作为维系认同和记忆的重要机制，可能成为个体或群体情感的重要依附，已经在相当一部分社会学者的研究中也已得到讨论，建成形态的地方，会为记忆、为一种难以形容的情感提供固着的基础，而地方的破坏则可能摧毁个体和集体的认同与历史，进而降低个人的心理福祉。（Gieryn，2000）

而将"地/地方"作为核心讨论议题的人文地理学者，对"地方"的讨论则更为丰富。阿格纽（John Agnew）认为，地方具备三个最

① 这里所说的"遗产"，主要对应的英文是"heritage"而非"inheritance"。在本文的语境中，"heritage"主要是指"遗址"、"遗迹"（relic），基本不涉及非物质文化遗产。就大明宫国家遗址公园而言，西安官方所使用的英文译法是"Daming Palace National Heritage Park"，用"heritage"对译中文中的"遗址"。本文不拟对"遗产"、"遗址"、"遗迹"等概念进行详细辨析，视语境权宜使用。

基本的构成要素，第一是位置（location），第二是场所（locale），即"位置"所处的物质环境，甚至包括社会关系，第三则是地方感（sense of place），是与这个场所相关联的历史、人们对场所的主观认知以及情感依附。（Agnew，1987，26-36）"创造地方感的一个重要环节，就是关注特殊且经过选择的历史面向"（克雷斯韦尔，2006，139）。正是基于"地方感"的这一层意义，有关地方的讨论与前文论及的集体记忆和怀旧能够实现关联。从一方面来说，历史、记忆是地方感的重要内涵；另一方面，记忆也可以通过地方、通过附着于地表的景观而得到固着、得到展示、得到维系，正如前文已经讨论过的，记忆必须凭借由某些介质。皮埃尔•诺拉认为，不存在自生的记忆，记忆需要用"记忆所系之场"，包括历史建筑遗迹，以及历史文档、特定的纪念日、有组织的仪式等来将记忆固着下来，"记忆所系之场"归根结底就是遗迹，是一种"能够穿越历史而存续下来的纪念性共识终极的具体体现（embodiment）"。（Nora，1996，6-7）如果我们重新考察康纳顿提到的仪式操演与体化实践两种机制，从某种意义上讲，纪念仪式可能会对它所指涉的对象进行程式化的重新操演，从而强化参与者及受众的集体记忆（康纳顿，2000，46-49），或者在体化实践中形成习惯记忆，成为群体成员习以为常的对象，从而被持久地保存下来（康纳顿，2000，108）。但就地方而言，它可能成为仪式操演的场所，或者被引入仪式的一个重要元素，经验地方的过程在某种意义上与参与仪式操演也具有相似性；另一方面，由于地方具有相对的稳定性，因此特定类型的地方也可以融入体化实践当中。例如在加斯东•巴什拉（Gaston Bachelard）看来，"家宅/家屋"就是日常性体化实践中一种具有代表性的地方，因为"家宅是一种强大的融合力量，把人的思想、回忆和梦融合在一起……在人的一生中，家宅总是排除偶然性，增加连续性。没有家宅，人就成了流离失所的存在"（巴什拉，2009，5）。所以前文有关集体记忆及怀旧议题的综述中，有关权力介入集体记忆塑造进程的讨论思路，也可以行诸对"地方感"生产过程的讨论：地方是可以被创造和生产的（克雷斯韦尔，2006，132-133），博伊姆就提到，"现在出现的城市复苏不再是未来主义的，而是怀旧的"，许多城市开始热衷"修复型怀旧"，试图让城市的过去以"遗产"的方式重新被发现（博伊姆，2010，86-87），事实上就是在生产地方；而在生产地方的过程中，不同的行动者选择怎样的历史叙事、怎样的集体记忆，或者由其他方式表述的意义，与正在被生产的地方关联起来，则成为与"地方"相关的政治中的一个核心问题，生产地方、将记忆安置于地方，被认为是建构记忆的主要方式之一（克雷斯韦尔，2006，138-148）。

地理学中有关遗址的讨论，事实上也是将其作为"地方"的一种类型置入了讨论脉络，与考古学或者建筑史等学科的可能视角大相异趣。洛文塔尔（David Lowenthal）明确地指出，"遗迹远不是什么预定或者神授的（God-given）东西，在很大程度上，它不过就是我们自有的一种具有高度可塑性的造物"（Lowenthal，1998，226）。史密斯（Laurajane Smith）有关遗产的讨论甚至往具有后现代色彩的方向上更迈进了一步，她认为，事实上可能并不存在一种叫作"遗迹"的事物，而应该将其视为一种文化和社会的过程，是人们援用具有物质形态的过去的过程，而这里所谓的"过去"，就是关于遗产的"话语建构"（discursive construction）（Smith，2006，11—13）。尽管将遗迹彻底推向话语的思路或许尚待商榷，但无疑也进一步突出了意义赋予过程在遗迹研究中的核心位置。而遗迹作为一种特定的地方，作为其一个核心维度的地方感，则直接与历史叙事和集体记忆相关联。而与前文论及的集体记忆内蕴的"当下中心观"和"由当下定调"类似，研究者认为，遗产也是"以当下为中心的，并且是为了回应当下的需求而被创造、被形塑、被管控的"（Graham and Howard，2008，3），或者如哈维（David C. Harvey）所说，"遗迹还能够被投射到未来"（Harvey，2008）。那么前文论及的权力对记忆形塑过程的介入，便可能具地体现为对遗迹、特别是遗迹意义表达的操弄。研究者们注意到，事实上，国族遗迹的发展与民族主义的勃兴是同步的，自19世纪后期起，欧洲民族国家就利用国族遗迹来强化国族认同，吸纳特定社会文化团体或者宗教所有的具备潜在竞争性的遗迹、或者消除它们的影响（Graham，Ashworh and Turnbridge，2000，183）。而另一方面，传统意义上的弱势群体，或者用哈维的原话来说，"社会中的失败者们"，也逐渐开始支配一些遗迹来捍卫或者维护他们的诉求（Harvey，2008）。遗产政治，正是记忆之争的具地化展演。

在有关当代中国的遗产政治问题的讨论中，苏晓波对丽江木府的研究一定程度上就体现了上述讨论思路（Su，2011）。木氏土司曾是丽江及周边区域的统治者，但位于丽江古城中的木府（木氏土司衙门）却因年深日久已基本毁损。丽江当地政府为进一步推动旅游业发展，对木府进行了修复，并且声言"没有木府的丽江古城是不完整的"。但修复工程却参考北京紫禁城的建筑，复建后的木府不仅规模宏大，在丽江古城中别树一帜，而且采用了汉地的建筑形式。苏晓波发现，对于复建后木府的规模和外观，当地民众普遍感到不满，尤其对于一些老人而言，他们的记忆中残存着旧木府遗迹的一些断片，他们认为在丽江这座小城中不可能有规模宏大的宫殿，并将地方政府致力于推动这样的建设项目，解读为借这个项目来侵占1996年丽江大地震的灾后重建款项；但对于官方而言，复建的木府是丽江当地文化高度发达的具地体现，为展示纳西族、这个在56个民族中处于边缘位置的少数民族的卓越之处提供了可感知的证据（Su，2011）。苏晓波引用新加坡一些学者的观点认为，遗产是"精英既是国家权力的资源库，它传递着特定的国家意识形态，国家可以决定由什么来构建遗产的意义、什么样的过去是值得由遗产来传递的"；但另一方面，遗产又是"个体和集体竞争和抵抗的现场"（Su，2011）。在丽江木府这一个案中，苏晓波将两种态度并置在一起，一面是官方希望将他们对木府的诠释版本传递给当地民众和游客，并谋求更多经济收益，而在另一面，包括地方精英在内的民众对项目的另一种解释方式似乎昭示着官方建构遗迹意义的努力失败了。

与苏晓波的讨论类似，布鲁德乌（Anne-Marie Broudehoux）在《后毛时代北京的制造与销售》一书中有关圆明园的讨论，一定程度上也显示了官方意图构建的具地记忆在传递过程中面临的困难。一方面，作为一个国族的中国理念的构建仍在持续推进，官方通过将圆明园改建为遗址公园，试图将其塑造为一个可感知的象征物，来表现国家在面临帝国主义侵略时所遭受的屈辱，因而它过去作为皇家禁苑的用途就往往被官方话语所隐去。（Broudehoux，2004，81-82）同时被隐去的，还有一千余位居民曾经在遗址区内居住的历史——对于他们而言，圆明园是日常生活的家园，是维系着怀旧情绪之地。（Broudehoux，2004，71-74，82）但另一方面，布鲁德乌发现游客们往往是抱着猎奇的心态去游览圆明园的，他们通常更醉心于去对园内遗迹过去的面貌展开浪漫想象，而并不太关注是何种原因造成了园林的损毁。对于游客们而言，他们是去"观看和被观看"作为奇观（spectacle）的圆明园、去"享受这片令人愉悦的、未受污染的公共空间"，这与官方期待塑造的圆明园意象大异其趣。当然，官方向圆明园遗址灌注特定意义来生产一个爱国主义意象的努力，并没有完全失败。布鲁德乌注意到，自20世纪90年代早期起，对于特定人群尤其是青少年而言，圆明园是经常被用于爱国主义教育、形塑国族情绪的一个基本工具。（Broudehoux，2004，76-78）当然，布鲁德乌提出的这种"经验地方"的形式，也扩展了前文的讨论。

三、本研究的思路及主要方法

本研究拟基于综述部分征引的文献，以集体记忆的讨论为主要框架，并将"地方"作为一个核心要素纳入这一框架中，考察将作为集体记忆传递机制的"体化实践"扩展为"具地的体化实践"的可能性，以及作为一种地方的历史遗址，在被重新"生产"的过程中，以及在重新生产作为一种地方的历史遗址的过程中，如何注入作为重要"地方感"的历史记忆。并从大明宫国家遗址公园的建设这一个案出发，探讨在当代中国的城市发展进程中，权力如何基于特定需求对不同版本的记忆进行调用，从而为其推动的各种城市发展项目提供合法性。

本研究主要是基于作者2013年8月至9月间独立在西安进行的田野调查。调查主要通过正式或非正式访谈完成，在田野调查中，共访谈个案29例，包括普通的西安本地市民，以及在遗址公园建设之前居住在遗址公园范围内的居民。由于本研究也直接涉及与遗址公园建设相关的政治经济讨论，因此在口述材料之外，政府公文、媒体报道、影视资料、遗址公园建设直接参与者的相关论述等，都作为材料在本文的讨论中具体加以运用。文中直接引用的从田野调查中获得的口述材料，除对受访对象的身份作必要说明外，均作了匿名化处理，并按在本文中被引用的先后顺序，以天干地支对11位受访者进行了编码。需要说明的是，由于受到学科背景和资料可及性的限制，本文的部分示意地图直接引自有关文献或网络，而非作者清绘。

四、从大明宫到道北：遗址公园前世

1. 大明宫简史

618年，李渊建立唐朝，定都长安，即现在的西安。大明宫是唐都长安城内的三座皇宫之一。[①]据相关史料记载，唐朝初建时，袭用了隋朝的皇宫太极宫。大明宫始建于唐太宗贞观八年（634）十月；最初定名"永安宫"，次年正月改名为"大明宫"。贞观九年（635）五月，唐太宗李世民的父亲、已经退位的前任皇帝李渊病逝，大明宫的建设工程一度搁浅。二十余年之后，到龙朔二年（662），唐高宗李治才决定续建大明宫，并将其更名为"蓬莱宫"。龙朔三年（663）四月，工程基本完成，高宗李治迁居蓬莱宫中。高宗咸亨元年（670）三月，蓬莱宫又改名"含元宫"，以主殿含元殿得名。直至武则天晚年的长安元年（701）十一月，才又恢复了"大明宫"之名，并一直使用至唐末（《唐会要》卷四，卷三十；《唐六典》卷七）。从高宗李治起，除了其孙唐玄宗李隆基长期居住在兴庆宫中以外，唐代的帝王基本都以大明宫为主要的理政和居住地。大明宫位于唐长安城的东北郊，其南墙与长安城的北墙接界（Xiong，2000，81）。不过尽管在城郊，作为皇帝日常朝寝的场所，大明宫仍应被视为城市宫殿而非离宫（Xiong，2000，79）。宫殿区大致呈梯形，北边长1135米，南边长1674米，南北长2256米（Xiong，2000，81），总面积3.5平方公里左右（见图1）。

---

① 又名"三内"，即"西内"太极宫、"东内"或"北内"大明宫、"南内"兴庆宫。见图1。

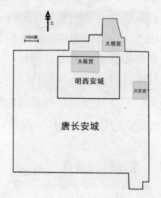

图 1 唐长安城与明西安城（今西安市区城墙以内部分）关系

图片来源：笔者自绘。

关于大明宫的兴建，历史学和考古学研究者基于史料，提出了兴建原因的一种可能解释。建筑史家杨鸿勋认为，宇文恺设计并主持建造的隋都大兴城虽然堪称传世杰作，却存在一个严重瑕疵，即太极宫的后寝部分处于低洼之地，夏季积水会造成宫内潮湿，不利居住者健康。（杨鸿勋，2013，4，16）李渊退位后并未迁出太极宫，他晚年无法忍受宫中的湿热环境，又不愿迁往远在数百里之外的九成宫，李世民才决意在地势相对较高的龙首原东侧兴建永安宫。《唐会要》（卷三十）记载："贞观八年十月，营永安宫。至九年正月，改名'大明宫'，以备太上皇清暑，公卿百僚争以私财助役。"也正因为如此，李渊病逝后，大明宫的建造工程即行停止。到唐高宗李治时期，太极宫的设计缺陷再次给君主造成困扰，《唐会要》（卷三十）记载："至龙朔二年，高宗患风痹，以（太极）宫内湫湿，乃修旧大明宫，改名蓬莱宫。"又经过约一年时间的建设，大明宫才最终落成并投入使用。

不过《剑桥中国隋唐史》中的一个相关评论亦可备参考。论者认为（崔瑞德，1990，194－196），唐太宗李世民在传统史书中的形象是高度理想化的，"贞观之治"作为"治世"的典范深刻影响了后代。这一"治世典范"一方面确实本于唐太宗的治理成就，但另一方面，也与李世民本人对自身形象的经营（例如他曾企图改动唐实录，以提高自己的形象）和史官们将"一个如此关心他们本阶级而且行为近乎儒家思想的皇帝偶像化"的努力不无关系。不过理想形象可能只适用于其统治初期，很快他便放弃了节俭的经济政策，转而崇尚奢华浪费，开始大兴土木。从公元629年起，唐太宗下令整修了一系列隋朝的旧宫殿，此后又兴建了包括大明宫在内的数座大型宫殿。由此而言，兴修大明宫也是唐太宗尚奢之风的一种体现。当然，作为建造大明宫的理由，崇尚奢靡与为年迈的父亲修建宫殿避暑二者并不冲突。但对不同要素的选择与突显，本身就是意义建构机制的一部分。考古学者有意或者无意淡化了关于大明宫营建背景相对负面的讨论，而是力图突显大明宫的历史地位与价值：一方面，唐史中自太宗之后的许多重大事件，都可以具地安置于大明宫内的特定建筑中（杨鸿勋，2013，22－221）；另一方面，唐代中国产生了广泛影响，唐都长安城曾是周边国家、尤其是东邻日本建设都城时效法的典范，而大明宫作为唐朝唯一新创的宫殿建筑，被认为充分体现了"人为环境与自然环境相融合"的营造理念，既是唐代宫殿建筑的代表作，也是"中国宫殿建筑艺术的古典主义楷模"，因而"在中国建筑史上有划时代的意义"（杨鸿勋，2013，1，4，376）。而杨鸿勋对大明宫价值的评价，事实上也继续确证了可以将大明宫视为"盛唐记忆所系之域"。

2. 从皇宫到"道北"

大明宫一直被使用到唐朝末年，文献记录（杨鸿勋，2013，20－21）和考古发掘成果（中国科学院考古学研究所，1959，56－58）均表明，大明宫在唐朝末年的战乱中被焚毁。据《旧唐书·昭宗本纪》，唐末的天祐元年（904），朱全忠胁持唐代倒数第二个皇帝唐昭宗李晔迁都洛阳，并将长安城内残存的宫殿建筑拆毁，将木料运往洛阳，"长安自是遂丘墟矣"。此后再也没有全国性政权定都长安（西安），西安从此降级为一个区域重镇，由于人口减少及防御需求的增加，西安的城市规模（即城墙所围合的城市面积）也大幅度缩小（史红帅，2008，17）；前文已经提到，大明宫在唐代即已位于长安城边缘，唐代以后西安城规模缩小，大明宫遗址所在地则彻底成为郊

图 2 大明宫遗址区简图

图片来源：作者自绘。

注：底图取自百度地图。大明宫遗址区规划范围的具体边界为：北至环园中路——太华北路——北二环，南至环城北路——华清西路，西至未央路——红庙坡路——星火路，东至东二环北延伸段——东二环路。

区。到明朝，西安城的规模有所扩大较前代有所扩大，但仍较唐朝为小（史红帅，2008，18－20），现存的西安城墙始建于明代，大体反映了明朝西安的城市规模，其北段与大明宫南门丹凤门的最短直线距离，仍然超过了500米（见图2）。据《大明宫乡[①]志》记载（《大明宫乡志》，1997，25），到宋代，由于大明宫区域不再是宫廷禁地，已经有普通民户迁入大明宫遗址范围内居住；而到金、元时期，又再度被驻军占据，作为游猎场所（《大明宫乡志》，1997，105）。《大明宫乡志》中，还辑录了元末至元二十七年（1367），拥兵长安的元朝叛将李思齐与其他武装势力在残存的大明宫含元殿基址上聚会结盟的记载（《大明宫乡志》，1997，9），大致反映了当时含元殿遗址的留存状况。到明清时期，大明宫遗址区内逐渐形成了含元殿、炕底寨、孙家湾等村落，并一直存在到遗址公园建设前，遗址区大部分被辟为

[①] 大明宫乡属西安市未央区，现在已改为西安市未央区大明宫街道，其管辖范围大致涵盖了大明宫宫区的北部。而大明宫宫区的南部，包括大明宫主殿含元殿、丹凤门等处，原属大明宫乡含元殿村，1982年1月14日划归西安市新城区管辖，隶属西安市新城区太华路街道（《大明宫乡志》，1997，25）。

耕地，居住人口也持续增长。(《大明宫乡志》，1997，105；《新城区志》，2000，115，118)但也正因为大明宫遗址区在唐代之后成为郊区，以耕地为主，一定程度上降低了叠压在遗址上的新建筑层理对遗址的破坏(Xiong，2000，81)，与此对比，太极宫原址大部分位于明西安城的范围之内(见图1)，由于历代建设，遗迹基本没有得到保存。

到民国时期，从留存下来的文献资料中已经可以找到西安市政当局着手对大明宫遗址进行保护的记录。"九一八事变"后，国民政府曾一度将西安选定为陪都，并设立了"西京筹备委员会"负责西安市政建设。(西安市档案局、西安市档案馆，1995，5) 这一时期，除了丹凤门遗址及周边地区已经被辟为丹凤公园外，西京筹备委员会还将大明宫遗址所在区域划定为文物古迹区，并且在周边修筑道路、营造风景林，旨在"增厚游览兴趣"(西安市档案局、西安市档案馆，1995，94，185，205，208)。人民共和国建政后，大明宫遗址在1957年被陕西省人民委员会(人民政府)列为了陕西省第二批文物保护单位，到1961年，则被国务院列为了第一批全国重点文物保护单位。(张关心，2010)大抵可以认为，自民国以来，尽管官方在对遗址的重视程度、赋予遗址的意义、采取的保护措施及措施的力度等方面，随时代的变化可能存在一定差异，但遗址本身有其特定价值，这一理念基本被确立了下来。

大明宫遗址区的剧变，以民国二十三年(1934)为开端。这一年，建设中的陇海铁路通入了西安城。(《新城区志》，2000，4)铁路沿明城墙北段北侧经过西安市区，陇海铁路西安火车站，设在了东北段城墙外(与今天的西安站同址)，北与大明宫正门丹凤门的直线距离约300米。陇海铁路的建成，将原本位于郊区的大明宫遗址所在的区域，与西安城切割开来。陇海铁路通车后不久，全面抗战即告爆发。1938年，国民政府的军队在河南花园口决开黄河大堤阻截日军，使中原地区遭受严重洪涝灾害；1942年，中原地区又遭遇严重旱灾。两次灾害使得中原地区的许多民众沦为难民，这些以原籍河南的人群为主的难民循新建成的陇海铁路，进入受战争和灾害影响相对较小的关中地区避难。(《新城区志》，2000，176)

迁入西安的灾民，主要聚集在西安城内的东北隅①，陇海铁路两侧，以及西安火车站以北的自强路、二马路一带，在这些地区搭棚而居，甚至还有部分民众栖身城墙上的洞穴。（《新城区志》，2000，116）年近六旬的某甲先生原籍河南漯河，他的父母就是这一时期从河南辗转迁移到西安的，在访谈中，他说明了造成这一人口分布格局的几个主要因素：

当时，北边大部分是比较荒凉的，真正的当地的老住户，过去都在（城内）西南角一带，西大街、南大街一带；外来人到西安的，不管是逃荒也好、避难也好，很多外来的人员、迁移的人员，当然也就是说，比较贫困的人、经济基础差一点的，都住在这边儿（东北部）。因为这个地方荒凉嘛，比较空旷，人来了以后搭个棚棚；在西安扎了根以后，就引荐熟人、人介绍人，慢慢慢慢地就形成了……当时一个是确实是没钱，再一个是想着在西安是暂时住到这里，什么时候可以回老家去，这边离火车站近。谁想到就一辈子住下来了……可以到火车站找临时的工作，有个车来，帮忙装货卸货，挣一点钱，一家人要生活啊！我父亲最早就是在火车站当搬运工的，零时工。（访谈资料：某甲先生）

事实上，尽管东北段城墙外的区域是大明宫遗址所在地，并且自民国年间起就被划定为文物区，但自从陇海铁路通车以后，这一区域也成为了西安重要的工业区。一方面，如前文所述，这一区域处于城乡结合部，开发程度较低但潜力很大，另一方面，位于区内的西安火车站极大地提高了这一区域的交通便捷度。据《新城区志》记载（《新城区志》，2000，4，115，118），抗战时期，大批内迁到西安的企业就将厂址设在火车站周边地区；在西京筹备委员会制订的

①　清朝初年，入主西安的满族统治者在西安城内修筑了"满城"，满城占据以今钟楼为中心的西安古城东北部，"北墙和东墙借用了西安大城城垣（即保存至今的西安明城墙）……南墙自钟楼东南角起，沿东大街南侧直抵长乐门（西安古城东门）南端；北墙从钟楼东北角起，沿北大街东侧直抵安远门（西安古城北门）东侧"（史红帅，2008，98；吴宏岐，2006，334），满城占据西安古城内面积的四分之一强。辛亥革命期间，满城遭到了革命军的猛烈攻击，城内的官署、军营及其他房舍基本全毁（《新城区志》，2000，176，918—919）。因此民国年间，西安城内东北隅相对荒芜，多为有待开发的处女地（吴宏岐，2006，349）。

"西京市区计划"中，也从运输便利的角度考虑，结合许多大型工厂已经在北郊选址建设的实际情况，将"荒僻的北郊"划定为工业区。（西安市档案局、西安市档案馆，1995，94）人民共和国建政后，在"一五计划"的制订过程中，考虑到了大明宫遗址保护和陇海铁路对西安市区的切割问题，在铁路以北的地区原则上不再安排大规模扩建项目，而主要作为仓储区和铁道系统职工住宿区（吴宏岐，2006，16）。这一时期，生产村，铁一、二、三、四村和铁东、西、北村等相继建成，部分建筑还分配给无房或住房条件较差的市民居住（新城区志，2000,176）。考虑到大明宫文物保护需求，这些建筑主要为平房（新城区志，2000，5），但是工厂厂房仍有建设（新城区志，2000，176）。而伴随着西安城市规模的持续扩张，规模庞大、并且邻近西安城的大明宫遗址区，建设规模也在逐渐扩大（见图3）。民国时期曾被辟为公园的丹凤门遗址，后来被西安市第六医院的家属院占据（新城区志，2000，718）。而现在设在遗址公园内展示公园建成前遗址区用地状况的沙盘则显示，除了含元殿台基遗址基本得到保全外，西安铁路分局、铁道系统的中小学等，都建在了遗址区内，含元殿和丹凤门之间的御道广场，还被西安市第二十九中学作为操场用地。除了市政建设逐渐向遗址区南部扩张以外，遗址区北部、原来的耕地也在悄然改变。据记载，20世纪80年代的社队企业发展阶段，炕底寨村建起了建材厂，孙家湾村则兴建了豪华家具厂（大明宫乡志，1997，107），1993年，大明宫建材市场在遗址区的东北部落成，在访谈中，一些这一区域当年的老住户也提到，部分村民还修建了小产权房用于出租。因此，时间的流逝在大明宫遗址之上叠加了丰富的建筑层理（见图3）。

丰富的建筑层理也被人们的活动塑造成新的社会空间。如前所述，大明宫遗址所在的区域为难民的落脚提供了空间，而此间兴建的工厂又为他们提供了就业机会，以河南籍人口为主的难民逐渐在这一区域扎根，他们的语言、生活习惯均与西安本地居民不同，社会经济地位相对较低、居住环境较差，而在这一区域集聚又强化了他们作为一个群体的内部连带，在文化适应过程中采取"隔离"策略（参见金

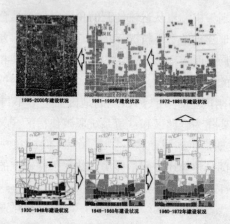

图 3 大明宫遗址区建设状况变迁（1930—2000年）

图片来源：吴扬、李小龙，2009。

毅，2013），一定程度上延缓了河南籍移民融入西安主流社会的进程。而大明宫遗址区的南部，在人民共和国建政后逐渐为铁路系统所占用。一位曾经在这一区域内居住的铁路职工在访谈中也说明，现在的西安铁路局（1983—2005年间为郑州铁路局西安分局）内，许多职工、特别是老职工，原籍都是河南，"（在西安）河南话是铁路上的通用方言"（访谈资料：某乙先生）[1]。当然，除了这一区域外，原籍西安的河南居民很多，王向然在其关于这一人群的一项民族志研究中提到，"小东门一带，即解放路两侧的东一路到东八路和西一路到西八路[2]，过去被人戏称为'河南自治区'"（王向然，2013，39）；与此类似，大明宫遗址所在的区域，通常被人们称为"道北"——从字面上讲，"道北"即陇海铁道/路以北的西安城区，但又不是一个存在着明确界限的区域。不过"道北"又是与河南籍的西安居民[3]这一特定

---

① 某乙先生原籍河南巩县（今巩义市）、事实上，在我访谈到的17例道北地区老住户中，除了含元殿村的村民外，年纪较大的全部是用河南话回答我的问题。

② 这一带即前文提到的"西安城内的东北隅"。

③ 在访谈中，西安本地居民往往将这里所说的"河南籍西安居民"直接称为河南人。事实上在我的访谈对象中，除了一些曾经在"道北"居住的老铁路职工是在河南出生、在河南成长，建国初年因招工进入西安的以外，其他"河南籍西安居民"基本都是出生在西安的河南移民后代。

人群密切联系在一起的。道北地区因为地处大明宫遗址保护区，工程建设受到严格管控，因此早年的难民搭建的临时住宅虽屡有更新，但居住条件改善有限，而人民共和国建政之初兴建的工人新村，因为大部分是平房，加之年代久远，原来的设施逐渐不敷使用，而文物保护相关规定也同样限制了改造工程的进行。因而"道北"又是与破旧、脏乱的面貌联系在一起的。从某种意义上讲，道北作为一个地理区域的污名化，和道北的河南籍西安居民这个群体被污名化，似乎难以避免。在田野调查过程中，许多受访的西安本地居民一听我提起道北，诸如"乱得很"、"脏"是极常见的反应。某丙先生是西安籍的本地居民，在访谈中他这样向我描述：

> 我们西安人是在皇城根底下长大的。西安人也不好，老爱抱怨，关中肥嘛，吃饱了没事干，就开始抱怨，说个这不好，那不好。河南人就不一样了，我们原来管河南人叫"河南旦"，可以是扁担的担，也可以去掉提手，说的是逃荒的时候好多河南人挑着根扁担就来西安了。河南人的适应能力强得很，能吃苦，也容易满足……他才不小心他住的地方好不好，干不干净，能住就行。河南人觉得他家的茅房一定不能比你家的灶房还干净……你说的这个道北，原来就是又脏又乱的地方，特别乱，西安人一般是不去的。像我们家没有朋友住道北，就基本上没去过。（访谈资料：某丙先生）

类似版本的道北叙事，也出现在了一些具有官方性质的材料中。周冰是大明宫国家遗址公园建设工程的总指挥，他在工程启动后的一部关于大明宫的专书中描述道："在老西安人眼里，这不仅是个简称，而是一个地区、一个群体、一种现象的代表：低洼棚户区、移民居住地、凌乱的建筑、经常停电停水、环境脏乱差、治安混乱……"

据一些道北的老住户讲，拆迁之前，道北也有一部分房屋是出租给外来务工人员居住的，其中不少是河南人，但这些务工人员因道北拆迁，已分散到西安其他区域居住，我在田野调查过程中并未接触。前文提及的某甲先生，其父母是第一代移民，但均已过世，某甲先生生于西安、长于西安，能说河南话与西安话两种方言，也在一定程度上面对着认同困难，在访谈中他说道："这咋说呢，我嘛，要说是河南人，也是；要说是西安人嘛，一辈子都是在西安生活的，也是。"（访谈资料：某甲先生）有关河南籍西安人的全面讨论，可参考前引王向然博士论文。

（周冰，2009，81）而在为整个"曲江模式"背书的一本专著①中，作者则将"道北"称为"西安最大的棚户区"，并以笑话描绘了道北的苦境："以前在西安，提到道北，人们总是带着一种鄙夷和厌嫌的口吻。那是，对道北，其他城区的孩子们是心怀畏惧的。在西安长大的人，都知道一个有关西安城区差别的笑话：在南郊，熟人见面会问'孩子考上了吗？'；在道北，则问'娃（从监狱里）放出来了吗？'这个凄凉的笑话反映的是道北民生凋敝的现实……到了20世纪80年代，这里已是西安最大的棚户区，总面积约为20平方公里，约500万平方米的建筑中，一半以上是杂乱无章的临时建筑。直到新世纪到来以后，这种局面都没有得到根本性改善。"（锁言涛，2011，72－73）

这里所说的河南籍西安人，在某种程度上与韩起澜（Emily Hönig）研究过的在上海的苏北人相当类似，成为一个在汉族人群内部构建出的族群。（韩起澜，2004，4）而道北则类似于埃利亚斯（Norbert Elias）与他的学生在《内局群体与外局群体》一书中作为研究对象的小镇温斯顿-帕瓦（Winston Parva）中的第三区（Elias and Scotson，1994）——这一区域也是被铁路与小镇的其他区域切割开来的。类比埃利亚斯等的研究，西安本地居民可以被视为"内局群体"，某丙先生将他自己所属的西安本地人这一群体，描述为"皇城根底下长大的"，明显带有"我群克里斯玛"色彩，同时形成的，则是针对河南籍西安居民的"他群污名化"。"污名化"他人群体，可能是一种"出于维持高自尊或者积极社会认同的需要而诋毁他人的特殊形式的社会比较"（张宝山、俞国良，2007），这一重要心理机制或能具有的社会意义，包括"提升他们的自尊心、获得个人的优越感，增强他们对自己群体的认同感，使他们认为特定的社会、政治、经济地位是合理的"等（张宝山、俞国良，2007），在本例中可能均

---

① 大明宫国家遗址公园的建设，是由西安市委、市政府授权西安曲江文化产业投资（集团）有限公司全权负责的，曲文投是西安市政府控股的国资企业。这本书作者是一位上海咨询师。调查中，曾供职于曲江系的某癸先生告诉我，这本著作在曲江集团内部人手一本，因而将其认为是为"曲江模式"背书的专著。

有一定程度的适用性。但在本研究中，更应关注西安本地人的"道北记忆"是如何被构建起来的。

我访谈中接触的西安本地居民，多数与某丙先生一样，过去较少涉足道北。就"大明宫"而言，与他们的生活关系更为密切的，是前文提及的在大明宫遗址区建成的建材市场，而非唐代皇宫。口耳相传、媒体报道，成了他们关于道北印象的主要来源。当然，这里并不是认为前文提及的各类道北叙事没有实际状况可本。不过对于西安本地居民而言，尽管通过"污名化道北"的记忆能取得一定的社会心理收益，但总体而言，"道北记忆"对他们而言效用不大，甚至在某种程度上并不存在一个持续的"道北记忆"："道北记忆"并不是他们的自传记忆，也没有固定的机制让他们能够经验或者重新经验道北。正如某丁女士在访谈中所说："要不是你说，都快忘了道北这个地方了，最近电视上也不咋说了。"（访谈资料：某丁女士）在某种程度上，道北是被忽视的，并将保持被忽视的状态。而我在访谈问题中询及他们对于道北的印象，则成为了触发机制，使得受访的西安本地居民调用留存在他们认知资源中的媒体套话，或者某些据此形成的刻板印象来作为回应，这并不是哈布瓦赫意义上的"记忆的社会框架"，但在访谈中被西安本地居民构建起来的"道北记忆"，又确实援用了某种社会框架。到为建设遗址公园及与之相关的大规模拆迁进行必要性论证时，官方又会征用这种"道北记忆"，用"老西安人"、"以前在西安的人们"之类的概化指称，来重新构建一种实质上的官方版本的道北叙事以资使用。

然而，在西安本地居民的"道北记忆"与建构的污名化"道北河南人"形象之外，还存在着另一对突出矛盾，即作为居民日常生活之地的道北，与作为大明宫遗址所在区域的道北。前文提到，道北地区的建筑和基础设施受限于文物保护相关规定，无法进行大规模更新；但另一方面，文物保护也受到覆压在大明宫遗址之上的这些新层理掣肘。有研究者指出，1957年由陕西省人民委员会确定的大明宫保护范围，面积达3.75平方公里，但到了1992年陕西省人民政府再次确认大明宫的保护范围时，经过争论，含元殿与丹凤门之间的御道广场，由于数十年来叠压的新建筑过多，被认为已将地下遗址破坏殆尽，且对区内居民完全拆迁安置，所需要的成本过高，因此将重点保护区修小至2.69平方公里，御道广场区除东西城墙和三条御道外，均被划作一般保护区。（张关心，2010）但即便保护区范围已经修小，上文提到的遗址区内的各种居民尚未被迁走，新建筑甚至仍在逐渐增加（见图3）。大明宫遗址的保护状况仍令考古学专业人员非常不乐观，社科院考古研究所西安研究室主任安家瑶的一席话，非常明确地表达了这种观点：

他不知道他底下是一个特别珍贵的宝藏。他就觉得，你既然不能让我富，我就想一些其他的办法来挣钱，所以根本不考虑怎么保护遗址。（旁白：2007年之前，安家瑶目睹了在大明宫遗址上所发生的一幕幕心痛的场景；随着周边地区的逐渐富裕，大明宫遗址上的居民开始了自己的致富道路：有人在遗址上办起了煤场，甚至还有人开起了垃圾场。）在八十年代末九十年代的话，这遗址上就是破坏越来越严重。有的农民呢甚至自己的地不种了，晚上让垃圾车、建筑垃圾往这儿倒，倒一车垃圾，他在上面收钱。（旁白：随着大明宫遗址上人口的逐年增加，房屋越来越密集，这里已经成为西安最大的棚户区，大量的重要遗址都已经被淹没在这个城市中的村庄里，考古工作几乎处于停顿状态。安家瑶和她的唐城考古队，感到从未有过的孤单与无力。面对现实的残酷，甚至屡次让她产生放弃的想法。）像我们做这个工作的，真是不愿意说放弃。因为放弃是最无奈的。但是和这个……所以我们也在想方设法，找机会，来等待……不知道，我们也不知道还要等待多少年。但是呢觉得，如果不再想办法的话，这个遗址可能就毁在我们这代人的手里了。所以也是非常沉重的当时。（影视资料：《拯救大遗址》）

安家瑶将大明宫遗址称为"特别珍贵的宝藏"，与前文所引的杨鸿勋对大明宫的评价一样，可以认为主要是从考古学与历史研究的专业角度出发、以专业性为遗址赋予意义。如果我们难以接受前文所引史密斯的观点，将古代建筑遗址彻底视为一种"话语建构"的话，那么或许安家瑶、杨鸿勋等专业人士为遗址赋予的意义，可以被认为是遗址所具备的"自然性"的价值。而安家瑶的指责，除了指向在遗址区内居住的道北居民外，也凸显了遗址保护获得的政策和资金支持的不足。尽管国家通过立法对遗址区内的建设进行了限制，但很明显，如果从前引遗址是对当下的需求进行回应而被创造出来的这一观点来看，如果遗址的意义只局限于能够为专业研究者所理解、所珍视的"自然性"价值，那么对于当时财力本不够强的西安地方政府而言，遗址就尚未形成足够显著的意义和可以预期的巨大收益，能够驱动地方政府投入巨额资金来支持遗址的保护工作。

而等到新的意义浮现出来，专业研究者所珍视的价值能够为地方政府所用，道北区域的大规模改造似乎水到渠成。而到了这一阶段，地方政府所展现出的对遗址的珍视和改造的急切性，似乎比专业研究者还要更为强烈。在《西安曲江模式》一书中，作者隐晦地指责了文物保护的传统思路，认为正是传统的保护理念，阻碍了地方政府参与对遗址区的保护和改造，没能及时有效遏止新的建筑在大明宫遗址的层理上蔓延，造成持续破坏："早在20世纪50年代，西安第一次城市规划中，西安城约有20%—30%的地方就被'圈'了起来，'不许动'——这是当时国务院总理周恩来的指令……总体来说，'不动'遗址遗存和文物环境的国策被延续了下来。'不动'，意味着政府不能搞基础设施，意味着各种投资者不能投资设厂，意味着不能搞商业开发，意味着——被主流社会遗忘……后来，在长满荒草的遗址上，一些被主流社会遗忘的人们开始生长出来（指道北地区居民）。"（锁言涛，2011：79）不过无论双方存在着怎样的分歧，夷平"道北"已成为共识、箭在弦上。

3. 作为家园的道北记忆

而另一个需要关注的群体，则是被安家瑶直接指责的道北地区居民。前文已经提到，除了需要专业人员才能加以解读的历史文献和考掘发现以外，大明宫的主要建筑在唐末即已破坏殆尽，仅有一些建筑的台基遗址残留下来，无法为与大明宫昔日的辉煌相关联的记忆提供具地载体，这样的记忆也缺乏康纳顿所说的仪式操演、体化实践，或者其他类似的维系方式来实现承传。因此，安家瑶所指陈的状况，事实上也在情理之中。

在我田野调查过程中，受访的原道北居民，基本都对位于道北的大明宫遗址曾是唐代皇宫有所了解，而且是早年即有了解、并非受近年来遗址公园建成后相关宣传的影响，但这并不足以让他们将大明宫遗址视为"特别珍贵的宝藏"，遗址是以一种更切近的方式存在于他们的生活中的。某戊先生也是西安铁路局的退休职工，遗址公园建设前也住在道北，当被问及原来是如何看待大明宫遗址时，他说："哎，那下儿原来不就是个土台子，大明宫只剩个高台子，没啥看的，但这片儿就属那儿高，夏天晚黑上去歇个凉。"（访谈资料：某戊先生）某戊先生所谓的"高台子"，就是大明宫含元殿的夯土台基遗址。而对于拆除了他们原来的住宅而改建成遗址公园的大明宫，一方面与他们生活的新空间距离拉大了，另一方面，在心理层面上也就此疏远。道北的老住户某己女士，曾参观过建成后的遗址公园，她认为："（遗址公园）光秃秃的，做了几个石人啊，也没有啥……就是老百姓来说，不懂你那个历史，也不懂你那个啥，只是转转走走；识字的人看了就有意义了。这一朝，那一代，我们也不懂。"（访谈资料：某己女士）

新建的遗址公园注入了历史学者、考古学者、设计师和都市治理者们对遗址意义的理解，是多种权力来源对空间加以改造、加以控制、加以竞逐的实践，置于列斐伏尔的"空间性的三元辩证法"框架下（Lefebvre，1991，32），属于"空间性的诸表征"这一范畴；而对于过去的道北居民、亦即这片区域的使用者而言，他们对空间的认知，他们的空间实践、尤其是与已经被权力改造的地景与空间的互动过程，则属于"表征性的诸空间"这一范畴。在某种意义上，某己女士对遗址公园的解读已经暗含了无奈与不服从，而我在田野调查过程中偶遇的三位原含元殿村村民的实践，则展示了某种反抗。这三位原含元殿村的村民，原来的住宅已被拆迁，而新的安置房尚未建成，只是相约到遗址公园看看。含元殿遗址西北侧、现在是一片草坪，过去是他们居住的院落所在地。其中的某庚先生以残存的地景向我作了简要说明：

这几棵枣树还在这里，原来这下头是墓地，几个墓就在我们院子后头……这排电杆，你看[某庚先生用手臂示意]，你看它不是直直的，看到没？原来这是条巷子，电杆就是沿着巷子进来，这样子，挨家挨户，这个巷子修起来就不是直的，这杆子就是歪的，诶[开始同另两位村民交流]，这杆子他们还没给拔了。（访谈资料：某庚先生）

某庚先生以残留的地景重建了他对昔日家园的记忆，也展示了保存记忆的一种机制，即前文提到的"具地的体化实践"。格雷戈里（Derek Gregory）和厄里（John Urry）所讨论的社会关系与空间结构的相互关系（Gregory and Urry，1985，2-3），在家园意象中得到了最为直观的呈现——在道北这一区域，正是由空间结构将社会关系具地固定下来，哈布瓦赫所谓"记忆的社会框架"这一机制，即个体是通过与他所生活的群体中的其他个体互动，来实现记忆的重建（哈布瓦赫，2000，69），也随社会关系在空间结构中落地而实现了具地化。从某种意义上讲，日常生活中，个体在特定空间内进行例行化的活动，已经将活动的地方作为一个维度纳入了"体化实践"当中，一些记忆则固着在了特定的地景之上。因此，即便地景已经发生了巨变，某庚先生还是能够用残留的地景来重建记忆，并且被重建起来的一定是自传记忆。换一个角度讲，对于原来的道北人而言，道北对于他们而言是"家园"这一特定地方，在家园的构建机制里，"地方感"是这些具地固定下来的切身经验，而不会是某种"历史记忆"，即对大明宫已逝辉煌的缅怀与崇敬。这也在一定程度上回应了戴维斯在区分怀旧感与思古情时，坚持怀旧的质料必须是怀旧者所亲身经验的东西这一论述。（Davis，1979，9）

当然，留存的记忆不见得会被用于缅怀，特别是在我的访谈问题中，询及了道北老住户对道北的记忆，这样的问题是促使他们调动相关记忆的触媒。不过他们的回答确实带有强烈的怀旧色彩。例如某己女士在受访过程中，就不断为道北地区大片建筑的拆迁、为原来的社邻被拆迁瓦解而感慨："大明宫盖遗址嘛，这嘞那嘞，你看占多少地！从西闸口，占到太华路……那些房子都太可惜了！……（道北）说起来不是个啥好地方，但是就是说呢，地址不好，住的时间长了，都是熟人，人文就好。比方说我跟这儿坐呢，你走我这楼道进来，你是个生人儿啊，那就问你要找谁呢。你说对了，那我就给你叫叫都行；你说不对，那就是没有这个人，就等于说是不让你进了。那个楼，从楼上到楼下，谁家叫啥都知道。在这下儿，你看你进来，没人问你吧？"（访谈资料：某己女士）而当我提起前文提到的种种关于道北的负面评价时，几乎被她逐一驳斥："［环境卫生］地是我们自己来扫了……我们在一楼住的一般就不用说，扫得可干净了。你在一楼，经常出来坐的，干净你坐那儿舒服……［治安］反正是，普通老百姓认为还可以。我家就在派出所隔壁，咋不好。可你说紧隔壁还是叫人家骗我一回，人心不能学得太好了。"（访谈资料：某己女士）

我们或许无法据某己女士关于自己记忆的叙述，而认为前文提到的各种污名化的道北叙事皆无所本，毕竟戴维斯和博伊姆都指出，怀旧者可能存在着美化过去、或者将过去的积极面向加以保存的倾向。（Davis，1979，14）不过除了访谈记录外，在其他材料中也能找到类似证据。如《新城区志》就记载道："（太华路街道范围内）1953年，国家第一个五年计划开始实施，在建起大批工业厂房的同时，又建成大批现代化的公用设施和职工楼群……至1993年，大部低洼棚户区改造成环境优雅的居民小区，群众居住条件得到很大改善。"（《新城区志》，2000，176）而就在大明宫遗址公园建设工程启动的2007年年初，陕西省委机关报《陕西日报》还刊文，报道了道北地区在"新城区创建和谐社区"工作过程中发生的巨大变化，从报道看来，尽管夷平道北的遗址公园建设工程尚未启动，但道北已经改变了"西安最大的棚户区"这一面貌。（《陕西日报》，2007）由此看来，前文援引的道北叙事版本，或许的确并非颠扑不破，的确存在"污名化"的倾向。而更重要的是，透过这两种存在巨大分歧的"道北叙事"版本，我们能看到不同的社会框架在集体记忆构建中所发挥的效用。

与此同时，访谈中的另一个故事，或可用于例证施瓦茨有关"记忆作为社会的框架"这一讨论——尽管这种记忆具有相当强的个体化色彩。某辛女士年逾八旬，是西安铁路局退休职工的家属，道北拆迁之前住在生产村。在整个访谈过程中，某辛女士对我问题的回应都较为简短，但当问及她原来的住房如何被拆迁之时，某辛女士突然滔滔不绝地讲述起了另一个和拆迁有关的故事。故事涉及是数十年前，当生产村的房屋由平房改建为楼房时，她参与分房的经历：

> 分房子时候我一个人搁家，人家都分房子了我的房子分不下来，我不是拆迁户。去房赁局找房赁局。问我的房咋不分呢？"四楼五楼！"给我分四楼五楼，我说四楼五楼我坚决不上。所长就是这桌子一拍[某辛女士拍了一下自己的腿]，就是四楼五楼……那时候是小媳妇儿呢，你要拍桌子我去给你坐你的桌子上。拍啥呢你拍！房赁局的一个叫马，马所长，是个回民。最后呢，俺出来的时候跟我出来，老太太（原话如此）你别着急，你别着急，给你安排，给你安置好。我说马所长，你么看看，我一个人领四五个孩子，我爱人也没有在家。你说我一个妇道人家，你看看你那个所长，人是姓吴，一个姓吴的一个姓马的。一个姓吴的，你看说话多难听，你看看我是拆迁户啊。我们要是外来户，你说四楼五楼都可以；我们拆迁户啊，你拆我的房子，你说叫谁住呢？马所长说那跟你分两套吧。我说分两套你看，我有男孩儿，有女孩儿，你给我分两套，我叫男孩儿去住到哪屋呢，住到哪个单元，我又不放心，孩子们都大了，又怕孩子学坏，男孩儿更怕学坏……我说你最好给我分到一起，最后那个马所长说我考虑考虑。最后分了两间半，就是男孩儿女孩儿都能住开了么。（访谈资料：某辛女士）

某辛女士的这段话存在一处细节上的舛误，同时，当被问起这次拆迁具体发生在哪一年时，她只能记得是在某次地震后，完全无法回忆起准确的年代。戴维斯在其研究中曾讨论过怀旧对于生命历程的意义，强调了怀旧可以为生命历程中的重大转折提供连续性（Davis，1979，54—57）；前文亦提及了康纳顿的观点，即在诸如村落共同体中，即便形成了某种社区史，分享这种社区史的个体其时间感往往也是"非线性的、循环的"（康纳顿，2000，9—16）。综合起来看，某辛女士的记忆事实上也缺乏线性时间感，但面对这次"拆迁"时的"维权"行动，无疑是其生命历程中的重大事件，她正是借用这种重大事件来锚定自己的生活；另一方面，某辛女士在后续的访谈中，亦陆续说明了遗址公园建设时，她又有怎样的拆迁遭遇，尽管这次拆迁后原来的道北地区被夷平，但她的叙述中却并不包含与这次"维权"类似的"重大事件"，正是这一次与"拆迁"相关的重大事件，成为了某辛女士理解"拆迁"的基模。而更进一步来说，这一事件也同样揭示出，"家园"不仅是个体日常生活中的具地体化实践不断与之互动的地方/空间，借家园将记忆固定下来，同样也可能是个体通过某些抗争行为才为自己赢取的地方，从而丰富了"地方感"的内涵。

综合访谈资料和拆迁单位发布的公告（《西安晚报》，2008）看，遗址公园范围内的居民在经历了四年左右的"拆迁过渡期"后，被集中安置到了离西安城更远的几个大型安置小区中并获得相应补偿。几位受访的道北地区老住户均提及，在拆迁过程中发生了一些冲突和纠纷，网络上也有相关"爆料"[①]，不过，道北地区最终完成了拆迁，将被"西安最大的棚户区"所占据的土地，重新还给了即将以遗址公园的形式复活的大明宫。道北居民关于道北的集体记忆，事实上仍然是一种"自传记忆"。随着道北原有的层理在拆迁过程中被夷平，这种集体记忆便失去了固着的地方。尽管现在道北的老住户仍然留存着昔日家园的记忆，甚至可以用这种记忆来反抗"表征性的空间"对原有空间的占领与改造，但可以预期，这样的集体记忆会随着时间的流逝，而濒于消失。毕竟政治权力不会希望这样的记忆与新建成的遗址公园发生关联，对于他们以及大多数西安本地居民而言，"道北"并不是一个温情脉脉的家园，正如西安本地居民某壬先生所说："留下来干啥？还把逃荒的记忆保存起来？"（访谈资料：某壬先生）布鲁德乌在对圆明园的研究中写道："尽管一些居民在圆明园中居住的时间，可能比任何一个皇帝都要长，但在国家看来，他们对这片土地的日常占用不具有任何价值，也不能提供任何值得保存的东西……国家会擦去这些记忆，并且最终扭转圆明园的当代意义。"

---

① 如《西安北张拆迁诉求无门》(http://bbs.ifeng.com/viewthread.php?tid=3713732)、《为什么关于北张拆迁真实情况的帖子不叫发》(http://bbs.hsw.cn/simple/?t845313.html)等，但在我的田野调查过程中，未能直接与相关当事人接触，聊备参考。

（Broudehoux，2004，72，87）这一论断对于道北而言同样适用，而没有政治权力的奥援，作为家园的道北记忆失去了能借以存续的各种介质，或许只能在拆迁设备的轰鸣声里，逐渐散逸。

五、再造大明宫：遗址公园的生产

1981年，大明宫遗址保管所由西安市政府组织筹设（张关心，2011），不过正如前文所提到的那样，类似的保护手段收效有限。而对大明宫遗址的修复，事实上最早是从1995年开始的。当年，联合国教科文组织接受了日本政府提供的235万余美元资金援助，与中国政府协作，专项用于大明宫含元殿台基遗址的修复；到2002年，日本政府又再次提供"文化无偿援助资金"2亿8000万日元（当时约合人民币1900万元），协助建设含元殿遗址展馆与砖窑址保护厅。西安市政府也为此配套760万元资金，历经近十年时间建设，2005年含元殿遗址修复工作完成并向公众开放；西安市政府旋即又投入了2亿元，拆迁了丹凤门与含元殿之间的部分建筑，恢复了面积为18万平方米（0.18平方千米）的大明宫御道。（《西安晚报》，2005）本文开篇提及的"2006·盛典西安"文艺演出，便是在甫方恢复的含元殿台基和御道广场上进行的。而一个规模更为宏大的计划也逐渐成型，即建设面积约3.5平方公里的大明宫国家遗址公园[①]。项目于2007年正式启动。据统计，遗址公园的规划区域地跨西安市新城区与未央区内五个街道办事处的管辖范围，区内户籍人口为44029人（其中城市户籍38540人，农村5489人）。（吴扬、李小龙，2009）而据周冰测算，区内有7个村庄，88家工厂，10万居民因遗址公园的建设需要动迁，仅拆迁投入一项就高达80多亿元人民币。（周冰，2009，8）拆迁成本再加遗址公园建设费用，则更是高达120亿。（锁言涛，2011，50）如前文所言，如果遗址没能形成足够显著的意义及可以预期的巨大收益，

---

① 前文提到，1957年最早划定的大明宫保护范围约为3.75平方公里，包括了大明宫的东内苑和西内苑。东内苑与遗址公园之间，被西安市的主要干道太华路切割；到作者进行田野调查时，西内苑范围内仍有铁路工人新村，并且居民表示尚未有拆迁的消息。两个区域尚未纳入遗址公园的范围，因此遗址公园总面积以3.5平方公里计。

事实上难以驱动地方政府投入巨额资金进行遗址公园建设——事实上，如果没有雄厚的资金作后盾，地方政府也不可能启动耗资如此巨大的建设项目。

就地方政府通过参与遗址保护项目而攫取经济收益的议题，学界已有诸多讨论。前引苏晓波对丽江木府这一个案的研究（Su，2011），便揭示了丽江地方政府寄望于通过木府的复建，强化丽江对游客的吸引力，从而增加旅游收入。张鹏在对她的故乡昆明的一项研究中则指出，地处西南的昆明唯恐在现代化进程中落后于其他地区，地方政府因而与房地产开发商结成联盟，大肆蚕食昆明的历史街区、否定城市的过去，使得作者作为昆明人，乡愁情绪无法具地维系。（Zhang，2006）邢幼田在对张鹏的论文进行评论时敏锐地注意到（Hsing，2006），事实上在当代中国的大都市，"怀旧"已经成为一种炙手可热的商品，无论是地产开发商抑或房屋经纪人，都积极地利用"怀旧"进行营销。张悦在对北京城近年来的一系列古迹修复工程的研究中，则将包括明城墙修复、什刹海翻修等，一应称为"象征性都市保护"（symbolic preservation）（Zhang，2008）。她认为，在"增长机器"逻辑的作用下，中国的地方政府采取类似手段，还是意在追求增长，这些工程为城市增添了新的奇观，因此能够招徕游客、增加消费，还能推高作为新景观的历史遗迹周边的房价。（Zhang，2008）

事实上，相关研究已经表明，1994年分税制改革实施后，土地征用与转让行为逐渐成为了地方政府新的、也是极重要的一种生财之道。（周飞舟，2006；2007）一些学者甚至提出，基于土地的都市过程，已经成为了地方政府不可分割的一部分——中国的地方政府本身已经被"城市化"了，为了推动自身的建设，地方政府会积极地推动与土地相关的各种城市建设项目。（Hsing，2010，7）西安概莫能外：正是从土地中汲取的经济收益，为西安的地方政府赋予了足够的权能、也提供了足够的激励，来实施规模宏大、耗资不菲的大明宫遗址公园建设。具体而言，即采用一种为官方所津津乐道的"大明宫倒序法"（锁言涛，2011，50－52）进行开发，这种"倒序法"综合了前文引述的房地产开发商利用"怀旧"进行营销，以及通过"象征性都市保护"来推高遗址周边房价的做法。其运作方式是："回收取得土地－大力度概念宣传与规划－第一次投资（第一次开发）－拆迁－基础设施建设－重点项目建设－分割土地－具体项目规划－'招拍挂'分割售地（第二次出售土地）－政府和企业共建－循环"（锁言涛，2011，51）：首先，西安市政府在2007年年底即发布了公告，除了遗址公园约3.5平方公里的土地外，还将周边的大面积区域划定为"大明宫遗址区的规划范围"，区内的所有建设都被置于地方政府的严格监管之下；包括遗址公园在内，这片区域的总面积达19.16平方公里（西安市人民政府，2007）（见图2）。用西安市副市长、也是包括大明宫项目在内的整个曲江集团的操盘手段先念的话说，"周围这些地都是曲江的"（黄志杰，2011a）。再利用"遗址公园"进行营销，吸引五家大规模地产的开发商进行投资、出售区域内的部分土地，再利用投资经费进行拆迁及遗址公园建设（黄志杰，2011b）[①]；落成后的遗址公园又推动了剩余区域地价的上涨，政府再按照法律规定进行"招拍挂"，出售已经大幅度升值的剩余土地（锁言涛，2011，51）。在访谈中，曾经在曲江系统内工作的某癸先生将事实上位于龙首原高地上的道北形容为西安过去的一片"洼地"。在他看来，尽管道北与西安市中心的距离非常近，区位优越，但由于大规模"棚户区"的存在，使得道北周边的房价一直难以得到提振，就房价而言，形成了一片"洼地"（访谈资料：某癸先生）。而"道北"旧有层理被夷平和大明宫遗址公园的兴建，让所谓的"洼地"变成了新的高地，在我进行田野调查的2013年秋季，大量高层建筑已经在遗址公园周边区域拔地而起。一项相关量化研究也显示，即便在2010年9月底遗址公园正式开园前，公园已显著提升了周边区域的房价。（王洁林，2011）

不过遗址公园仍属于全国重点文物保护单位的范围，基础设施

---

① 报道中显示，共需筹措的经费为280亿元，地价为每亩300万元，大致计算得这一阶段出售的土地为9333亩，合6.2平方公里。在遗址区整体规划范围内，占用以改造的12.76平方公里土地的约一半。

受到严格管控。公园将叠压在遗址上的新层理、亦即道北的许多建筑夷平，除了在丹凤门的门道遗址上新建了钢构的门形建筑、作为保护土质门道遗址的外壳之外，遗址公园内新建的构筑物，主要用于对大明宫建筑的遗存进行指示和保护，并没有将大明宫的建筑按史料记载一一修复。事实上，周冰在《灼热的大遗址》一书中，曾对遗址公园的建筑进行了畅想。他认为，"遗址公园"应将公园的功能附加在遗址之上，"如果没有公园功能，（遗址公园）最后只会成为专家的工作场，迟早守不住"（周冰，2009，10），因而在遗址公园内构划了当代科技馆、当代前卫艺术博物馆、大明宫国宾馆、中国古代童话园、四海唐人街等一系列建筑（周冰，2009，146－148），并选址丹凤门与含元殿之间、御道广场两侧的区域，而前文已经提到，这一区域正是1992年重新确定大明宫遗址保护范围时，因为区内存在大量新建筑物而被划出重点保护区的范围（张关心，2010）。到2008年，大明宫建设团队还发起了一系列遗址公园建筑设计方案的全球竞赛，包括殿前区商业综合体、殿前区博物馆、大明宫国宾馆等工程，都成为竞赛内容，包括安家瑶在内的一批专家成为评审专家（西安曲江大明宫遗址区保护改造办公室，2010）。不过这些轰轰烈烈的竞赛方案，却最终没能在遗址公园内落地。规划中用于国宾馆和博物馆的区域，在我进行田野调查时，仍是一片空地。在遗址公园建设过程中，三处构筑物还被指为违章建筑而被拆迁，也正是安家瑶，作为国家文物局的代表对违建情况进行考察。（《华东旅游报》，2010）即便在大明宫国家遗址公园的开园仪式上，国家文物局局长单霁翔在致辞中，也毫不客气地指出："遗址公园不是建在遗址上的主题公园……遗址公园不是建筑师竞技的舞台，这里的主角只有一个，那就是遗址。不应让张扬的设计、华丽的材料等妨碍人们对遗址的品读和对历史的思考……遗址公园不是游乐园，园内任何建设项目和人类活动都必须谨守不破坏遗址的原则……遗址公园不是普通的旅游景点……"（《西安日报》，2010d）事实上批评了遗址公园建设中的一些操作。尽管我们没有条件介入博弈过程的内部进行详细考察，但这些信息已经昭示出，尽管地方政府与考古学和文物保护的专业人士达成了某些共识，但对于遗址的解读与意义建构，仍存在微妙分歧。

　　大明宫遗址公园的兴建，非常类似于博伊姆所说的"修复型怀旧"（博伊姆，2010，46－47）：尽管作为"盛唐辉煌"纪念碑的大明宫并没有被完整重建，但覆盖在"大明宫"之上的新层理、同时也是"道北记忆"附着的地方，已被抹去。但遗址公园又是以抹平道北居民原有的家园为代价的，他们中的许多人经历了"拆迁过渡期"近四年的流寓，需要为另一个"位置"与"场所"注入新的"地方感"以重建家园，那么通过遗址公园，又能在何种意义上实现返乡？或者进一步说，如果这的确是做了某种"修复"的话，那它真的是在"怀旧"吗？对于作为"怀旧产品"的遗址公园而言，一方面，并不能否认遗址公园确实解除了曾困扰考古学者的遗址困局，但它的"生产者"、即西安地方政府行动力与能动力最重要的来源，却是能够通过遗址公园项目的运作，能够释放出的土地，以及从这些因遗址公园项目而增值的土地上能够筹集的巨额资金；另一方面，"怀旧产品"在这一阶段最重要的消费者，事实上并不是遗址公园内的游客，而是遗址公园周边土地上新建商品住宅的购买者，尽管只有系于这片地方的关于道北的污名化集体记忆被擦除，另一种记忆被选择、被凸显，产品对于他们而言才可能有价值，但他们似乎也并不是为了消费怀旧而购买"怀旧产品"的。从而使得遗址公园在某种意义上被置于了尴尬境地。

六、构建"盛唐记忆"？

　　本文在文献综述部分，已经论及了记忆、遗迹与政治权力之间的微妙关系。前引周海燕、陈蕴茜和李恭忠的研究，事实上都显示了政治权力是如何试图通过构建记忆来形塑自身合法性的。另一方面，前文提到，国族遗产的发展与民族主义在欧洲兴起，时间上基本同步；布鲁德乌在关于圆明园的研究中，也特别强调了官方选取圆明园历史叙事中的某一特定面向，以图通过具地的遗址达到进行爱国主义教育的目的。不过这些讨论涉及的主要都是民族国家或者中央层面的政治权力。就西安的大明宫这一个案而言，驱动力量是地方性的权力核心，其在经济收益之外从遗址公园的建设中谋取其他收益，其机制可能与上述讨论略有不同。

西安，中国历史上建都最长的城市之一，向以"周秦汉唐"作为城市历史的标榜。但由于年代古远，定都西安的各个朝代在西安城内的宫殿建筑，基本都已毁于战乱，这些宫殿建筑的遗址，与前文提到的大明宫遗址保存情况非常类似。（锁言涛，2011，77－79）现在仍保留在西安城内的古迹，如城墙、钟楼、鼓楼等，都是明代建筑，亦即西安已经降格为地方性城市的时代。而即便是作为西安地标之一的唐大雁塔，现存建筑也是明代重建。因此西安要形象地表述自身作为首都的历史，便存在一定的困境。而大明宫遗址公园的建成，则被寄望能够纾解这一困境。事实上在2005年，时任西安市长的孙清云便在当年的《政府工作报告》中提出将包括大明宫遗址保护工程在内的启动"皇城复兴"计划，旨在展示西安作为中国"人文之都"的魅力。（孙清云，2005）而按照段先念的说法，无论是本文开篇提及的2006年在大明宫遗址举办的文艺演出，还是从2007年开始启动的大明宫国家遗址公园建设，共同的核心诉求，便是要推动包括大明宫遗址在内的古"丝绸之路"遗存被列入"世界文化遗产"名录，以图"构建中华民族的精神家园"（《西安日报》，2009）。事实上，大明宫含元殿遗址和丹凤门遗址已经作为"唐长安城遗迹"被纳入了"丝绸之路"申报世界文化遗产的清单，并在2014年6月的联合国教科文组织世界遗产委员会会议上成功列入"世界文化遗产"名录[①]。如果如前引文献所说，民族国家能够借助历史遗迹来强化自身合法性、构建国族叙事和国族认同的话，那么从某种意义上讲，地方政府能通过大明宫国家遗址公园的建设，将其工作整合到国家层面的这一议程之中。

当然，与建构国族认同的逻辑类似，地方政府也可以利用遗址公

---

① 需要说明的是，由于"世界文化遗产"的申请各国每年只有一个"指标"，而2014年中国提出的申报"世界文化遗产"项目为京杭大运河，"丝绸之路：起始段与天山廊道的路网"项目是由哈萨克斯坦、吉尔吉斯斯坦和中国联合申报的项目，由吉尔吉斯斯坦主推，占用吉尔吉斯斯坦的"申遗"名额。2014年的联合国教科文组织世界遗产委员会会议（即"世界遗产大会"）于6月15日至25日在卡塔尔召开。大明宫遗址作为丝绸之路遗址的一部分，在6月22日成功被列入"世界文化遗产"名录。

园来强化自身的合法性，尽管这种"认同"并不必然是基于由遗址具地体现出的历史记忆而形成的。一方面，如前所述，对于一部分西安本地居民而言，污名化的"道北记忆"已经深入人心，用某壬先生的话说，"道北"维系的是一种"逃荒记忆"，是西安的"一块疮疤"（访谈资料：某壬先生）。而将叠压在大明宫遗址上的"道北"层理抹去，使得"疮疤"转化为都市奇观并进而改善都市形象的做法，不难得到一部分市民的认同，打造都市形象也是在当代中国都市发展中被普遍运用的一种策略。（Hsing，2010，54）另一方面，前文提到，西安提出"皇城复兴"计划，意在展示中国"人文之都"的魅力。而在许多版本的大明宫叙事中，大明宫都被用于与北京紫禁城对比，并且突出强调大明宫不仅建筑年代远早于北京紫禁城，而且占地面积达后者的4.5倍（如周冰，2009，4；锁言涛，2011，71）。在田野调查中，与出自官方的"人文之都"类似的话语，也为一些受访者所借用，"老西安"某子先生的说法尤其具有代表性：

我十四岁上就在自强路打工，我跟你说，哪儿好脏、好乱、好差，我最知道，几十年了，有啥变化？没有我跟你说！……搞成今天这个景象，我双手赞成，曲江人家搞得好，国家该发钱奖励我们西安，发一千个亿都不得多……结果钱都发到北京、上海去，西安啥好处没占上。你说你那北京有啥好，天然气还是我们陕西给输过去的，啥好处都占了，你又是政治中心、你又是个经济中心，你还要当文化中心，全部都占完了！凭啥不给西安留一个文化中心？……你北京说堵、又说地下水不够，不是自找的？活该我跟你说！（访谈资料：某子先生）

除了成为都市奇观、使城市形象得到改善并进而获得部分市民认可外，大明宫遗址公园内、包括御道广场在内的一小部分区域，被划定在了公园的收费范围以外向游客免费开放，成为了西安市民休闲的新景点。在访谈中，某甲先生便提到，他正是常去遗址公园休闲的市民之一。（访谈资料：某甲先生）被概括为"棚户区"的道北在遗址公园建设中被夷平，新建筑层理对历史遗址的破坏得到遏止，道北"棚户区"的老住户也迁入了新居，还为市民提供了新的休闲场所，凡此种种，使得大明宫国家遗址公园建设，在官方话语中，成为了西安地方政府"践行科学发展观"而实施的一项重大"文化工程、民生工程和城市价值提升工程"（《中国文化报》，2009）。而记者出身的某乙先生在评价大明宫遗址公园项目时则认为，西安的地方政府能借此"名利双收"（访谈资料：某乙先生）。

但在田野调查中，尽管如前所述，能发现地方认同为大明宫遗址公园的建设所强化的线索，但却几乎没有迹象表明，某种关于盛唐的"历史记忆"通过大明宫的复建被具地建构起来。有当地的研究者批评说，事实上"人们并没有把这里看成祖先留下的宝贝，只是当成了一处绿地，一汪水池，一个公共场所，与其他游览玩耍的地方没有什么两样"（祁嘉华、梁爽，2012，210），在仓促建成的遗址公园内，大明宫的"气场"被消解，它所维系的"记忆"也面临异化（祁嘉华、梁爽，2012，214-218）。事实上，前文所引有关中山陵与圆明园的研究均显示，政治权力希望操控地方的构建进程，并将特定的意识形态诉求注入地方感中以塑造某种"集体记忆"，可能会遭遇意识形态诉求的受众积极或消极的反抗，作为"空间性表征"的地方，在"表征性的空间"中被移作他用，亦即所谓"日常生活对权力的溶解"（李恭忠，2009，377）。在大明宫遗址公园这一个案中，如果从考古学、历史研究和文物保护的专业视角出发，将大明宫视为"盛唐记忆所系之场"并据此赋予价值的话，那么这种意义上的权力的确存在被溶解的状况。但本例的最为吊诡、也更复杂之处在于，对于主导遗址公园建设的地方政府而言，大明宫遗址的"专业性价值"是启动遗址公园项目建设的重要合法性来源，也是能推动大明宫遗址越出民族国家边界、成为"世界文化遗产"的重要助力；但前文的讨论已经说明，因应不同时期的"当下"需求、面对话语所针对的不同对象，具有高度可变性的遗址意义，始终在不断被创造、不断被形塑。无论是作为攫取土地、助推周边地价与房价上涨的都市奇观，还是作为回应棚户区改造要求、服务西安市民的"民生工程"，遗址公园的"公园"这一面被凸显，也在政治权力的诉求范围之内，从某种意义上讲，也是权力在更深层次上对日常生活的溶解与重新形塑。

如何理解具地固着在大明宫上的所谓"盛唐记忆"？用周冰的话来说，他希望"游人一进入遗址公园，就是盛唐风俗的一位参与者、感受者，人人都能感受到大唐王朝宫殿的神圣性……大明宫要让现代人疲惫的心灵在一种神圣的氛围中得到净化、升华"（周冰，2009，121）。用遗迹所维系的历史记忆来纾解现在困扰，与将怀旧视为一种现代性征候的讨论具有某些一致性。基思·特斯特（keith Tester）提出："如果社会被视为这样一种情境，从具有规定作用的某处移至有待被规定的另一处，在这样的文化环境中，怀旧/恋乡就会兴起。换言之，怀旧/恋乡是现代性的一项特征。它既为确定性奠立了丰厚的根基，也为解构提供了肥沃的土壤。它是针对现代性中的文化冲突所做出的一种反应。"（特斯特，2010，71）研究者对中国情境的讨论也有类似观点："在这样茫然四顾的时刻，人们总会自觉不自觉地回头看，以回溯本源的方式来反省现实的困境，通过重新思考和发掘传统资源，通过'复活'历史记忆来寻求应对现实困境的方案，那些本来对传统文化就有情结的人更容易如此。这大概既是一种回应方式，也是一种认同手段。"（赵静蓉，2009，274）不过我们也有必要用前文征引的有关"怀旧感"与"思古情"的辨析来与此互勘：个体是否有可能对自己从未亲身经验的过去形成怀旧之感，并以之来为理解当下提供基模？这或许正暗含了哈布瓦赫所说的"历史记忆"要能够发挥作为"集体记忆"的功能，可能存在某些限制。毕竟，正如洛文塔尔所说，或许历史上的绝大部分时间人们不太会将过去与现在区分，但在我们所处的时代，情形则像哈特利（L. P. Hartley）在《信使》（*The Go-Between*）一书的题记中所指，人们会认为"过去是异国他乡，那里人们的行止与现下不同"（Lowenthal，1985，xvi）。正是出于这种差异，布鲁德乌在关于圆明园的研究中所捕捉到的、游客们怀揣着猎奇心态、希望通过复建的遗迹，一窥昔日的"异国情调"，则似乎更是一种可能的反应。

但毕竟大明宫遗址公园落成至今时间不到四年，今后它的形象又将如何因应"当下"的需求而淀积起更为厚重的层理，并且被勒高夫所谓的"记忆商贩""无耻"地加以利用？（勒高夫，2010，108）

前文提到，某丁女士几乎要将"道北"遗忘，"道北"似乎正在淡出大多数西安人的视野，作为一种"具地体化实践"，作为遗址公园的大明宫是否能彻底涂抹掉叠压在其上的层理，而与"盛唐记忆"建立起某种更为稳固的关联；又会如何与西安市民的日常生活互动、尤其是又将如何塑造当下与后继时代人们的集体记忆？便需要今后的研究以更长的时间尺度，更大样本、更精准的态度测量问卷加以探讨。

七、结论

本文以集体记忆诸理论为框架，重新审视了大明宫国家遗址公园建设的来龙去脉。一方面，哈布瓦赫所提出的社会为集体记忆提供了框架这一观点，以及康纳顿对两种维系集体记忆的机制——仪式操演与体化实践——的阐发，在本文的案例中得到了确证及扩展。无论是西安本地居民的"污名化道北记忆"，还是道北居民关于道北的"家园记忆"，其形成与存续，都是在特定社会框架的作用下完成的。而记忆又与地方形成了绵密的互构关系，一方面，无论对道北这一地方作何种认知与诠解，正是关于道北的记忆，成为了将道北构建为地方的核心要素之一；另一方面，对于道北居民而言，"家园记忆"属于一种"自传记忆"，尽管没有程式化的仪式操演来传递这种记忆，但正是道北这一地方，使得他们用以作为塑造记忆框架的社会关系具地固定下来，从而形成一种"具地体化实践"，使得集体记忆得以传递。

本文进一步考察了政治权力基于特定的"当下"需求，对集体记忆进行的操弄。在当代中国，地方政府作为驱动城市发展的核心力量，已成为共识。（Hsing，2010，53）本文并不意在从政治经济学角度，详细讨论各种介入的能动力量围绕着大明宫遗址公园建设所展开的角力。但毫无疑问，正是由地方政府所操弄的权力，主导着特定记忆的塑造、突显、移用与抑制过程：作为唐代最重要的宫殿建筑群，大明宫被视为"盛唐记忆"所系之场；对于许多西安本地市民而言，事实上大明宫几乎已被层层叠压的新构筑物所湮没，在与这些新构筑物所形成的层理相关联的诸种记忆中，西安本地居民对道北的污名化记忆被突显出来，道北成为了西安的一块"疮疤"。在大明宫遗址公园建设过程中，两种记忆都被地方政府征用，以证成这一规模庞大的工程所具备的高度合法性。当然，道北原有的居民对于这片地方的家园记忆，因为与主流叙事相扞格，自然会受到抑制。不过对于他们而言，这种通过长期的"具地体化实践"得以延续的记忆，或许并不会因为道北的夷平而在短时间内被轻易改变，事实上权力也不尽然需要将其抹去——相对于西安全体市民而言，这种通过具地体化实践传递下来的记忆，其受众毕竟相对有限。前文已经说明，权力以"空间性的诸表征"这种形式，通过地方的生产参与集体记忆的形塑与改造，具体到"表征性的诸空间"这一层面，很可能遇到日常生活实践积极或消极的抵抗。遗址公园作为维系特定记忆的地方被制造出来，不过作为一个将始终处于建构进程中的意义之"场"，它是否会在未来与各种受众的持续互动中，潜移默化地灌注附丽于意识形态的集体记忆，则有待后继研究加以考察。

  大明宫遗址公园建成后，遗址区内曾几乎中断的考古发掘将持续展开，约十万曾经被指责为正在对遗址进行破坏的居民被迁移，为考古学者提供了新的"机会"。在遗址公园周边，"遗址区规划区域"范围内的都市更新改造仍在如火如荼地进行。这一区域改造涉及的人口更多达36.64万（锁言涛，2011，90），总体投资预计将高达1400亿（锁言涛，2011，54）。大明宫遗址公园的建设，使得地方政府能够在"道北"这片因种种历史纠葛而"沦为棚户区"的地域，确立起对城市土地的领属权与支配权；也因为大明宫作为古代"大遗址"的特殊属性，一定程度上消解了地方政府操弄土地将会面对的压力。大明宫被构建成了新的都市奇观、一项重要的"民生工程"，"文化遗产"成为了地方政府能持续获取土地及其他收益、持续获取合法性的一项"文化财产"（锁言涛，2011，134）。作为具地维系"盛唐记忆"之场，随着大明宫遗址公园作为"丝绸之路"遗址的一部分被列入世界文化遗产，或许它确能将某种"盛唐记忆"重新生产出来，作为维系西安人的地方认同，乃至中国人国族认同的新纽带。

参考文献

巴什拉，加斯东，2009，空间的诗学，上海译文出版社

博伊姆，斯威特兰娜，2010，怀旧的未来，译林出版社

陈蕴茜，2009，崇拜与记忆：孙中山符号的建构与传播，南京大学出版社

崔瑞德，1990，剑桥中国隋唐史，589—906年，中国社会科学出版社

大明宫乡志编纂委员会，1997，大明宫乡志，非正式出版物

哈布瓦赫，莫里斯，2000，论集体记忆，上海人民出版社

韩起澜，2004，苏北人在上海，1850—1980，上海古籍出版社

霍布斯鲍姆，埃里克、特伦斯•兰格，2004，传统的发明，译林出版社

金毅，2013，文化适应视角下移居者的社会心理适应：多元模型述评与中国
    经验初探，《青年研究》，第3期

《华东旅游报》，2010，大明宫重修三景"被"指违建，9月2日

黄志杰，2011a，曲江的逻辑与秘密——对话段先念，http://huangzhijie99.
    blog.163.com/blog/static/34754968201110810360835

黄志杰，2011b，一个"城市文化运营商"的诞生，《瞭望东方周刊》，第
    44期

康纳顿，保罗，2000，社会如何记忆，上海人民出版社

克雷斯韦尔，蒂姆，2006，地方：记忆、想象与认同，群学出版有限公司

勒高夫，雅克，2010，历史与记忆，中国人民大学出版社

李恭忠，2009，中山陵：一个现代政治符号的诞生，社会科学文献出版社

李林甫等，1992，唐六典，中华书局

洛夫格伦，奥维•乔纳森•弗雷克曼，2011，美好生活：中产阶级的生活史，
    北京大学出版社

《南方周末》，2012，三十古城上演重建风，"名城"称号骑虎难下：穿越
    五千年，拆仿一线间，11月15日

诺哈，皮耶，2012，记忆所系之处，行人出版社

祁嘉华、梁爽，2012，城市品评——以西安为例看异化的城市记忆，中国建
    筑工业出版社

《陕西日报》，2007，走向和谐的西安道北——西安市新城区创建和谐社区
    记事，1月4日

史红帅，2008，明清时期西安城市历史地理研究，中国社会科学出版社

索亚，爱德华，2005，第三空间——去往洛杉矶和其他真实和想象地方的旅程，上海教育出版社

锁言涛，2011，西安曲江模式：一座城市的文化穿越，中共中央党校出版社

孙清云，2005，政府工作报告——西安市第十三届人民代表大会第五次会议，http://www.xa.gov.cn/ptl/trs_ci_id_10811.html

特斯特，基思，2010，后现代性下的生命与多重时间，北京大学出版社

王洁林，2011，大明宫遗址公园建设对周边住宅价格的影响研究，西安建筑科技大学硕士论文

王溥，2006，唐会要，上海古籍出版社

王向然，2013，污名化与族群关系研究——基于西安地区河南人群的调查，中央民族大学民族学与社会学学院博士论文

威廉斯，雷蒙，2013，乡村与城市，商务印书馆

吴宏岐，2006，西安历史地理研究，西安地图出版社

吴扬、李小龙，2009，拆·留之间——唐大明宫遗址公园近现代遗存研究，《城市规划和科学发展——2009年中国城市规划年会论文集》

西安曲江大明宫遗址区保护改造办公室，2010，大明宫国家遗址公园·建筑篇，陕西人民出版社

《西安日报》，2006，《2006·盛典西安》盛大启幕，10月21日

《西安日报》，2009，丝路申遗——西安千载难逢的历史机遇，12月10日

《西安日报》，2010a，西安大明宫国家遗址公园举行盛大开园仪式，10月1日

《西安日报》，2010b，赵正永在大明宫国家遗址公园开园仪式上的致辞，10月1日

《西安日报》，2010c，孙清云在大明宫国家遗址公园开园仪式上的致辞，10月1日

《西安日报》，2010d，单霁翔在大明宫国家遗址公园开园仪式上的致辞，10月1日

《西安日报》，2012，我市今年全力推进大遗址保护特区建设 重点开建汉长安城考古遗址公园，3月12日

西安市档案局、西安市档案馆，1995，筹建西京陪都档案史料选辑，西北大学出版社

西安市人民政府，2007，西安市人民政府关于大明宫国家遗址公园及周边保

护区相关事项的通告，市政告字（2007）18号

西安市新城区地方志办公室，2000，新城区志（送审稿），非正式出版物

《西安晚报》，2008，唐大明宫遗址保护改造项目棚户区拆迁安置政策解
答，7月6日

杨鸿勋，2013，大明宫，科学出版社

张宝山、俞国良，2007，污名现象及其心理效应，《心理科学进展》，第6期

张关心，2010，大明宫遗址保护范围的变化与辨析，《四川文物·艺术考
古》，第5期

张关心，2011，大遗址保护与考古遗址公园建设初探——以大明宫遗址保护
为例，《东南文化》，第1期

赵静蓉，2009，怀旧——永恒的文化乡愁，商务印书馆

拯救大遗址 http://jishi.cntv.cn/C25205/classpage/video/20110329/100014.shtml

中国科学院考古学研究所，1959，中国田野考古报告集：唐长安大明宫，科
学出版社

《中国文化报》，2009，大明宫遗址保护及周边城市改造项目是实践科学发
展观的重大文化工程、民生工程和城市价值提升工程，4月14日

周冰，2009，大明宫：灼热的大遗址——制文化权时代的人类文明制高点，
人民出版社

周飞舟，2006，分税制十年：制度及其影响，《中国社会科学》，第6期

周飞舟，2007，生财有道：土地开发和转让中的政府和农民，《社会学研
究》，第1期

周海燕，2013，记忆的政治，中国发展出版社

Agnew, J., 1987, *Place and Politics: The Geographical Mediation of State and
Society,* Allen & Unwin

Broudehoux, A.-M., 2004, *The Making and Selling of Post-Mao Beijing*, Routledge

Davis, F., 1979, *Yearning For Yesterday: A Sociology of Nostalgia*, The Free Press

Elias, N. and J. Scotson, 1994, *The Established and the Outsiders: A Sociological
Enquiry into Community Problems*, Sage

Gieryn, T., 2000, A Space for Place in Sociology. *Annual Review of Sociology* 26

Gramham, B., G. Ashworth and J. Turnbridge, 2000, *A Geography of Heritage:
Power, Culture and Economy*, Arnold

Graham, B. and P. Howard, 2008, *The Ashgate Research Companion to Heritage and Identity*, Ashgate

Gregory, D. and J. Urry, 1985, *Social Relations and Spatial Structures*, Macmillan

Hsing, Y., 2006, Comment on Li Zhang' s paper, *Current Anthropology* 47 (3)

Hsing, Y., 2010, *The Great Urban Transformation: Politics of Land and Property in China*, Oxford University Press

Lefebvre, H., 1991, *The Production of Space*, Basil Blackwell

Lowenthal, D., 1985, *The Past is a Foreign Country*, Cambridge University Press

Lowenthal, D., 1998, *The Heritage Crusade and the Spoils of History*, Cambridge University Press

Nora, P., 1996, *Realms of Memory: The Construction of the French Past* (Vol. I), Columbia University Press

Schwartz, B., 1996, Memory as a Cultural System: Abraham Lincoln in World War II, *American Sociological Review* 61 (5)

Schwartz, B. and H. Schuman, 2005, History, Commemoration, and Belief: Abraham Lincoln in American Memory, 1945—2000, *American Sociological Review* 70 (2)

Smith, L., 2006, *Uses of Heritage*, Routledge

Su, X., 2011, Heritage Production and Urban Locational Policy in Lijiang, China, *International Journal of Urban and Regional Research* 35 (6)

Xiong, C., 2000, *Sui-Tang Chang' an: A Study in the Urban History of Medieval China*, Center for Chinese Studies, The University of Michigan

Zhang, L., 2006, Contesting Spatial Modernity in Late-Socialist China, *Current Anthropology* 47 (3)

Zhang, Y., 2008, Steering towards Growth: Symbolic urban preservation in Beijing, 1990—2005, *Town Planning Review* 79 (2—3)

亚村维族婚礼的理想与现实

阿依努尔·卡马　北京大学社会学系2011级

指导教师　高丙中

第一章　导论

　　每一对恋人都希望自己能够有一场理想的婚礼，维吾尔人理想的婚礼有四个必要条件，即符合伊斯兰教的婚姻规范；受到法律的保护；婚姻自主，符合男情女愿；符合传统的维吾尔人的婚礼习俗。理想的婚礼有其秩序，维吾尔人的婚姻有着充满宗教色彩、民族特色的程序，例如，提亲、订婚、婚礼；其中，订婚程序为：送聘礼、克其克恰衣、麦斯来提恰衣；婚礼程序为：念尼卡、阿合勒克恰衣（群恰衣）、迎亲、麦西莱普。然而，受到各种因素的影响，理想的婚礼模式在现实中很难实现，尤其是自由恋爱的男女不能在他们所期望的时间内成婚时，亚村的男孩就会通过朋友们的帮助将女孩抢到亲戚家过夜造成婚前同居的事实，并将其告知父母、亲友的方式来确定两性关系，造成抢婚，促成婚约的成立。亚村维吾尔人的抢婚使婚礼的秩序颠倒，婚礼发生改变，抢婚本身不构成婚姻，但是会对婚姻的程序进行调整，同时这种调整并不是事先谈判好的。近年来，抢婚现象在亚村盛行，从2013年1月1日截止到9月26日，亚村共举办了五场婚礼，全是因抢婚而举办的。

　　社会变迁中的亚村维吾尔人通过抢婚的方式改变自己在婚约缔结上的被动地位，这一违反伊斯兰教教义，违反维吾尔人传统道德与习俗的现象在现实中成功地促成婚约的缔结，达到了提前办理婚礼的目的。中国是一个文明古国，我们的历代先人各自度过了多姿多彩的有意义的社会生活。在近代以来的国际关系格局中，所有"有意义的社会生活"的细节，都是要通过考古和历史学去挖掘、去发现的，它们一旦得到确认，就被作为中国的特性的见证。但是，中国的特性在整体上是应该由民俗生活来体现的。（高丙中，2009,2）本文通过对维吾尔婚礼理想与现实模式的描述、分析，来揭示抢婚这一现象如何被当事人的父母及村民所接受，如何在当地被赋予"抢救性的恢复"，将其"纳入"传统文化规范之中，尽量让其回到理想的模式；并且通过描述案例及之后操办的婚礼，来呈现当地维吾尔人在文化、宗教、社会等多个层面的变化与连续。

本文试图解决的问题是亚村维吾尔年轻人为何采取抢婚的方式来达到婚约缔结的目的，当这种违反宗教教义、违反维吾尔传统道德与习俗的现象发生时，当地维吾尔人在观念、行动上对它的适应性问题。

一、研究意义

笔者认为，对该选题的研究，在学术和实践上都具有重要意义。

在学术上，使更多学者注意到维吾尔人婚礼的现状，认识在现代化的浪潮中地方族群如何发挥能动性来保持"族性"，如何实现边缘与主流的互动等问题。对于文化人类学研究来说，细致的描述可以为中国边疆少数民族婚俗现代化进程的研究提供一个经典案例，充实当代婚俗与社会研究内容，并对"社会—婚俗"结构下人的能动性做出有意义的讨论，并通过婚礼看社会变迁，看人的存在状况。

从维吾尔人社会文化角度而言，"婚俗"研究可以拓展当代边疆维吾尔人社会文化研究的内涵，弥补对当代农村维吾尔人研究的不足。首先，并不是所有的维吾尔人以前都是早婚的。其次，抢婚和跑婚在当今的亚村也不是对父母包办婚姻的抗议。再次，并不是所有的抢婚和跑婚后的婚礼的聘礼和聘金会减少，跑婚和抢婚并不会造成操办婚礼的双方经济负担的减轻，比起传统婚礼，亚村跑婚及强婚后的聘金和聘礼有过之而无不及。抢婚和跑婚并不是与经济原因直接挂钩的，更多的是因为男女为追求爱情，达到婚姻的目的而做出的行为。

现实意义方面：在了解当代边疆维吾尔人社会生活变迁的基础上，能对抢婚和跑婚做出准确定位，为有关部门制定相关政策提供实际依据。另外对于笔者来说，作为维吾尔人的一分子，试图在描述当代维吾尔社会文化传承与变化的时代背景下，初步探索出"变"与"不变"的根源，使自身能够对本民族文化有更深的认识。

二、文献综述

抢婚作为一种历史现象，其产生已经相当久远，其流传也组成了一条长长的历史彩带。但是，令人遗憾的是，有关抢婚风俗的记载并不多，因而，对于抢婚这一特殊民俗事象的研究竟是那样的众说纷纭。

早在《易经》问世的时代，中国人即已注意到抢婚这一民俗事象："屯如澶如，乘马班如，匪寇婚媾"；再如《魏书·吐谷浑传》中说："至于婚，贫不能备财者，辄盗女去"等。在国外，麦克伦南用神话般的方法炼制出杀女婴习俗这块补天石，终于完成了他的一连串理论的编织和虚构：杀女婴——男子过剩——内婚制——一妻多夫制——母系制——战争——抢劫女子——外婚制。当然，麦克伦南虚构的混乱早已被打破。与麦克伦南同时代的美国学者摩尔根也用事实说明了氏族是外婚的，而部落是内婚的，内婚制和外婚制根本不可能构成对立，指出麦克伦南错把氏族当"部落"，实际他的著作中"不曾提出一个'外婚'部落的例子"（摩尔根，1977，465）。在原始时代，当一夫一妻制兴起和对偶婚崩溃之际，由于经济因素在婚姻缔结中的作用还较微弱，因而原生态抢婚更多地表现为以人质和人质的交换婚。这样，抢婚条件的确定便存在着一定的顺利性，以至于某些地方"经常抢劫妇女"，甚至"还把这当作通例"（马克思，1972，40）。可以说，这个时代是野蛮而残酷的原生态抢劫妇女的时代。

文明时代的抢劫婚有原生型和变异型的差别。原生型抢劫婚事先不征求对方意见，看准目标后即使用暴力手段，强制对方与自己成婚，有时根本没有固定目标，碰上谁算谁。变异型已经失去原生的意义，掺入了阶级的，经济的和宗教的因素，内容和形式都发生了实质性变异：男女双方商定抢婚；抢婚是娶亲的一种仪式，迎娶环节上采取抢婚方式。（鸿宇，2004，80）经过长期的历史发展和变革，抢婚这种形式曾在世界普遍存在过，卫斯特马克说，"凭借武力得妻的方法，曾实行于世界各地"。在中国的一些少数民族当中，仍然存在抢婚的习俗，只是这种习俗已经基本上仪式化。（陈文华，2004，148）

亚村的抢婚跟中国南方地区少数民族（如佤族、纳西族、傣族等）仪式性的抢婚有着很大的区别，亚村维吾尔人的抢婚有着它自身的特点。男孩在朋友们的帮助下，一般是用摩托车，有的用小轿车把女孩子带走，跑到男孩子的亲戚家过一夜，时间是不一定的，有的发生在白天，有的发生在晚上，还有的发生在别人的婚礼麦西莱普结束之后；当村里人得知一个男孩将其恋人带到亲戚家过夜后，他们就称其为抢婚，但是，村里是不知道发生抢婚时女孩子的意愿如何，因为有的女孩子是知道恋人会将其带走，自愿跟恋人走，但有的女孩子在事发之前对其一无所知的，毫无心理准备，所以，笔者根据女孩子的意愿，将亚村男孩把女孩带到亲戚家过夜的现象区分为抢婚及跑婚。

亚村的人们说"keqipkitepdu"（维吾尔语音，意为跑了），是针对女孩，说女孩子跟男孩"跑了"，"Apkixipkapdu"（维吾尔语音，意为拿上以后跑来了），是针对男孩，为什么拿上以后要跑呢？因为东西是不属于他的，也就是说这个女孩本是不情愿的，也就是说男孩把女孩抢来了。在此，很有必要区分这两个概念，因为虽然都是对同一件事情的描述，但是说的主体不同，而且主体的意愿也不相同，如果只是说"Apkixipkitepdu"（抢走了），一般说明女孩是被迫的。如果说是"kiqipkitepdu"（跑了）那说明女孩是自愿的，而且是跟自己的恋人"跑了"。一般不会单独说一个男孩"kiqipkitepdu"（跑了），这话要么是说两人，要么是说女孩子的，"Apkixipkapdu"（抢来了）是指男孩子把女孩子给"抢"来了，"kiqipkitepdu"是说女孩子或者两个人一起"跑"了。而且，"kiqix"（维吾尔语，语意为"跑"）之后的婚礼，除了办事双方外，村里的其他群众也都会以看待传统婚礼的态度来对待，对青年男女的抢婚及跑婚的行为是持宽容的态度的，不会因为不是传统婚礼而不参加婚礼仪式、不会减少礼金、礼盒。但是当笔者问村民那场婚礼是不是"kaxkang toy"（跑后的婚礼）的时候，他们会说是"Qiraylek toy"（漂亮的婚礼），或者"Alqi kerezgan toy"（媒人提亲后操办的婚礼），所谓漂亮的婚礼就是媒人提亲而操办的婚礼，不是因为"kiqipkitep"（抢婚或者跑婚）而操办的婚礼。

总之，亚村的抢婚：违背女孩的意愿（男女为恋爱关系；在知道会有婚姻关系，但是时间不确定之后；在女孩及双方家长同意之前）；跑婚：男女双方有协议（男女有恋爱关系；在知道会有婚姻关系之后；在双方家长同意之前）；这两者都不是婚姻游戏，也不是象征性的。而是实实在在为了达到结婚的目的而采取的行动。同时，抢婚并不能够像跑婚那样突出女性追求爱情、婚姻自主的能动性，因此，对亚村女孩子跟男孩子未经双方父母允许而在男孩亲戚家中过夜，并将之昭告父母、亲属，以期达到让父母尽快操办婚礼的目的的现象，本文用抢婚和跑婚分开进行描述。

1.国内研究概况

就国内研究现状看，目前，只有冯雪红的研究维吾尔人婚姻的汉文著作《嫁给谁：新疆阿村维吾尔族妇女婚姻民族志》，此外，涉及维吾尔人婚姻的研究，基本上散见于有关著作的章节中，学界对维吾尔人婚姻的研究主要集中于学术论文，在学术期刊发表的论文有50篇左右。总之，学界对维吾尔人婚姻的研究还很薄弱。涉及维吾尔婚俗的文章中，有参考价值的有：刘益梅的《维吾尔族传统婚俗探析》；安尼瓦尔•吐尔逊的《新疆农村维吾尔族婚姻习俗变迁辨析》；拜合提亚尔•吐尔逊的《新疆农村维吾尔族婚姻习俗变迁辨析》；艾克拜尔•卡德尔的《论维吾尔族婚礼中的传统习俗》；袁志广的《新疆墨玉县维吾尔族婚俗及其文化蕴涵述论》。

国内研究抢婚学者叶涛、吴存浩的《抢婚》、《中国婚俗》、陈文华等人的《婚姻习俗与文化》、鸿宇的《婚嫁》、潘晓梅的《婚俗简史》、闫玉的《当代中国婚姻伦理的演变与合理导向研究》等关于中国南方民族现存的婚俗研究中的抢婚都是仪式性的。一篇有关新疆维吾尔人抢婚习俗的文章，即杨苏的《新疆伊犁地区维吾尔族"私奔婚"现象的思考——以察布查尔县某村为例》指出，"私奔婚"成为这一代中部分人走向幸福的工具；青年一代的受教育程度、女性自我保护意识也是"私奔婚"现象的原因之一；"私奔婚"年轻化表现出了法律意识淡薄等，作者对"私奔婚"的原因进行了分析。首先，笔者认为杨苏用"私奔婚"描述这一现象就不妥，因为她们没有私奔到别的地方去，应该用跑婚来形容，而且作者对原因的分析角度还不够全面，作者称之为"私奔婚"是因为主要看到了男女双方自愿形式的抢婚，却没有看到强迫性的一面，而且作者只是简单地介绍了两个"私奔婚"的个案，对"私奔婚"之后的婚礼未进行描述，未让读者看到"私奔婚"是否达到了婚约的目的及之后是否有婚礼的举办。

冯雪红的《嫁给谁：新疆阿村维吾尔族妇女婚姻民族志》中，作者提到，"结婚本是男女双方之事，但在缔结婚姻的过程中，一些环节或仪式对新娘和新郎的意义却迥然有异。如果不举行婚礼仪式，男方反而会节省一大笔开销，而对于女方却可能是另一番景象。在阿村，不举行完备婚礼仪式的婚姻类型不外乎三种情况：私奔婚；入赘婚；老年再婚。需要说明的是，这类婚姻基本没有昭示宾朋的热闹婚宴，但尼卡仪式都要举行，即使'私奔婚'，事后也得补念'尼卡'。入赘婚和老年再婚尚可理解，就私奔婚而言，任何一个家庭都不会因为儿子与一女子私奔而与他断绝关系，而对于一个女子，则面临截然不同的命运，不但把父母气个半死，或多或少还遭受来自亲邻的非议，有的会经年累月，持续很长时间，更不用说，从缔结婚姻的起点上就建立了不友好的姻亲关系"（冯雪红，2013，218）。

然而，与冯雪红研究的阿村有所不同的是，在亚村，抢婚及跑婚后的婚礼举办得很隆重。其次，抢婚或者跑婚的女孩的父母在事发当天可能会对女儿有不满和气愤，但是这种气愤不会长久，事发后，大家想的更多的是下一步该怎么办，男方什么时候来提亲等。同时，抢婚和跑婚并不绝对会造成婚礼仪式的缺席和聘礼的减少，在当今的亚村，其隆重性比起传统婚礼有过之而无不及。

2.国外研究概况

至今为止，国外尚无维吾尔人婚姻相关研究的著作。与本人研究的抢婚及抢婚相似的习俗有乌兹别克斯坦的Bride kidnapping，虽未找到Bride kidnapping的专著，但是发现研究这方面的论文比较多。Bride kidnapping是一个在历史上和世界各地，一名男子绑架女人要结婚的做法（Aminova，Alena，2004）；Bride kidnapping仍然出现在横跨中亚，高加索地区和非洲地区的国家，在墨西哥策尔塔尔，并在欧洲罗姆都有这种现象。这个术语有时被用来表示绑架，而且还表示私奔（Handrahan，Lori. 2004，207）等。然而，即使这种做法是违法的，司法强制执行仍宽松，尤其是在吉尔吉斯斯坦和车臣。（Kovalesky，Maxime，1891，23）在某些情况下，夫妻俩勾结一起私奔，以一个新娘绑架为名，对他们的父母提出一个既成事实。但是，在大多数情况下，男人们谁诉诸捕捉妻子，常常是社会地位较低，由于贫困，疾病，这带有恶劣的性质，或犯罪行为。他们有时避免合法寻求妻子，因为要支付妻子家的家庭期望和新娘价格。根据Adekunle，Julius的"Culture and Customs of Rwanda"，抢新娘在卢旺达的一些地区比较流行，通常这个绑架者要到女孩子的家去或者跟踪女孩子以便绑架她，他及他的同伙会强夺她，以便她能够答应和他结婚，女孩子的家人有义务认可他们的结合，由于孕妇是不会被视为有资格结婚，他们就在强夺者让女孩怀孕的情况下让女孩子的家人被迫答应他们的婚姻。人权工作者报告，三分之一的男子绑架妻子后抛弃她们，不留给她们在寻找未来的婚姻的费用。

因此，可以看出，笔者所研究的亚村的抢婚，与国内外至今为止研究的抢婚现象比较而言，不同点在于：亚村的抢婚及跑婚并不会造成婚礼的缺席；而且不会造成聘金、聘礼的减少，不会减轻办婚事家庭负担的减轻，而且随着人们生活水平的提高，婚礼举办得越来越隆重，在聘礼、聘金及嫁妆方面相比较于传统婚礼有过之而无不及。

三、 研究思路及方法

1.研究框架

通过对维吾尔人的婚礼理想的介绍，引出亚村维吾尔族婚俗中存在的"抢婚"与"跑婚"这两种打乱传统婚礼程序、造成程序颠倒的现象，并对它们分别通过两个个案进行描述，继而对抢婚及跑婚之后的具有亚村特色的婚礼仪式进行详细的介绍。研究的核心问题是亚村维吾尔年轻人为何采取抢婚的方式来达到婚约缔结的目的，当这种违反宗教教义、违反维吾尔传统道德与习俗的现象发生时，当地维吾尔人在观念、行动上对它的适应性问题。

2.研究方法

参与观察法，参与观察当地的整体社会生活情况，深入、全面地观察，尽量把握抢婚发生的生活背景；

访谈法，笔者作为维吾尔族用维吾尔语访谈村委书记、有威望的老人、妇女事务指导主任，了解村落的历史、社会文化现象；并用非正式的访谈方式访谈有抢婚经历的青年男女，并且录音；

文献资料法，收集国内外有关维吾尔族婚姻习俗、抢婚习俗和中国南方少数民族、国外民族的抢婚习俗的资料；并分析它们的研究角度，阐述本人的文本与它们的不同之处及意义所在。此外，还涉及整体观、文化比较研究、文化相对论、个案研究、定性分析等方法。

3.笔者的田野点——亚村

亚村位于新疆维吾尔自治区伊犁哈萨克自治州察布查尔锡伯自治县东南部，东临伊犁河。全村有171户，694人；村民由维吾尔（683人）、哈萨克（10人）、回（1人）3个民族组成；全村总劳动力328人，其中：小学文化程度100人，初中文化程度118人，高中及以上文化程度110人，其中：富余劳动力108人。[①]村民全都信仰伊斯兰教。

笔者在收集文献资料的过程中，走访了伊犁州政协、伊犁州地方史办公室、伊犁州民族与宗教事务委员会、伊犁州统计局、伊犁察布查尔锡伯自治县史志办公室、伊犁察布查尔锡伯自治县统计局、察布

---

① 数据由亚村村委会干部于2013年9月26日提供。

查尔锡伯自治县亚村村民委员会等相关部门，没有找到详细记载亚村村落的地方志或者民族志，因此作者在伊犁察布查尔锡伯自治县移民局局长的推荐下找到了四位能够为笔者提供历史资料的村民，其中两位是曾经担任亚村书记的ADNP[①]、THJ及一位亚村小学教师PLT，亚村妇女事务管理人PXH，在村落的历史、经济、教育、婚礼等方面笔者对他们用维吾尔语进行了深入的访谈，收集了可贵的第一手资料。

第二章　维吾尔人的婚礼理想

婚礼，有其理想的模式，经过调查研究发现，理想的婚礼有四个条件，即符合伊斯兰教的婚姻规范；受到法律的保护；婚姻自主，男情女愿；符合传统的维吾尔人的婚礼习俗，即通过明媒正娶而举办婚礼。本章将从这四个方面来描述维吾尔人的婚礼理想。

一、《古兰经》对婚姻礼仪的阐述

伊斯兰教认为，真主是宇宙万物的创造者与主宰，对宇宙万物享有绝对的统治权，对现实世界的一切享有立法权。（马明贤，2011，2）《古兰经》是伊斯兰教的圣经，是伊斯兰思想的根基。（Muhammad Saʻīdī-Mihr & Amīr Divānī，2012，63）《古兰经》中规定的教法，属于宗教生活领域的内容，几乎对全世界穆斯林起指导作用和直接影响。（林松，1995年，53）《古兰经》就是用阿拉伯文写成的书，包括114个章节（suras），这些章节又被分成将近6000个带有编号的诗节（ayas）。（Carl W. Ernst，2012，2）作为穆斯林的维吾尔族也要遵守《古兰经》中关于婚姻的规范。

1.伊斯兰教的婚姻观

提倡嫁娶的婚姻理论，反对独身主义。不抱独身主义——"你们要让你们中未婚的男女，让你们中淳朴的奴婢相嫁娶"（《古兰

---

① 笔者在本文当中涉及真人姓名时用其维吾尔名字的大写字母来表示。

经》，24:32）。主张男大当婚，女大当嫁。同时，伊斯兰法反对放纵主义，要求把性欲严格地限制在婚姻关系之中。婚姻是产生家庭的前提，家庭是缔结婚姻的结果。男女必须通过合法的婚姻程序才许可成为夫妇，一切非婚姻的男女性关系都是非法的罪恶行为，受到法律和信仰的严格禁止。（努尔曼·马贤，伊卜拉欣·马效，2005，195）

提倡一夫一妻制。"如果你们担心对孤女不能公平合理，那你们可以聘娶所爱慕的妇女：娶两妻、三妻、四妻，如果你们担心不能公平待遇，那就只各娶一妻，或纳娶权利所属的奴婢，这更接近于公平合理。"（《古兰经》，4:2—3）这一节阐发了一般人所谓伊斯兰教允许多妻制的规定。容许多妻绝不等于提倡多妻，或命令必须多妻，而是在特定环境、条件下的权宜之计和应变措施。由于战争中伤亡较多，孤女、寡妇、嫡妇是社会面临的问题之一，因此，在能够公平待遇，彼此相安的条件下，容许多妻，如果办不到，就不能多妻，从行文中可以看出，应予提倡的还是各娶一妻，即一夫一妻制。（林松，1988，131）

婚姻自主、厌恶离婚。穆斯林男女成年以后，缔结婚姻，简历家庭式逊奈（圣行）。伊斯兰教充分尊重青年男女择偶的自主权。穆圣指出："妇女比其监护人更有权决定自己的事。处女，父亲要征求她的同意，她的沉默表示她的应允。"伊斯兰教先知穆罕默德曾监督过扎伊德和扎纳普，当这两口子之间开始出现问题的时候，穆罕默德就鼓励他们重归于好，不要离婚。（Jonathan A.C. Brown，2011，50）

要求信士坚守贞操，严惩淫妇、奸夫。伊斯兰法绝对禁止卖淫，通奸等一切婚外的非法两性关系，违背真主命令者受到严厉制裁。（Mu hammed Al-Sayed Muhammed，2005，6）"我用阿拉伯语的《古兰经》启示你，以便你向首都和周围的人告谕，并预告无可怀疑的归聚的日期：一部分人进乐园，一部分人入火狱"（《古兰经》，42:7）。"身在恩泽的乐园……我使她们青春再现，把她们造成处女姝颜"（《古兰经》，56:36）。《古兰经》清楚地指出："保持贞操的男女，安拉已为他们准备了宽恕和厚遇。"（《古兰经》，33:35）并且指出了妇女们的范例："（范例）还有伊穆兰之女玛尔嫣，她坚守贞操，我将"鲁哈"吹送进去，她诚信养主的言辞和经籍，她本来属于虔敬的妇女"（《古兰经》，66:12）。"有些人诬陷贞洁的天真无邪的信女，在今世后必遭唾弃，他们将受重刑的惩击"（《古兰经》，24:23）。污浊的妇女，配污浊的男子，污浊的男子，娶污浊的女子；纯洁的妇女，配纯洁的男子；纯洁的男子，娶纯洁的妇女。他们可以获得赦宥和丰富的供给（《古兰经》，24:26）。《古兰经》为了使穆斯林洁身自重，对穆斯林的服装提出了严格的要求："你告诉女信士们——她们应该低首俯视，应该把自己的下身遮蔽，不要让她们的装饰毕露。叫她们不要故意举脚投足，以炫耀她们暗自装饰的神秘。"（《古兰经》，24:30—32）并且直言："洁身自重的人必获胜利。"（《古兰经》，91:9）"不能娶妻的人应该保持贞洁，直至安拉以特恩使他们富裕，你们的女婢如果要保守贞操，你们切不可为贪求今世生活的微利，而强迫她们为娼妓。"（《古兰经》，24:33）"信士们确实已经胜利，他们对贞操坚守不渝，除非是对他们的妻子，或他们所属的奴婢，这不会受责备。于此之外谁再有所寻觅，谁就越过法纪。"（《古兰经》，23:1—7）"礼拜者保守贞节，除非是对他们自己的妻，或他们所控制管辖的婢女。"（《古兰经》，70:29—30）"你们的妇女如果发生奸情，应该有你们中的四个人做证，如果他们已经见证，就应该把她们关闭在家中，直到死期来临，或者，安拉为她们安排途径。"（《古兰经》，4:15）"淫妇和奸夫，应该各打一百鞭，你们不能减免安拉的规定而对他俩怜恤，如果你们对安拉和末日坚信不渝，要让一批信士监视对他俩的惩击。"（《古兰经》，24:2—3）

鼓励寡妇再嫁，不赞成守寡守节。"他们中弃世而遗留妻子的人，他们的妻子当期待四个月零十天，待婚期满地时候，她们关于自身的合理行为，对于你们毫无罪过。"（《古兰经》，2:234）"被休的妇女，当期待三次月经；她们不得隐讳安拉造化在她们的子宫里的东西，如果她们确信安拉的末日。"（《古兰经》，2:228）

2. 婚姻禁忌

伊斯兰教认为，婚姻不但是男女两性为了满足情欲而进行的一种结合，而且是一个人对自己、家庭、社会、人类生存延续负有责任的重要行为，也是一个穆斯林遵从主命履行先知穆罕默德教诲的具体表现，因而伊斯兰教积极提倡男女健康合法的婚姻，禁止非法的同居和私通等性关系。同时为了防止混淆血缘、乱伦等不道德现象，因而在婚嫁方面规定了一些禁忌，主要有：

严禁与有相近血缘、亲缘、婚缘和乳缘关系的人结婚。禁止与外教人结婚。宗教信仰一致是穆斯林婚姻的先决条件。伊斯兰教认为，婚姻建立在男女双方感情基础之上，也建立在彼此信仰一致的基础之上，《古兰经》昭示："你们不要娶多神教妇女，直到他们信道……你们不要把自己的女儿嫁给多神教男人，直到他们信教。"（2:221）

严禁娶有夫之妇。伊斯兰教认为娶有夫之妇是破坏他人家庭，大逆不道的非法婚姻。"严禁聘娶有丈夫的妇女。"（《古兰经》，4:24）

禁止把离婚为儿戏。伊斯兰教主张，结婚后夫妻双方任何一方如发现对方存在严重的陋习，且屡劝不改，或严重的生理缺陷，实在无法与之继续生活时，或是夫妻严重不和，感情破裂，经双方亲属调解无效时，男女双方都有要求离异的权利，但认为离婚是"安拉允许可行的所有合法事务中最可恶的事情"。要求人们谨慎对待，不可草率从事。（陈广元，2005，310）

反对同性恋。伊斯兰教严禁同性恋的伦理观念。《古兰经》规定："你们怎能渔猎世人中的男色，而把主对你们创造的妻室舍弃？你们这伙人放肆逾矩。"（《古兰经》，26:165—167）

3. 伊斯兰教婚姻礼仪及条件

双方父母应允。

夫妻双方欣然同意。所谓当事人"双方欣然同意"，就是指伊斯兰教主张婚姻不要强迫、不要包办、不能买卖、代替。

念尼卡，证婚人的做证。

约定的聘礼。即，成年有理智的穆斯林男女双方，经过证婚人介绍和主婚人（双方父母）的允许，在给予女方定金的前提下，结为夫妻。（陈广元，2005，282）关于聘礼，《古兰经》言："你们必须光明磊落而不淫邪地用聘仪去求娶，你们跟她们成亲，就该按规定付给

她们聘仪。"（《古兰经》，4:24）

对于休妻，《古兰经》指出："可按常情挽留，或者善意的分离，你们不该索回给过她们的丝毫聘礼。"（《古兰经》，2:229）"如果你们在贴近她们之前将婚约废弃，但已经为她们规定了聘仪，那就应该付给已经规定的二分之一，除非是她们宽免放弃。"（《古兰经》，2:237）"诚信的人们啊，你们如果娶女信士为妻，而在跟她们接触之前将她们休弃，她们不必为你们守规定的限期，因此，你们应该给她们赠礼，让她们体面地离去。"（《古兰经》，3:49）

二、 中国法律对婚姻的规定

《中华人民共和国婚姻法》：

第一章　总则

第一条　本法是婚姻家庭关系的基本准则。

第二条　实行婚姻自由、一夫一妻、男女平等的婚姻制度。保护妇女、儿童和老人的合法权益。实行计划生育。

第三条　禁止包办、买卖婚姻和其他干涉婚姻自由的行为。禁止借婚姻索取财物。禁止重婚。禁止有配偶者与他人同居。禁止家庭暴力。禁止家庭成员间的虐待和遗弃。

第四条　夫妻应当互相忠实，互相尊重；家庭成员间应当敬老爱幼，互相帮助，维护平等、和睦、文明的婚姻家庭关系。

第二章　结婚

第五条　结婚必须男女双方完全自愿，不许任何一方对他方加以强迫或任何第三者加以干涉。

第六条　结婚年龄，男不得早于二十二周岁，女不得早于二十周岁。晚婚晚育应予鼓励。

第七条　有下列情形之一的，禁止结婚：直系血亲和三代以内的旁系血亲；患有医学上认为不应当结婚的疾病。

第八条　要求结婚的男女双方必须亲自到婚姻登记机关进行结婚登记。符合本法规定的，予以登记，发给结婚证。取得结婚证，即确立夫妻关系。未办理结婚登记的，应当补办登记。

第九条　登记结婚后，根据男女双方约定，女方可以成为男方家庭的成员，男方可以成为女方家庭的成员。

第十条　有下列情形之一的，婚姻无效：重婚的；有禁止结婚的亲属关系的；婚前患有医学上认为不应当结婚的疾病，婚后尚未治愈的；未到法定婚龄的。

1950年中华人民共和国婚姻法规定男20岁，女18岁即可结婚；1980年新婚姻法做出调整，男22岁，女20岁可以结婚。

1949年后，中央人民政府颁布了《中华人民共和国婚姻法》（简称《婚姻法》），新疆人民政府颁布了《关于〈执行婚姻法〉的补充规定》（简称《补充规定》）和《婚姻登记办法》，《补充规定》中规定，少数民族结婚年龄，男不得早于18周岁，女不得早于16周岁。1981年《新婚姻法〈补充规定〉》中规定：新疆少数民族结婚年龄，男不得早于20周岁，女不得早于18周岁。

按照伊斯兰教规定，男满12岁，女满9岁即成人，并且必须承担起成人对宗教所负的各种义务，同时也就有了结婚的权利。

三、婚姻自主，男情女愿

伊斯兰教和法律都强调结婚双方选择配偶的自主权。现实中，与理想的爱侣结婚，即男情女愿，也是每个人的理想，也是理想婚礼的一个重要条件。

歌德曾说过："哪个少男不钟情，哪个少女不怀春。"爱情，是人与人之间强烈的依恋、亲近和向往，以及无私奉献的情感。成年男女都渴望能寻找到一个称心如意的伴侣，享受甜蜜温馨的爱情。（李荐中，邱鸿钟，2013，47）德国社会学缪勒曾将婚姻的动机归纳为三种，在现代社会爱情动机据第一位，繁衍后代居第二位，经济动机居第三位。这种划分只是相对的，不同位次之间的动机未必有巨大的差距。即使是在现代社会，人们更注重情感的追求，经济基础依然在婚前和婚后发挥重要作用。具体来说，婚姻动机可以划分为：满足性欲的需要；繁衍后代的需要；物质生活的需要；情感的需要。（李荐中，邱鸿钟，2013，47）

伊斯兰教充分尊重青年男女择偶的自主权。穆圣指出："妇女与其监护人更有权决定自己的事。指出处女，父亲要征求她的同意，她的沉默表示她的应允。"（陈广元，2011，63）

《中华人民共和国婚姻法》第二章第五条规定结婚必须男女双方完全自愿，不许任何一方对他方加以强迫或任何第三者加以干涉。

喀喇汗朝时期著名维吾尔族诗人玉素甫·哈斯·哈吉甫(1019—1085年)提出，男子选择女子时要看对方的道德修养、性格、宗教信仰，然而对方的财富、社会地位、容貌不是重要的评判标准，同时，他《福乐智慧》中提出尼卡的重要条件是"只爱你一个，而无其他"（2006, نەمنۇەر سەممەد قورغان）。情感的需要就可以解释，为什么只爱"这一个"了，两性间精神的吸引，即"情爱"。人在选择异性时，并不是将对方作为一个满足性欲的工具，而是希望对方能和自己产生精神上的契合、思想上的共鸣和心理上的相容。如果说性爱是爱情的基础，是爱情的内驱力，那么情爱即对对方思想、情感、性格、气质等方面的爱慕，则是爱情更本质的规定，是爱情维系的更根本的力量。情爱以性爱为基础，反过来情爱又制约着性爱。情感、精神、心理在现代社会的爱情中起着决定性的作用。（林慧莲，2006，170）

无论从人的本性、伊斯兰教教义、中华人名共和国婚姻法及维吾尔族传统道德方面来说，在婚姻问题上都是提倡自主、男情女愿，男情女愿是理想婚礼的一个重要条件。

四、传统的维吾尔人结婚过程

有清朝的史料记载："回俗嫁娶有三等，一曰天定，二曰奉遗，三曰自配。"（吴坚，1990，31）历史上维吾尔族人的婚姻缔结方式有三种，第一种是父母包办，请阿訇给青年男女做"尼卡"仪式，说这个婚姻是天定的。第二种是父母已经去世的青年男女听从父母的遗嘱，父母先前说好要让自己的孩子跟谁结婚，孩子们就照办，这就是奉遗。第三种婚姻的缔结方式就是没有父母的青年男女自由结婚。

传统的维吾尔人结婚一般要经过提亲、订婚、婚礼等过程。

1. 提亲

男方派大约四个男人到女方家提亲。与此同时，女方的父母与亲属以及女儿商量聘礼、嫁妆的数量与品牌。

2. 订婚（送聘礼、群恰衣、麦斯来提恰衣）

传统维吾尔族的订婚习俗分两步走。即初步订婚与正式订婚两个阶段。初步订婚阶段，维吾尔语叫"克其克恰衣"，在这段时间男方要准备2—3块衣料，一块茶和几包糖等礼物。男方母亲在3—4名妇女陪同下送往女方家，女方家热情招待来客，并共同确定婚礼的日期。

正式订婚阶段，维吾尔语叫"群恰衣"。男方家向女方家送去聘礼，男方家的男主人们大约五六人于早上带上一头牛、一些干柴到女方家，女方家要准备好抓饭给这些客人们吃，这一天就称为正式订婚，也就是婚礼的前一天。在这一天当中，女方还要办麦斯来提恰衣（商量茶），女方亲友商量明天婚礼上大家各自要负责的任务，做好分工。

3. 婚礼

传统婚礼中订婚仪式的第二天举办婚礼，婚礼的过程有念尼卡、阿合勒克恰衣、迎亲、麦西莱普。

五、 传统的维吾尔人婚礼过程

1. 念尼卡

"尼卡"一般都在婚礼的当天凌晨举行，举行"尼卡"的地点是在女方家，"尼卡"由伊玛目主持。仪式开始后，男女两厢站定。伊玛目念经，接着分别问新郎和新娘，是否愿意结为夫妻，是否永远相爱而互不抛弃等。

2. 阿合勒克恰衣

当公公带着男性亲属到女方家参加完尼卡仪式回到家后，婆婆将带着一批女性亲属到女方家，带上给新娘买的衣服、黄金以及点心等礼物，称为阿合勒克恰衣。女方做抓饭招待婆婆一行。

3. 迎亲

在接亲方面，以前都是新郎、新娘直接走路或者坐着毛驴车、马车从新娘的朋友家（新娘在婚礼的前一天要到朋友家去住）直接走到新郎家。

4. 麦西莱普

麦西莱普在维吾尔语中是"聚会"、"集会"之意，是维吾尔族民间将歌舞和娱乐融为一体的娱乐活动。在大的节日或喜事、迎接贵宾时，则举行大型的麦西莱普。参加者都可以上场跳舞或表演节目，麦西莱普一般进行三个小时左右。维吾尔人传统婚礼上麦西莱普一般是婚礼当天在男方家举行，一般就在院子里，男女老少都会参加。

不论是在二十一世纪之前还是之后，维吾尔人的婚礼程序一般都是按这样的顺序进行的，亚村维吾尔族的婚礼具体过程将在下一章详细介绍。而且，随着经济与社会的发展，人们追求婚姻上的自主性，自由恋爱，与相爱的人结婚；同时，婚礼上聘礼与聘金越来越重，甚至铺张浪费的现象很明显。

第三章　亚村维吾尔人的现实婚礼模式

维吾尔人理想的婚礼有四个条件，即符合伊斯兰教的婚姻规范；受到法律的保护；婚姻自主，符合男情女愿；符合传统的维吾尔人的婚礼习俗，即通过明媒正娶而举办婚礼。亚村的传统婚姻程序为：提亲、订婚、婚礼；其中，订婚程序为：送聘礼、克其克恰衣、麦斯来提恰衣；婚礼程序为：念尼卡、阿合勒克恰衣（群恰衣）、迎亲、麦西莱普。然而，近年来，亚村出现了抢婚与跑婚的现象，抢婚和跑婚调整了婚礼的程序，抢婚与跑婚后的婚姻程序变为：提亲、念尼卡、订婚、婚礼；其中，婚礼程序变为：公公一行来做客、阿合勒克恰衣（群恰衣）、迎亲、麦西莱普。抢婚与跑婚虽然造成了婚姻、婚礼程序的改变，但是并未造成婚礼的缺席，也未造成聘金、聘礼的减少，不会造成办婚事家庭负担的减轻，而且随着人们生活水平的提高，婚礼举办得越来越隆重，在聘礼、聘金及嫁妆方面与传统婚礼相比有过之而无不及。接下来将向读者介绍亚村的抢婚与跑婚。

一、亚村维吾尔人的跑婚与抢婚

亚村维吾尔人的抢婚一般是自由恋爱的男女想结婚但是由于没有得到父母的同意，或者唯恐得不到家人的同意，男孩在女孩尚不知情的情况下，男孩在朋友们的帮助下把女孩抢到亲戚家过夜的现象。

跑婚，一般是自由恋爱的男女，女孩自愿跟男孩跑到男孩亲戚家过夜的现象，由于没有得到父母的同意，或者唯恐得不到家人的同意。

1. 区分抢婚和跑婚的意义

现实中，当一起抢婚或者跑婚发生的时候，村民是不知道女孩是被抢走的还是主动跟着男孩跑的，大家会用"kaxkang toy"（维吾尔语音，意为跑后的婚礼）来形容抢婚或者跑婚后的婚礼。因为不论是抢婚还是跑婚，女孩子都会被说成是跑了，或者跟某某跑了，说女孩子跑了的时候其实是强调了女孩子的主动性，但是大家都不知道女孩子是否是自愿的；说男孩子的时候会说把某某抢走了，不会说男孩子跑了，也会突出男孩的主动性，这里就不存在男孩子的被动与不自愿。

比起抢婚，跑婚应该是后来出现的，因为，跑婚有女孩自愿的含义在其中，而历史上的亚村的女孩子都被父母管得非常严厉，就像PXH说的"我们都不敢正眼直视男孩子"，那么她们只会被看上自己的男孩抢走。因为随着经济的发展、女权主义的发展，人们追求自由恋爱，要求在婚姻上自主。所以区分抢婚和跑婚的意义在于，揭示亚村女性为追求爱情、与爱侣结婚而做出的行为，是对父母包办婚姻、男权制的反抗，同时是女性解放、女权主义发展的体现。

2. 亚村维吾尔人为何要为抢婚者、跑婚者举办婚礼

既然跑婚不会造成聘金、聘礼的减少，为什么男女会采取跑婚的方式来达到结婚的目的？同时，为什么男女双方父母会答应给跑婚、抢婚后的孩子们举办婚礼呢？这里起着重要作用的就是——贞操观。

男女担心按规矩、按程序走正道办婚礼会把时间拖长、夜长梦

多，他们便采取对父母"先下手为强"的跑婚或抢婚形式，造成"既成事实，无法改变"的态势，使得双方父母就范。

亚村的传统婚姻程序为：提亲、订婚、婚礼；其中，订婚程序为：送聘礼、克其克恰衣、麦斯来提恰衣；婚礼程序为：念尼卡、群恰衣、迎亲、麦西莱普。然而，抢婚与跑婚后的婚姻程序变为：提亲、念尼卡、订婚、婚礼；其中，婚礼程序变为：公公一行来做客、阿合勒克恰衣（群恰衣）、迎亲、麦西莱普。

根据过程的变化，我们发现抢婚和跑婚后的婚礼在程序上与传统婚礼相比较而言，念尼卡的仪式提前了，读者应该会问为什么抢婚和跑婚后要先举办念尼卡的仪式呢？

女孩子跟男孩子跑到男孩亲戚家住了一晚，也就是说女孩子夜不归宿，而且与男子住在了一起，会让人们以为这两个人已经睡在一起了。在村里人们的观念中，成年男女睡在一起的一般是夫妻，睡在一起会发生性关系，发生性关系的女孩就不再是"处女"了。在维吾尔人的观念中，未婚男女睡在一起是严重违反道德的事情。维吾尔人有优良的传统美德，维吾尔著作中经常会提起要遵守传统道德，要从非道德的事情中得到教训，要分辨什么是道德的，什么是非道德的。维吾尔族非常看重女性的贞操。关于伊斯兰教的贞节观，笔者在第三章已经详细论述，例如，《古兰经》中说："保守贞操的男女，真主已为他们预备了赦宥和重大的报酬。"（《古兰经》，323）"处女情结"是延续数千年的父权——父权社会性别制度的产物。这种社会性别制度是以男性为中心的，它把以生理性别为依据的社会分工模式化、固定化，如男子出外谋生，妇女养育子女等，通过强化性别差异，创造社会性别禁忌。其中"交换女人"是社会性别制度的一个重要方面，它以婚姻的形式表现出来"。（谭琳，陈卫民，2001年，10）在交换过程中，作为客体存在的女子的价值往往依据作为主体的男性的评判标准来衡量，而男性的衡量标准之一就是女子是否"贞洁"，即是否为"处女"。在封建社会里，把不守贞节性行为放荡的女子称为"淫妇"，正如鲁迅先生所说："社会的公意向来以为贞淫与否全在女性。"（朱福成，1989，77）

如果这个女孩不跟这个男孩结婚，那么她的价值在人们尤其是男人的眼中降低了，她也成了"淫妇"了，这对她以后的婚姻也会产生影响，所以，女方父母为了避免遭受未教育好女儿的罪名，避免面子上过不去，避免自己在村中的威望和威信降低，避免女儿在今后的日子里被别人指指点点，避免女儿以后嫁不出去或者嫁给不好的人家，会同意把女儿嫁给带她跑的那个男孩，嫁给他，女儿也不会有"淫妇"的罪名，大家在今后的日子里也不会说她在这方面的不贞，今后与婆婆的关系也会比嫁给别人好，因为媳妇毕竟是跟自己的儿子最初在外一起过了一夜。同时，男方父母也会为了避免遭受没有教育好孩子的罪名，避免面子上过不去，避免自己在村中的威望和威信降低，避免别人说自己的儿子以前把女孩子带跑了，而且没有结婚，没有负责任等流言蜚语，加之儿子带跑的是他自己喜欢的姑娘，而且那姑娘也是跟自己的儿子过了初夜。所以，男女双方的父母都会答应举办婚礼，但是，由于事发突然，双方不能马上举办婚礼，所以双方将婚礼最核心的部分即尼卡仪式提前，念完尼卡的男女才算是合法的夫妻。

　　也可以说，男女跑到亲戚家过一夜，人们觉得他们发生了性关系，既然性关系发生在了不该发生的时候，那人们就急着将其规范化，首选的方式就是尽快地给他们念尼卡，让其符合教义。如艾华所说："女性在婚前的性行为规范，不是主要和女性自己的兴趣相联系，而是与为了必然的结婚和生育而保护她的贞操和精力相联系。性的规范化，为调整婚姻、家庭和家族以及社会关系秩序提供了有利的手段。（艾华，2008，20）虽然抢婚当天，男女不一定发生性关系，但大家会这么认为，家长会觉得孩子已经违反了规范，他们就会开始进行抢救性的恢复——念尼卡。

　　尤其当人们说现在这个社会变了，人们越来越来开放了，孩子及家长的观念变了，女孩子也随便了之类的话语，此时，人们反而会更看重贞操观，体现出自己出淤泥而不染，强调自己是一直在教育孩子，让孩子遵守习俗、教义、道德规范的。所以，当事实发生以后，双方父母会积极地举办婚礼。

3. "Otuzogul" 成年男子联盟与抢婚

据ADNP的叙述，他所听说的第一起抢婚是跟Otzuogul（成年男子联盟，亚村在1960年之前村里年满17岁的男孩可以参加这个组织，村里有婚丧大事之时，他们发挥积极的作用，谁家有困难也都会找他们帮忙）有关，发生的时间也不清楚是在ADNP爷爷年轻的时候。据说，有一个叫HSN的流浪者，孤零零地来到了亚村，他刚开始就在村里混饭吃，等他到了17岁的时候加入了Otuzogul，当他到了结婚的年龄，组织就想着应该给他找个老婆，然而，村里几乎没有女孩愿意嫁给穷困潦倒的HSN。他们觉得有个女孩挺适合他的，就让他把那个女孩抢走了，Otuzogul把他们两个藏了起来，那个女孩的父亲知道女孩被他们抢走后就来找他们，骂他们，但是骂归骂，婚礼还是要办的，因为作为村里男性男青年的组织Otuzogul说，这两个人必须要结婚了，那女孩的父亲也没有办法，因为他们是不会再娶这个女孩。然而，HSN没有亲人，如果要举办婚礼，必须要给女孩准备聘礼。当时女孩的父亲给Otuzogul提了个条件，因为亚村离伊犁河比较近，有丛林，当时有人就捡丛林里的柴火然后用雪橇将其运过河，拉到伊宁市卖，女孩的父亲就让Otuzoghul的每个人搬一车柴火，拿到市里卖，然后把卖的钱交给女孩的父亲当作聘礼，当时Otuzogul的人数也比较多，他们很快捡了柴火，然后把柴火用毛驴车运到伊宁市卖掉，之后把钱凑一起交给了女孩的父亲当作婚礼的聘礼。Otuzoghul帮HSN办了婚礼后，HSN就和妻子住在村里，他们后来有了孩子叫NS•HSN，NS•HSN不知道在什么时候从亚村离开去了哈萨克斯坦，而且后来成为了一名作家，他现在已经去世了。

亚村历史上抢婚的现象屈指可数，据PXH所说，1965年之前，没有听说过抢婚的现象，1965年后，第一次听说有抢婚。

PXH：我们那个时候都是父母包办婚姻，大概1965年以后，才有了自由恋爱婚姻，还听说有人跑了，当时我们都很惊讶。我们不明白什么是男女跑了，我们就会问怎么跑了、是干什么之类的，我们还问跑婚的人说"你们是跑了吗？两个人牵着手？"她就说："把我从我家带到男方家就算是他带我跑了，不是跑步。"

当时有个叫RYD的男孩带一个叫AXM的女孩跑掉的时候，女孩的父亲听说后扬言要打孩子，男方父母就说又不是强行带走你家孩子的，是她自愿。一般会说既然跑了那就把婚礼办了，女方会对男方说："把你所挣的拿来"，意思就是按经济条件带聘礼过来，之后男方一般就拿一两块布料、大概一百块钱到女方家，女方做一锅阔日达克，吃完饭，做完尼卡，婚礼也就结束了。差不多是1990年以后，男女跑婚或者抢婚后很少有父母会去追打孩子，从来没有出现过因为孩子抢婚或者跑婚而断绝血缘关系的现象，村里人也会及时安慰跑婚或抢婚者的父母，给他们说反正女儿要嫁人了，都是她们自己相处好的，不要担心之类的，只要婆家不是太差就行了。但是大家会尽力避免抢婚或跑婚发生在自己的孩子身上，因为这不是理想的模式。

笔者在亚村做田野调查期间，找到一位有跑婚经历的女孩N和一位有抢婚经历的女孩G。N在跑婚的第二天笔者就得知消息后走进她的家，观察跑婚后女方家里发生的事情，N跟她男朋友跑到了他家所在的巩留县73团，笔者参加了她的婚礼。G被抢婚的时候正值笔者在校期间，在她婚礼结束后，笔者有幸与其进行深入访谈，详细了解了她的抢婚及之后婚礼的情况，并作为重点案例在文章中描述。

本章将通过两位女孩子（化名为N和G）的亲身经历为线索描绘现代亚孜奇村维吾尔族的婚礼模式。

二、现代亚村维吾尔人的跑婚个案

跑婚者N，结婚年龄为22岁；跑婚前在亚村小学担任双语教师；N父母都是农民，N有一个弟弟，N的丈夫简称H。

2013年4月14日晚，N和她母亲去外公家看望她的外公，N当天从外公家回去后发生了跑婚。

据N的叙述，N和H已经谈了两年的恋爱，他们是在察布查尔锡伯自治县坎乡麻扎村一个亲戚的商店里认识的。谈恋爱一年以后，N毕业回来在亚村小学教孩子们汉语。H提出结婚，N答应了。她给家里人说了以后，家里人也没有提出强烈反对的意见，只是说等他们提亲的时候再说。然而，H家里的人以刚买新房还没有拿到新房为由，给

H说先别着急结婚。过了半年，H再次给家里人说要结婚，但是家里人又以新房还没有装修为由决定先不结婚。然而，这一次，她，犹豫了，因为，她不跑婚的话，她的婚礼会往后拖，不知道会拖到什么时候。其次，她的男朋友这次是非常的坚定，说要快点结婚。从犹豫到决定跑婚，N经历了一次次的挣扎，但是她没有给任何人说，她是害怕家里人及亲戚会阻止她，害怕他们失望。但是决定跑婚前，她已经知道自己要让大家失望了，但是不考虑这一点，她可以跟自己的男朋友结婚，而且会给大家一个热热闹闹的婚礼。

当N和她母亲从外公家回到自己家以后，已经从巩留县开着小轿车带着两个朋友出发的H来到了亚村，他给N打电话让N出来后就把她带走了。当晚去了H的亲友家住了一晚，第二天H将她带到了H的姐姐家。他姐姐非但没有生气，反而对他说"你做得对，要不然爸爸会把婚礼一直往后拖的。"H的父亲是大货车司机，母亲是小学教师，姐姐已结婚，哥哥已婚在克拉玛依。哥哥在向家人提出要结婚的时候也是遭到了父母的反对，说先别着急，哥哥就自己掏钱准备了聘礼聘金，父母才答应办了婚礼。

三、现代亚村维吾尔人的抢婚个案

G：结婚年龄，20岁；高三毕业，被山东一所山东卫校的高级护理本科专业录取，G被抢时是在高考结束后的暑假，已经买好去山东的火车票，被抢时还有六天要去学校。G被抢前跟抢她的老公（以下简称为A）谈了6个月的恋爱。G结婚前也没有给家里人说过要结婚的事情，因为她当时根本没有结婚的想法，她一心想着要去上大学。

其实G在准备高考期间，她老公就跟她谈起过结婚。但是G没有同意，他也没有找人去提亲，但是他很着急，原因是他父亲患了癌症，而且是晚期，他希望他父亲能够看到他的婚礼。他没有上过高中，上到初二的时候就退学了，因为当时得知父亲得了癌症，家里经济变得很困难，而且他学习也不太好，就退学了。退学后，A先帮家里干农活，父亲去世后，他在乡镇做协警，每月有1500元的收入。

G：我们谈恋爱期间见面次数不多，因为我是住在学校，每个周五回来，我们就周末见面，而且是晚上的时候，白天害怕别人会看见，我们不是在村里见，经常跑到村外见面。当时他从未提起过要抢婚，一直给我说的是我要让人去你家提亲，然后再结婚。

2012年9月13日下午，A给G打电话说见个面，其实他们以前都是晚上见面，这次说下午见，虽然G感觉有点奇怪，但她还是很信任A的。因为A以前只跟她提过结婚的想法，但是没有说过会抢婚之类的，G就跑出去到大路上跟他见面了。他一个人坐在一辆摩托车上等着G。G走过去，上了他的车。他骑着车往坎乡方向驶去。G说为什么去那里，他说去商店，G当时根本没有想到A是要抢婚。当时她们已经到另一个村了。他一直骑着，直到去往坎乡的大路上，G给他说还是回去吧，不要走太远了。当时他停下来了，G刚下车就看见他的两个朋友骑着摩托车赶上来了。他们走到G和A跟前，G当时很着急，G老公给她说"跟我跑吧"，G说不行，当时G想搭个路上开来的车走，但是大路上根本没有别的车开过，一辆车都没有。G哭了，G说要回家，当时G就站在马路边等着能不能搭个顺风车，G等了大概十几分钟，G看A和他的朋友在大路边的树林里聊天，就准备往家的方向跑。她刚开始跑，A就跑过来，没一会儿就把她给抓住了。G知道自己是逃不了的。A在刚下车的时候就把她的手机给拿走了，G很想给家里打电话，她问他手机，可是他却不理G，给G说不要怕。G站着腿都发抖，天都快黑了，当时北京时间六点多了，他朋友骑上了他的车，他把G拉到了摩托车上坐在他朋友的后面，他坐在了G的后面。这样他们三个人骑着一辆摩托车。他的另一个朋友骑着自己的车跟在他们身后。他朋友把车驶向阔洪奇的库日里西村方向。过了十几分钟，他们到了G老公的舅舅家。他们把车直接骑进了院子，他舅妈听到摩托车的声音就走出来了。G刚下摩托车就朝外跑，A很快抓住了G，告诉G说他已经给村里的人说要抢婚了。他舅妈见此状况，一下子明白了这是侄子把女友抢到家里来了，她便接着就把G牵进家，边进家边说："好了，别想着回去了，既然已经来了，你回去也不太好，回去后你怎么给大家说呢？"进家后他们围着桌子坐着，他舅妈一会儿就准备好了茶，桌上放了一些点心、干果和水果；他们正在喝茶，A的五个朋友也来他舅妈家了，这一切都跟梦一样，G都不知道自己在做什么。喝完茶，他舅妈把G领进隔壁的房间，让G在这里待着。G一个人坐在房间里哭，他舅妈不时地进来看看G，并且安慰她。

当天晚上，他舅妈让G住在这个房间里，给G放了被褥，G就一个人睡觉，A也没有进来，G根本睡不着。虽然当晚他们两人并没有睡在一起，也没有发生性关系，但是大家肯定都认为当晚他们两个在一起了，这就是G父母后来答应女儿结婚的最重要的原因。G当时也没有害怕，他跟他的五个朋友一起睡在隔壁的房间，G几乎没有睡觉，G就坐着，天都亮了，G也没有睡着。

当天晚上，G的家人给G打了好多电话，G妈妈其实是知道当时G跟A在谈恋爱，也知道他的电话号码，妈妈就给他也打了电话。但是他把自己的手机也给关了，家里人非常的着急。大晚上就在全村和村周围找G，但是没有找到，也许他们意识到了G被抢婚了，后来也没有叫别人帮忙找了。

四、抢婚与跑婚之后的结婚过程

不论跑婚还是抢婚，虽然当事人的意愿不同，但是两者发生的形式及导致的结果是相同的。而且当亚村的青年男女由于与父母在婚姻问题上未达成一致而采取抢婚或跑婚的手段后，迫使父母重新开始谈判，抢婚与跑婚违反了传统婚礼规范，伊斯兰教、法律、贞操、声誉、人情等各种因素促使村民极力去进行抢救性的恢复——领结婚证、念尼卡，与世界其他地方及内地甚至新疆南部维吾尔社会的抢婚与跑婚不同，亚村村民不但合理地调整了婚礼的程序，没有减少聘礼、聘金，而且随着经济的发展，婚礼更加热闹、隆重。

1. 提亲

N跑婚后的提亲。

4月15日清晨8点多，N的母亲起床后发现N不在房间里，N平时是跟她奶奶一起睡觉的，奶奶也没有发现她昨晚的离开。

跑婚前的这几天N的表现没有什么异常，只是N的身体有些不舒服，经常躺着。早上发现N不在以后，N的母亲其实第一反应就是女儿跑了，赶紧通知了亲戚、邻居。

得知N跑婚的消息后，笔者也在第一时间赶到了N家。笔者去N家以后，看到N的外公、姨妈，还有一些邻居也在。她们没有太抱怨说N怎么跑了。而是说："既然已经这样了，那也没办法，只要她平安就行了。她总有一天是要结婚，她跟她男朋友也谈了那么久，也该结婚了，一直往后拖也不是办法，对女孩子不好。"N二姨妈的女儿中午打电话过来，第一句话就是："恭喜，N姐要结婚了……"下午的时候差不多周围的亲戚已经来齐了，都来安慰N妈和N爸。N妈和她大姐中午做了拉条子让来的客人都吃了。大家都等待着N的消息。中午十二点多的时候，N给大姨的女儿打电话说："姐，我昨晚跟我男朋友跑了，我在男朋友的姐姐家。你们不要太担心。她们都去上班了，我现在一个人在家，我也不能光坐着，也干点家务什么的。有事我会跟你们联系。"大姨的女儿给N妈打电话以后，N妈悬着的心总算放下了，因为她一直担心N的处境，希望她平安无事。虽然知道了女儿的平安，但是他们一天都没有等到男方来提亲，因为村里别的女孩子跑了以后，男方会在第二天大早上就到女方家提亲。然而，一直到晚上睡觉前，N家里人都没有收到关于男方要过来提亲的消息。大家都很着急，着急的是，这件事情是不是黄了，跑婚是不是没有让N男朋友的父母答应孩子们的婚事。如果不答应的话，N不但结不了这个婚，而且还会落下跑过婚，但是男方也没有办婚礼的污名，N的声誉会不好，N家里人也会在所有的亲朋好友、街坊邻居面前丢尽脸面。

4月15日早晨，因为一夜都在担心N而且没有睡觉，N妈差点晕过去。差不多十一点，N的二姨妈打电话给N妈，说N打电话了，今天中午男方有三四个人来提亲。

N:收到提亲的消息后，我们的心终于放下了，但我很紧张，想干活也干不了。我给大姐打电话，让她早点过来帮忙，在电话那头，我听到姐夫说："一定要做顿好饭菜，好好招待一下，第一印象很重要。"

收到提亲的消息，与N的大姨妈通完电话，按照N大姨夫的嘱咐要好好招待提亲的人，N家里所有的人都开始忙起来了，包括笔者在内。没过多久，N大姨和姨夫赶到了N家。N妈和N大姨商量决定做纳仁招待提亲的人，毕竟纳仁在亚村这边算是给客人的上等饭了。纳仁做起来也方便，多放些肉也有面子。没过多久，N妈的姐夫把侄女接过来了，N的一个邻居也来了。由于提亲的人是三四个男人，所以N妈打电话通知她父亲、大哥、大弟、大姐夫、大叔子。帮忙做饭的还有N的一个邻居，N妈表叔的媳妇，大弟的媳妇，及她婆婆。侄女帮忙摆放客人招待客人用的桌子。厨房里，大伙儿分工做饭：大姐炒菜煮羊肉汤，大弟的媳妇切面，把面切成一根根的，大约每根的长度为10厘米，然后单独煮面，到时候往盘里最先放面，再放切成丝的菠菜，在上面再放炒的菜和汤，在上面再放煮好的肉，这样纳仁就做好了。

差不多下午一点的时候，男方提亲的人来了，因为客人全是男性，所以在客厅里招待客人的也都是男性，来的客人都做了自我介绍，一位是N男友父亲的朋友，一位是当地德高望重的老人（84岁），另一位是N男友表嫂的父亲，也就是说N男友父亲的一个兄弟都没有来。笔者走到客厅跟前的走廊里，听到N的大姨夫对提亲的人说："昨天我们等你们等了一天，你们都没有来，其实你们应当来的，你们做错了，还有其实男方应当至少有一个亲戚来才对。"提亲的人说："他们亲戚上班的都在上班，兄弟姐妹的家在别的县市。所以没能过来，我们也今天才来，请见谅！男孩的父亲是开大卡车的司机，在山里运货什么的，我们没能及时联系到他，他昨天也是很晚才回来，他回来以后我们把几个亲戚、邻居聚在一起商量这个事，所以今天我们才来。"提亲的人为他们没有按时来提亲而赔礼道歉，希望得到N家人的理解，因为他们也知道N家里人昨天一天肯定不好过。关于N和H跑婚的事，提亲的人说，造成这样的局面，男方家属确实也有过错，两个人已经谈了好长时间了，除了男方买好的楼房没有按时装修以外，其实也没有别的原因，他们就想的是等装修好了，新媳妇也能直接搬进去。而且说希望大家能够答应他们的婚事，N的外公说："孩子确实也不小了，但我们还是要考虑一下，而且N还有弟弟，N爸妈还有兄弟姐妹，我们要听听他们的意见，跟他们商量这件事情。"到此为止，男方表明了要尽快办婚事的态度，女方也没有提出反对意见，只是按照习俗给提亲的人说要跟亲戚们商量一下。这一天，N家算是好好地招待他们了。

送走提亲的人以后，家里的人都坐到客厅里，大家讨论着刚才那些提亲的人说的话，以及扯上同学关系这个事情，大家觉得亲家是比较靠谱的，让N爸妈开始准备办婚礼。提亲的人从N家回去以后，把N家的情况也汇报给了男方家属，男方表示因为事情太突然，所以先念尼卡，不念尼卡的话两个未婚的人住在一起是不行的，婚礼等到下个月再办，因为没有时间和精力在这么快的时间内办婚礼，毕竟办婚礼不是小事，儿子的婚礼也要像别的婚礼一样办，要办好，不能急着念完尼卡请大家吃顿饭就了事。过了两天，提亲的人打电话给N爸，让他们跟亲戚商量一下关于聘礼的事情，等他们下次来之前，最好下好聘礼，因为两地相距110多公里，跑来跑去也麻烦，更何况大家已经是熟人了。N爸答应了。4月18日，N爸妈的朋友们来到N家，是一种问候的习惯，大家喝茶、吃饭，讨论N跑婚的情况、聘礼以及将要举行的尼卡和婚礼仪式。

亚村维吾尔人的尼卡和婚礼可以分开举行。尼卡时需要出示民政局发的结婚证，否则不予以办理。对违规念尼卡的阿訇会按照规定对阿訇进行处罚。

商定聘礼。

4月20日，男方两个人再次来提亲，N爸爸把下好的聘礼单交给了他们。提亲的人与N爸商量将尼卡仪式定在4月21日早上，婚礼定在5月25日。因为到下个月的话时间拖得太长了，下个星期办的话可能来不及。所以就定在25号，刚好是星期六。

关于聘礼，麻国庆在《走进他者的世界》中指出："聘礼一方面是补偿女性所在家庭或集团的经济上或精神上的损失；另一方面也意味着女方把对此一女性的权利交给了男方的集团，这一女性所生的孩子为男方家族的成员，婚姻为社会所承认。"（麻国庆，2001，72）。

《古兰经》指出："你们必须光明磊落而不淫邪地用聘仪去求娶，你们跟她们成亲，就该按规定付给她们聘仪，在聘定后你们互相同意的不算违律反纪。"（《古兰经》，4:24）亚村新娘的聘礼中，大部分是聘金，聘金主要用于置办嫁妆、操办婚宴，给女孩买黄金、衣服等。然而，女方不能只靠男方给的聘金来操办婚礼，聘金是远远不够花销的。"聘礼在数量和种类上的差异往往是分辨贵族与贫民、高等级与低等级、富裕户与贫困户等不同社会角色的显著标志，从聘礼的差异上可以透视不同民族社会分层的状况。"（翟明安，1981，58）此外，伊本·阿巴斯传，圣人说："收回礼品的人，有如重吃其呕吐物的狗一样，我们不能沾染上这种不良品行。"（穆斯塔发·本·穆罕默德艾玛热，1981，282）

可见，聘礼对于女方的意义有，源于宗教教义的男方给妇女的一份赠品；是一种风俗习惯；是对女方父母养育女儿的一种感谢和尊重；是女方本人面子的体现；聘礼适度，有助于平衡妇女的婚居家庭关系（亚村女孩结婚后一般都和婆婆住在一起，分家的很少，除非是家里有好几个儿子，则最小的儿子与媳妇留在家中，其他的都分家出去，所以婚居家庭关系中也包括婆媳关系）和双方姻亲关系；也是女性丧偶或离婚后必要的经济保障。

从跑婚的那天开始，一直到念尼卡，N都不能回娘家，N就住在了H的姐姐家里。同时，N还一边忙着准备婚事，例如去照婚纱照、领结婚证、印请柬，买宴会厅里要用的礼物（丝巾等）、买衣服等。

尼卡与婚礼的日期订了以后，大家开始忙起来，准备尼卡和婚礼。不论抢婚还是跑婚，尼卡后的仪式都是一样的，所以接下来先介绍抢婚个案，再介绍尼卡仪式。由于N是嫁到外村，所以介绍婚礼仪式的时候以嫁到本村的G的案例为主来详细介绍。

G抢婚后的提亲。

G抢婚后的第二天，即9月14日早上大概六点多，他们都醒来了，G在房间一个人喝了茶，A和他朋友在隔壁的房间喝茶，这一天G除了去上厕所以外就没有出房间的门，就是干坐着。

G:当时我就一直在想我爸妈在怎么想呢，不过第二天早上他们已经提亲了，父母也知道我的情况了，我想他们应该就没有太担心了。

抢婚第二天，G姐姐来找G了，她们见面的时候都哭了，姐姐让G

直接回家，但是G没有同意，想的是没有理由和脸面回自己家。

当天早上，A的家人去G家提亲了，他父亲、表叔等四个人，G公公给G父母说，先念尼卡，婚礼过一个月之后再办，因为现在太突然，没有任何准备，刚开始G家人没有答应。但是因为G没有答应姐姐回家，所以G父母也就答应了G公公所说的先念尼卡，因为念完尼卡以后G就可以在婆婆家住下了。G和A一共在他舅妈家待了四天直到念尼卡那天。这四天里，他们两个没有睡在一起。除了第一次提亲的时候G公公有其表弟等人的陪伴，剩下的三次都是G公公自己去提亲，主要商定聘礼。

2. 婚姻登记

领结婚证、照婚纱照。4月19日，N和A就去伊宁市领了结婚证。9月17日，念尼卡当天早上，G和A去阔洪奇乡民政局领结婚证。

3. 念尼卡

抢婚、跑婚使得婚礼的程序发生了改变，以上过程中前后顺序发生了颠倒，但是并未影响仪式的有效性。尼卡一词，是维吾尔人信仰伊斯兰教以后才开始使用的，它的字面意思是，相加、同意、聚合、团聚、两性结合的意义，实际是指，男女两人在伊玛目、证婚人、群众面前发誓、许诺、的意思。（بارمۇھەممەت تاھىر تۆغلۇق，2009，213）

伊斯兰教规定履行婚姻的仪式必须有4个条件：

双方父母应允；夫妻双方欣然同意；证婚人的做证；约定的聘礼。即，成年有理智的穆斯林男女双方，经过证婚人介绍和主婚人（双方父母）的允许，在给予女方定金的前提下，结为夫妻。（陈广元，2005，282）

其中证婚人一般是女方亲属中德高望重的男性，而不是新娘的父亲。证婚人在尼卡仪式上的角色和作用就是收下男亲家给的婚礼的定金（101元），并代表新娘N和其家属声明同意将新娘N嫁给新郎H。N的尼卡仪式上担任证婚人的是N的大姨夫KM。

念尼卡时，新娘新郎不是同时在场。亚村传统的婚礼中，尼卡仪式是在迎亲那天早上，男方亲属去女方家，尼卡在女方家里念，新郎在场，新娘则是在她前一天晚上就离开家去的伴娘家里。亚村的维吾尔族和乌鲁木齐及喀什地区的维吾尔族婚礼上念尼卡时不同的一点是新娘和新郎要在不同的地方。新娘和新郎不能同时出现在念尼卡的地方。跑婚的尼卡仪式因为在婚礼之前举行，尼卡之前跑婚的女孩不能回娘家，所以尼卡只能在男方的邻居家里念。

在亚村证婚人被称为"阿特"（父亲）。他能否成为证婚人，需要新娘的同意。既然新娘和伊玛目不在一个地方，那伊玛目怎么知道新娘愿意让某人作为她的证婚人呢，这时，伊玛目念尼卡前，伊玛目让买孜木带领一位新娘的男性亲属去新娘N所在的地方（即H的邻居家），问新娘是否愿意让某人做证婚人。

案例一：4月21日早上，N的外公、大舅、二舅、大姨夫、大叔在N家集合一起去巩留县参加N的尼卡仪式。尼卡仪式准备在亲家的邻居家做。男方做了抓饭招待他们，吃饭前，大家决定让N的大姨夫KM做证婚人，在大家吃饭的时候，伊玛目已经派伊玛目让买孜木带领一位男性亲属去新娘所在的地方，去问新娘是否愿意让KM做证婚人。买孜木和另一位一起离开男方家，去邻居家，他们站在N在的房间门口，N在朋友的陪伴下，走到买孜木对面，站着低头，听买孜木念尼卡经文，买孜木念完以后问N："你愿意让KM做你的'父亲'（意思是当证婚人）吗？"N回复"愿意"，买孜木问N的问题并不是"你愿意嫁给新郎H吗？"这一点与西方人及汉人是不同的。买孜木听到新娘N的答复后又念一段经文，然后两人离开，新娘和朋友留下。

待到买孜木回到男方家时，大家已经吃完饭，坐着等买孜木了。尼卡开始时，有人先在伊玛目面前放一块桌布，然后把结婚证（新郎或新娘持有的一个即可）放在桌布上，伊玛目对其进行检查（如果没有结婚证就念尼卡的话政府会取消伊玛目的职务），买孜木与一位男性站在伊玛目面前，给伊玛目说："我做证，TRH的女儿N让KM做证婚人"，然后买孜木与那个人一起盘腿坐在伊玛目面前，这时，H被他的伴郎及七八个好朋友带进屋子，H站在门槛边，身体不能完全进入尼卡房间，伴郎站在新郎的右前方，其他的朋友位置新郎站着，新郎不能直接面对在场的伊玛目及客人。有位亲属拿着一碗盐水泡的馕走进来，放在伊玛目面前的桌布上，N的公公把101块钱现金当场交给证婚人KM，待大家都准备好以后，伊玛目问新郎的名字，然后伊玛目开始念经文：安拉是唯一的主，穆罕默德是安拉的使者，什么是信仰？尼卡是终身大事，所以安拉把它归为主命，如果为了生活中的一些小事就离婚的话，那就相当于违抗主命……"伊玛目用维语说完这些以后开始念"尼卡"。念的内容一般包括4部分：1.以悠扬充满喜气的诵念《古兰经》第24章（光明章）第32节；2.圣训：结婚是我的教律，凡是嫌弃我的教律者，谁不是我的教民；3.通过正统圣门弟子的认可，认为婚姻是具有社会和宗教意义的行为；4.为新婚者祝福。（陈广元，2005，282）之后，伊玛目继续念，依据划分清真与非清真的使者的旨意，根据两位两厢情愿的年轻人的请求及在坐的各位穆斯林的做证，你KM是TRH的女儿N的尼卡及聘仪的代表，N的尼卡聘仪及除聘礼中的黄金及其他聘礼外，现在给了101元，你现在愿意让N与新郎HMR成对、把N嫁给H吗？"作为证婚人的KM，回复伊玛目说"愿意"，这时伊玛目开始念"伊扎卜"念词，在伊玛目念到"求婚者（新郎）啊！你接受吗？"他对新郎H说："H你现在在场，你愿意接受N，娶她为妻吗？"新郎HMR答复伊玛目："愿意接受。"伊玛目听到答复后再念经文，念完以后提示旁边的老人带头举手做"杜阿"向安拉祈祷，大家向安拉祈祷两位新人婚姻幸福及各种祝福。祈祷完后，大家都说祝贺男女双方的亲属，有人把那碗盐水泡的馕递给新郎，新郎只吃一半，剩下的留给新娘，新郎吃完自己的份后，新郎的朋友们都会对他说"祝贺你"，新郎退席，到此，尼卡仪式结束，大家都离开。新郎吃剩的那碗盐水泡馕被N的嫂子带到N那里，让N吃完，N的朋友们向其表示祝贺，尼卡仪式落下帷幕。新娘和新郎正式结为夫妻。

案例二：9月17日，当天早上G和A领完结婚证后，回到他舅舅家，晚上他骑着摩托车带着G还有他的朋友陪着他们，把G带回了村里他的邻居家。做尼卡的时候，G的叔叔做了证婚人，本来尼卡应该是在女方家而且是清晨的时候做的，但是因为是抢婚，跟跑婚一样。所以也就安排在了男方的邻居家，而且是晚上。G的婆婆为G准备了尼卡当天要穿的新衣服：一条半身裙、一件T恤、一双鞋。念尼卡的仪式和N的差不多，所以这里就不再赘述。

婚礼仪式中的"嫂子"。

在念完尼卡后，把盐水和馕送到新娘那里的那位妇女是大家选举出来的，称为"yanga"（维吾尔语音，意为嫂子），这位yanga也是检查新娘是否为处女的人，新娘入洞房前一些准备工作就是她帮忙做的，例如告诉新娘不要太紧张，帮新人铺好床褥，放好白布，第二天早上，新郎会在很早的时候离开房间，嫂子会在早饭前来到新人的房间向新娘要落红的白布，并且给新娘带早饭，一般都是带一大盘薄皮包子，再把落红的白布交给新娘的婆婆。

G：我们有单独的房间，做了洞房。尼卡当天嫂子给我了一块白布，第二天我把落红给了嫂子，嫂子交给了婆婆。

抢婚和跑婚本来是男女造成既成事实，逼父母就范的方式，然而，事实上，抢婚的A并没有在当晚跟G睡在一起，没有发生性关系。但是，大家会这么认为，不只是父母，孩子们也很清楚贞操的重要性，而且是念尼卡前如果两人发生性关系，那安拉是很憎恶的；同时，伊斯兰法反对放纵主义，要求把性欲严格地限制在婚姻关系之中。婚姻是产生家庭的前提，家庭是缔结婚姻的结果。男女必须通过合法的婚姻程序才许可成为夫妇，一切非婚姻的男女性关系都是非法的罪恶行为，受到法律和信仰的严格禁止。（努尔曼•马贤，伊卜拉欣•马效，2005，195—209）按照传统婚礼，尼卡当天晚上是要入洞房的，而且入洞房的第二天新娘要把落红交给嫂子，嫂子将其展示给婆婆及其他几位婆婆的亲属。跑婚或抢婚的两位新人从尼卡当天开始是可以住在一起的，在亚村，通常婆婆不会主动提出检查媳妇是不是处女，反倒是女孩自己的母亲，会准备好白布，安排嫂子，去给新娘铺床，放白布，让女儿第二天把落红交给婆婆。

4.订婚（送聘礼、克其克恰衣和麦斯来提恰衣）

送聘礼。

亚村的传统婚姻程序为：提亲、订婚、婚礼；其中，订婚程序为：送聘礼、克其克恰衣、麦斯来提恰衣；婚礼程序为：念尼卡、群恰衣、迎亲、麦西莱普。抢婚与跑婚后的婚姻程序变为：提亲、念尼卡、订婚、婚礼；其中，婚礼程序变为：公公一行来做客、阿合勒克恰衣（群恰衣）、迎亲、麦西莱普。其中，送聘礼就在婚礼的前一天，一般亚村村民办婚礼时的聘礼主要有以下几点：

牛一头或羊一两只；

柴、米、红萝卜、油、盐；

礼盒要用的干果、糖、饮料。两年前，喜糖里主要放的是二十多颗糖，一张纸巾；

女孩的黄金首饰。一般是15—20克；

女孩的服饰。一般是买四个季的。比如春天穿的裙子一条，风衣一件，春秋穿的皮鞋一双，夏天穿的裙子一到两条，高跟凉鞋一双，秋天穿的套裙，外套一件，鞋子（短靴）一双，冬天穿的裙子一条，皮衣一件，毛衣一条，长靴子一双；此外，还有头巾两条、冬天的裘皮帽子一顶，长腿袜两条；

跑婚的N：由于N的娘家与婆家隔的较远，相隔约110公里。因此，男方和女方商定，男方给女方25000元聘金，女方自己买婚礼上用的牛、柴、米、红萝卜、油、盐、礼盒等，黄金和衣服的钱不包括在此。所以N婚礼上没有送聘礼的过程，不过男方还是来了6个人，来女方道贺。女方当天主要是办麦斯来提恰衣。

抢婚的G：因为G和她老公都是一个村的，所以送聘礼是不可少的环节。在G公公提亲时，G家第一次规定了聘礼的数目及种类，聘金要给15000元，煤炭、一头牛、30克黄金、四季的衣服，装礼盒要用的糖、饼干、葡萄干、巴达木各十公斤，两箱方糖、饮料、300个手帕。但双方经过协商后，男方给了G家1万元现金，黄金20克（包括一条项链和一只手镯，各十克）、两只羊、烧水用的柴火、做抓饭用的米、油、红萝卜四袋子、一件套裙、一条裙子、一件风衣、两双鞋；两箱方糖、10公斤糖、5公斤葡萄干、5公斤巴达木、5公斤杏干、饼干250个。

两只羊的价格大概为4000元，20克黄金为5800元；衣服与鞋为1000元；糖与干果价格为1200元，饼干500元；两箱方糖为400元；

红萝卜160元；米、油300元，手帕250元，聘礼共计13610元，加上聘金10000元，共计23610元。N的聘金与聘礼共计25000元，加上黄金与衣服共计大约32000元。G的聘金与聘礼为23500元，可以看出，亚村的聘礼大概为30000元左右。G的聘礼算是给的比较少的，也有聘金就15000元的，那样的聘礼差不多共30000多元。这只是男方给女方的，女方接待麦斯来提恰衣的所有柴米油盐、红萝卜、礼盒、羊或者牛都需要自己出钱买，女方在婚礼当天要接待男方的男客人和女客人要用的东西主要是男方送来的聘礼。男方在Qilak（婚礼第二天）招待女方的所有用品也要单另出钱买，例如要分别给男客人与女客人做两次抓饭、给女客人的礼盒，供男客人用的礼盘。

公公送聘礼、婆婆送克其克恰衣。

10月5号早上十点左右，男方大概15位男性亲朋好友在公公的带领下带着聘礼及男方大概10位女性亲朋好友在婆婆的带领下带着克其克恰衣（前一章已经介绍，维吾尔语义为小茶，又名"塔子木恰衣"即感谢茶，男方感谢女方要把女儿嫁到他们家。）一同到女方家。

公公带的聘礼有：两只羊、柴米油盐、红萝卜、礼盒用的糖、饮料、手帕、方糖及巴达木、葡糖干、杏干，女孩的衣服和黄金今天不带来，聘金10000元已经在前两天给女方，让其筹备婚礼。婆婆带的克其克恰衣有两份普通布料、两个礼盘，大砖茶一个、四包方糖。

女方同时且分开招待男方来的客人，先让客人享用女方自己准备的礼盘来喝茶，再用抓饭招待。吃完饭后，男方客人回家。公公和婆婆带人去女方家送聘礼和克其克恰衣的时候，男方家里还有好多亲戚邻居家的女人留下来做拉条子，要做够差不多50—60人吃的拉条子，G的公公走之前就下命令说让大家做拉条子，要给在座的及即将要来参加婚礼的客人准备。

女方家操办麦斯来提恰衣。

当男方来的客人都走了以后，女方的麦斯来提恰衣就开始了，女方的女主人和男主人会让亲朋好友坐在一起一边吃饭、喝茶，一边安排明天婚礼上的事宜，大家把肚子填饱后，根据刚才的安排、分工，就开始干活了，男主人的朋友们会帮忙削男方送来的红萝卜，明天做抓饭要用。大家会把婚礼上用的礼盒准备好，还会观赏女方为女儿准备的嫁妆。下面为男人们削抓饭用的红萝卜、女人们整理礼盘：

礼盒，在婚礼中成了必不可少的部分，男女双方在接待客人时都要准备礼盒。在亚村婚礼中，招待男客人时，主人在桌布上除了囊以外，还要放礼盘，每个盘子中放一些巴达木、葡萄干、杏干、方糖、喜糖、饼干，三四个男客人享用一个礼盘。招待女客人时，桌布上不放礼盘、要放礼盒，而且是每个人一个。

N婚礼的礼盒中包括阿尔曼巧克力糖8颗，5元钱的毛巾一条，5元的杧果汁一瓶，3元的方糖一盒，3元的红糖一包，2元的Albeni巧克力一块，包装袋1元，一个礼盒大概是21元。共400个礼盒，共计400×21=8400元。

G婚礼的礼盒及价格：每个礼盒的市场价格：苹果汁饮料：2元一瓶；饼干一包：3元；手帕：1元；糖：6颗阿尔曼牌子的2元；Alex牌巧克力2个：2元；礼盒的包装袋1元；一个礼盒价格：11元。共320份，320×12=3840元。

嫁妆，说到嫁妆，不由想起维吾尔族民歌《大阪城的姑娘》，"你要是嫁人，不要嫁给别人，一定要嫁给我，带着你的嫁妆，唱着你的歌儿，坐着你的马车来……"在亚村，男方一般都是用皮卡车把聘礼送来，等他们要回去的时候，女方会把准好的嫁妆给他们，让他们运回去。

女孩必不可少的嫁妆：4—8床被子、褥子；4—8件长坐垫。

N的嫁妆：6个棉被子，6个棉褥子，6个坐垫，海尔液晶电视、海尔冰箱、松下洗衣机、羊毛地毯两块，箱子一个，黄金（290元一克）项链一根、戒指一个、耳环一对。

G的嫁妆：6个棉被子，2个棉褥子，6个坐垫，电视、电冰箱、VCD、衣柜、地毯、窗帘，玫瑰金（210元一克）戒指两枚、耳环一对。

由于婚礼仪式的复杂性及相似性，加之N是嫁到别的县，而G是嫁到本村，为体现出本村婚礼的模式，所以接下来的婚礼仪式就以N的婚礼为主来描写。

5.婚礼

抢婚与跑婚后的婚姻程序变为：提亲、念尼卡、订婚、婚礼；其中，婚礼程序变为：公公一行来做客、阿合勒克恰衣（群恰衣）、迎亲、麦西莱普。

五、抢婚与跑婚之后的婚礼过程

1. 公公一行来做客

婚礼当天，女方要在早上8点左右开始招待男方来的男亲家及其男性亲朋好友大概50多人，在传统的婚礼上，男亲家这一行来女亲家是要举办尼卡仪式的，但是由于是抢婚、跑婚，尼卡仪式已经举办过，所以男亲家即公公就是来女方家做客，不带任何礼物。公公一行从女方家院子大门进来的时候是排着队进来，女方接待公公一行的男性亲朋好友也会在院子里排成一排等候，排队进来的原因一是方便与女方的男性亲朋好友们一个个握手见面，另一个原因是方便录像的人把每一位来的客人都拍下来。大家进入房间坐下，然后负责招待这个房间的人给每位客人倒水洗手，之后放桌布，摆馕及礼盘。准备好后，给客人们倒茶、端抓饭。待客人吃完饭后，会把女孩的父亲叫进来，让他带头举手做"杜阿"，之后，大家又会井然有序地走出房间，再集体回去。下面为男亲家一行走进女方家大院时握手见面的场景：

2. 阿合勒克恰衣（群恰衣）

中午大概12点的时候，婆婆一行即女亲家带着大概60个女人去女方家，带着给新娘买的衣服、黄金、糖果、点心及一些布料叫作阿合勒克恰衣（群恰衣）。跟早上男亲家一行进女方家院门时排队进来一样，女亲家一行进女方家院门时也会排队进来，G的母亲还会准备一条羊毛绒大头巾，让某一位亲戚拿到手上，等G的婆婆走到她跟前跟她见面时，就把大头巾披在G婆婆的肩上。待大家见完面后，就跟接待男亲家进房间一样，大家各自负责自个儿的客厅，安排客人入座、洗手、放桌布、摆馕，这时要给每一位客人一个准备好的礼盒，桌布上不再放礼盘。之后，抓饭被端上来。吃完饭后，负责招待客人的人会把桌布收拾干净。

男方来的客人会让女方给她们准备一个比较大的桌布，她们要在桌布上摆放她们带来的女孩的黄金、衣服及一些礼盒。男方来的客人自己把东西都摆放好以后，女孩的母亲同时会叫上女方亲属中年龄较大的女性来评价一下，她们一般都会说："谢谢，孩子就交给你们了，她不知道的事情还很多，希望你们能够耐心教一下。"男方亲戚会说："放心，首先，你把孩子交给安拉，其次，把孩子交给她的公公、婆婆。她的公公、婆婆都是很好相处的人，不用担心。"

3. 迎亲

G在送聘礼当天去了表哥的家里，在那里G在朋友的陪伴下一直待到婚礼当天中午，中午吃完饭，G就跟伴娘一起去伊宁市化妆，穿婚纱，伴娘是G朋友，G穿了白色的婚纱，租金加上化妆费是650元，之后她们又回到了G表哥家，当时G的16个朋友、同辈亲戚们都已经在家等男方来接亲了，她们就等着男方来迎亲。G老公带着婚车和车队来的，他们在坎乡租的婚车和车队，共六辆车，婚车的租金是300元，车队是每辆100元。老公他们到来时，G亲戚的小孩子就把门给堵上了，不让老公他们进来，他们就给了小孩子们大约100块钱，才开了院子的大门进来了。

他们进G和她朋友所在的房间，新郎把手里准备好的一束鲜花给新娘，然后掀起新娘的婚纱，有个女孩手里端着一个盘子，上面放了一对手帕和两对胸花，她从左到右依次给这四个人戴上胸花，然后把手帕给新郎和新娘。还有一个女孩手里拿着香水，给房间里的每个女孩子喷点香水，大家一起照相，之后G和朋友们就会上车队的车，一辆车上坐两三个人，车上除了司机以外，还会有一两个新郎的男性朋友。待大家都坐上车以后，摄像师及他的车走在最前面，紧跟其后的是婚车，然后是车队，他们去宴会厅之前会先去一些景点拍照片、MV。

G：我们原本去伊宁市海景公园，由于下雨了我们就开车去了69团，在广场拍照、拍MV等，大概六点多去了海努克乡的宴会厅。

4. 麦西莱普

在宴会厅大家主要是送礼金、送礼物、唱歌、跳舞，G姐姐给G送了一对玫瑰金的戒指，妹妹送了一幅画。老公的姐姐送了一幅画，他嫂子送了一枚玫瑰金戒指，他们的两个孩子分别送了一束花。

宴会厅的活动结束后，G及新郎的最要好的朋友们会把两位新人带到了男方家，婆婆及其亲属专门会做稀饭招待她们，大家边吃饭，边开玩笑，笑话是关于两性的。由于G是抢婚，在念尼卡当天已经和老公入洞房了，所以，婚礼这一天两人就跟平常一样住在一起了。

六、婚礼之后的习俗

1. 奇拉克

早上，女方招待男亲家。婚礼的第二天是奇拉克，维吾尔语音为Qilak，女方去男方家。早上是G父亲带20多个人早上八点的时候来婆婆家，不做什么特别的仪式，吃完饭就走人。如果女孩不是处女就给父亲"掏个洞的馕"（冯雪红，2013，116）的陋习，即如果新娘不是处女，那么在婚礼第二天新娘的父亲来了以后就在新娘父亲喝茶时在他面前放一个中间有洞的馕，象征着他的女儿不是处女，这对新娘的父亲来说是极其丢人的事情。然而亚村没有这种习俗，在新疆的南部有些地方有这种陋习。在亚村，男方会在吃完抓饭他们就回去了。

中午，女方招待女亲家。中午的时候，母亲带着差不多50个女性亲戚朋友们来婆婆家，在女亲家一行进院子之前，男方会有人准备一个放满方糖的盘子，等客人们来时，让每一位都吃一颗方糖，意味着以后大家过得甜甜蜜蜜；婆婆还会给G母亲准备大头巾并让人披在G母亲的肩上。大家见过面后也会像男方去女方一样依次被安排进客厅、洗手、拿上礼盒、喝茶、吃抓饭。女方会给男方带两块布料和四个礼盘，一盘糖、一盘巴达木、一盘杏干、一盘饼干等。等女方把带来的礼物展示完后，新娘要被带进来，跟女方亲戚问候。

等G的嫂子替G向大家问候以后，在座的客人中年长的一位老奶奶，一般是男方的亲戚，会给G说一些类似媳妇准则的话，例如建议G要尊重婆家及亲戚的每一个人；以后不要在婆家与娘家之间传闲话，要勤快等。说完这些，大家就会一起举手做"杜阿"，祈求安拉让G过得幸福。婆婆当时说，这个结婚的是G的小儿子，所以家里的一切财产以后都归他们小两口了，大家都应和着说是的是的。结束后G在外嫂的陪伴下哭着离开客厅，回到自己的洞房，母亲她们也差不多要离开了，一些从远方来的亲戚在走之前会专门走进G的房间看G，G给她们手绢作为礼物。之后她们50多个人一起离开。

婚礼至此结束。

2. 回门

亚村的村民以前在婚礼后的第一个星期五新娘有回门的习俗，但是现在都改成婚礼的第三天，即奇拉克的第二天婆婆带着关系最好的三四个女性亲属，公公和新郎并且带着礼物去女方家。在回门的时候，存在着礼物的交换，婆婆带着礼物去亲家，亲家也要准备相应的礼物，因为亚村离市场比较远，所以一般新娘的母亲会直接给200元左右的现金，让女儿自己买东西。

七、 亚尕西村维吾尔人传统婚礼的变迁

1. 择偶方式及观念的改变

其一，从父母包办到自由恋爱婚。

20世纪80年代以前，维吾尔族婚姻的买卖性质相当明显，男女方商谈聘礼数量等，婚姻的买卖性质和男子具有婚姻离异上的特权，决定了巴依（富有的人）阶级可以随意娶妻纳妾，玩弄女性，妇女们在旧社会的可悲命运，正如著名的《古兰姆之歌》所唱："古兰姆汗的辫子又黑又长，还不满十五怎能做新娘，瘸腿的乡约把她抢占，可怜她成了被驱赶的羔羊。"（吴存浩，1986，40）

在20世纪60年代之前，亚尕西村维吾尔人的婚姻一般都是父母包办婚姻，之后自主婚姻越来越多。

ADNP的妻子：现在男女都比较开放，我们当时不要说手牵手了，父母都不让我们直视男孩子，现在你看有了个宴会厅，孩子们就在那里玩（跳舞等）到1、2点，相互拥抱着跳舞（指双人舞），我们当时是男孩子坐一排，女孩子坐一排，连手指头都没有相互碰过。

可以看出，在20世纪60年代之前，女孩子们平常都不会随便出家门，也不会自由恋爱，男孩父母看好哪家的女孩，就会上门提亲，对于提亲者，如果女方父母觉得可以的话，就会答应婚事，女孩子只会

顺从，因为她们认为，父母肯定会给她们找好的婆家，不会让她们受苦。然而，现在的男女比以前开放多了，例如案例中的G和N她们在结婚前就告诉家人自己有对象的事实。

经过访谈得知，对于男性来说，对象必须是自己很喜欢的；女方的家庭经济条件一般不在考虑的范围之内；漂亮、勤劳的女孩是男性选择的重要标准。维吾尔族人向来喜欢早起、勤快的女孩子。对于女性来讲，对方对自己的感情非常重要。总之，情感因素在亚村年轻人择偶中扮演着最重要的因素。

其二，结婚男女年龄差距越来越小。

PXH：1960年之前，女孩子差不多19—20岁的时候结婚，男孩子差不多25—26岁的时候结婚。我们结婚前不谈恋爱，我们都是满足父母的心愿结婚，我的老公比我大十几岁，当时父母说我比较调皮，我老公年龄比我的大，会比我稳重一些，会容忍我的脾气，也会教我怎么为人处世。

亚村的夫妇，几乎没有丈夫年龄小于妻子年龄的，而且丈夫与妻子的年龄差较以前越来越小。

其三，父母与年轻人在择偶观念上的重要转变。

近年来，亚村的维吾尔人越来越希望儿媳妇、女婿、妻子、丈夫是个虔诚的穆斯林，能够谨守拜功等。因为，大家认为，虔诚的穆斯林不会做恶事，畏惧安拉的人必定是个热爱生活、尊敬父母、爱护妻子、尊重丈夫、喜爱孩子、注意卫生、做事有分寸、不吝啬、不贪财、严守贞操、不嫖娼、不出轨、不喝酒、不赌博的人，这些也是《古兰经》有明确规定的。

2.尼卡仪式与法律规范的融合

THJ：可以说1949年之前，都是包办婚姻，只念尼卡，也没有领结婚证，差不多1949年后，结婚前要去乡政府领取结婚证。

近年来，如果伊玛目没有看到新人的结婚证就念尼卡，则要受到处罚，尼卡仪式与法律规范的融合可以有效地控制未达到婚姻年龄的年轻人结婚的现象，亦可以控制抢婚、跑婚者的年轻化。

3. 聘礼与聘金的加重

随着经济的发展，人民生活水平的提高，婚礼办得越来越隆重，聘金已经从20世纪60年代的30元涨到了今天的2万元。TXB的嫁妆包括一床被子、一床褥子和一个枕头，其他的什么都没有。当时婚礼上没有黄金，大概在1980年以后，村里的人开始用黄金做聘礼了。

聘礼之多导致婚礼前一天出现专门去女方家送聘礼的风俗。当时婚礼就举办两天。第一天就是婚礼当天，男方来女方家，带上聘礼，聘礼中包括给TXB买的衣服，还有一个砖茶和四包方糖，没有黄金。女方做阔日达克招待男方（当时做不起抓饭），第二天女方去男方家，称作奇拉克（Qilak），男方同样做阔日达克招待女方。

接亲后的麦斯莱普越来越热闹。

ADNP：现在尼卡结束后，婚礼才开始热闹，麦西莱普，唱歌跳舞的，我们结婚的时候太简单了，直接就是牵着手就把我从房子里带出去，走到丈夫家，没有音乐。

在接亲方面，以前都是新郎、新娘直接走路或者坐着毛驴车、马车到婆家，现在，新娘在尼卡的前一天就会到伴娘家为婚礼做准备，在迎亲那天下午，新郎会带上自己的朋友、兄弟20人左右，小轿车10辆左右到新娘的伴娘家去接亲。

4. 婚礼中铺张浪费的现象

婚礼不仅仅是为让男女结合的仪式，更是男女双方财富展示的场合。流行的毛巾的发放、礼盒内容的丰富、黄金克数的增加无不显示着男女方跟随着时代的潮流，赶着时髦，为在对方心目中树立良好的形象而精心策划和实施着。各种攀比心理导致婚礼中出现铺张浪费的现象。孩子结婚想把婚礼办得隆重是一般家长都会有的愿望，然而，有的家长因为自己的钱不够，甚至会卖牛、卖羊，亚村人民的生活虽然越来越好，但是婚礼的花费也随着越来越多，而且超过人民的收入水平。一场婚礼办下来，让本来就不富裕的家庭更加贫困。而且因为计划生育政策，家里的孩子越来越少，孩子们之间进行攀比，孩子们不停地给父母压力，父母也有攀比的心理，就会想办法满足孩子的心愿，导致婚礼的负担越来越重，人们的要求也越来越高。

此外，随着经济的发展，礼盒已经成了维吾尔人婚礼中不可缺少的部分，亚村的礼盒从最开始的十几颗糖到后来增加毛巾、饮料等其他礼品，其费用也越来越高。虽然礼盒里的礼品丰富了，但是有些人为了凑数，让礼盒看起来更加丰富，就买一些比较便宜的零食，而且买的时候不看生产日期，或者买那些既不好吃，又是存放时间比较短的食物，导致大人参加完婚礼把礼盒带回家给孩子吃，孩子有的出现呕吐、腹泻等现象。

对婚礼中出现的各种铺张浪费的行为，PXH作为妇女事务管理者，一直在对村里人做工作，但是几乎没有效果。有些人宁愿向别人或者向银行借钱，也不愿意在办婚礼的时候少出一点钱，不仅是面子上过不去，也会引起对方的不满，因为大家的要求越来越高了。

PXH：有人为了举办婚礼去伊宁市买聘礼的时候我们还亲自陪她们一起去，就是为了不让她们买太多、太贵的东西，我们还向女方说不要向男方要5000元，我们降到3000元怎么样。她们就把3000元给我们看，实际上还是要了5000元，只是没有给我们说实话罢了。

此外，平常生活中的礼尚往来中也有一些浪费的现象，例如，去别人家做客，妇女们会带上一两块布料和一个大砖茶当作礼物。有的布料很差，根本做不了衣服，而且长度也不够，但是它就在妇女们之间被送来送去，有的砖茶都已经不能再做奶茶喝了，包装袋都开始烂了。其实，现在村里人也有了日常生活中减少直接送礼品的意识，以前有人家生孩子了，大家都会带上八九块钱一套的婴儿衣服，衣服堆得很多，穿不完，穿几次孩子也穿不上了，所以现在会送些质量好一点的毛巾或者一二十元的现金。但是，婚礼上的铺张浪费的现象，即便政府参与按目前的形式也不会很快停止。

八、亚村维吾尔人如何看待抢婚与跑婚

1. 村里人如何看待抢婚与跑婚

访谈资料显示，现在亚村跑婚和抢婚的现象越来越多，村民虽然反对抢婚及跑婚，但是抢婚及跑婚举办的婚礼大家都会去参加，因

为大家都在一个村里，自家办事的时候别人都来，如果因为别人办事你不去，那你就欠人情了，而且不利于良好关系的维持，而且亚村是个小村，大家之间的交往不太多，如果就因为别人是抢婚或者跑婚就说别人，或者不去参加之后的婚礼，则会严重影响邻里关系，自个儿面子也很挂不住。由于跑婚和抢婚后都举行婚礼，而且越来越多，村民们一般也不会刻意地去追溯是不是跑婚或者抢婚。如果不是抢婚或者跑婚后办的婚礼，村民也最多会说，这是个"漂亮"的婚，即最开始通过媒人提亲举办的婚礼。村民们用"漂亮"的婚来形容本来就正常的婚礼，可以看出，人们并不喜欢抢婚或者跑婚这种现象，人们说"漂亮的婚礼"说明人们是向往传统的婚礼模式的。

根据PXH的叙述，以前她听说过别人抢婚，女方就会要求男方根据自己的家庭经济条件送来聘礼，但是现在不同了，跑婚和抢婚后，女方父母跟传统婚礼一样会理直气壮地向男方下越来越重的聘礼，男方也会根据自己的条件与女方商量后将越来越多的聘礼送给女方。

PXH：现在私奔的婚礼跟传统的婚礼的聘礼和聘金都一样了，甚至可以说有过之而无不及，比如GJN的女儿结婚的时候，女方向男方要了2万，你想想这对农民家庭来说可不是个小数目。

PXH：你看，私奔的第二天，男方也会派媒人到女方家提亲，跟没有私奔的都一样了。

同时，PXH认为，现在抢婚和跑婚越来越多也是教育的问题。而且，村民们对抢婚和跑婚后婚礼的态度也让抢婚和跑婚越来越多。

NJT：不能说抢婚或跑婚的行为有对与错，因为有的父母会很反对孩子的婚姻，这里就有孩子的婚姻是父母的选择还是孩子自身的选择的问题。

KH：就是因为爱。不会搭理别人说你什么，因为结婚后，别人也不会在你面前说："你是跑婚或者抢婚后结婚的。"

G：我其实根本不知道我丈夫会抢婚，我当时想过要回来，但是他们把我抓住了，其实还是我自己的原因，如果我坚持要回来的话，也会有办法，但是想想没有必要这样做，因为抢我的人是我喜欢的人，也是我想结婚的人。

笔者还访谈了村里的NJT和KH，两个都已婚，NJT是按传统婚礼办得婚礼，他认为抢婚或跑婚的行为不能用对错来判断，他认为结婚不是父母而是年轻人的终身大事，要年轻人自己做决定，村里的男孩在抢婚前肯定是会先给父母说的，如果父母不同意，那么他们会采取自己觉得行得通的办法。KH是因为抢婚父母才办婚礼的，他给他父母说要结婚的时候，家里人说不着急，再过半年一年的，但是他当时跟他妻子已经谈了两年多的恋爱了，他们也不是公开地谈，不会在人多的地方约会，由于见面的次数比较少，他们就主要通过打电话，他也越来越受不了煲电话粥，手机话费都会花好多钱，而且每天晚上聊得也比较晚。他最后采取了抢婚的形式，家里人就先给他们举行了尼卡仪式，双方做好婚礼准备以后就办了婚礼。G作为被抢婚者，她认为如果女孩子不想结这个婚，完全是可以采取极端点的手法来拒绝的，但是由于抢婚的人是自己的爱人，所以她认为没有必要坚决反对，而且她知道她丈夫抢婚的主要原因是他的父亲患了癌症，他父亲患癌症而且是晚期的事情全村的人都知道，他希望他的父亲能够看到他的婚礼，而且他很想跟G结婚，G的母亲知道他们两个人的关系，只是G没有说过要结婚的想法，总之，恋爱关系和父亲患癌症促成了这场抢婚及之后的婚礼。

2. 该怎么办

PLT：现在私奔婚的聘礼和聘金跟传统婚的比起来有过之而无不及。那些人应当降低些聘礼和聘金，如果这样下去的话跑婚的人会越来越多。以前说跑婚的话，女方的家长会很生气，现在跑婚的话就说那怎么办，只要她能在婆家好好过就行了之类的。

大家确实有应该阻止跑婚与抢婚的意识，但是只是有意识没法行动。不采取行动的主要原因是人情观念，如果不去参加别人的婚礼，那你就欠别人的人情了，因为人家是来过你家的或者你以后要办婚事的时候你怎么再好意思让别人来。跑婚和抢婚不是违法的行为，因为她们已经到了法定结婚的年龄，也没有发生类似抢夺性的婚礼，最多有强迫性的，而且被抢的女孩如果在被抢过程中坚决不跟着走的话，也不是没有办法，她会在被抢的过程中说服自己，毕竟抢自己的是自己的男朋友。年轻人想的只要跑掉那婚礼就可以快点办起来，免去了按传统婚礼先提亲，提亲后双方做婚礼的准备要好长时间的麻烦，这样会拖延办婚礼的时间，因为要看双方家庭的经济等情况允不允许及早办婚事。同时跑婚和抢婚也不算是习俗，但也不是一般的生活问题。到现在为止没有跑婚或者私奔后不办婚礼的，也没有私奔到别的地方的，不违法法律、不违反民族风俗。其实如果男女一起跑掉以后村里人只让他们领结婚证，请伊玛目念尼卡，婚礼的其他的程序都不办，例如不宴请，也不是违法的，也不是伤风败俗的事，但是人情上、面子上大家会觉得过不去。所以别人抢婚、跑婚还是会去参加。

政府的参与总是有效的，让伊玛目念尼卡前一定要看结婚证是一个非常重要的举措。首先，崇尚贞节观的亚村维吾尔人在年轻人跑婚或者抢婚以后必定会着急为两个年轻人举办婚礼，如果条件不允许，毕竟事发突然，至少会做穆斯林婚礼中最重要的仪式即念尼卡。现在政府提出如果伊玛目念尼卡前不看结婚证，那么这个伊玛目会受处罚，跑婚和抢婚的年轻人要去领结婚证，他们的年龄必须要过法定年龄，所以这就有效地阻止了未到法定结婚年龄的年轻人采取跑婚或抢婚的方式达到结婚的目的。

第四章 结语

婚姻的缔结是一对未婚男女确定可以得到社会承认的婚姻关系的重要环节，在中国，缔结婚约的条件和形式多种多样。在亚村，随着经济的发展、社会的变化、人们的观念的变化，维吾尔人从父母包办婚姻过渡到重视男女双方的感情基础，允许有情人自由结合。然而，社会、经济的发展并不是均衡的，亚村的经济发展相对来讲还是比较慢，村民的收入低，所以，在婚姻问题上，具有较高地位和权利的父母由于考虑经济、时间等非感情因素，不会立即答应急于成婚的青年男女的要求。近年来，亚村自由恋爱的男女想结婚但是由于没有得到父母的同意，或者唯恐得不到家人的同意，男孩在女孩尚不知情的情况下，男孩在朋友们的帮助下把女孩抢到亲戚家过夜造成抢婚；有的自由恋爱的男女，由于没有得到父母的同意，或者唯恐得不到家人的同意，女孩跟男孩跑到男孩亲戚家过夜造成跑婚的现象。抢婚和跑婚之后，父母就不得不同意孩子们的婚事，而且将本打算推后办理的婚礼提前。

事实上，村民本身是不会区分跑婚和抢婚的，因为她们不知道女孩的意愿，也没有哪个女孩会主动说自己是跑婚的。因为不论女孩子是准备跟男孩跑掉，还是不知道要被抢，她都不会告诉家里人。女孩子一般也不会告诉别人自己是跑掉的，除非说自己是被抢过来的。不论是抢婚还是跑婚，女孩子都会被说成是跑了，或者跟某某跑了，说女孩子跑了的时候其实是强调了女孩子的主动性，但是大家都不知道女孩子是否是自愿的；说男孩子的时候会说把某某抢走了，不会说男孩子跑了，也会突出男孩的主动性，这里就不存在男孩子的被动与不自愿。所以在本文当中笔者区分抢婚和跑婚的意义在于，揭示亚村女性为追求爱情、与爱侣结婚而做出的行为，是对父母包办婚姻、男权制的反抗，同时是女性解放、女权主义发展的体现。

抢婚和跑婚，作为一种变通的方式、一种压力、一种反抗，作为一种对谈判机制的不公平的挑战，成了亚村青年男女为达到成婚目的而采取的方式。

说它们是一种反抗，也就意味着它们是违背规范的，是非理想的情况，看似亚村村民在婚礼上违反规范，但他们其实是在遵守，因为贞操观、因为传统道德的约束，他们会采取行动进行抢救性的恢复。抢婚和跑婚最重要的作用莫过于将操办婚礼的日期提前，抢婚和跑婚发生的第二天，男方就不得不去女方家提亲，由于事发突然，大家都没有准备，所以很快地操办婚礼不符合现实，但是又不能让未婚的女孩子在别人家一直住着，所以双方经过商量就先把穆斯林婚礼中最重要的环节——尼卡仪式，给先办了。然而，正式的婚姻缔结即民间所谓"明媒正娶"，一般都有相对固定的程序。维吾尔人的婚姻有着充满宗教色彩、民族特色的程序，例如，提亲、订婚、婚礼；其中，订婚程序为：送聘礼、克其克恰衣、麦斯来提恰衣；婚礼程序为：念尼卡、阿合勒克恰衣（群恰衣）、迎亲、麦西莱普。其中婚礼当天是要念尼卡、送聘礼和迎亲的。但现实当中，年轻人通过用抢婚和跑婚这种变通的方式，不经过媒人提亲，不经过父母的同意，就自己造成了一个两性结合的事实，结果导致念尼卡和送聘礼、迎亲分开举行，念尼卡在婚礼之前，婚礼当天不念尼卡，只送聘礼，迎亲，即抢婚或跑婚后的婚姻程序就变为：提亲、念尼卡、订婚、婚礼；其中，婚礼程序变为公公一行来做客、阿合勒克恰衣（群恰衣）、迎亲、麦西莱普。我们看到了这种积极的力量触动了亚村传统婚姻礼仪过程的变化，发挥了青年男女的主体性、积极性。事实证明抢婚和跑婚确实是青年男女成婚的一条捷径，而且之后还有圆满的婚礼。虽然抢婚和跑婚是非理想的状况，因抢婚和跑婚而操办婚礼并不是维吾尔人所认为的理想的模式，但是男女双方的家长、邻居、亲戚还是尽量地用宽容的心态来对待他们。

也就是说抢婚和跑婚被接受了，而且是村民不得不接受，他们不是心甘情愿地接受，村民们用"漂亮"的婚来形容传统的通过媒人提亲而操办的婚礼，可以看出，人们并不喜欢抢婚或者跑婚这种现象，人们说"漂亮的婚礼"说明人们是向往传统的婚礼模式的。抢婚和跑婚并未被文化所完全承认，所以它是一个新出现的，还没有完成的社会秩序、道德的改变。总之，可以看出理想的婚礼不是以纯粹的方式在维吾尔人当中体现，而是通过各种各样的变通方式被表现出来。

通过抢婚和跑婚，年轻人迫使父母同意婚事，这样一来，结婚的对象和时间都由年轻人自己来决定了。事实上，维吾尔人是一个以宗教为中心、以长辈为中心的社会，但是现在从配偶的选择、结婚时间的选择上，由年轻人以抢婚和跑婚这种跟传统不一样的方式来决定，由此，我们可以看到维吾尔社会在变化，年轻人做决定的权利变大了，而且越来越广、越来越多见，体现的是维吾尔社会家庭决策、代际权威，对幸福的执行方式，例如择偶的决定及其带来的婚礼的变化，原来是父母不但决定婚礼日期而且还决定配偶，现在都是由年轻人自己决定，而且父母还会接受。可见，年轻人在家庭决策当中的地位提高了。

同时，通过案例，我们也看到了跑婚和抢婚造成了一些难看及痛苦。抢婚与跑婚之前，青年男女及父母间关于婚礼的谈判本来发生了破裂，通过抢婚和跑婚后，大家重新开始谈判。而且，父母没有因为孩子抢婚或者跑婚而跟孩子断绝关系、并没有打骂孩子，也没有不操办婚礼，而是以宽容的心态去积极地应对突发事件，在宗教和民族传统道德的指引下去对违反规范的行为进行抢救性的恢复，这是维吾尔社会的进步。

维吾尔社会的进步还体现在婚礼操办的过程当中，例如礼盒的价格由以前的五六元钱涨到当今的二十多元，以前嫁妆中的两个被子涨到现在的六个、八个等，我们可以从婚礼上小的细节发现亚村不是个封闭的村庄，维吾尔社会更不是一个封闭的社会。经济的发展确实让人们的可支配性比原来多，但是这个可支配性的增加在每个家庭中是不均衡的，例如案例中的男方父亲因为患癌症而使得倾家荡产，可是，他们的儿子抢婚回来，也要办婚礼，而且要达到亚村整体婚礼聘礼、聘金的标准，这时，我们看到的就是社会、经济发展的不平等。

通过本文我们还可以看到维吾尔人择偶观念上的重要变化，也可以说是一种倾向，就是希望配偶是个虔诚的穆斯林，是个每天做五次礼拜的人，不仅是年轻人自身，连父母及亲友都希望儿媳妇或者女婿是个虔诚的穆斯林，因为他们相信虔诚的穆斯林是个热爱生活、尊敬父母、爱护妻子、尊重丈夫、喜爱孩子、注意卫生、做事有分寸、不吝啬、不贪财、严守贞操、不嫖娼、不出轨、不喝酒、不赌博的人。《古兰经》对人们的生活做了许多的规定，《古兰经》是来自安拉的引导，每一天的每个时刻，我们都会面临不同的选择。通过做礼拜，穆斯林向安拉祈求"引领正道"，让自己成为走正道的人。（Al-Rahamah School，2014）一个人是否愿意走正道、是否努力在走正道成了亚村许多人择偶的一个重要标准。我们发现，经济的发展与改革开放带来的人们观念的转变并没有造成信仰的缺失与减退，反而更多的人比起以前更希望配偶是虔诚的穆斯林。

通过"俗"的研究来理解"民"，理解作为民主政体的权力根基的普通人；要通过"民"的研究来理解"俗"的传承，理解"俗"的传承如何构成国家共同体的文化根基，让社会能够以最经济的方式

（也就是依托文化传统发挥作用的方式）得到可以持续的再生产。（高丙中，2010，1）虽然一篇文章并不能完全反映亚村及整个维吾尔人社会的变化，但是，文中呈现的真实的婚礼过程确实可以让读者对近年来维吾尔人社会的变化有个认识，因为婚礼跟整个社会结构、社会关系、政治、宗教、经济都密切相关，我们在婚礼中看到什么对亚村的维吾尔人来说是赋予很高的价值的、什么是被认为是美的、什么被认为是恶的、什么是贯穿整个社会各方面的。

　　总之，在社会的变化所带来的各种冲击下，亚村维吾尔人在出现违反规范的行为后会极力去进行抢救性的恢复，抢婚和跑婚体现出了年轻人追求婚姻的自主性，通过抢婚和跑婚会有更多的选择权、自主权，发挥更多的主动性，还体现出年轻人在家庭决策地位的上升，不过这种权力和地位的上升是在变通中实行的。

参考文献

艾华，2008，中国的女性与性相，江苏人民出版社

陈文华，朱良，2004，婚姻习俗与文化，黑龙江人民出版社

阿诺尔德·范盖内普，2010，过渡礼仪，商务印书馆

冯雪红，2013，嫁给谁——新疆阿村维吾尔族妇女婚姻民族志，社会科学文献出版社

高丙中，2009，中国民俗概论，北京大学出版社

高丙中，2010，中国人的生活世界——民俗学的路径，北京大学出版社

鸿宇，2004，婚嫁，宗教文化出版社

李荐中，邱鸿钟，2013，性心理学，人民卫生出版社

林松，1995，古兰经知识宝典，四川人民出版社

《古兰经》，1988，中央民族学院出版社

林慧莲，2006，青春期的性心理与性教育，中国社会科学出版社

麻国庆，2001，走进他者的世界，学苑出版社

马明贤，2011，伊斯兰法，商务印书出版社

1972，马克思恩格斯选集 第四卷，人民出版社

马塞尔·莫斯，2013，论祈祷，北京大学出版社

摩尔根，1977，古代社会，商务印书馆

穆斯塔发•本•穆罕默德艾玛热，1981，论结婚与聘礼布哈里圣训实录精华，中国社会科学出版社

努尔曼•马贤，伊卜拉欣•马效，伊斯兰伦理学，2005，宗教文化出版社

潘晓梅，严育新，2004，婚俗简史，中国社会科学出版社

谭 琳，陈卫民，2001，女性与家庭，天津人民出版社

张国杰，2004，中国民俗大系•新疆民俗，甘肃人民出版社

陈广元，2005，新时期阿訇实用手册，东方出版社

陈广元，2011，新编卧尔兹演讲集，宗教文化出版社

朱福成，1989，婚姻学，北方妇女儿童出版社

（AminovaAlena，2004，Uzbekistan：No Love Lost in Karakalpak Bride Thefts，Institute of War and Peace Reporting.

Jonathan A.C. Brown，2011，Muhammad：A Very Short Introduction，Oxford University Press.

Carl W. Ernst，2012，How to Read the Qur'an:A New Guide，With Select Translations，Edinburgh University Press.

Handrahan，Lori.2004，Hunting for Women: Bride-Kidnapping in Kyrgyzstan. International Feminist Journal of Politics.

Maxime Kovalesky，1891，Modern Customs and Ancient Laws of Russia，London：David，Nutt & Strand.

Muhammed Al-Sayed Muhammed，2005，Polygamy and the PropheMuhammed，International Ilslamic Publishing house.

Muhammad Sa'īdī-Mihr & Amīr Divānī，2012，"Islamic Thought(Ma'ārif Islāmī) Book Two".Tr. Abuzar Ahmadi，Mujab Press. ）

رەھىمە شاھمەنسۇرى2008ۇ كېپىنلىك ئەدمىلىرى ، شىنجاڭ خەلق سەھىيە نەشىرىياتى

يارمۇ ھەممەت تاھىر تۇغلۇق،2009﴿قائىده-يوسۇنلىرىمىز﴾،قەشقەر ئۇيغۇر نەشىرىياتى.

ئەئۇمر سەمەد قورغان2006ئۇيغۇر نەئنەمنىۇى نەخلاقى﴿﴾،شىنجاڭ خەلق نەشىرىياتى،

流动空间里的农民工

邬伦静　北京大学社会学系2011级
指导教师　卢晖临

第一章　导论

一、问题的提出

　　三十多年的改革开放，中国成为世界第二大经济体。而深圳也从一个名不见经传的小渔村变成了闻名全球的国际化大都市，成为社会主义国家与全球资本的交汇点。（潘毅，2011）这一令人瞩目增长的背后，是中国摒弃了计划经济而转向市场经济，同时伴随着大量引进外资开始了私有化的进程，市场化和私有化成为新时期"中国特色"最显著的特征，这一进程同时也深刻改变了中国的阶级关系，资产阶级重新崛起成为中国社会举足轻重的力量，而另一端则是数以亿计的处于底层的农民工群体。

　　作为在特殊的历史时期出现的一个特殊社会群体，年轻的打工者在传统和现代的夹缝中成长，在城乡二元结构体系中生存，成为身份模糊的农民工。原本能为他们提供生存保证的农村和土地，已经难以为他们的生存提供庇护。而他们满怀憧憬的城市又难以成为他们的立足之地。他们成为游离于城市和农村之间的双重边缘人，频繁奔波于城市与农村，兼顾着生计与家庭，在生产与再生产之间寻求平衡。

　　"正当我们赞叹着全球化带来的好处时，有更多的人已经失去他们的'家'。就像Clifford所说的，我们变成在过着一种旅居

（traveling-in-dwelling）的生活。在这个后现代的世界里，哪里是'自我认同'的居所？"（参见 Fernandez，2008：x）。在全球化迅速发展的背景下，农民工已经失去了他们的"家"——不论是那个固守农村的老家，还是那个在城市的居所。不论是实体存在的家，还是想象中那个在心中根深蒂固的家，似乎离他们越来越远。他们只能过着一种旅居生活，在不同的城市中漂泊，在不同的房子中栖居。

劳动力再生产总是与一定的生产方式相连。在当今中国语境下讨论农民工的劳动力再生产问题，必然要首先讨论中国经济发展方式。如果我们将改革开放以来中国经济发展方式的巨大变化视为资本主义生产方式在生产领域的影响的话，那么农民工的出现及其生存现状理应视为资本主义生产方式对劳动力再生产的巨大影响。因此，研究转型中的中国社会，理应关注世界工厂体制下的农民工以及他们在城乡之间频繁流动的旅居式生活，探索这种旅居生活与生产方式之间的关联。中国的经济生产方式如何导致农民工旅居式的生活？这种旅居生活是什么样的？一个个流动空间对他们意味着什么？他们如何建构和维系一种让自己感到舒适的旅居生活？

为了解开上述疑惑，本文对农民工在流动空间（包括生产空间和居住空间）中的日常生活实践进行研究，探索资本主导的空间生产逻辑如何借助空间里的权力运作对农民工进行宰制，以及农民工对此进行的策略性抵抗。其中，本研究借助马克思主义空间理论对农民工在生产空间中的生产实践和在居住空间中的再生产实践进行分析，以期深刻认识和理解当今中国农民工在流动空间中的实践与认同，以及世界工厂体制下资本主导的（空间）生产与劳动力再生产之间的关联。同时，本研究也关注资本主义生产方式下的农民工如何在流动空间中发挥自己的主体性，营造一种舒适的旅居生活，在资本的三重空间宰制下生产出一个希望的空间。

二、研究意义

本文以空间为桥梁，透过农民工在生产空间的实践反映世界工厂体制下的生产方式，通过农民工在居住空间中的实践与经验揭示中国经济发展背后拆分型的劳动力再生产模式及其后果，通过对生产空间与居住空间的呈现和分析理解中国特色社会主义的经济发展模式和生产方式，以及世界工厂体制下资本与劳动力、生产与再生产之间的关系。

从方法论层面看，本文是运用扩展个案研究法对中国现实进行经验研究的案例。从理论层面讲，本文是对已有关于资本与劳动力、生产与再生产从三重空间（物质、精神和社会空间）维度进行系统研究的一个尝试。从现实层面看，本文对农民工在流动空间中的生产与再生产实践、空间认同与实践，以及社会空间的建构进行解读，探索资本主导的空间生产的逻辑与农民工劳动力再生产之间的关系，有助于我们深刻认识当今中国的经济发展模式、生产方式以及受此影响下的农民工劳动力再生产现状。

总体而言，本文是用当下中国经验检验马克思主义空间理论的一个尝试，也是对已有关于生产与再生产联系的研究补充。

三、研究框架

为了深刻理解世界工厂体制下农民工在流动空间里的日常生活实践以及资本的生产逻辑在空间维度对劳动力再生产的影响机制，本文研究脉络如下：

第一，文章借助马克思主义的空间理论对F厂进行分析，展现F厂在中国大陆的发展历程和F厂工人在生产空间中的实践和体验，揭示资本主义空间生产的逻辑及其在生产空间中对劳动力的空间宰制以及劳动力对此做出的抗争。

第二，文章借用列斐伏尔对于空间的三种划分，即物质空间、精神空间和社会空间，构建了研究农民工居住空间的分析框架，指出了在世界工厂体制下的农民工劳动力再生产过程中，资本主义的空间生产逻辑对劳动力再生产在空间层面的影响。

上述两个部分分别从物质空间层面来探讨农民工的生产空间和居住空间实践，以及农民工受到的多重空间宰制和策略性反抗。

第三，文章从精神空间角度出发，探讨了在资本生产的逻辑下农民工遭受的精神空间挤压。资本通过对农民工的精神圈地，为他们描绘了一幅幅美好图景，然而这些虚幻的图景只不过是资本借以笼络和控制农民工的精神工具。在资本的领地里，农民工在生产空间中得不到自由，也看不到未来。正是资本主义生产方式从生产领域到再生产领域的渗透，造成了农民工的劳动异化，造成了他们对打工生活的反感、排斥和逃离。在彷徨中，他们只能通过各种弱者的武器展开诗意的抵抗。

第四，资本对农民工团结的有意识破坏压缩了农民工的社会空间，瓦解了他们的社会网络和乡土情缘。在生产空间中，他们是原子化的个体；在再生产空间中，他们难以建立融洽的人际关系和社会支持网络。然而，资本对农民工的社会空间的破坏并不是既定不变的，一个新社会空间的建构和生产给农民工带来了社会空间里的希望。在生产出的新社会空间中，他们找到了精神的归属，开始重构自己的社会网络。本文认为，资本对农民工劳动力再生产的空间挤压并非没有改变的可能，通过对社会空间的重构和农民工主体的团结，一个希望的社会空间正在生产。

总之，本文把空间作为资本和劳动力角力的权力场域，把空间视为生产与再生产的连接点，从物质空间、精神空间和社会空间三个层面来讨论农民工在流动空间（生产空间和居住空间）中的实践和体验，据此探讨资本生产与劳动力再生产在空间层面的关联和相互影响。本文的分析框架见下图：

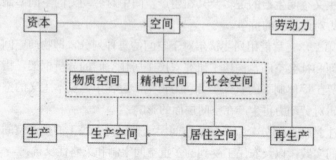

四、研究方法

1. 方法论：扩展个案法

本研究主要运用了布洛维的扩展个案法（Extended Case Method）作为方法论的指导。本研究通过使用扩展个案法，将农民工的生产和再生产实践置于具体的流动空间（生产空间和居住空间）中加以考察，旨在理解农民工个体的空间实践经验并从中抽离出他们共同的日常生活实践经验，借此理解资本和制度联合下的流动空间中的农民工主体。通过扩展个案法对世界工厂体制下的农民工的流动空间实践进行研究，既有助于理解微观层面的农民工的生产和再生产实践和空间体验，也有助于借此关照宏观层面的资本和制度的联合对流动空间中农民工的生产和再生产的影响，从而更好地理解世界工厂体制下的资本生产与劳动力再生产在空间中的关系。

2. 研究地点描述

F厂龙华厂区是龙华辖区的主要企业之一，甚至也是深圳最大的企业，占地面积约3平方公里，员工最多时达到20多万，目前有员工15万左右，主要从事新产品研发、试产，以及多种品牌电子产品的规模化生产。

在F厂的周围，环绕着多个工业区和中小型的工厂。在龙华F厂厂区的周围，形成了包括岗头、油松、瓦窑排、伍屋、清湖等多个城中村，分布于厂区东南西北的各个方向，成为F厂工人的厂外居住区，每个城中村里都居住着数以万计的农民工。

笔者的田野地点是F厂附近的星火村（见图1）[①]。村庄是一个不规则的五边形，村内多为本地村民自建的出租屋，住户多为在F厂上班的农民工，总数约有5万人。

---

① 此处为化名。图片中的"星火公园"也为化名。

图1　星火村地理位置简图

3.收集资料的方法与过程

本研究主要采用实地观察、深度访谈和文献法进行资料搜集和分析。

（1）田野调查（参与观察）

本研究正式的田野工作于2014年2月初至3月末期间进行。在此期间，笔者总共进入了13位工友的出租屋进行实地观察，拍下了大量照片，并与他们深入交流，积累了丰富的一手资料。对于那些居住在集体宿舍中的F厂工人，由于无法进入他们的宿舍进行实地观察，所以请他们帮忙用手机或者相机拍下了他们宿舍的空间场景。

（2）深入访谈

深度访谈是本研究采用的主要方法。本研究中，笔者的访谈对象有20位工友，其中正在F厂工作的有17名，刚从F厂离职的有3名（见表1）。在资料整理和论文写作期间，笔者还通过QQ、微信等网络社交软件对一些访谈对象进行补充访问。

本研究还参考了星火农民工服务中心收集的F厂工人故事以及广东省木棉社会工作服务中心收集的流动妈妈访谈材料（见表2）。

（3）文献搜集

本研究还采用了文献法进行资料的搜集。在研究过程中，笔者综合使用了工人日志、文学作品、工厂刊物等一手文献资料，这些材料有助于本文更为全面地呈现出农民工家庭在居住空间中的实践、认同、策略与挣扎。

表1 深度访谈录音资料汇总表

访谈录音编号	访谈时间	访谈对象及工种
F14-01	2014年3月1日下午	WM, 产线机动人员
F14-02	2014年3月1日晚上	CG, 仓管
F14-03	2014年3月2日下午	ZR, 机台操作
F14-04	2014年3月2日晚上	CW, 离职
F14-05	2014年3月4日晚上	LY, 行政助理
F14-06	2014年3月9日下午	CD, 表面喷图
F14-07	2014年3月11日上午	MC, 冲压床主机手
F14-08	2014年3月15日下午	ZZ, 离职
F14-09	2014年3月16日晚上	DL, 产品检测
F14-10	2014年3月18日晚上	LZ, 全技员
F14-11	2014年3月19日晚上	JY, 打螺丝
F14-12	2014年3月21日晚上	XS, 贴膜
F14-13	2014年3月22日下午	LM, 产品测试
F14-14	2014年3月22日晚上	LP, 良率改善
F14-15	2014年3月23日下午	WZ, 仓管
F14-16	2014年3月23日晚上	ZY, 包装
F14-17	2014年3月24日晚上	LK, 产线作业员
F14-18	2014年3月25日下午	YB, 离职
F14-19	2014年3月28日下午	JR, 仓管
F14-20	2014年3月29日下午	WF, 品管

表2 参考资料统计表

材料编号	访谈对象身份	材料来源
G14-01	LH, 前F厂线长, 离职	工人故事
G14-02	AM, 前F厂仓管, 离职	工人故事
G14-03	YF, 前F厂产线作业员, 离职	工人故事
G14-04	BL, 前F厂模具加工员, 离职	工人故事
G14-05	XF, 前F厂IE, 离职	工人故事
G14-06	XL, F厂产线作业员, 在职	工人故事
G14-07	MY, F厂产线作业员, 在职	工人故事
G14-08	LC, F厂产线维修员, 在职	工人故事
G14-09	YX, F厂产线作业员, 在职	工人故事
M14-01	LL, F厂员工, 在职	流动妈妈访谈
M14-02	CC, F厂员工, 在职	流动妈妈访谈
M14-03	YY, F厂员工, 在职	流动妈妈访谈

第二章 文献回顾

一、资本主导下的劳动力再生产

在《资本论》中，马克思对资本主义的生产与劳动力再生产进行了深刻探讨。马克思指出，工人阶级的不断维持和再生产始终是资本再生产的条件，资本家可以放心地让工人维持自己和繁殖后代的本能去实现这个条件，然而他们却把工人的个人消费尽量限制在必要的范围之内。（马克思，2004:660—661）资本家通过各种手段（比如规定最低工资的法律、禁止工人移居国外的法律等）再生产出劳动力和劳动条件的分离，再生产出剥削工人的条件，最终劳动力的再生产在资本主义生产和再生产的过程中逐渐固化。

布洛维对俄国的研究指出，在俄国工业化的早期，国家与资本联合下的劳动力再生产是一种拆分型劳动力再生产模式（流动到城市的农村劳动力被雇用时只能得到仅能维持其个体生存所需的低工资，而抚育后代、赡养老人和照顾贫弱者所需的费用却由农村承担）。这种拆分型的劳动力再生产模式通过支付劳动力较低工资而赚取高额利润，使劳动力的生存让位于资本的利益。（布洛维，1985：104—105）

在对南非和美国加州的移民工人的研究中，布洛维指出，对于移民工人而言，雇用国只负责劳动力的维持，劳动力的更替则被"外部化"（externalized）给工人原来的国家。[①]这导致劳动力使用方的经济成本和政治成本大大降低，前资本主义经济从而成为了资本主义经济的支持和补充。（布洛维，1976。转引自周潇，2011）

世界工厂体制下，中国的劳动力再生产也表现为布洛维所言的拆分型劳动力再生产模式。沈原对"新"、"老"工人的对比研究表明，"老工人"的劳动力再生产成本不仅包括了他们自己的体力和脑

---

① "维持"是指工人必须日复一日维持自己的生存。而"更替"是指供给给工人子女生活和教育的需要。

力的再生产，还扩及他们的家庭。但是"新工人"的劳动力再生产模式却是"拆分型"的：他们在城市的工资收入多半只是包括了他们自身劳动力再生产的费用，而赡养老人、抚育后代、居住、教育甚至医疗等费用却由"新工人"的家乡来承担。(沈原，2006)造成新、老工人劳动力再生产差异的最重要的问题在于国家权力的有意识的运作和安排加固了这种不合理的劳动力再生产模式。(沈原，2006)

有研究从空间维度出发探讨了资本的空间生产逻辑如何影响农民工劳动力再生产的空间。作为承担农民工劳动力再生产的空间，工厂的宿舍体制无疑是资本主义空间生产的逻辑的最好体现之一(参见任焰、潘毅，2006)。作为农民工日常再生产的重要组成部分——居住方式，无论是资本主导还是社会主导，都难以承担农民工长期劳动力再生产的功能。(任焰、梁宏，2009)

综上所述，资本主义全球化背景下的劳动力再生产服务于资本主义发展的历史逻辑和现实需求。劳动力自身再生产和代际再生产实践都受到资本主义的挤压，其中有国家力量的涉入。然而，空间实践同时具有地方性差异，因此，认识这些差异性的地方性实践，用经验材料检验和丰富已有马克思主义的空间政治经济学理论，意义重大。

二、资本主义的空间生产

空间对于人类社会生活实践具有重要意义。因此，对空间的关注不能仅仅停留于物质层面的静态的空间实在，更应关注动态的空间生产，尤其是资本主义逻辑下的空间生产。

马克思对资本主义空间生产的研究表明，资本空间化是工业资本主义时代资本的基本逻辑和生存路径。(马克思，2004)在《1848年经济学哲学手稿》中，马克思指出，资本主义的空间生产具有集中化和扩大化趋势，资本全球化成必然趋势。然而，资本主义空间生产的全球化也生产出一种异质化的空间形态：二元空间结构(表现为城乡之间、工业文明与农业文明之间、东西方之间的差异和对立)，造成地理空间上的支配——依附效应(《马克思恩格斯选集》第1卷，1995)。这是资本的空间控制的结果，有利于资本的全球扩散和在资本的空间运动中创造和实现剩余价值（参见孙江，2008）。同时，资本主义生产方式下空间分配与利用具有阶级差异，这种差异通过人们栖居的空间得到真实、集中的反映。

列斐伏尔将马克思政治经济学中的"人的社会生产"由物质资料生产扩展到了社会空间本身的生产，明确提出了"社会空间是社会的产物"这一核心观点。他认为，资本主义随着生产力的发展，已由过去"空间中事物的生产"逐渐转向"空间本身的生产"（列斐伏尔，1991）。列斐伏尔指出，空间具有政治性。资本主义国家造成空间生产的具体形式——政治空间生产、社会空间生产和精神空间生产，资本主义社会关系因此与资本主义空间的生产相结合，国家日益渗透到公民社会，整个空间趋于政治化，于是空间矛盾也变成政治矛盾。在列斐伏尔看来，资本主义将空间纳入商品生产和资本积累轨道，不断扩大自己的"生存空间"。在资本主义的全球性空间扩张中，资本主义社会关系通过空间的使用而得以再生产，因为空间本身受资本所控制并屈从于资本的逻辑。

在列斐伏尔之后，有学者发展了资本主义空间生产理论，如曼纽尔·卡斯特的"集体消费"和"信息技术"视野中的空间生产理论，沃勒斯坦的世界体系论；然而，深刻地认识到资本主义内在矛盾的空间体现的应属大卫·哈维。

在《希望的空间》中，哈维以空间为切入点批判现代工业社会，以不平衡历史地理发展为轴心分析当代全球化所包含的矛盾及其后果。他认为，跨国资本主义发展了一套空间战略以避开局部劳动力市场的束缚、实现其资本积累目标。这套空间战略是利用空间不平等和地理不平衡而进行资本积累的策略和政治，该策略需要身体在一个更受限制的空间场所进行生产和再生产。（哈维，2006）

上述关于资本主义空间生产的论述揭示了资本主义生产的内在逻辑，为我们深刻认识马克思主义的空间政治经济学理论提供了依据。作为资本主义生产关系重要组成部分的劳动力（无产阶级），资本积累的需求将他们卷入无休止的生产过程中，不断压榨他们的剩余价值，另一方面却从时间和空间方面限制他们的劳动力再生产。

三、农民工的居住空间研究

已有研究从不同学科视角对农民工的居住问题进行了探讨，涉及农民工居住空间的诸多方面。为了契合本文的研究主题，在此主要梳理农民工的居住空间现状、居住方式及空间分布状况的相关研究。

多数研究表明，农民工居住现状普遍呈现出以下特点：居住面积狭小，居住条件较差，房内设施简陋，房屋拥有率低，居住拥挤（李斌、王晓京，2006；雷敏、张子珩、杨莉，2007；孔冬，2009；张斐、孙磊，2010）。总的来说，已有关于农民工居住状况的研究大多是借助相应的居住状况衡量指标进行统计分析的定量研究，侧重用数据来反映农民工居住状况的客观方面，而忽视了农民工的主观因素，忽视了作为主体的农民工在居住空间中的主体经验。

关于农民工的居住方式，已有研究进行了不同的类型划分（吴维平、王汉生，2002；李若建，2003&2007；任焰、梁宏，2009；王凯、侯爱敏、翟青，2010）。从不同的角度对农民工的居住形态进行了较为翔实的描述，并对限制农民工居住方式的因素进行了论述，然而鲜有触及根本——经济与制度的联合。有研究者（任焰、潘毅，2006）做出了尝试，将居住方式融入农民工日常再生产中，指出劳动身份与社会身份的拆分、劳动力日常再生产和长期再生产的拆分才是影响农民工居住方式的主要原因。

有研究对农民工的居住空间分布及其类型进行了大量研究。研究显示，农民工主要分布在城郊结合部，居住空间呈现大分散、小集中的聚集模式（蒋建林、王琨，2008；阮可、吴德琳，2011）。除了城郊结合部，城中村也是城市外来人员的重要聚居地（江竞，2007；蓝宇蕴，2008）。经验研究表明，农民工现有的居住方式都与城市社会形成了较明显的居住隔离（雷敏、张子珩、杨莉，2007）。总之，大多数研究都认为农民工居住空间类型可以划分为农民工集中租住城市边缘地区的聚居区、农民工分散居住在城市中居住的城中村和集中居住在集体宿舍三种。总体而言，这些研究还缺乏从空间维度入手探讨微观层面的农民工日常生活实践和分析影响农民工空间实践的宏观因素。

综上所述，已有研究大多为定量研究，研究者多借助官方统计资料和各种调查数据，通过建构模型和数据分析对总体的农民工居住情况进行统计描述，揭示了农民工总体的居住空间情况，可是这些研究忽视了对微观层面的农民工个体的关注，很少从农民工自身角度出发探讨他们在居住空间中的主体经验。而且，这些研究局限于仅从劳动力再生产领域出发来研究农民工的居住空间，割裂了资本的生产与劳动力再生产之间的关联。本研究通过对农民工在流动空间中的实践和体验的呈现，探讨世界工厂体制下的农民工的劳动力再生产与资本的生产之间的空间关联，将在一定程度上弥补已有研究的缺憾。

第三章　生产空间里的实践

当今中国农民工与世界工厂的相遇，看似萍水相逢，实为资本主导下的必然遭遇。世界工厂体制下，农民工的生产实践与时空因素紧密相连，也与作为个体的人密不可分。本章主要通过对生产空间管理、时间管理、过程管理、制度规训及生产中的社会空间等方面来探讨F厂工人在生产空间中的生产实践。

一、全景监控下的生产空间

福柯在其《规训与惩罚》中向人们描绘了一幅现代社会全景监控的图景，使人产生一种无处逃脱的压抑感。而对于F厂的工人来说，这样的全景监控渗透到工作场所的每一个角落，所有人无处遁形。

F厂实行严格的门禁制度，而厂牌则是F厂工人基本的身份和出入凭证。从厂区到每一栋厂房、每一个车间，都有严格的门禁管理制度，不得随意出入。高高的围墙、严格的安检、门禁制度，将F厂筑成一个"独立王国"。

F厂厂区的大门是第一道关卡，每一个厂门都有保安站岗把守，工人进出工厂都需要刷厂牌，没有厂牌的人必须经过特批，在内部人员带领下才能进出。出厂时如果携带物品则需经过检查，如果携带的是大件行李，需要持有经过主管或者宿管处批准的放行单，经过检查方可放行。

同一栋厂房里面不同的生产车间有自己的门禁系统，不同车间的工人不准相互往来。工人进入生产车间必须打卡（刷厂牌）和通过安全检查。打卡是为了记录工人上下班时间，安检则是为了保护公司财产和信息安全。一般而言，每一个车间都有打卡器，工人上下班时间都要打卡出入。每个部门的工人只能在自己车间的打卡器上打卡，在其他车间的打卡器上打卡无效。

除了严格的打卡制度，工人们还要通过安检门才能进出车间。进出车间都要扫描是为了防止工人偷窃公司物品或泄露公司机密。F厂员工手册对门禁管理管控的物品做了明确规定，所有电子物品的通行受到严格管控，不过每个部门的规定不尽相同。有些部门如仓库可以带智能手机进出；有些部门则只能带仅有接打电话、收发短信功能的"安全"手机，并且需要主管审批。工人如果携带违禁品，在安检的时候被查出，可能会受到严格处分。

F厂严禁工人携带管控物品进出车间，一方面保护了工厂的生产机密和财物，另一方面也为某些管理人员不合理的管理方式创造了空间，工人在车间内受到的不公正待遇经常由于无法留下证据而得不到有效地解决。

有一次，我们车间一个女孩生病了，跟线长请假。线长不批，他还说"除非你死在这里，不然别想请假"。当时我们真的很气愤，你说这是人说的话吗？如果有手机，我肯定会录下来。可是我们什么都不让带。（DL，访谈录音编号F14-09）

严格的监控系统并不仅限于生产车间，F厂里面所有工作区域都实行全面的封闭式管理和监控，而且几乎所有的公共场所和工作区域都安有摄像头。在这种严密的监视下，工人就这样被"囚"在F厂[①]。F厂对工人的规训也从车间延伸到整个工厂，而工人们的尊严和自由则

---

① 参考潘毅、卢晖临、郭于华、沈原，2012，《我在富士康》，知识产权出版社，第33页。

在监控器下逐渐地被侵蚀、被忽略。

二、时间之网：精确化的时间管理

如果说受到严密监控的生产空间是构成F厂生产体制之网的纬线，那么被精确规划的时间则构成这张网的经线。

1. 不停息的机器

为了确保机器24小时不间断运转，F厂实行两班倒工作制，工人们被分为白班和夜班。对于大部分工人而言，白班的工作时间是早上八点到晚上八点，夜班则是晚上八点到次日早上八点，如果没有加班则为五点前后下班，中间一个小时就餐时间。

虽然F厂有明确规定，工人工作两个小时之后，有十分钟休息时间。但是F厂员工手册中对此做了例外说明，"各单位可依照本原则对本单位作息时间适当弹性排配，唯必须保证员工每周至少休息一天"。有了这一条例外申明，员工的休息时间在具体的执行中打了折扣，在有的部门甚至没有得到执行。

我们没有休息，除非离岗。不用拿离岗证，脱掉静电衣、静电服刷卡出去，15分钟之内回来刷卡，超过15分钟，组长就会来找人，就会警告处理。现在越来越严了。我们休息时间就是听歌，不能休息，耳朵里面听着歌，手里面继续做产品。别人都有休息时间，我们就没有。（DL，访谈录音编号F14-09）

虽然对工厂的时间安排有所不满，不过大多数情况下，工人"选择"了顺从，默认和接受现有的不合理。

2. 加班：生存之需

加班对于包括F厂工人在内的中国绝大多数产业工人来说，既是无奈也是必需的选择。对于大多数工厂而言，当地政府确定的最低工资标准就是企业执行的基本工资，即便是像F厂这样的跨国企业，多数工人的基本工资也不过略高于当地最低工资标准而已，但无论如何工人都不能仅仅依靠这些工资收入来维持生存，遑论发展。

因此，加班成为多数人必然的选择。在F厂，多数工人每天的劳动时间长达10小时，周末加班一天。不同的生产部门，是否加班和加班时间长短不同，主要受部门生产的产品和每天的产量排配的影响，一个在F厂工作了五年的已离职员工AM说：

这五年来，我在F厂很少有不加班的时候，基本上每个月都有36小时以上的加班时间，一个月七八十个小时的加班很正常。2009年有几个月，连续三个月都是每月加班130多个小时，特别累，基本上都没有怎么休息。（AM，材料编号G14-02）

虽然《劳动法》早就规定每个月总加班时数不得超过36个小时，然而，在现实中几乎没有企业这样执行，而且大部分的工人也不会同意将加班时间管控到36个小时以内，即便他们渴望更多的自由和休息时间。这一看似吊诡之处其实并不奇怪，因为在正常工作时间只能取得微薄工资的情况下，加班费构成了收入的重要来源，没有加班就意味着收入锐减。因此，为了生存，他们只能选择放弃休息而接受加班，"打工"的工具性也由此得到了最根本的体现：这不是生活，而是赚取生存所需。

3. 调休：被资本重组的时间

所谓调休，是指员工在工作日被安排休息，而要用周末甚至节假日的工作时间来补班。在访谈中，大部分的受访者都表示曾经历过调休的情况，并且表达了对调休安排的不满。这些不满主要集中在两个方面：一是周末上班原本应得双倍工资，但如果调成了正常工作时间就只能拿到正常工资；二是调休安排的随意性太大，而且有时候是突发的安排，会打乱自己正常的工余时间安排。

对于公司而言，调休的安排基本上是根据生产排配确定的，其目的是为了达到生产效率的最大化和人力成本投入的最小化。在这一过程中，工人再次被置于无奈的工具性地位，只能被动地接受安排。

时间之经和空间之纬构成了生产空间中的时空之网，工人是被规划、被监控的对象，如同机器一般被随意组合，以服务于资本积累的逻辑。这并不是一张静态的网，工人的工作场所并不是一直固定在某个空间，而是根据生产的需要被随时调整，这一过程被他们称为"分流"：所有人被打散，并在新的空间进行重新组合，这个空间可能在一个厂区之内，也可能发生在全国的不同厂区之内，而工人并没有太多选择的自由。

工人的工作时间被切割之后进行重组，甚至成为了管理层惩戒工人乃至软性裁员的手段。在许多时候，工人甚至到了下班前的两个小时都还不知道法定节假日的放假安排。这里很少有公开的提前通知，更没有征求工人的意见，一切只有在最后时刻才以口头通知的形式告知。"不给加班"成为管理者对于那些不那么服从管理的工人实施惩戒的工具，因为几乎很少有工人能够承受长期只拿基本工资的现实。

在F厂，时间和空间都不再仅仅是物理的存在，同时也成为工厂实施管理和控制的工具，而其背后则是资本的驱动和资本积累的需求。资本主导下的时空，被商品化了。

三、IE：泰勒制的极致体现

在F厂，IE（Industrial Engineer）是一个对外显得神秘、对内招人厌烦的职位。而正是这一部门，将泰勒制的运作发挥到了极致，同时也将工人的劳动强度一步步调高到工人能够承受的最大限度。

在F厂的管理哲学指导下，流水线被工业工程部门的IE工程师拆分成一个一个工站，每一个工站都由特定的人数来完成相应的工序。IE们用秒表精确测量和记录工人完成每道工序的时间，并以此安排工人的生产量。

还没开始生产的时候，IE就会进车间里面来，拿秒表测（工时），对每个工站进行测试，看你完成一个工站的生产动作需要多长时间，然后就会根据这个时间给你排配产量。做不完往死里做，压着你做。（CD，访谈录音编号F14-06）

就这样，工人们在流水线上的每个动作都被精确到以秒进行计算，并由此来设定产量，而产品的堆积则会招致管理人员的严厉批评。一位曾经在F厂工作的IE这样描述他的工作：

我这个工作模块是现场管理。我要做的就是，用一个比较通俗易懂的话说，就是掐时间嘛，用秒表，看每一个工站上的人用多少时间完成这一道工序。我们那边40多个工站嘛，就把这个列成一张表，然后每天去更新……然后就要想，怎么样让这个产能提升啊，就是说人的速度变快啊，有些不必要的动作可以省去啊……反整天花心思想这些……说白了，就是效率提升嘛。（XF，材料编号G14-05）

在IE的测量、计算和调整下，流水线上的每一个工站、每一道工序都进行了精确的时间测试和设定，工人被安放在指定的位置，随着流水线转动。就如潘毅所言，"每个工位都是一个知识与权力的程序，它清楚而精确地规定了每道工序中身体应该采取的姿势，工人们仅仅被训练成为某道工序的专家"。

然而人毕竟不是机器，IE测定速度的过程也是一个工人和IE相互博弈的过程。工人并不总是配合IE的工作，让他们测出准确的工时，而是表现出对IE的普遍反感和不配合。一看到IE进入车间，工人就放慢速度，"要多慢有多慢"，甚至"有时候会拿一些产品堆到线上"。

……你下去再谈的时候，大家知道你是干什么的，上面写着IE。你下去的时候，大家就不鸟你。他们就在那里慢慢做，影响你的工时。他慢慢做，就跟我产生冲突了……你要做什么工位的重组啊，或者是简化啊，或者是双手啊，人家都不会配合你。（XF，材料编号G14-05）

工人对IE的不配合是对F厂科学管理的直接反抗，反抗的直接结果便是工时测量不准，工人借此抵抗不断加大的工作强度。尽管如此，工人们的反抗并不总是有效。2010年轰动全国的跳楼事件发生之后，F厂缩短了工人的加班时数。这一原本增加工人休息时间的举措，却并没有看上去那么美好。在有些部门，工作时间虽然变短了，但要求完成的产量并没有降低，随之而来的是工作强度的增大。

F厂每天排配的产量给工人施加了极大的生产压力，让工人普遍感觉到工作任务太重，工作强度很大，但这似乎并不会成为管理层考虑的因素，而产量才是他们唯一关心的事情。

上面的话他不会管你劳动强度，不管你做得完做不完，上面一句话你今天要投一千八，就不管你怎样也得投完，就是哪怕你拿机台扫一下也行，上面的话他只为达到目标。（LZ，访谈录音编号F14-10）

泰勒的科学管理是现代工业社会的产物，将马克思笔下资本对工人的压榨在操作方法上具体化了，工人不再是具有主体性的个体，而是可以最大限度简化并且标准化自己动作的机器。在劳动过程中，服务于资本的IE"是一种从外面施加的集体的和强制性的节奏"，它通过对时间的测量和具体工站的时间设置，确保了对动作本身的精细规定，它从内部控制着劳动过程中动作的发展和阶段，这样，所谓的科学管理通过对动作本身的拆分和规定实现了生产空间中对身体的规训。在生产空间中，资本通过对劳动过程的控制，通过对劳动时间的控制，通过对身体的空间占有和宰制，生产出一个个被规训的肉体。

四、身体与精神的双重规训

如果说前述关于生产空间中时空及泰勒制管理方式的分析体现为一种由外而内的强制性的身体控制的话，那么F厂一系列的规章制度、倡导宣传及基层管理方式，则体现出精神规训的一面，以制造出工人的"同意"（或甘愿），从而服务于资本的生产和积累。

F厂在生产过程中对工人的规训从上班之前的点名开始，到生产全程的控制和监视，直到员工走出工作场所。早会是几乎所有F厂工人走进生产空间要做的第一件事情。早会上，工人接受主管的训话，工厂的规章纪律也会被反复提及。

每天上班之前，线长都会提前5分钟左右点名、开早会，说一下纪律啊，让我们做事的时候快一点。（WM，访谈录音编号F14-01）

这样的早会每天都会开，每次内容几乎都是产量、纪律、注意事项。开会也和生产过程一样，有规定的时间、既定的内容，每天重复，而工人鲜有表达自己意见的机会。有些员工对此采取了消极应对。

一般上班之前5分钟点名、开会、宣导时间，我一个月参加一次。除了全体大会，我一般不会参加。其他时间都迟到，八点半才进去。线长不想说我，都是老员工。我不想工作，讨厌工作，麻木了。太没意思了。（CD，访谈录音编号F14-06）

对于新员工来说，早会可能是一件严肃的事情，甚至会因为主管严厉的批评或要求而感到恐惧。久而久之，这样的感觉可能会逐渐被麻木所取代。

开完早会，工人走上自己的工作岗位。上班铃响后，工人开始投入生产工作。"定位（placing）和生产位置（making of place）对于在任何社会秩序中的社会发展、社会控制和获得权利都是基本的"[①]。在F厂的生产车间，工人被安置在某个特定位置，身体只能固定在自己的工站上，只有休息时间或离岗时间可以离开自己的位置，其他时候一般不允许随意走动。工人工作时的姿势也成为规训的对象。

我们整个事业群，百分之九十以上都是站着的。以前要求就跟站军姿差不多的，两腿伸直，不能交头接耳，不能翘屁股，不能脚踏流水线下层横杆和物料板。累了不允许双手叉腰或者趴在流水线上。站的时候，两手不能放在身前，只能放在身后，放在前面就要被屌。老板、高级主管就可以把手放在身前。线长、组长在我们面前的时候敢把手放在身前，遇到上级的时候也像我们一样只能放在身后。（JY，访谈录音编号F14-11）

对身体的规训就这样与F厂森严的等级制度结合在一起，并成为后者得以实现的重要基础。依据权力的大小对人进行等级划分，将从事生产工作的工人压在权力金字塔的底端。不同等级的人不仅有着不同的工作场所、不同的生活空间、不同的职责和不同的收入级别，同时还决定了他们拥有不同的话语权力和活动自由。

除了在生产过程中对工人进行规训和严格管理，F厂还通过其企业文化对工人进行思想改造。服从是F厂的核心价值。上级的指令，下级必须服从，不然就会挨"屌"。工厂的一切都围绕生产和产品转动，生产车间的墙上到处贴着各种各样的标语，如"以质量求生存，以安全促生产，以信誉求发展"、"质量是企业的基石，创新是企业的灵魂"等，希望以此对工人进行爱厂敬业的教育。在F厂，还经常听到"F厂是大舞台，有才能你就来"等颇具诱惑力的标语。然而现实是残酷的，简单重复的高强度劳动并不能给他们带来任何的意义感和成就感，而军事化的管理制度更是使他们仅仅成为资本盘剥的对象。

墙上就贴着"品质是公司赖以生存的命脉，是价值与尊严的起

---

① 哈维，2010，《正义、自然和差异地理学》，上海人民出版社，第302页。

点"。就让你往死里做啊。坑爹得很。又不是我的命脉，工资又不给我加，给你干个毛线。（CD，访谈录音编号F14-06）

五、空间中的人际互动

F厂生产空间中的人际互动是在资本主导的生产关系基础上衍生出的基于人际互动的社会关系。按照生产空间中个体之间的权力关系划分，工人在生产空间中的人际关系实践包括与上级的关系实践和与同事的关系实践。

1. 与上级的互动：服从与反抗

F厂工人在生产空间中与上级的互动主要与生产相关。开始生产前的早会、宣导，生产过程中对工人身体位置、仪态和操作动作的规训都体现了工人与上级之间的互动。在这样的互动中既有工人对上级的服从，也有反抗。

在F厂的生产车间中，工人经常接触的上级是线长、组长，他们之间的互动主要围绕生产展开。上级下达生产的指令，规定当天的生产产量，指出生产中碰到的问题，工人则负责执行。如果生产过程出现差错，上级便会施压下级。由于F厂等级森严的管理制度和严格的生产管理体制，工人与上级之间基本上没有友好的私人关系可言，大多数工人私下与上级"接触不多"，关系"平平淡淡"。这种生产中的等级制度延伸到生产过程之外，工人在生产中的压力和情绪蔓延到生产空间之外，他们对上级没有好感，甚至私下见到也不会打招呼。

下班后会经常看到线长，但是相当于见到敌人，碰到他不会跟他打招呼，跟陌生人差不多，对他也有点敌视，有一点冷漠。我也不想这样。（LK，访谈录音编号F14-17）

不论是在工作时间还是工余时间，工人都尽量避免与上级交流。因为在生产过程中，如果上级主动来找工人，肯定与生产有关，这样的情况下工人不是挨"屌"就是被批。

由于F厂实行自上而下的几乎是完全单向的管理制度，包括绩效评定、晋升等涉及到工人切身利益的权力都高度集中在上级主管手中，因此形成了F厂内部严重的官僚问题，并深刻影响到上下级之间的关系模式，甚至会影响工人的职业发展。由于没有可以维护与上级的关系，五年时间里，AM一直没有获得升迁的机会。

其实每年我们仓库有一个升级的名额，我也不知道为什么，这个名额一直没有落到我的头上。这个可能是因为我没有跟老大特意去拉关系。有些人会给老大送些吃的，套近乎拉关系，但我从来没有。（AM，材料编号G14-02）

实际上，工人与上级之间平淡、若即若离的关系并非总能够得到很好的维持，对于存在利益冲突的管理者与工人来说，矛盾不可避免，摩擦也时有发生。在F厂，如果上级的工作安排和相关要求是合理的，工人一般都会执行，但是明显的不公平和不合理会受到工人的抵抗。

有一次，有一个女孩子离岗时间长了一点，（线长）就把她骂哭了，我就站出来为女孩子说话，还跟他吵起来了。旁边很多人看热闹。我屌了线长一顿，骂了他一顿，给那个女孩子出了气。之后他就让我调到对班了。（LK，访谈录音编号F14-17）

F厂等级森严的管理制度将工人与管理者分成不同的等级，单向的权力控制模式导致工人与管理者之间的对立。然而，这种对立根源在于F厂的生产体制，对身体和精神的双重宰制服务于生产的需要，却忽视了对人的关注，使得资本主导的生产关系延伸到生产过程之外的人际关系中。因此，上下级员工之间的冲突和对抗在所难免。

2. 同事之间的互动

在劳动过程中，劳动者的身体受限于劳动过程，劳动者在生产空间中的社会关系也受制于生产。F厂在生产车间中对流水线工人有严格的规训，生产期间工人之间严禁相互交谈。工人们"不能交头接耳，讲小话，如果被线组长抓到，一定会被屌"（JY，访谈录音编号F14-11）。这种情况下，工人之间的互动只能在生产的间隙中进行。

工人之间的互动除了受到严格的工作纪律限制，还受制于由于工作经常变动而产生的人员流动。

在我们厂上班的人很多，住的地方也很分散，下班之后大部分人都不联系，自己玩自己的，只有少数活跃的人会互相打打电话，一起出去玩玩，而且这里面的人文化程度也不太高，就想着怎么增加自己的工资，把领导安排的事做好，然后找机会拍马屁，其他的就不关心了。（LZ，访谈录音编号F14-10）

虽然人际交往圈和社会空间的大小与个人性格相关并因此呈现出个体差异性，但若即若离的上下级关系和平淡的同事关系的普遍性，意味着工人很难在工作场所建立融洽的业缘关系和亲密的信任关系，使得生产空间中的工人处于一种原子化的生存状态。伴随着空间和时间的压缩而产生的，是工人社会空间的压缩，他们既无力承担建立人际关系的投资，也难以建立基于共同处境和利益诉求基础上的团结，脱离了农村传统的乡土社会网络，他们在新的工业生产空间中的社会关系重建并不乐观。

六、打混：生产空间中的策略

虽然资本竭力通过对时间、空间、纪律、身体和精神的规划与控制来达到其生产效率最大化的目的，但工人并不是这一高压管理制度下被动的顺从者和接受者。为了身体的自由和自己珍视的利益，他们开始争取劳动过程的决定权，对限制与约束他们的制度、结构和程序发起挑战。在笔者的经验研究中，除了上文中提到的工人故意不配合IE的情况，消极怠工也是工人常见的反抗形式，还有的工人会在忙不过来的时候采取故意增加不良品的方式来完成产量，这些个体化的反抗方式是资本宰制下工人的策略性应对。工人几乎对每一种管理制度都会摸索出自己的应对方式。

"打混"是对包括上述反抗在内的一系列更加普遍的工人消极反抗的一种形象概说。在F厂，"打混"受到工作岗位和工作时间的影响。在仓库工作的工人通常有更多"打混"的机会，而白班人员"打混"的机会和可能性更小。

当然，能否"打混"除了利用客观条件还要看自己的胆量。在F厂生产管理体制和全景式监控下，"打混"是有风险的。如果被抓到，将受到严格处分。但物料员YB^①是个比较大胆的"打混"者，虽然"打混"了几次却没有受到处分，只不过是被上级口头教育和批评而已，原因按他自己的说法就是"以前在里面干过，知道怎么打混"；不仅如此，在平时与上级的接触中，YB"一般比较爱拍马屁"，被抓到"打混"的时候上级会宽大处理；而最重要的原因在于上级对YB脾气和个性有所了解，知道如果把他"惹火了"，他"要打人"。

在F厂，能够"打混"的岗位或工站很少，工人能混则混的心态和行为与其在工厂的体验有很大关系。

一天下来，除了睡觉之外，百分之七十的时间都让资本家控制了 …… 虽然我能打混，可是混来混去也混不出外面来，混出外面来我也跑不了多远，也不能干吗，那还是属于资本家的时间。（YB，访谈录音编号F14-18）

评估"打混"这种反抗的价值和意义并不是一件容易的工作。从遭受资本压榨的角度来看，这种反抗毫无疑问有着积极的意义，它是工人主体性的现实体现。当建基于工人团结基础上的主动抗争只能在短时间、局部发生的时候，这种生产空间中的日常反抗就成为多数工人自然而然的选择。但是，这种反抗又有着明显的消极色彩，而且很难切实改变工人的处境。在很大程度上，以"打混"为主要特点的反抗并没有表现出任何集体行动的主要特点，而是很多个体的独立行动，并且在严苛的管理制度以及全景式监控下，很难取得积极的效果。

从更广泛的意义上来说，工人在生产空间中"打混"的行为似乎是"混生活"这种处事心态的一部分。在城市的打工生活所带来的幻灭感为他们的旅居生活抹上了一层悲情的色彩，没有什么值得认真付出，也没有什么值得认真对待，机器、上司和工作，都变成了可以去"混"着应付的对象。这种幻灭之后对未来的新的憧憬，或许才是消解"打混"状态的根本出路。

---

① YB，访谈录音编号F14-18。

七、小结：生产空间与空间的生产

对于农民工而言，接轨世界工厂表明他们从农村到城市的地理空间变动，表明他们从农业到工业的劳动者身份的变动，也意味着他们的生产和生活方式的变动。这些变动的背后，是生产方式的巨大变革，市场化改革的宏大结构变迁深刻地影响并重塑了他们的生产和生活空间，也影响着他们在空间中的日常生活实践。

与世界工厂的接轨表明农民工开始进入资本的势力范围，在资本占主导地位的生产空间中，他们拥有的只是自己的躯体，然而他们并没有被赋予自由掌握自己躯体的权力，而是被资本主导下的生产空间所宰制。作为一个权力运作的场域，生产空间被资本通过各种精细化的技术手段加以利用，以规训和控制农民工。资本的生产空间为农民工设定了固定的位置，同时也要求他们随着资本生产的需要而随时流动。在这个过程中，农民工自主安排的工作时间被重新整合，原本开阔的生产空间被严格局限在特定场域之中，原本亲密合作的人际关系被冰冷的原子化个体存在所取代，"囚笼般的生产和生活减弱了他们互相同情与自我保护的意识，损害了他们的社会性"[1]。

资本主导下的生产空间和空间里的生产实践在时间、空间维度上同时展开，生产空间中几乎一切制度安排都服务于生产效率和资本对利润的追求，工人被工具化了。通过IE对时间的精确测量和对生产程序的重新设置，工人变成和机械一样可以标准化的生产工具，在单位时间内为资本生产出更多的剩余价值。在生产空间中，工人被严重压缩的物理时空所宰制，他们的精神空间和社会空间也受到挤压。工人不满于自身受到的生产空间中的资本宰制，从而采取了"打混"这种消极的反抗方式，这种反抗方式是工人在生产空间中策略性的空间的生产。

---

[1] 潘毅、卢晖临、沈原、郭于华，2011，《富士康辉煌背后的连环跳》，商务印书馆（香港）有限公司，第23页。

第四章　居住空间中的实践

世界工厂体制下农民工的居住空间不仅仅是劳动力再生产必需的物质实体，也是资本主义的生产逻辑在空间维度的延伸。通过对农民工居住空间的操控，资本主导的生产和空间生产实现了对劳动力再生产的空间宰制。

一、F厂工人的居住空间分布

笔者的经验研究发现，F厂工人的居住空间总体而言有两种类型：F厂的集体宿舍和城中村里的出租屋，这些居住空间几乎都围绕在工厂周围。

F厂的集体宿舍包括厂内宿舍和厂外宿舍，其中大多数是厂内宿舍，集中分布在F厂南门和北门附近。F厂厂外宿舍也主要分布在北门和南门附近，这些厂外宿舍并非F厂为工人修建的宿舍，而是从其他商家手中租借的。如今，由于F厂大量产线内迁，工人也跟着分流到内地，加上部分工人离职，因此F厂的集体宿舍空出了很多床位，于是厂区外宿舍中的工人被强制要求搬到厂内。

F厂工人的另一居住空间——出租屋主要位于F厂厂区外的城中村里，F厂工人与本地人混居其中。这些城中村分布在F厂厂区的周围，其中星火村在F厂的北门外。

二、宿舍劳动体制：集体压抑与淡漠

1.厂内生活设施和宿舍条件

F厂厂区内生活设施齐全，包括了工厂所建设的游泳池等健身设施以及商店等各种商业设施，为工人提供了衣食住行等方面的便利。实际上，这样种类齐全的生活设施实际上并不能满足厂区内十几万工人的需要。篮球场、足球场、游泳池、图书馆等设施供不应求，往往人满为患。

F厂的宿舍条件因员工级别不同而存在很大差异，台干、陆干、基层管理人员、技术人员和普通工人的住宿条件明显不同，反映出F厂的等级制度和员工之间的分化。中高层管理人员有独立的套房[①]。基层管理人员（师级）和技术人员的宿舍是四人间，有独立的卫生间、冲凉房，每个房间有四张上床下桌形式的单人床。普通工人（员级）的宿舍则是八人间，大约30平方米，多数带有独立卫生间和冲凉房，还有空调[②]。每个房间里有四张上下铺形式的单人床，八个高1米左右的衣柜。宿舍楼基本上都有电视房、乒乓球室、桌球室、洗衣房、饮水间等设施，不过宿舍内的设施数量有差别，旧楼中一栋楼只有一个电视房，而新宿舍楼中隔一层就有一个电视房。

所有的F厂厂区内宿舍的窗户和阳台都装有防跳网，这是2010年那场举世瞩目的跳楼事件的"遗产"，只有宿舍的楼顶没有安装防跳网。由于F厂宿舍中偷窃事件频发，很多人都曾遭遇过手机、电脑等个人财产被偷窃的情况。

虽然集体宿舍中的基础设施和宿舍条件存在差异，可是收费却有统一标准。住在集体宿舍八人间中的F厂普通员工每月需要交纳110元住宿费，而住四人间的基层管理人员每月需交纳300元住宿费。

2. 宿舍管理制度

F厂的生产体制不仅在生产空间中得以体现，而且延伸到了工人的居住空间——集体宿舍之中。F厂的集体宿舍由中央宿管部统一管理，F厂物业处、工会物业服务监督委员会都会对集体宿舍进行管理、监督。每一栋宿舍楼都有自己的服务中心，住户有诉求可以拨打本楼的服务中心诉求电话或者员工服务中心电话。

F厂实行严格的宿舍管理制度，主要体现为严格的宿舍门禁制度和宿舍管理条例。F厂集体宿舍规定，住户进出都要刷门禁卡，如果连续3天未刷卡，物业公司将通报人资进行处理[③]。

---

① 由于笔者没有接触过F厂的中高层管理人员，因此对他们的居住情况知之甚少。

② 2013年12月份开始厂区外的宿舍也都安装了空调。

③ 这条规定来自F厂工人向笔者提供的图片。图片内容是F厂贴在每个集体宿舍门后的"温馨提示"。

F厂的住户管理规约有两章共十四条规定，详细列出了住户可以享有的服务、应该注意的事项和遵守的规定[①]。其中关于住户能享有的权利、服务的条款很少，而住户应该注意和遵守的注意事项却很多。比如严禁使用大功率电器。不仅如此，F厂宿舍的供水及供电服务也都有明确的时间限制，而且还有严格的宿舍内务整理标准，并实行室长制度。宿舍的室长相当于生产线上的线长，只不过管辖的人数更少，监控的范围限制在工人的居住空间。作为私人空间的宿舍中无法安放摄像头，不能监视工人的一举一动，而宿舍中的室长正好扮演了一个活生生的摄像头的角色，监控着工人在居住空间中的言谈举止，如果发现工人的行为有违公司利益，便会及时向相关人员反馈。除了监控工人在宿舍的行为，室长还有责任督导同宿舍工人执行相应区域内的7S工作。所谓的7S是指"整理整顿清扫清洁安全素养节约"。这是F厂生产管理方式的延伸。

F厂的宿舍管理条例和各种制度规定醒目地张贴在宿舍楼道，各种"温馨提示"满布宿舍门上，每天工人都能随处看到这些规则和提示，它们提醒工人应该如何规范自己在居住空间中的行为。

F厂的宿舍管理体制表明，现代的宿舍体制不仅拥有一套严格的纪律体系，同时也包含着某种福柯式的全景敞式空间与日常生活自我形塑技术。（福柯，2003；潘毅，2007）工厂管理者（代表资本）试图利用通过包括宿舍在内的一系列规训程序对工人进行彻底的控制和改造，使其能够最大限度地为资本提供劳动力。通过宿舍劳动体制，工厂可以通过监视生产空间和居住空间中的工人，对他们的工作与生活进行全面控制，将一个全新的工厂生活"软件"输入到工人的思想与灵魂之中，试图使他们获得一种新的日常生活关系，严格的宿舍管理与检查制度使工人完全处于福柯式的"全景敞式空间"之中。（任焰、潘毅，2006）

而对于工人来说，这种宿舍劳动体制的目的不是也不可能为他们提供一个自由舒适的生活空间，而只是满足其基本的休息需求，为持续的工作提供必要的肉体和精力而已，宿舍管理体制如同生产体制一

---

① 来自F厂工人提供的照片，内容为贴在F厂集体宿舍走道中的海报"住户管理规约"。

样，通过对工人的空间宰制，服务于资本的生产和积累。

3.宿舍里的集体生活

（1）宿舍里的作息时间

F厂实行两班倒的工作制，工人进入F厂便被随机分到各个宿舍和部门。这样的工作时间和工作制度下，同一个宿舍中的人员往往会存在两种不同的作息时间表，即白班和夜班人员作息时间表。

因为同一宿舍的工人分属不同的部门和产线，各自的工作时间会有差别，因此上下班时间不统一，工人很难在工作时间和工余时间有交集。即便同处一室，他们也很难有交流的机会。同上白班和同上夜班的人虽然有更多的机会相互接触，但是工作的压力已经让他们很难有欲望在休息时间交流。

这样的作息时间安排打断了工人之间的交集，削弱了工人之间的社会联结和团结的可能性。个体在空间中的实践需要考虑他人的看法，否则，一个小小的举动都有可能引起他人的不满。

特别讨厌那个早上，是个放假的早上，有个人的闹钟响了，全宿舍都吵醒了就他醒不了。可能他也听到了，他就不去关。然后，有一次我就跟他说，放假的时候你那闹钟也不关，你把全宿舍的人都弄醒了，就你一个人还在那里蒙头大睡。然后他就把闹钟关了。（LM，访谈录音编号F14-13）

F厂通过两班倒的作息安排对工人再生产的时间进行分割，工人的再生产空间被割裂，工人在同一空间中的社会联结被瓦解，这样的时空分割并不是为了更好地维持工人的劳动力再生产，而是服务于机器的运转。

（2）没有交集的集体生活

由于F厂集体宿舍提供给工人的是一个封闭的社区，虽然在这个封闭的社区里面有各种生活设施，但是严格的门禁制度和宿舍管理制度让人感觉与监狱无异。集体宿舍对于他们而言，基本上就是个睡觉的地方而已，这里找不到家的感觉，只是无处可去时的一个落脚点。

每天，工人下班回到宿舍，冲凉洗漱，然后坐到自己的床上。手机成为他们集体生活必不可少的玩具，他们借助手机独自玩着自己的游戏，听歌、发信息、打电话、看视频等。不玩手机的时候，有人会看看书，有人会去电视房看电视。

总体而言，不论在宿舍停留的时间长短，工人都选择各自为阵，到休息时间就卧床睡觉，等待第二天的开始。他们很少与同宿舍的人交流，偶尔会相互寒暄几句，问候一下别人"今天过得怎样"，但是大部分时间都是沉默、自娱自乐，聊天的情况很少。

下了班我先去吃饭，然后去健身房看集电视，然后回来，经常就是这样，要是很累的话就泡泡脚然后直接睡了。有人说话的话就还聊得不错，但大部分时间都是沉默，躺自己床上玩你的手机，自娱自乐。（LZ，访谈录音编号F14-10）

因此，集体宿舍生活中的人际关系其实很淡薄。原本就非亲非故的工人只是因为F厂的随机分配而住在一起，因此他们并不在意集体生活如何，也不看重与他人的关系，只要相安无事就好。

LZ：有一个是湖北的，然后有一个我认识一年多了也不知道他名字，还有一个刚搬来的我不知道他名字。

访谈员：那你不问？

LZ：我干吗要问？（LZ，访谈录音编号F14-10）

一句"我干吗要问"透露出了工人宿舍生活中的人情冷暖，透露出对他人生活的漠不关心，因为他人的生活与己无关。这种"个人自扫门前雪，休管他人瓦上霜"的淡漠，其实也是对现实生活的无奈。

造成大家各自为阵的原因有个体的因素，更重要的还是工厂体制的时空安排。在黑白班交错进行的生产时间安排下，工人在宿舍很少有见面的时候；而随机分配宿舍和工作部门，让同处一个生产空间的人分属不同的生活空间，或者同一生活空间中的人属于不同的生产空间，这样的空间安排使得工人成为原子化的个体，在宿舍体制和劳动体制下成为孤立的个体，社会性逐渐削弱，工人之间团结的可能性更小了。

也正是在这样的意义上，宿舍生活是生产空间实践在再生产领域的延伸，集体宿舍无法成为工人真正的栖息地，在这里也无法获得生产之外的亲密友谊，更难以重建可以从中获得足够情感与社会支持的关系网络。虽然情况因人而异，但对于过着旅居生活的大部分农民工而言，同事、室友和工作一样，都不过是生命中的过客而已。

（3）居住体验：对集体宿舍的不满

虽然F厂厂区内为工人提供了众多的生活设施，也为工人提供了廉价的安身之处——集体宿舍，可是这样的集体生活并非工人想要的生活。对于F厂的集体宿舍生活，工人普遍表示不满，这些不满既源于硬件生活设施的不足和缺陷，也源于人与人之间的冲突。

不满首先来自集体宿舍环境太差。在宿舍中每个人只有一张床、一个衣柜，其他设施都是公用的，比如公共卫生间、冲凉房和阳台上的公共洗漱区。宿舍里面居住的人少时，公共卫生间和冲凉房还可以满足大家随时使用的需求，可是如果人多就会发生冲突。上班之前往往是高峰期，工人不得不早起，如果稍微迟一点，就会出现排队现象。对于这样的集体生活，有人表示"很不喜欢"，也有人认为"还行"，还有人已经习以为常，"没什么感觉"。

集体宿舍的安全隐患也是招致工人不满的一个重要原因。F厂集体宿舍实行严格的门禁制度和管理制度，可是这样的集体生活还是存在人身、财产安全隐患。有些集体宿舍门窗有损坏，室内人员和财产都暴露在他人窥探之下。室友之间相对冷漠的态度所带来的不信任更增加了集体宿舍的不安全感，而时有发生的物品丢失更是现实的安全威胁。

对于住在集体宿舍中的工人来说，私人空间的缺失也引发了居住空间里的不安全感。在集体宿舍这个半公共的空间中，工人的隐私无处安放。他们的个人财产暴露在集体之中，身体在集体宿舍中一览无余，就连一举一动都暴露在同住者的眼中，受到同住者的凝视。为了保护个人隐私，工人常用的办法是用布帘子把自己的床围起来，为自己制造一个小小的个人空间，将自己与集体空间隔离开。

室友之间关系的淡漠也使得工人的集体宿舍经历并不愉快。在F厂的集体宿舍中，相安无事的人际交往给人一种总体融洽的感觉，可是有时候集体生活的小摩擦往往让人心生不快。形形色色的人住在宿舍中，各自埋首于自己的活动，有时会忽略了其他人的感受，这样的居住空间不免让人心生不快。

你要睡个觉，他这里看着书，那里开着灯，这里聊着天，那里又在干自己的事情。我们宿舍那人挺能吹的，晚上12点都不想睡觉，就在那里讲来讲去，大晚上精神好得要死。我有时候就想看点书，就不跟他们讲话了。跟他们讲的话，聊得high的话，你也搞不了自己的事情嘛。（LM，访谈录音编号F14-13）

对于集体生活中的种种不满，工人一般都会选择忍受，除非忍无可忍的时候才会告知别人做出改变，或者搬出宿舍，在外租房。可是这样的代价，很多工人难以承受。因此，尽管对集体宿舍生活心存不满，可很多人还是只能继续住在宿舍之中。

当然，工人并不总是在任何时候都会逆来顺受，如同在生产空间中一样，工人也生产出策略性的应对。比如有的人就会到宿舍的电视房中去煮饭，和宿管人员"打游击"。宿舍的管理制度、室长制度下，工人对空间的责任和意识并没有因宿舍管理制度的设置而增强。对公共空间事务的淡漠和不参与可能与个体因素有关，但是从根本上反映了工人对集体生活的不认同和集体无意识；而这无形中消解了工人对集体生活空间的责任和认同，导致集体中的个体成为集体生活的牺牲者。

4. 宿舍劳动体制小结

通过对F厂宿舍体制的探讨可以发现，世界工厂体制下的工厂集体宿舍是资本控制工人的空间延伸。

在宿舍劳动体制下，资本借助集体宿舍对工人的劳动和生活进行直接控制，塑造工人的生活方式，通过各种精细的微观权力技术使工人尽量符合生产机器的要求，随时根据生产需要灵活使用劳动力，实现对劳动力的最大化使用。

在F厂的宿舍体制中，我们很难看到工人团结的形态，也看不到工人为了争取自身利益向工厂管理者、向资本家发动集体挑战。在F厂的宿舍体制下，工人被资本切割为原子化的个体分散在不同的空间中，在全面的监视下固守自己的领地，很少与同一空间中的他人有互动。工人这种空间中的淡漠感正好迎合了资本的需求，互不沟通、安于现状的原子化个体正是资本所需的驯顺的身体，这样的身体不会质疑资本的时空安排，也不会对资本发起挑战。

在任焰、潘毅（2005）的描述下，宿舍劳动体制下的工人并不是完全被动的、驯顺的，而是机灵而反叛的，他们善于利用自己在生活空间发展出间隙性权力（interstitial power）形态去挑战规训的权力。在F厂宿舍体制下，我们依稀能够看到这些"机灵而反叛的"身体，也可以看到他们生活空间中的间隙性权力实践。然而对于居住其中的工人而言，资本的权力触角从生产空间延伸到居住空间，借助各种精细的微观权力分化和瓦解工人的团结，对他们进行全面的多重空间宰制。在福柯式的"全景敞式空间"中，他们抗争的空间和可能性并不大。也许，他们可以通过个体式的抗争为自己生产出一个狭小的生活空间，获得短暂的放松，但却并不足以缓解他们对于生活的焦虑。而且，在他们旅居生活的路途中，室友并不足以构成亲密关系和团结的基础，难以通过集体生活的空间实践生产出一个抗争空间和集体生活空间。

三、出租屋里的时光：临时居所VS温馨小窝

如果说居住在集体宿舍是F厂工人无奈的选择，那么居住在F厂厂区周围的城中村中则是他们无奈中的一种变通。

如果说工厂集体宿舍作为工厂生产空间的直接延续而难以为工人提供一个实现劳动力再生产的私人生活空间，那么出租屋则是工人不满集体宿舍的一种策略性选择。在这里，他们能够获得更加独立的私人空间，更加自由的时空安排，或许更为重要的是，他们终于获得了稍微远离厂房和机器的机会。在这样一个更加"属于自己"的再生产空间里，他们如何经营自己的生活呢？

1. 出租屋里的情调

农民工离开熟悉的故乡，来到陌生的城市，心中总会有一种疏离感，感觉自己只是城市的过客。因此，农民工即便在城市中有一个临时住所——出租屋安放自己的身体，可是他们通常很少会把这些临时的居所当作自己的家，这些居所只不过是他们工余休息的地方而已。

因此，他们很少会对自己居住的空间进行精心设计和布置。对于单身的年轻农民工而言，更是如此。不过具体情况因性别和婚姻状况而异。一般而言，女性会更愿意花时间和精力把自己居住的小屋布置得更舒适。对于已婚的农民工而言，虽然出租屋只是个临时住所，可是因为有人相伴而有了一种家的感觉，他们会更愿意花时间把自己的住所装扮一番。

尽管只是一个暂时的落脚点，但还是有很多的受访愿意花一些心思来布置这个小小的"蜗居"点。工人们根据自己的兴趣爱好，努力在临时的出租屋中营造一个适合自己的个人空间，对自己的出租屋进行了简单装饰。WM、CG和CD[①]在自己的出租屋里养了一些绿色植物，CG和WF[②]在自己房间的墙上贴上了色彩缤纷的纸片，CD的房间里贴着自己手绘的素描图，有骏马，有绿树。他最欣赏的还是那副老家住宅的素描画，CD将这幅画贴在自己床边的墙上，一进门就能看见，仿佛看到这幅图他就看到了老家的父母和妻儿。

作为再生产空间的出租屋，承载着工人的日常生活，也承载着他们对未来的向往和对农村亲人的思念。虽然出租屋只是他们在城市的临时落脚点，可是在这样的空间中，他们积极运用自己的智慧，为自己营造一个舒适的生活空间，同时也借助对空间的装饰发出自己的声音，表达他们对日常生活的态度和对未来的期待。

2. 出租屋里的日常实践

出租屋相比集体宿舍而言，是一个更为隐蔽的私人空间，空间中的身体有更多的自主权和隐私，但生活也并不丰富。在这个空间中，他们花费最多时间去做的事情就是睡觉。洗菜、做饭对于部分工人而言并不是日常生活的必要组成部分，而是一种消磨时光的方式。

除了睡觉、做饭之外，工人在出租屋里的活动因为居住的人数而存在差异。对于独居的工人而言，大多数时候只能自娱自乐或者只有睡觉的时候才回到出租屋。他们在出租屋里的消遣一般都是玩手机和

---

① WM，访谈录音编号F14-01，图片编号P14-01。CG，访谈录音编号F14-02，图片编号P14-02。CD，访谈录音编号F14-06，图片编号P14-06。

② WF，访谈录音编号F14-20，图片编号P14-20。

看书，买了电脑的工人会玩玩游戏、听听歌、上上网。对于与人合租的工人而言，刚合租的时候，两人可能会有很多话题，聊天的兴致比较浓，可是随着同住时间的增长，两人之间熟悉程度增加，感觉"已经没有话题，不知道聊什么"，除非遇上新鲜事情才会分享。对于独居或者与人合租的工人而言，出租屋与宿舍的唯一区别可能就是更自由，有更多的空间做自己。

对于已婚者而言，出租屋具有一种不同的意味。出租屋俨然是自己和伴侣在陌生城市的小窝，这个临时的居所因为有伴侣的陪伴而有一种家的感觉。在这个"新家"中，夫妻两人一起做做饭、说说话、打个电话问候家人或者一起外出散步、逛街，二人世界虽平淡却很安稳。可是有时候，这种平静的二人空间往往会被工作时间打乱，尤其是夫妻两人上班时间不一致的时候。

对于有子女在身边的夫妻而言，出租屋因为有新生命的加入而充满喜悦和温馨，可是狭小的空间要容纳一家人实在不方便。WZ[①]现在F厂上班，丈夫在观澜一家工厂上班，他们的孩子现在只有九个月大。因为经济的缘故，WZ没法全职做家庭主妇好好照顾孩子，于是她的妈妈从老家过来帮忙带孩子。周日的时候，WZ的丈夫不用工作，他会从观澜过来看老婆孩子。这一天，出租屋里的大小事情都由他包揽。对于WZ一家而言，周末才是家人真正团圆的日子，周末的出租屋才有家的感觉。可是这样的美好时光，每周只有一天。

3. 出租屋里的人际关系实践

除了在同一空间中的人际互动，出租屋里的工人也会与空间外的其他人发生互动。由于出租屋是一个相对自由的生活空间，在外租房的工人有时候会邀请朋友或同事来家中做客。这时候，工人会和朋友、同事一起买菜做饭，边吃边聊，其乐融融。也有的工人会不定期的短暂"收留"朋友或同事居住在自己家中，这种朋友间的"收留"通常是免费的。

除了同一空间中的人际互动，出租屋里的工人在自己的居住空间之外很少会与其他人有交集。即便是住在同一栋楼或者同一层楼中，

---

① 访谈录音编号F14-15。

工人之间相见也不会互相问候。总体而言，出租屋是一个相对独立和私密的个人生活空间，工人通常只在空间之内与合租者、朋友、同事或房东发生互动，而与相邻空间中的人们没有交集。可见，居住在出租屋中的F厂工人相互之间并没有形成一定的社会联结，没有在居住空间中形成支持工人日常生活的社会空间。

4. 居住体验：无奈的满意

城中村出租屋里的客观居住环境、居住条件并不乐观，居住空间狭小而且租房费用高，住户之间的交流也很少，可是这些租房居住的F厂工人对于现有的居住状况并没有表现出明显的不满，他们普遍认为现在的居住环境"还行"。这种对现有居住空间的认可并非是因为现实的居住条件真的让人满意，而是一种勉强的认可，是一种无奈的满意。

首先，F厂工人对现有居住条件的普遍满意与他们现有的经济收入水平有关。房租大约占工资收入的四分之一，为了维持生存，工人不得不尽量节省开支，通过租住单间或者与人合租的方式减少居住费用支出。因此，即便出租屋的房间小，居住条件不好，工人也只能接受。

其次，F厂工人对现有居住状况的满意与他们对居住空间的心理预期有关。他们来到城市工作的主要目的是赚钱而不是消费，他们不会在居住方面花费太多金钱，能"有个住的地方就不错了"。如果赚到钱，他们更愿意回到农村修建自己的住房。

最后，对于居住环境的不满因为空间里的人而得到消解，呈现出一种无奈的满意。相对于居住在集体宿舍中的人们来说，出租屋提供了更多的私人生活空间，可以保留自己的隐私而不必将自己的一切暴露在别人的视线之中，也可以自由活动而不必在乎别人的感受。

多数工人对于目前的出租屋生活总体感到满意，如果有人对于自己居住的环境不太满意，通常会选择搬迁。笔者接触到的F厂工人搬家的频率都不是很高，多数已经在现有的房间居住了两年以上。

F厂工人就这样在城中村的出租屋里维持自己的日常生活，简单而平淡。在狭小的空间中，他们没有更多的选择，只有无奈地接受现状，对现有居住空间的普遍满意是对既定社会结构和制度安排的顺从。

5. 出租屋小结

城中村里的出租屋对于农民工的再生产来说是不同于集体宿舍的重要存在。出租屋不再隶属于工厂，不再是资本主导的生产空间和生产体制的直接延伸。对农民工而言，这个空间依然逼仄狭小，但却是一个更加自主的空间。在这个空间里，他们拥有了一定的自由选择权：自由选择居住空间的地理位置、空间类型，自由安排工作之余的个人生活时间，自由选择可以进入自己的私人生活空间中的人，自由地展开私人生活空间实践。这样的自由狭小却珍贵。在这个相对自在的空间中，他们运用自己的智慧努力营造一种舒适的旅居生活，他们试图重建自我，而不仅仅只是作为工厂和资本的附庸。然而，大多数农民工只是将自己局限在自己的居住空间中，并没有试图在其中建构属于自己的社会空间。现有的制度安排和经济生产方式决定了农民工在城市的狭小生活空间，也决定了他们无可奈何的空间实践和居住体验。

四、小结：资本的空间生产对劳动力再生产空间的挤压

世界工厂体制下的农民工其实并没有太多的居住选择，承载他们实现劳动力再生产的空间除了集体宿舍便是出租屋。造成农民工无法在城市获得立足之地的原因众多。当我们具体考察农民工的居住空间及其日常生活实践，可以发现，农民工居住现状并非单一因素影响所致，而是多种因素综合作用的结果。诚然，农民工现有的居住空间受制于城乡二元分割的户籍制度，农民工的居住选择也具有个体差异。但是，追根溯源就会发现，现有的经济发展方式和生产方式才是导致农民工的居住窘况的根本原因。

资本主导的时空生产逻辑使数以亿计的农民工成为资本的牺牲品，处境艰难。他们不仅在生产空间中受到资本的压榨和盘剥，也在再生产空间中受尽挤压。在资本的宰制下，农民工的再生产被置于宿舍劳动体制和城中村的出租屋中。资本通过宿舍体制对农民工的生产

和生活领域进行直接控制，同时农民工有意或无意地通过自己的策略性行动在宿舍体制下开辟出属于自己的私人生活空间，他们的反叛为自己在生活空间中发展出了一定的"间隙性权力形态"，不时地对资本的规训发起挑战。然而由于实力悬殊，加上资本不断通过各种手段对工人进行瓦解和分化，农民工想要在资本宰制下的集体宿舍中开辟出属于自己的个人空间变得越发困难，对资本及其管理者的集体挑战也非常困难。

在资本的结构性压迫下，城中村里的出租屋似乎为农民工提供了一个逃离压迫的机会。这个更加自由的生活空间，似乎使农民工能够短暂地脱离资本的直接控制。但事实并非如此。首先，在资本逻辑的主导下，空间被制造成各种产品，而城中村的出租屋就是这样一种被商品化了的空间产品。资本需要时，农民工就走出出租屋，奔赴生产空间。资本不需要时，农民工就回到出租屋，短暂休整。其次，资本在生产空间中对农民工的宰制使得他们的身份和经济都处于弱势地位，产线工人的身份和微薄的收入从根本上影响了农民工对居住空间的选择，农民工无力在住房市场上挑选自己需要的空间产品。第三，资本在生产空间中对劳动力的压榨，挤占了劳动力再生产的时间，影响了他们在居住空间中重建家园和社会网络的日常生活实践，产生指向生产领域的团结更加困难。

总之，工人的生存策略在资本的强大压力之下，是非常有限的。从根本上来说，集体宿舍和出租屋都是服务于资本的生产而存在的，都力图压低工人再生产的成本，以满足资本生产和积累的需求，同时成就新时代"工业地主"的财富。在这一过程中，政府并没有运用公共财政的力量改善和保障农民工的居住利益。农民工之于这个城市，仍然不过是廉价的劳动力而已，将青春和精力留在城市，然后回到农村孤老终身，他们依然是中国全球化、现代化的牺牲品。

第五章　精神圈地：宰制与反抗

带着对城市的幻想，农民工走进城市，走进世界工厂，成为服务于资本的螺丝，将青春奉献给流水线，日复一日机械地随着机器转动。可是，这样的转动并没有为他们转出美好生活，也没有转出希望的空间。本章将探讨世界体制下农民工的精神空间如何在资本的精神圈地运动下受到宰制，在这种宰制下他们对待工作、家庭和未来的态度与忧虑，以及他们为挣脱束缚而做出的努力——各种诗意的抵抗。

一、劳动异化：打工不是我想要的生活

打工，对于涉世未深的农村青年来说，是一场充满想象的冒险，也是一种无奈。不管是主动接触城市，还是无奈迈进城市，现实生活都与他们想象的差距甚远。

1. 资本的精神圈地

初入世界工厂，年轻的农民工就被资本迫不及待地纳入自己的规训之中。入职前的培训通过对企业文化、规章制度、安全教育等内容的讲解，力图在即将上岗的员工心中建立自己的美好形象，并且给予承诺，只要他们认真做事，一定会有可观的收入和良好的职业发展前景。

F厂借助自己的宣传工具——《F厂人》、《鸿桥》杂志等内部刊物来宣传自己的企业文化，定期地塑造和表扬工人中的典型人物，号召其他工人向典型人物学习。比如2014年4月某一期的《F厂人》头版也用整整两个版面介绍了一个普通工人杨飞飞如何从模具线割现场加工员成长为部门主管，并获得广东省五一劳动奖章和F厂集团2012年优秀技能之星的故事。如此励志的人物故事在F厂的报纸和杂志中比比皆是。通过宣传这些典型人物的成功事迹，F厂运用主流的成功学套路，给数以百万的员工传达了一个信息：只要你勤奋刻苦、坚持

努力，公司不会亏待你，你最终一定会成功。受这种成功学思想的影响，"不成功"的个体往往将自己目前的处境归咎于自己的不努力，将工作上的业绩平平归咎为自己能力不够，将工伤事故归咎于自己的一时疏忽。F厂通过成功学这种精神鸦片诱惑着员工更加努力为F厂干活，但是员工得到的回报不过是镜花水月，近在咫尺，却遥不可及，对于产线上的作业员而言更是如此。

F厂还通过完善基础设施、丰富员工业余生活，"及时、有效地宣扬各种正能量，营造出积极、快乐的工作氛围"。这一切努力试图让枯燥、沉闷的车间生活似乎变得五彩斑斓，而不是只有冷冰冰的机器和冷漠的人际关系。

然而这样的文化训导并不总是能够收到效果，很多工人对此并不买账。虽然内部报刊上的工人故事足够励志，然而现实也足够残酷。资本主导的生产模式决定了绝大部分人只能是"一颗螺丝"，工厂既不需要大量的管理人员，也不需要每个人都具备高级的技术，更无须创意，他们只需要重复和服从，以最快的速度"拧好一颗螺丝"就足够了。

对于工人来说，他们最关心的既不是丰富的文娱活动，也不是能否在健身房得到锻炼的机会。对于他们来说，在解决生存危机之前，这些都不过是次要问题，既不能带来现实处境的真正改善，也无法从根本上缓解自身的焦虑。冰冷的机器、冷漠的人际、严苛的纪律和更高的产量所带来的压力与颓废，远非几个励志的人物故事、诱人的企业福利和丰富的业余文化生活所能解决的。后者，至多不过是工人枯燥生活的点缀而已。

2. 劳动异化

也许初出茅庐的农民工还对世界工厂心存幻想，可是那些已经被世界工厂磨砺太久的农民工早就对工厂生活丧失了信心。流水线上单调的生活消耗着他们的体力，折磨着他们的身体。

那时候我在里面上班，我皮肤都是那种亚健康（状态），没有像现在好。像别人那个身体不太好的，怎么顶得住啊？都要去住院的。我还好。我没有住过院。工作上很疲劳，身体又不好嘛，都要

比我累，整天从早忙到晚，体力上都吃不消。（YB，访谈录音编号F14-18）

不仅如此，流水线生活也消磨了农民工的意志。一个进入F厂不到一年的工人曾这样形容他的室友：

因为他在里面待了5、6年了嘛，然后经常就很累，累得跟狗一样，他都准备辞职走了。这种工厂真的是，人干久了，把人消磨得是真的太没活力了。年轻人不像年轻人了……在厂里待成这样子了，比职业病还危险，人真的就是智商直接下降了。（LM，访谈录音编号F14-13）

流水线生活消磨了农民工的活力，湮没了农民工的青春。连同那些青春和活力一起消逝的还有未来的希望。农民工在F厂的产线上辛勤工作，可是他们的付出并没有得到相应的回报，他们既没有得到维持体面生活的工资，也没有得到可能的晋升机会，压抑的工厂生活熄灭了他们的希望之火。

YB曾两度进出F厂，第一次在F厂工作了20个月，年轻的他不想被工厂所困，于是走出去寻找机会。可是最终没有找到自己喜欢的工作，不得已之下他再次走进F厂的大门。可是现实没有让他看到希望所在。

我在里面三年半，没赚到钱。我卡上，发工资的时候从来没有超过五千。从来没有。没看到钱啊。有时候一千块钱都没有（剩下）……一年一年的过，那样肯定也看不到什么东西，所以就出来了。这样下去都还是没钱的话，我干吗还要干啊？（YB，访谈录音编号F14-18）

心灰意懒的YB只好再次出走，逃离这个绝望的牢笼。流水线生活抹灭了农民工生存和发展的希望。可是，流水线生活的不如人意不止于此。

我已经厌倦了，我要走了，基本上是不想在这工厂待了。在这样的车间里你想要升迁的话除非你后面有人，你跟对了人，才有机会，凭借你个人能力的话没什么可能，而且你接触的人就那些，他们做事的话没什么底线，想怎样就怎样。我在这边做事的话就是感觉和这些

人处不来 …… 里面做事的话很多东西给你感觉就是本末倒置。（你指的本是什么，末是什么呢？）就是一个正常人的正常想法就是本。他们不会管你这些，就抓生产。（LZ，访谈录音编号F14-10）

"本末倒置"的管理方式体现了F厂"生产至上"的理念和对人的忽视，结果必将导致农民工对于劳动过程和生产管理体制的反感和厌恶，促使他们使用"用脚投票"的权力，频繁地更换自己的工作。

生产中的劳动异化不止于此。马克思曾经将劳动异化概括为"劳动对工人来说是外在的东西，也就是说，不属于他的本质的东西"（马克思，1979）。对于F厂的工人而言，他们或许对此有着比一般小厂工人更深切的体会。因为F厂的客户基本都是全球品牌巨头，在消费主义的裹挟之下，代工厂劳动的卑微和它所生产的产品的符号意义更加深了工人们被异化的感觉。他们不仅消费不起自己的劳动产品，甚至在面对自己的产品时羞于启齿自己的劳动者身份。

我们宿舍有个人在那里做了5年，一次星期六我们去了华强北，那里有很多卖场啊，我就比较喜欢电子类啊，然后就进去玩玩手机、玩玩电脑啊，然后就去玩苹果手机。他就很大声地说，我们那里就做这个。我靠！讲得那么大声，你都不好意思说什么。我说，哥你别那么大声，我知道你做这个的，讲的周围人都听到了过来了。说实话我还是比较虚荣。他那么一讲，当时我脸都有点红了，有点不好意思。然后我说，哥你别这样，你要给我讲就小声一点，不要那么大声，这里的人个个都很牛逼，人家本来还能给你介绍一下，然后你那么一讲，人家白眼盯着你也不好看。我这样一说，他也感觉是这样子，就跟到我屁股后面默默无闻的。我去哪里看他也去哪里看，也不怎么讲话了。（LM，访谈录音编号F14-13）

面对自己的产品，F厂工人不能自豪地宣称这是自己的劳动成果，反而担心别人的白眼，担心别人知道自己的工人身份而看不起自己，他们将自己在劳动产品面前的"不好意思"归因为自己的虚荣，可是他们并没有看到这种虚荣正是因劳动异化而出现。

正如上文中所呈现的，马克思笔下的劳动异化不仅体现在对身体的控制，同样也体现在对精神的入侵和占领，并最终体现在劳动产出价值与工人收入的严重失衡上。揭开资本主义的面纱就会发现，这样的异化是必然的。中国的市场化改革催生了生产关系的变化以及随之而来的阶级关系的变化，最直接的体现为阶级之间利益的分化。当利润成为衡量公司经营业绩的唯一指标，在生产领域尽可能增加产出，同时在再生产领域尽可能压低工资，就成为必然的手段，而劳动异化的发生也就不足为怪了。

尽管资本为农民工描绘了美好的幻象，但幻象总有破灭的时候，农民工通过资本编织的蓝图看不到自己的未来，最终，很多人选择了逃离，也有人选择了原地抗争。

3.立业：关于工作的想象

对于未来，农民工有着各自的想象，可是在他们的想象中，F厂都不是久留之地，他们"不愿意一辈子帮人打工"，因为他们在打工中看不到任何希望。

大专毕业后，LK以为自己可以"像电视上演的那样，当白领"，可是真正走出校门后才发现当白领也只是一种幻想。拿着大专文凭，他找不到理想的工作，只能在工厂打工。他感觉很失望，可是无可奈何。对于未来，LK不敢有太多的想象。和他一样的F厂工人还有很多，他们不敢想象太远，只能"走一步看一步"。

长远的打算都没想过，就想过这两年。这两年就待F厂吧。没想那么远，想了也白想，计划赶不上变化 …… 出了F厂就不想再进厂了，肯定要找其他工作干。（XS，访谈录音编号F14-12）

很多在F厂工作的农民工都想自己创业，他们不愿意长期为资本家打工。可是，因为没有启动资金，他们只能继续在F厂打工，他们梦想着有一天攒够了本钱就能摆脱打工生活。

以后想回家做点小生意。现在的话还不行，没本钱啊。再做几年，等凑够本钱再走。（MC，访谈录音编号F14-07）

不管怎样，对于F厂工人而言，留下都只是权宜之计。那些离开的，已经迈出了自己的步伐，开启了希望之旅。而那些留下的，也开始蠢蠢欲动，只待时机成熟。

我来到这条线了解了情况后，我本来想走，但没好意思跟他（指线长）说，一天中午我们吃饭聊嘛，就给他说过我想走，但他说了线上的情况，所以我就打算推迟一段时间走 …… 我现在正在带一个物流，带好了我就走。(LZ，访谈录音编号F14-10)

资本的生产逻辑之下，农民工对于劳动异化有着深刻的体验，他们不愿意继续当为资本和生产服务的打工者，不愿意继续过着像机器一样（甚至不如机器）的生活，他们开始努力挣脱束缚，寻找自己的出路。这样的尝试能否获得成功，能否带给他们一个想象中更好的未来，则还有待时间来检验，只是前景并不乐观。

二、安身立命之所——家

巴什拉在《空间的诗学》中提到，所有真正有人居住的空间都承载着家的观念和本质。房屋是承载了人类思想、记忆和梦想的"最伟大力量之一"，它将记忆和想象联系在一起，"共同构成记忆和意象的社区"，"离开它，人类将变成一片散沙"。①

一般而言，一个完整的家总是与一个稳定的可供家庭成员居住的房屋联系在一起。对于中国人而言，家人共同居住的房屋在哪里，哪里就是家。然而，全球化的浪潮席卷整个世界的时候，也破坏了中国人（尤其是农村人）对家的概念和想象。正如大卫·哈维所言，"当社会生活的时空坐标变得不稳定时，时空压缩的恐怖感觉便产生了对身份（被理解为与地方的同一）丧失的担心"。②这种无处不在的恐惧普遍存在于年轻的农民工身上。然而，他们又有各自的忧虑。

1. 未婚男女的终身大事

对于未婚农民工而言，他们主要担心的问题便是婚姻。尤其是对于未婚男工，他们最焦虑的问题莫过于找到一个能携手走进婚姻殿堂的女子，组建属于自己的家庭。

然而现实并不如意。笔者所认识的F厂男工中，大约90%都是未婚青年，而且都没有女朋友，男工们对此普遍感觉很着急。这种普遍的焦虑可以从《F厂人》报纸上最后一版的相亲公告窥见一斑。笔者

---

① 巴什拉，2009，《空间的诗学》，上海译文出版社。

② 哈维，2010，《正义、自然和差异地理学》，上海人民出版社，第344页。

曾连续统计三期《F厂人》报纸上的相亲公告，发现这些相亲对象均为男性，而且平均年龄接近28岁——对传统农村来说这无论如何都是一个不算年轻的年龄。

我也很着急啊，现在都还没有女朋友。我爸妈更急。去年过年的时候嘛，我们村里另外一家那个跟我一样大的男的结婚了，我爸就急了。因为他们家跟我们家以前是村里并列倒数第一穷的，人家都结了，就我没结，面子上过不去。还有我个子不高嘛，我爸妈就担心我真的找不到。（LM，访谈录音编号F14-13）

不过，稍微年轻一点的男工成家的意愿并不强烈，因为年纪还小，加上经济基础不扎实，他们有借口顺其自然。

其实，对于男工的单身状态，男工的父母比他们自身更着急。为子女婚事心急如焚的父母们，"每次打电话都会说找女朋友的事情"，这让子女感觉"挺烦的"。实际上，父母们并不只是通过言语催促子女快点找男女朋友，早日成家，还积极行动为孩子安排相亲，希望能尽快定下一门亲事。CD[1]参加了"差不多七八十次"父母安排的相亲之后才成功。至今未婚也没有女朋友的WXX[2]，同样遭遇了父母的相亲轰炸。回到深圳之后，他几乎不与父母联系了，他真的很担心父母会再次逼他相亲。他也理解父母的爱子心切，可是这样的爱让他有点承受不起。

与未婚男工一样，未婚的F厂女工也面临同样的问题——父母逼婚。年仅21岁的XS[3]就遭到了父母和亲戚的逼婚。家里的父母、亲戚都催着她结婚，在他们眼中，21岁对于女孩子而言正是结婚的年龄，因为"结婚要趁早"，如果再不结，"条件好的都给别人挑光了，到时候想挑都没有合适的了"。虽然XS现在深圳打工，可是在家里的父母还是很积极地为她张罗相亲的事，亲戚们总是给她介绍相亲对象，XS觉得父母的逼婚"烦死人了"。

虽然父母都很担心子女的婚姻大事，催促子女早点结婚，并为他

---

① 访谈录音编号F14-06。

② WXX的故事是笔者在一个关于逼婚的讲座上听他当众讲述的。

③ XS，访谈录音编号F14-12。

们安排相亲，可是未婚的男女们，尤其是女工，许多并不想早结婚。

XS：家里父母亲戚那些呀，催着你结婚知道吧……我听了我都烦得很！我说结什么婚呀？谁说非得结婚呀？我说，现在好多人结了婚之后感情不合不就又离婚了吗，结了婚就等着离婚。现在结了我就完了，我又不想结。

访谈员：为什么觉得结了就完了呢？

XS：因为结了之后，我是从别人身上看到，看到那些现状，看到那些就是结婚生小孩儿的。今年结婚，明年就有小孩儿了吧……挣钱、挣钱，拼着挣钱。哎呀，我感觉都没意思，都在为那个钱而奔波忙碌……我就不想要那种生活。还有，有的结婚了在外面又找个嘛，又找了小三……反正呀，我这样不结婚，我想干吗就干吗，想去哪儿就去哪儿，没人管我，这多好。（XS，访谈录音编号F14-12）

XS不想结婚，一是因为看到已婚者结婚后离婚的事情而对婚姻产生了一种担心，一种对未来不确定性的担心。二是对婚后家庭生活的一种恐惧和排斥，她不愿意重复别人的道路，过相夫教子、挣钱养家的生活，那样的生活没有自由。她希望趁着现在年轻，学习一点知识，提高自己，"以后可以做自己想做的事"。XS的忧虑其实正反映了年轻的打工妹对于爱情、婚姻、家庭和自由的态度。一方面，她们希望婚姻是一个安稳的归宿，是基于两人感情的结合。另一方面，她们又希望有自己发展的空间，而不希望受家庭牵绊，不想因家庭利益而牺牲自己的自由。

对于年轻农民工的父辈们来说，男人成家立业、女子相夫教子是天经地义的事情，然而对于年轻的农民工来说，这种观念在一定程度上已经是"老黄历"了。对打工生活的失望和迷茫并不意味着他们就会心甘情愿地接受现实、重走父辈的老路。新的生活空间为他们提供了关于爱情、婚姻和未来的新的想象，而匆忙结婚则很可能将这些都给埋葬了。

访谈员：你理想的婚姻是怎样的？

BL：相濡以沫，彼此都给对方留出足够的空间。有自己的朋友圈，这是必需的。我不会做一个家庭主妇，我永远都不会，因为我看着我妈妈那样子过来的。我另外一个同事就是那样，她就想在家带孩子，我说你真的希望这样吗？那样真的会快乐吗？我觉得以后真的过这种生活，她就不会开心了。其实像我妈妈她们那代人，也不是她们自己想的那样子，她们也是没办法了，在那样的社会舆论下面。

访谈员：你怎样看待她们那代人的婚姻？

BL：她们那种真像是交易，结婚就是为了生孩子。女的要会生，而且要生个男孩，那不是交易吗？如果你不会生男孩，他对你就不好，很多这样的例子。你看，女人如果25岁结婚，没过几年，差不多要你生小孩。生了小孩，又要带小孩，然后孩子又要上学。然后一切都是为了小孩。我觉得太累了，太辛苦了，太不快乐了。人活着一辈子没有几天是为自己。（BL，材料编号G14-04）

从F厂工人的经历和言语中可以发现，年轻的未婚农民工接触了城市生活后，思想观念已经发生转变，不再像传统社会一样听从父母之命来决定自己的婚姻。另一方面，他们的农村家庭依然坚持父母应该为孩子的终身大事负责，为子女完婚是父母的分内之事。于是父母们理所当然地介入子女的婚事，为子女介绍对象、安排相亲。在这样的父母主导的婚配模式下，父母往往要承受很大的心理压力，他们担心别人的闲话，担心别人说自己无法为子女完婚是无能的表现。同样，子女也要承担更大的压力和风险。他们想要追求自己的幸福，找一个自己心爱的人共度一生，可是他们又不愿意看到父母为自己的事情担心焦虑。在这样的情况下，他们要么牺牲自己的幸福顺从父母的意愿，要么违抗父母的意志坚持自己的想法。

婚恋选择的纠缠背后，是资本主导的发展模式对社会深深的撕裂。资本生产的需要促使农民工来到陌生的城市谋生，他们接触了新的工作模式、新的人群、新的文化并深受影响，他们渴望恋爱和婚姻自由，渴望在异乡找到真爱。然而现实又如此残酷，他们既不具备在城市中成家立业的条件，又不能自主决定婚姻。对他们来说，家仍旧在农村，因而与一个异乡的伴侣结婚是不恰当的。或许更重要的是，城市为他们提供了新的想象，他们已经不再甘于过去的传统生活，希望能够在城市实现自己的理想追求，而婚姻在此时似乎变成了一种负担甚至累赘——尤其是当对方与自己没有任何深厚的感情基础的时候。

2. 已婚者的家庭负担

相对那些未婚农民工而言，组建了自己家庭的农民工既是幸福的，又是痛苦的。他们的幸福来自一个完整的家庭，他们的痛苦来自支撑起整个家庭的巨大压力。

想到以后嘛，孩子上学、教育、房子、老公。还有那个老人赡养这些。以前不会考虑到这些东西，突然一当妈就感觉这方面的话就变了。像山一样的，都压过来了。（WZ，访谈录音编号F14-15）

年轻的夫妻苦心竭力成家计，为了自己的家全力以赴，可是美好的想象与现实的残酷往往让人无路可退。为了家庭利益，有的人（尤其是女人）不得不牺牲自己的追求，将青春和理想献给整个家庭。

外出打工的ZY是一个有两个孩子的母亲，其实"也想改变一下自己的家庭。通过自己的努力，可以让自己的家人生活得相对好些"。她努力工作，将挣得的大部分钱寄回农村老家，可是依然得不到家庭的理解。家人以为她外出打工只不过是贪玩，不想做一个称职的母亲。这样的不理解让ZY感到委屈，可是她不愿意就这样回去。

我觉得还是工厂比较自由，呵呵，可能来外面的话，对自己来说可能要自由一点，自己有时间可以下班时间想干吗就干吗，不用说围着家人孩子团团转的那种，不像在家里就不自由 …… 有时候我自己就在这里反思，我觉得，哎呀，是不是自己出来很自私啊，我就这样想。（ZY，访谈录音编号F14-16）

ZY忍受着家人的不理解，依然选择在外工作。工厂生活很辛苦，又赚不到什么钱，可是下班之后的时间可以自由支配，可以"想干吗干吗，不用说围着家人孩子团团转"。

"家"就这样将已婚的人们捆绑起来，陷入进退两难的境地。在社会结构下的女性，深陷家庭的规训之中，既要分担经济压力，又要扮演贤妻良母的角色，发生冲突时往往受到指责。在子女的抚养和外出打工之间，他们必须要进行艰难的抉择。现实的压力使他们倾向于将孩子托付给祖辈照管，而对于自身现状的不满使得他们希望孩子可以摆脱自己打工的命运，他们想把孩子带在身边，在城市接受更好的教育，可是高昂的教育费用和生活成本使得他们无力承担。最终；他们不得不将孩子留在农村，可是农村的教育资源稀缺很难帮助他们实现自己的愿望。就这样，农民工处于劣势地位的经济资本以及同样劣势的文化和社会资本，仍然使他们中许多人的孩子在教育阶段便落于人后，由此导致阶级的固化，值得深思和警惕。

3. 农村还是城市？有关未来的去留

作为城乡之间的流浪者，农民工羡慕城市生活，可是不能长久停留，最终，他们只能回到农村老家。这是一种无奈的选择。

虽然繁华的都市生活让农民工增长了见识，心生艳羡，可是城市生活对于他们而言并不现实。即便在城市生活了很长一段时间，农民工依然没有对城市的眷恋，那个记忆中的农村对他们始终充满吸引力。根据部分F厂工人的话语，农民工的归宿在农村与其说是一种被动的选择，不如说是一种主动的抉择。

没工作就在农村，有工作就在外面。农村空气好，有人情味儿。在外面虽然交通方便吧，但是空气污染严重，空气不清新。邻居之间都很陌生，天天见面也不知道叫什么。在家里就不一样了。喜欢家里的田园景象。（XS，访谈录音编号F14-12）

这种对农村老家的价值和意义的肯定，表明农民工对于农村态度的转变，他们从对农村的贬低和逃离，转向对家乡的肯定和回归（鲍程亮，2012）。这种对农村老家的肯定和回归是农民工对乡土社会的认同，斩不断的乡土情缘让他们对农村老家有一种难以言说的感情。然而，农民工对乡土的认同很多时候是由于现实生活的无奈所致，城市的生活让他们处于"一种不安的状态"，而农村社会给他们提供了一片精神栖息地。

我从小从泥土里来的嘛，我也希望回归泥土。我特别崇拜陶渊明。我很渴望他那样的生活。可是现实生活中很难实现。加上种地，我也养不活自己。你不知道，我在外面，我经常处于一种不安的状态。（ZZ，访谈录音编号F14-08）

可是这种乡土情结并不意味着农民工想要回到农村与土地打交

道。年轻一代农民工回到农村，他们大多想要创业经商，而没有兴趣和意愿以土地为生。不仅如此，现实生活也在使他们回到农村逐渐失去可能。在制度和资本的联合下，城市生活不能承载农民工的日常再生产及其后代的再生产，而他们最后的保障——农村的土地已经不能满足他们的生活所需，城市生活也没有使他们实现资本的原始积累，回到农村之后，生计机会的缺乏使农民工的生活依旧艰难。

因此，身处城乡夹缝的两难处境下的农民工"体验到两大缺失——始终处于城市边缘的缺失以及老家好却无法回去的缺失"（鲍程亮，2012）。城市化的发展趋势必然意味着产业向城市的集中和农村人口的大量出走，农村的凋敝在当下发展模式下已经难以回转，这种背景下农村还能够为返乡农民工提供多少机会和想象不言自明。

三、诗意的反抗：弱者的武器

"哪里有压迫，哪里就有反抗"。在《弱者的武器》中，斯科特指出，在认识农民阶级的抗争行动时，更为重要的是去理解农民反抗的"日常形式"，这些日常形式被称为"弱者的武器"，不需要事先的协调或计划，而是利用心照不宣的理解和非正式的网络，通过种种个体的抗争形式挑战权威。（斯科特，2007）

同样，认识世界工厂体制下的农民工的抗争行为也需要理解他们在日常生活中的各种反抗形式：跳舞、写诗、玩音乐、网络游戏等。这些反抗是作为弱者的农民工抗争的武器，这些诗意的反抗是农民工智慧的体现，也是他们无奈的选择。

1. 车间里的舞者

工厂生活枯燥、乏味，生产车间更是冰冷。这种三点一线的生活，CG过了两年。舞蹈，让他的生活有了变化。

2010年"跳楼事件"后，为了帮助员工减压，F厂工会聘请了舞蹈老师Allen[①]来教员工跳舞。一个偶然的机会，CG开始跟随Allen老师学习街舞。CG说自己从舞蹈中"看到了一种热情和坚持，一种生活的快乐和坚持"，虽然自己跳舞不专业，但是从舞蹈中自己得到了快

---

① 此处为化名。

乐。"想怎么跳就怎么跳，不会过单调的三点一线的生活，每天就是吃饭睡觉上班"。学了一段时间的街舞之后，CG开始将舞蹈带进了车间。

在后面做着产品就跳起来了。同事说，这么厉害，做着事都在跳。因为我是站着做事嘛。检一下产品，放一下就可以，检产品的时候，就像跳机械舞那样，产品检完放下来，就像这样咔嚓、咔嚓，那些同事都好羡慕，都说教我一下，教我一下。（CG，访谈录音编号F14-02）

CG检验产品的工作简单又枯燥，不停地重复着几个简单的固定的动作。他通过模仿机器的动作，把原本无聊的工作变成了舞蹈。流水线流个不停，CG也像机器人那样舞个不停。

CG在车间里的舞蹈，改变了压抑的流水线生活。主管会打趣骂他："你发神经病啊"，但并没有阻止他继续跳舞。

在车间里跳舞其实是CG个人减压的一种方式。"上班的时候动两下，跳两下，就不会那么无聊，又不会那么烦，跳舞就像减压一样"。对于爱自由的CG而言，舞蹈将他从流水线的压抑中解救出来，听着音乐他就能用舞蹈表达自己的心情。

CG借着模仿机器人，一边创作舞蹈，一边完成工作，这样独特而又富有创意的工作与休闲方式，如果不是因为世界工厂体制下的泰勒制科学管理和福特制的流水线作业的结合，恐怕难以实现如此"完美的"融合。

2. 为自己写诗

在形形色色的F厂工人中，有一个人很特别，笔者和熟悉的工友们都亲切地称他为"诗人"。这个诗人就是ZZ，他从25岁开始写诗，至今已有上百首作品。

ZZ曾经是F厂的一名产线工人，在产线上打了近一年螺丝之后，终于忍受不了"F厂的摧残"而自离。漂泊了很久之后，ZZ于2009年回到家乡种田。在家的一年多时间里，ZZ种田"养不活自己"，"都快被唾沫星子给淹死了"。

在闲言碎语的压力下，ZZ再次离开家乡。辗转之后于2013年4

月进了F厂。他原本是冲着F厂的内部杂志来的，他想"靠笔改变自己的生活"。可是后来看过几本F厂的杂志之后，他彻底断了自己的念想。

有个女孩给我拿了三本那个杂志，我看完之后就很绝望……里面都是为F厂董事长歌功颂德啊什么的。我就不喜欢那些拍马屁的东西。我不喜欢靠那样来吃饭。（ZZ，访谈录音编号F14-08）

进入F厂，ZZ没有得到理想的工作，而是被分到产线上打螺丝。繁重的工作让他压力很大，在他的工站上，产品总是"堆得要死"。繁重的工作或许激发了他创作的灵感。

那个时候我天天都能写诗，每天写个两三首都没问题，基本上我最伟大的作品，呵呵，到目前为止，我写得最好的作品，基本上都是这个时候写出来的。（ZZ，访谈录音编号F14-08）

在F厂的日子里，ZZ根据产线上的生活、工厂里的支援、罢工等事情写下了很多作品。其中一些打工诗歌发布到网站上之后，因为"很有痛感"而引起了很多关注。看到别人的关注和支持，ZZ觉得生活又有了希望。

如果不进F厂，我也写不出那几首，那几首每一首都不错，有人看过那几首诗都记住我了，都觉得我写得好。呵呵，我就是需要有人不断鼓励，如果没有人鼓励我，我走不到今天，我特别脆弱。（ZZ，访谈录音编号F14-08）

ZZ其实有点自负，写出好诗的时候，他会觉得"就是李太白在世也不过如此"。然而，残酷的现实往往会直接打击他的自负和骄傲，无奈的他不得不面对现实。

在这里两个多月了，天天自己买菜做饭，花费也挺大的，房租每个月600多块钱，生活很艰难的。（ZZ，访谈录音编号F14-08）

在现实生活的折磨下，写诗只能带来短暂的乐趣。而当ZZ开始转向身边的工人，开始关注惨淡的打工现实的时候，写诗似乎变成了一种折磨。

写诗不是个快乐的行当。一点都不快乐。基本上都是痛苦占大部分。像那首NGAY，我就写得很痛苦。可是，如果不把它写出来，我

更痛苦。因为已经深入骨髓了，写那首诗还没完，因为我把它注入我的灵魂了。（ZZ，访谈录音编号F14-08）

写诗让ZZ感觉到痛苦，可是当他向别人介绍自己的作品时，又非常兴奋。艺术创作的激情和生活的冰冷面貌使他在两者之间不断挣扎。

是什么因素导致ZZ走上一条痛苦的自我救赎之路？或许ZZ还没有看透。可是他依然坚定地发出自己的声音，在现实生活中为自己营造一个安心的阵地。

3. 音乐

在F厂周围的城中村里，网吧遍地。对于没有个人电脑的F厂工人来说，网吧是许多人下班之后的首选去处，无论是繁忙的白班还是令人疲惫的夜班过后，到网吧上网都是最常见的休闲方式之一。

而如果说流连于网吧并不能算是放松身心的健康休闲方式的话，那么音乐则为工人沉闷的生活增添了一丝光亮的色彩。

笔者的访谈对象中有三名F厂工人（WM、CD和CW[①]）拥有自己的乐器——吉他。工作之余，他们回到自己的出租屋，会不时弹奏几曲。音乐对于他们而言，已经成为一种生活中的习惯。只要自己有空闲时间，都会借此娱乐自己，有时候也会找其他爱好音乐的人一起交流。在音乐中，他们"可以放松自己"，因为"一天的工作已经很累了，再不给自己找点事情做的话会崩溃的"。借助音乐，他们在无聊的工厂生活中舒缓自己的神经，寻找心灵的安慰。

XF[②]以前也是F厂的一名员工，他为自己买了吉他和架子鼓，这两样乐器他都玩得很好。每次XF敲响架子鼓的时候，都会得到围观者的称赞和羡慕。很多时候，他也会拿起吉他，自弹自唱。观众的认可和鼓励常常会让他更有兴致，一首一首不停地演唱。

XF对音乐的爱好并不仅仅停留在兴趣层面，辞职之后的他并没有着急找工作，而是希望先满足自己的兴趣爱好。

我现在先不想工作的事情，之前的工作太累了，想先休息一下。

---

① WM，访谈录音编号F14-01。CD，访谈录音编号F14-06。CW，访谈录音编号F14-04。

② XF，材料编号G14-05。

再说了，我不是还有自己的爱好吗。已经好久没有顾上它了。现在正好有时间玩玩。平衡一下。（XF，材料编号G14-05）

在待业的日子里，XF希望能组建自己的乐队，自己作词、谱曲，表达工人的心声。

四、小结

异化并不仅仅存在于生产领域，并且不可避免地以此为基础向生活领域和精神领域蔓延。

资本为农民工描绘了一幅令人向往的美好图景，并通过对成功个案的鼓吹和宣传，试图告诉工人每个人都可以通过自己的勤奋努力通向一个更加美好的未来。然而对于绝大部分农民工来说，资本主导的生产方式本身已经决定了这不过是幻象而已。在想象与现实之间，农民工经历了劳动异化，体验到打工生活的不如人意，开启了逃离世界工厂的想象和行动。

在世界工厂体制下，资本主导的生产逻辑也将其触角伸向农民工的私人领地——家庭，导致了农民工的精神异化：家庭之于个体的意义发生转变。安身立命的家，已经不再能为农民工的生活提供栖息地。未能成家的担忧和来自家庭的压力让年轻的农民工无所适从。家，对于他们而言，清晰的意象逐渐支离破碎。农村那个想象中根深蒂固的家只能留在心底，而城市中的美好生活却因农民工的弱势地位而将他们拒之门外。于是，在城市和农村的辗转中，农民工不知何以为家，也不知何以维家。无法抛弃的过去和现在以及不确定的未来，共同构筑了宰制农民工精神空间的铁幕，将他们隔离在幸福的门外。

如何在资本的宰制下掌握自己的命运，重获自由，成为农民工面临的现实问题。在惨淡的现实中，农民工开始了自己的抗争。如果说农民工的"打混"是一种生产空间中的日常反抗形式，那么他们的舞蹈、诗歌、网游和音乐则是从生产空间延伸到生活空间的不同反抗形式。这些"低姿态的反抗技术"是农民工所持的弱者的武器，这些诗意的抵抗是他们的一种自我封闭和个体式挣扎。农民工通过这些诗意的抵抗，拓展出一个新的精神空间，为他们所处的空间（无论是生产空间还是生活空间）增添了多元色彩。然而，这些抗争方式并不足以从根本上改变农民工的弱势地位和他们在空间里受到的宰制。

第六章 社会空间：解构与重构

在资本主导的生产逻辑下，农民工遭受了物质空间和精神空间的双重挤压，在生产空间和再生产空间中都受到资本的宰制，但还不仅如此。作为社会中的主体，农民工的空间实践与体验不能脱离社会现实而存在，而是应将其放到更为广阔的社会空间中进行理解。本章主要探讨，在全球化的语境下，农民工的社会空间是怎样的？农民工对于自身所处的社会空间有着怎样的体验？他们对此做出何种反应？

一、切断乡土社会网络

在长期的农村社会生活中，农民形成了基于传统的运作逻辑和中国传统社会的特有行为模式。乡土社会中的农民流动到城市的过程中，他们所持有的传统社会关系模式起了重要作用，他们的家族和亲属网络对他们的城乡迁移和在城市寻找工作机会起了促进作用。（Lee，1998；裴宜理，2001；艾米莉·洪尼格，2011）

然而笔者的研究发现，这种情况正在发生变化。有一部分农民工因为有亲戚、朋友、老乡、同学在F厂而"慕名"前往，可是这些关系无助于他们成功进入F厂。如今，越来越多的农民工开始只身前往深圳，通过招聘会、网络等社会媒介找工作，而他们原有的社会网络根本没有起到任何作用。在生产实践中，由于他们大多从事简单重复的生产操作，原本升迁的机会非常有限，传统的乡土社会网络对于农民工在城市就业和择业的意义被大大削弱了。

不仅如此，这种传统的乡土社会网络的影响力也因资本主导的生产方式的破坏而逐渐减小。通过时空重组，F厂打破了农民工的乡土社会网络，消解了他们之间可能的社会联结，使他们成为生产空间中原子化的个体，农民工在城市中孤独地生活着，期待心灵的安慰却无法实现。

在这边，我的感觉就是精神上很孤独，虽然老公是最亲近的人，可是不可能任何时候都在一起。上班的时候你要面对上司和工作，下班之后同事之间交往也不多，真正做朋友的很少，可能有那么两三个人会下班之后一起出去吃饭、玩，不过真的很少，可能也不是真心的玩得好，也是因为孤独才一起聚一下。（WF，访谈录音编号F14-20）

农民工在农村所具有的亲缘、业缘、地缘等关系在F厂都很难得到运用，甚至会被F厂的生产体制和管理方式削弱。

XS①当初进入F厂是因为听说有一个邻居在，春节之后邻居的妈妈带着她来到F厂应聘，她应聘成功，可是邻居的妈妈却没有成功。然而，进入F厂之后，XS很少与那个邻居见面，因为两人所属部门不同，宿舍也不在一起，空间上的距离拉开了两人之间的交往。

农民工原有的强关系实践受到削弱，而他们的弱关系实践同样不容乐观②。

总体而言，大多数农民工与原有的农村社会网络的联系只能通过电话、网络等工具进行。可是，这种间接的联系少之又少。事实上，几乎唯一能与农村社会网络产生直接联系的机会就是农民工回家的时候（通常是春节）。

在城乡之间的流动改变了农民工的身体位置，也改变了他们传统的乡土观念和社会关系网络。地理空间的变动不仅意味着他们离开了原来熟悉的地理环境，也意味着他们在农村社区建立起来的社会关系网络逐渐弱化，甚至断绝。在早期的流动中，农民工会借助乡土社会网络在城市中寻找生存机会和立足之地，然而这种重要性正在逐渐地降低，农民工整体上处于一种断裂的社会网络状态之中。在城乡之间的频繁流动中，农民工斩断了乡土情缘，切断了乡土社会网络，努力融入城市的怀抱，可是他们不是归人，而是过客。

---

① XS，访谈录音编号F14-12。

· ② 参见本文第三章、第四章F厂工人在生产空间和居住空间中的人际关系实践。

二、"二元社区"里的空间隔离

农民工对城市的向往和主动靠近并没有换来城市的礼尚往来，农民工与本地人之间的"二元社区"格局反映了二者在分配制度、职业分布、消费娱乐、聚居方式和社会心理等方面截然不同的表现和分化（周大鸣，2000），这种分化表现为多重空间隔离，既有物质空间的隔离，也有以此延伸出的精神空间隔离和社会空间隔离。

农民工与本地人之间的空间隔离首先反映在居住空间方面。在F厂工作的农民工几乎只有两种选择：一是住在F厂的集体宿舍，二是在F厂周围的城中村租赁出租屋。F厂的集体宿舍不论是在厂内还是厂外，都自成一统，与本地人的居住空间没有多少交集。由于物质空间的隔离，农民工与本地人的空间实践少有或没有交集，二者之间的社会交往几乎是空白。

农民工与本地人之间的空间隔离也反映在娱乐休闲空间上。在星火村，本地人的休闲娱乐场所有一个特别的空间，社区老年活动中心，但凡有外地人想要走进去一看究竟，都会被本地人或者他们请的保安赶出来。每天晚上，在这个特别的地方都会传出本地人"动听的"歌声，各种风格、各种节奏的音乐交相上演。在活动中心的门前有一个约300平方米的活动广场，本是一个公共空间这个广场的使用权掌握在本地人手中，尤其是在夜间，它成为本地人的专属地。

农民工与本地人之间的物质空间隔离反映了二者之间的巨大分隔，同时这种隔离也延伸到精神空间层面。这种精神空间隔离表现为农民工与本地人的社会心理差异。在城中村里，农民工人数虽多，可是底气不足，即便是在此居住多年，可以算是"半个本地人"，可是这里始终没有家的感觉，始终得不到本地人的接纳和认可。本地人总是表现出自己的优越感，他们人数虽少，可是财大气粗，认为农民工都不如自己，在言语和态度上都表现出对农民工的歧视和不信任。本地人对农民工心存芥蒂，农民工也对他们没有好感，在农民工眼中，本地人并不是靠自己的劳动和双手过上了现在的生活，他们只是一群"暴发户"，靠着国家的政策一夜暴富。

为什么邓小平当年不把我们那里画个圈？邓小平那个时候不是说先富一部分人，再富另外一部分吗？但是现在这一部分人富了，我们还是没有富，根本就不公平嘛。（LC，材料编号G14-08）

改革开放造就了深圳本地人与农民工之间巨大的经济和社会地位差异，也导致了他们之间截然不同的社会心理。在这种社会心理的影响下，本地人和农民工之间存在社会空间隔离现象。他们既没有发生广泛的社会交往，更没有形成相互支持的社会网络。

从一个更大范围的空间来看，农民工不仅在城中村遭遇了社会空间隔离，也在整个社会遭遇了社会空间的挤压。在现存制度的安排下，农民工因户籍制度、经济地位悬殊而成为城市的外来人，无法享有与城市市民同等的住房制度、社会保障制度、福利待遇，更没有在城市获得应有的社会空间。甚至当农民工利益受损的时候，他们也没有获得社会网络支持，更难以得到制度的支持。根本原因在于现有的资本主导的经济发展模式没有给农民工留下一定的社会空间。

在现有的经济发展模式下，经济增长几乎成为人们关注的唯一目标，对利益的追求胜过对人的关注。在世界工厂体制下，资本的拥有者和掌控者为了自身财富的积累，极力将农民工束缚在生产领域，让他们因生存和生活所需而"自愿"服务于资本的生产。饱受折磨的农民工必然会争取自己的正当利益，然而，农民工的个体性反抗因为难成气候而容易败倒在资本的强大力量之下。同样，农民工的集体抗争也遭遇了资本的反攻。在农民工与资方的博弈中，理应充当调节者的政府其实并没有发挥自己应有的作用。在追求GDP增长的路上，各地政府将招商引资作为工作的中心，通过对资本的让利换取地方经济的发展。一些政府甚至为了维护资本的利益，而忽视农民工的正当利益诉求或者打压他们的抗争行动。在资本的逐利本性驱动下，在政府对GDP的追逐下，农民工遭遇了社会空间里的宰制。

三、社会空间的重构：活跃的义工们

在现有的经济发展模式下，农民工的日常生活正处于资本的宰制性空间中，这样的空间里存在农民工的社会空间，也存在农民工策略

性的新社会空间的生产。(朱建刚，2008)

在F厂，深受多重空间宰制的部分农民工开始尝试改变现有的处境，努力在压抑中寻找希望，而一群大学生志愿者的到来为他们生产一个新的社会空间开启了一个希望的空间。这群大学生志愿者创建了星火农民工服务中心（简称星火）[①]，他们利用社区图书馆及工作站提供的场地，面向社区内的农民工提供免费的培训课程和文娱活动，同时也发展出了一支由数十名农民工组成的没有名分的义工队伍——星火义工队。

在星火，农民工大多冲着学习知识而来，久而久之他们发现在这里所能得到的不仅有知识，可能还有别的东西。来自F厂的DL[②]虽然来到深圳只有半年时间，却已是星火的老学员。按她的说法，"一到这里就感觉特别轻松，有家的感觉"。

星火志愿者们的热情服务和这里自由平等的氛围，让农民工对这里有了全新的认识。对他们而言，星火不再仅仅只是一个学习的平台，而是重获生活意义的地方。对于星火义工队的成员而言，更是有着与众不同的收获。

在做了义工之后，我发现自己学到的东西更多了。在宣传时，有效地锻炼了我的语言表达能力。与别人讲解时，更是提高了我的表现能力，让我学会了如何与陌生人更好地沟通……（我）发现自己越来越有想法，不再是以前那么平庸迷茫了……我发现做义工没白做。（引自《义工感言》）

从学员到粉丝，从粉丝到义工，他们开始更多地参与到活动的设计和开展中，而不再仅仅只是旁观者和学习者。从接受帮助到成为义工帮助他人，他们体验到了自助和助人的快乐。繁重的工作之余，他们在星火的付出并不是一种新的负担，而是一种充实和满足。

对于农民工来说，星火是一个可以暂时脱离资本宰制的地方。在

---

① 此处为化名，由于星火农民工服务中心的志愿者们目前不希望吸引公众太多的注意，所以本文没有提及他们所在的社区，也没有详细叙述他们的组织架构和运作模式。本文重点关注的是这个新社会空间里的农民工以及他们在这个空间里的感受，而这一点已经得到他们的许可。

② DL，访谈录音编号F14-09。

这里，他们不必为了自己的生计而不断重复繁重、枯燥的生产劳动，也不必受制于生产空间里的严密监视和规训，更不必听命于任何人的粗暴管理和言语暴力。在参与——融入——认同星火的过程中，农民工对星火的态度发生了转变，从他们成为"我们"，从星火的事情变成自己的事情，言辞称谓的转变背后体现了劳动价值和尊严的回归。这也正是星火对于他们的重要意义。

　　YX[①]是一名舞蹈爱好者，更是星火义工队的主力。2013年夏天，为了丰富工友们的业余生活和满足部分热爱舞蹈者的兴趣爱好，YX与另外一名来学习的工友发起成立了舞蹈社。慢慢地，YX在教舞蹈的过程中找回了自信。她得到了学员的认可，也认识了很多朋友，成为学堂的忠实拥趸。用她自己的话说，做义工的意义在于：

　　把这种爱心传递下去，自己爱人的能力本来就比较差。不仅自己变了，别人也变了，这样就很有意义。（YX，材料编号G14-09）

　　对于大多数农民工来说，学习知识、锻炼自我可能并不是他们来到星火最大的收获，自由的空间、获得尊重和重拾友谊或许更为重要。

　　她就像一块磁铁一样吸引着我，在这里，你不会受到嘲笑，你可以袒露你的心声，还可以在学习中提高自我，在实践中检验自我，我把她当作我的精神栖息地，没有遇见她，就不会有现在的我，是星火成就了现在的我。（XS，访谈录音编号F14-12。引自《义工感言》）

　　也许对于数十万居住在F厂附近的农民工来说，星火的存在实在微不足道，甚至对于那些经常来参加活动的农民工而言，都不足以缓解他们的生存焦虑。然而在这个由资本主宰的空间里，这样一个公益平台的存在使他们能够重构自我的价值认同和社会网络，使他们在沉重的工作和无望的生活之余，能够获得一定的慰藉。也许，在这一新社会空间中，农民工通过不断地"蜗行摸索"可以在多重挤压的空间中为自己开辟出一条新路。正如列斐伏尔所言，"空间性的实践界定了空间，它在辩证性的互动里制定了空间，又以空间为其前提条件"[②]。

---

① YX，材料编号G14-09。

② 包亚明，2003，《现代性与空间的生产》，上海教育出版社，第48页。

四、小结

踏上开往城市的路，农民工逐渐斩断了与乡土社会的联结，他们的乡土社会网络对于他们在城市的生活所起的作用日渐式微。而陌生的城市却忽视农民工的贡献，在资本和制度的联合下，农民工成为漂泊不定的浮萍，孤独着前行。

在前行中，"二元社区"里的农民工遭遇了与本地人的多重空间隔离。正是因为物质空间（居住空间、休闲娱乐空间、公共空间）的隔离和精神空间隔离导致农民工成为与城市相对隔绝的群体：一方面，他们的社会交往只能局限于群体内部，农民工的乡土社会网络所起的作用越来越小；另一方面，农民工很少与其他群体发生互动，没有在城市中建构出属于自己的社会网络，而这样的情形又加深了农民工与城市的隔离。

在彷徨和焦虑中，农民工开始寻找可能的出路，他们开始生产一个新的社会空间，这个空间为他们的城市生活带来了新的希望。在新的社会空间里，农民工逐渐适应工厂之外的城市生活，开始重建自己的社会网络，开始寻找生活的意义，重拾尊重和自由。虽然这个新的社会空间并不能根本改变农民工当前受资本宰制的处境，也不能为农民工争取更多实实在在的具体利益。然而，社会空间的重建将在一定程度上减轻资本的权力给农民工带来的痛苦，促使他们适应或改变现有的不平等权力关系局面，在宰制性空间中生产出一个希望的空间。

第七章　总结

一、总结：多重空间里的宰制与反抗

改革开放以来，农民工在全球化、现代化美好图景的吸引之下踏上了开往城市的列车。可是在资本与制度的联合下，农民工变成世界工厂崛起的牺牲品，成为在城乡之间不断来回迁徙的"候鸟"。地理空间的变动，不仅意味着农民工的身体发生位移，也表明他们身份的转变、生计模式的转变以及生活方式的转变。

作为一个新兴的劳动主体，他们在资本主导的生产逻辑下遭受了多重空间宰制，同时也开启了自己的抗争之路。

首先，农民工在作为物质实体的生产空间和居住空间中都遭受了资本的宰制。

在生产空间中，农民工在物质空间、精神空间、社会空间层面都遭受了资本的挤压。在生产空间中，资本通过对生产空间和劳动力的全景式监控将其对劳动力的权力从单个生产空间延伸到整个工厂，通过精细化的时间管理技术将农民工置于一张灵活的生产时间之网中，随意切割农民工的时间以服务于生产机器的运转。在劳动过程中，资本通过对泰勒制的极致运用，对农民工的身体进行定位和操作限定，将农民工牢牢束缚在资本的掌控之中。资本还通过分流、支援等技术对农民工的身体进行空间重组，以适应更大空间范围内的生产需求。同时，资本借助生产空间中的点名、开会、生产规章制度和企业文化等手段对农民工进行精神规训，企图将他们驯化为听话的生产工具。此外，资本对生产空间和农民工之间的随机匹配破坏了农民工原有的强关系型社会网络，使他们成为原子化的个体，难以在生产空间中建构新的社会网络。

在居住空间中，农民工同样遭受了资本在物质空间、精神空间、社会空间层面的三重挤压。由于资本对农民工的廉价使用和剥削，农民工无法在城市中获得一个安稳的安身之所，而只能寄居在工厂的集体宿舍或城中村的狭窄出租屋中。资本通过宿舍劳动体制使生产空间和农民工的劳动力日常再生产空间合二为一，将农民工限制在一个半公共的私人空间之中。资本还通过对农民工与居住空间的随机组合，破坏了农民工已有的社会关系网络，消解了他们可能的团结和抗争。资本借助宿舍劳动体制实现对农民工的直接控制，以更好地实现资本的积累和扩大再生产。不论是集体宿舍还是出租屋，对农民工而言，这些有限的容身之所为农民工提供的只不过是一个睡觉的窝，一个囚禁自己的笼，笼中的他们都服务于资本的逻辑。

其次，资本对农民工的多重空间宰制从物质空间层面延伸到精神空间层面。除了在具体的物质空间中对农民工进行宰制，资本也借助各种技术手段对农民工进行精神规训。通过对成功学的鼓吹，对个别人物的励志故事的宣传，资本为农民工提供了各种各样的心灵鸡汤，为他们描绘了一幅幅美好的蓝图，希望借机将农民工变成驯顺的工具。在资本的精神圈地下，农民工成为资本的牺牲品，成为劳动异化的牺牲品。然而，强烈的劳动异化体验让农民工看不到在资本的羽翼下生存和发展的空间。不仅如此，农民工对婚姻家庭、对未来的想象也在资本的入侵下渐渐模糊，他们期待理想的爱情、婚姻、家庭，他们想要一个归宿，可是这一切在资本主导的社会里似乎都只是空想。在资本的宰制下，农民工渐渐丧失了自己的精神领地，迷茫、无奈。

再次，农民工在社会空间层面也遭受了资本的宰制。在资本主导的社会中，农民工原有的乡土社会网络被斩断，在新的社会空间中他们又难以建立一个属于自己的社会支持网络，而这又加深了农民工已有的弱势地位和边缘人身份。

最后，农民工难以忍受来自资本的多重空间宰制，没有对此顺从，而是采取了策略性的抗争方式，努力为自己生产一个希望的空间。在生产空间中，他们通过对生产的不配合、与上级直接或间接冲突等方式进行反抗，也通过策略性的"打混"来进行抗争。在居住空间中，他们通过对宿舍劳动体制的具体规则的挑战和与宿舍管理人员的"游击战"为自己赢得了狭小的空间，通过在出租屋里运用自己的智慧创造出属于自己的情调，享受难得的自由。在精神空间层面，他们通过使用"用脚投票"的权力逃离资本的空间宰制，也通过舞蹈、诗歌、音乐等诗意的反抗形式释放自己的压力，为自己生产出一片舒适的精神空间。在社会空间层面，他们通过生产出一个新的社会空间为实现自由点燃了希望之光。

总之，农民工在资本主导的生产逻辑下，在多重空间中受到资本的宰制，然而他们并没有选择忍受和顺从，而是通过各种策略性的反抗方式为自己寻找可能的出路。由于资本力量强大并且不断施压于农民工，加上制度对资本的偏袒，农民工抗争的空间似乎更加狭小，不过他们依然在努力，为自己生产一个希望的空间。

二、本文的不足之处

本文在概念界定、资料分析、理论框架的建构方面都存在一定的不足。

首先，本文没有对"资本的空间生产"进行清楚界定，而且对资本的空间生产实践及其背景的分析不够全面，尤其缺乏资本全球化对中国世界工厂体制下的空间生产及再生产的影响的深入探讨和分析，在以外资企业为主的珠江三角地区，这一背景显得尤为重要。

其次，本文对于不同空间实践之间的关联分析不够。再生产的空间实践是生产空间实践的延伸，并且对前者有着反作用，二者间的相互关系及影响还需深入分析。

最后，本文对于国家在农民工空间实践中的作用缺乏分析。特定的生产方式及建基于此基础之上的空间生产实践，不仅受到资本的主导，同时也受到国家力量的有力影响，而这种影响具有两面性，既在现实中限制了农民工在空间中的生产与再生产，同时也提供了放开空间束缚的可能性。

参考文献

巴什拉，2009，《空间的诗学》，上海译文出版社

鲍程亮，2012，老家的意义：身处城乡夹缝中的农民工的复杂心态，北京大学硕士论文

包亚明，2003，《现代性与空间的生产》，上海教育出版社

布洛维，2008，《制造同意》，商务出版社

布洛维，2007，《公共社会学》，社会科学文献出版社

福柯，2003，《规训与惩罚——监狱的诞生》，生活•读书•新知三联书店

哈维，2006，《希望的空间》，南京大学出版社

哈维，2010，《正义、自然和差异地理学》，上海人民出版社

胡潇，2013，空间的社会逻辑——关于马克思恩格斯空间理论的思考，《中国社会科学》，第1期

卢晖临、李雪，2007，如何走出个案——从个案研究到扩展个案研究，《中

国社会科学》，第1期

马克思，2004，《资本论》第一卷，人民出版社

马克思，1979，《1848年经济学哲学手稿》，人民出版社

潘毅，2011，《中国女工——新兴打工者主体的形成》，九州出版社

潘毅、卢晖临、郭于华、沈原，2012，《我在富士康》，知识产权出版社

潘毅、卢晖临、张慧鹏，2012，《大工地：建筑业农民工的生存图景》，北
    京大学出版社

潘毅、卢晖临、沈原、郭于华，2011，《富士康辉煌背后的连环跳》，商务
    印书馆（香港）有限公司

任焰、潘毅，2008，农民工劳动力再生产中的国家缺位，载于方向新主编，
    《和谐社会与社会建设——中国社会学学会学术年会获奖论文集（2007·长
    沙）》，社会科学文献出版社

任焰、潘毅，2006，宿舍劳动体制:劳动控制与抗争的另类空间，《开放时
    代》，第3期

任焰、潘毅，2006，跨国劳动过程的空间政治：全球化时代的宿舍劳动体
    制，《社会学研究》，第4期

任焰、梁宏，2009，资本主导与社会主导——"珠三角"农民工居住状况分
    析，《人口研究》，3月

斯科特，2007，《弱者的武器》，译林出版社

宋磊、孟捷，2013，富士康现象的起源、类型与演进，《开放时代》，8月

孙江，2008，《"空间生产"——从马克思到当代》，人民出版社

沈原，2006，社会转型与工人阶级的再形成，《社会学研究》，第2期

吴维平、王汉生，2002，寄居大都市:京沪两地流动人口住房现状分析，《社
    会学研究》，第3期

周大鸣，2000，外来工与"二元社区"——珠江三角洲的考察，《中山大学
    学报》，第2期

周潇，2011，劳动力更替的低成本组织模式与阶级再生产——一项关于流动/
    留守儿童的实地研究，中国社会科学院研究生院博士学位论文

朱建刚，2008，打工者社会空间的生产——番禺打工者文化服务部的个案研
    究，载于《中国制度变迁的案例研究》（第六集）

Burawoy, Michael. 1985. *The Politics of Production*. Routledge.

Fernandez, Irene. 2008.*Diaspora and Transborder: Governance, Survival and Movements.* In Hsiao-chuan Hsia, Hsin-Hsing Chen, and Te-Pe Huang, eds. *Transborder and Diaspora: Immigrants and Migrant Workers under Globalization.* Volume 1. Taishe.

Harvey, David. 1982. *The Limits to Capital.* The University of Chicago Press.

Lefebvre, Henri. 1991.*The Production of Space.* Blackwell.

附录：三系2013年硕士论文题目汇总

北大社会学系（92人）

薄　然：跨国收养过程的伦理关怀——一个西班牙社区的个案研究

曹瑞雪：《从物质诉求到价值诉求——以深圳市南苑小区业主维权为例》

常　莉：政府、社区与社会工作机构的协同治理——以北京市一项政府购买
　　　　未成年人社会救助保护试点项目为例

陈　丹：我国独居老人自评健康的影响因素分析

陈菲菲：组织合法性视角下的公益救灾联盟运作机制

陈经纬：精神卫生立法对精神障碍患者住院治疗方式的影响研究——以北京
　　　　市一所精神专科医院为例

戴　地：现代性视角下的哺乳、母职与自我认同——以两代女科研工作者为例

邓　骁：非营利组织志愿者激励研究——以X基金会C项目为例

杜志宇：行政介入下的企业分立和一体化分析：以部属通信公司为例

段　冰：人口流动对儿童发展的异质性作用——基于CFPS2010数据

冯定星：政策执行中的"包保责任制"——以Q市创建国家卫生城市工作为例

高　原：军队文职人员职业抱负与激励研究

何　兮：我国城市失独者的社区服务研究——以展览路街道"新希望家园"
　　　　生育关怀行动为例

洪沁川：用"心"的服务——工作场域下海底捞火锅店的情感劳动研究

洪旨艺：住宅的可居住性：利村纳人的民族志研究

侯文泽：互动仪式与情感能量的互构——失独者如何走出悲伤

胡　媛：已婚女性阶层认同的影响因素分析

胡海波：南方科技大学的教育改革实验研究

胡荣琴：家庭环境对儿童主观幸福感的影响

蒋　越：迟到的企业改制合约纠纷分析：进州装饰品公司的故事

强子珊：热浪下的社区生活和空间使用：武汉市斗级营社区的民族志研究

乔珮珮：先天性心脏病儿童医疗福利需要的满足机制——以B基金会X项目为例

乔天宇：同质性，还是强弱关系？

尚振坤：公办养老机构组织管理中的双重性与过度服务问题研究——以北京市Y公办养老机构为例

史景军："土豪"：现实再现还是话语建构？

孙俊峰：剧场的诞生与学院的死亡——北区青年学院的宣传实践

孙增平：社会企业中公益与商业的互构与共变——北京市G社会企业的商业模式研究

覃　琳：土家族80年代民族成分更改研究——以湘西泸溪县红土溪村为例

唐伟锋：从法律维权的实践看劳工力量的形成——以建筑业农民工四类维权个案为例

涂　真：到海外去打工：个体理性还是家庭伦理？——以x县为例

涂丹霞：公募基金会资助民间公益组织开展社会服务的策略转型研究 —以Z基金会TY项目资助中心为例

王改敬：在线网络社区中用户影响力研究

王静怡：发展的结构与信任再生产——以内蒙古D旗三类合作社合作发展过程分析为例

王鑫雨：多元主体参与下的互适型政策实施模式：对北京市居家养老券项目实施过程的研究

韦　伟：果法自然：栖霞新农夫与物的人类学研究

文　晖：官办非营利组织转型中类行政化项目运作的困境研究——以F基金会Z项目为例

吴琼文倩："团结增权"：工人为本的社区工作模式——对红莲社区学堂工作方法的总结

夏　薇："个体小世界"——个体化进程视角解读中国90后群体

肖　琳：石油销售企业加油工人倒班工作的研究思考

谢琳璐：寻求社会认可：以瓯城民间借贷服务中心入驻中介为例

邢佩伟：转业军人再社会化问题研究

熊雨婷：群体资格的获得过程——以M公司实习生转正为例

徐仙萍：非营利组织的合法性结构

许雪峰：高考与读研意愿中的上海特征

杨　玲：戏剧、仪式中的村落：以大理丹嘎村白族吹吹腔为例

杨芳蕊："村"转"社区"三十年——一项郊区城市化空间转型的个案研究

杨　话：智力障碍残疾人家庭照顾困境与模式研究——基于北京市Y社区的个案调查

叶　薇：在京藏族女大学生生育意愿探究

于丽平：摊贩与城市：以平山市场周边的摊贩为例

余　姣：当代中国宗教与社会分层——基于CGSS2010的实证研究

战奕霖：IPO模型下大学生志愿服务绩效评估模型的构建——基于对现有模式的完善和补充

张洽棠：润镜新闻社—目标二重性组织的运行

张　岩：福利多元理论视角下社会企业的社会服务传输多元化研究——基于F机构

张　燕：明星跳水为哪般？——省级卫视娱乐节目"擦边球"现象辨析

张勇军：中国城镇居民的抗争态度研究：基于社会网络和相对剥夺的视角

郑淑洁：社区公共服务与城市外来人口的社会融入研究——基于"北京市外来人口聚居区公共服务状况调查"的实证分析

周　攀：反思性监控下的行动流——北京市社会工作专业社区工作者的实践逻辑

周　瑶：开启双重衣柜的门——女双性恋者的性实践和性认同研究

周　璇：由动员到参与：我国基金会网络捐赠创新模式研究

朱兰香：贫困儿童的社会心理后效研究——基于CFPS数据的分析

朱悦俊：制造神圣：互联网背景下中国宗教权威的社会学分析

清华大学社会学系（13人）

侯　莹：情性互惠和群体互惠研究——基于北京抗癌乐园的个案研究

黄鹏程：医患关系与抗生素滥用——以江西省中部农村为例

李蓝天：型变的网络层级结构——红木家具制作传统的复兴

李林倬："权力地位投射"——上市公司的独立董事连锁网络研究

梁　莉：作为事实、策略与认知的占有：对北京旧城公房租户的研究

林志勇：失衡还是平衡：农村老年家庭的代际关系与养老行为

秦　朗：社会资本与政府满意度：以灾后数据做变迁与跨层分析

王浩伟：市场转型与收入再分配——以中国城镇老年人为例

王　沙：家庭分离与农民工家庭消费选择的研究

徐　雯：以"集中居住"为代表的郊区农村城市化过程初探——以上海市H小区为例

赵一璋：风险社会中的社会组织与专家信任：以食品安全问题为例

郑江蒽：中国城市女性汽车消费对性别秩序的影响

人大社会学系（36人）

白乙辰：知识社会学理论视角下的当代中国文化保守主义研究

陈沛沛：传统事业单位向社会组织的转型研究——以吉林某欠发达A市为例

程　溪：民俗村落的文化自觉与发展困境——基于陕西六营村的实证研究

段宗宝：学校教育与家庭教育：一个时间跨度的视角

范久红：大城市的居住排斥与空间再分割——对群租房内年轻白领生活模式的实证研究

范叶超：中国大陆城乡居民环境关心的差异分析——基于2010年中国综合社会调查资料

方　敏：性别述行视角下的多元性别气质研究——年轻女性对性别身份的理解与实践

高　珊：社区民主自治的实现途径及其困境——以北京市门头沟石门营新区五区为例

郭双节：圣城拉萨的凡俗生活——社会变迁视角下藏传佛教世俗化研究

韩梦娟：一个北方农村的城市生活方式的研究

韩　雪：何"乐"而不为？——工作乐趣的影响因素和产生机制研究

何晨怡：都市学佛青年宗教皈依行为研究

江　波：城市社区管理的边缘化问题研究——基于北京市T街道的个案研究

李常禄：官谣的社会建构——当前中国官民话语权网上博弈分析

李俊杰：从农民"上楼"看农村社会的精英治理——以鲁西南L村为例

刘万群：乡村精英动员下的农民合作——以湖北明村为例

马淑友：顺服的抗争：文化领导权视角下S市C区稳定双言制的形成

注：本书发表的七篇论文未列入总目中。